Flexible Arbeitsmodelle für die Generation 50+

Sebastian Wörwag · Alexandra Cloots

Flexible Arbeitsmodelle für die Generation 50+

Wirkungsvolle Maßnahmen gegen den vorzeitigen Austritt aus der späten Erwerbsphase

Springer Gabler

Sebastian Wörwag
Hochschule für Angewandte Wissenschaften
FHS St. Gallen
St. Gallen, Schweiz

Alexandra Cloots
Hochschule für Angewandte Wissenschaften
FHS St. Gallen
St. Gallen, Schweiz

ISBN 978-3-658-20537-9   ISBN 978-3-658-20538-6   (eBook)
https://doi.org/10.1007/978-3-658-20538-6

Die Deutsche Nationalbibliothek verzeichnet diese Publikation in der Deutschen Nationalbibliografie; detaillierte bibliografische Daten sind im Internet über http://dnb.d-nb.de abrufbar.

Springer Gabler
© Springer Fachmedien Wiesbaden GmbH, ein Teil von Springer Nature 2018

Fotografie: Bodo Rüedi
Bildkonzept: Atelier für Sonderaufgaben und Redaktion «substanz»

Gedruckt auf säurefreiem und chlorfrei gebleichtem Papier

Springer Gabler ist ein Imprint der eingetragenen Gesellschaft Springer Fachmedien Wiesbaden GmbH und ist ein Teil von Springer Nature
Die Anschrift der Gesellschaft ist: Abraham-Lincoln-Str. 46, 65189 Wiesbaden, Germany

Vorwort[1]

Die Arbeitswelt befindet sich in einer rasanten Veränderung. Sie ist getrieben von in immer schnellerer Abfolge anbrandenden technologischen und gesellschaftlichen Entwicklungswellen: Digitalisierung, Globalisierung, Fragmentierung, Beschleunigung und Entgrenzung – um nur wenige zu nennen – werden unser künftiges Verständnis von Arbeit und ihre Gestaltung fundamental verändern. Gleichzeitig ist es aber auch die Arbeitswelt selbst, welche als „Labor" für neue Formen der Interaktion und Kommunikation genau diese Veränderungen beschleunigt.

Die Arbeitswelt der Zukunft –„New Work" – ist somit gleichermaßen Täterin wie Opfer ihrer eigenen Entwicklung und Dynamik. Was bedeutet das für den Einzelnen wie auch für die Gesellschaft als Ganzes?

Wir haben die Chance zu einem breiten Diskurs über die Zukunft der Arbeit und ihre Bedeutung für die (Voll-)Beschäftigung in unserer Gesellschaft. Ohne eine bewusste und zukunftsgerichtete Gestaltung der Arbeitswelt laufen wir aber Gefahr, uns selbst in der von uns entwickelten Technisierung, Automatisierung und Standardisierung zu verlieren. Denn es lassen sich aktuell Tendenzen in Richtung Verlust von Handlungsräumen, Selbstwirksamkeit und Sinnzusammenhängen beobachten. Das führt unter anderem dazu, dass Menschen zunehmend aus der Arbeitswelt ausscheiden und freiwillig in die Frühpensionierung/Frühverrentung eintreten.

Soll das das Ziel einer erfüllenden Berufsbiografie sein? Und können wir uns dies angesichts des zunehmenden Mangels an Fachkräften in unserer Wirtschaft leisten? Brauchen wir nicht Arbeitsformen und -modelle, mit denen Mitarbeitende länger motiviert, produktiv und gesund bleiben, sich weiterentwickeln, und so bis zur, wenn nicht sogar über die ordentliche Pensionierung hinaus im Erwerbsleben tätig bleiben? Wir meinen ja.

Doch es geht uns dabei nicht nur um die Frage, wie wir allenfalls länger arbeiten, sondern auch und besonders um die Frage, wie wir künftig besser arbeiten können. Dies bedarf in gewissem Maße einer Re-Humanisierung der Arbeit: Das bedeutet die Förderung eines selbstdenkenden, mit Handlungsräumen versehenen und selbstwirksamen Menschenbildes.

---

[1]*Aus Gründen der besseren Lesbarkeit verwenden wir in diesem Buch überwiegend das generische Maskulinum. Dies impliziert immer beide Formen, schließt also die weibliche Form mit ein.*

Vor diesem Hintergrund zeigen wir die Voraussetzungen und Rahmenbedingungen guter Arbeit, besonders jene Faktoren, welche gute Arbeit befördern oder behindern, auf. Weiter gehen wir entlang des Diskurses zum Fachkräftemangel und dem Phänomen der Frühpensionierung der Frage nach, wie die Wirkungen guter Arbeit auf einen längeren Verbleib im Erwerbsleben zusammenhängen. In diesem Zusammenhang stellen wir drei geprüfte Modelle flexibler Arbeitsformen vor: weniger arbeiten (Beschäftigungsgradreduktion), anders arbeiten (neue Arbeitsportfolios) und mit Unterbrüchen arbeiten (Sabbaticals). Auf Basis einer breiten branchenübergreifenden Datenerhebung haben wir überprüft, inwieweit diese Modelle einen Beitrag zur Steigerung von Gesundheit, Produktivität, Arbeitsmotivation und Lebenszufriedenheit der Mitarbeitenden leisten und wie groß das daraus entstehende Aktivierungspotenzial der Mitarbeitenden zum Verbleib in der Arbeitswelt ist. Mit Praxispartnern haben wir die Modelle noch präzisiert. Die Endergebnisse ermutigten nicht nur uns, sondern auch die meisten unserer Praxispartner, solche Modelle umgehend in die Tat umzusetzen. Daraus sind Praxisfallstudien entstanden, die wir in diesem Buch vorstellen werden.

Damit wendet sich dieses Buch an Entscheidungsträger, Führungskräfte und Personalverantwortliche, aber auch Mitarbeitende, die das Potenzial der New Work, der Mitarbeitenden 50+ erkannt haben, nach Inspiration suchen und neue, innovative Wege der Arbeitsgestaltung beschreiten möchten. Die im vorliegenden Buch vorgestellten Modelle sind Blaupausen für die Umsetzung, sollen somit der individuellen und organisationalen Praxis und dem jeweiligen Kontext angepasst werden.

An dieser Stelle danken wir allen an der Studie wie an der Umsetzung beteiligten Firmen und Institutionen, den Kantonen St.Gallen, Thurgau und Appenzell Ausserrhoden, der WISG und der Fachhochschule St.Gallen für ihre Offenheit und Unterstützung.

Wir hoffen, dass Ihnen das vorliegende Buch Impulse und Inspiration für Ihre Arbeitsgestaltung gibt – frei nach Saint-Exupéry:

Man kann nicht in die Zukunft schauen, aber man kann den Grund für etwas Zukünftiges legen – denn Zukunft kann man bauen.

Wir wünschen Ihnen viel Freude bei der Lektüre!

Sankt Gallen   Sebastian Wörwag
Januar 2018   Alexandra Cloots

Inhaltsverzeichnis

1 **Einleitung**... 1
   1.1   Wir müssen reden.. 1
   1.2   Wir sollten (uns) vorsehen................................ 4
   1.3   Wir können gestalten..................................... 5
   Literatur.. 7

2 **Arbeit im Wandel der Zeit**................................. 9
   2.1   Zum philosophischen Diskurs über den Wert der Arbeit.......... 11
        2.1.1   Arbeit, eine Erfindung der Moderne.................... 12
        2.1.2   Animal Laborans und Homo Faber..................... 16
   2.2   Zum gesellschaftlichen Diskurs über Alter und Ruhestand.......... 19
        2.2.1   Ist 60 das neue 40, und wie lange wollen wir
               denn arbeiten?...................................... 22
        2.2.2   Ruhestand: ein Stichtag oder eine Phase des Übergangs?...... 23
   2.3   Zum wirtschaftlichen Diskurs über Arbeitsmärkte, Demografie
       und Fachkräftemangel..................................... 28
        2.3.1   Abnahme des Erwerbspotenzials durch demografische
               Veränderungen...................................... 30
        2.3.2   Der Fachkräftemangel und das Phänomen von
               Frühpensionierung.................................. 31
        2.3.3   Gründe für den frühzeitigen Austritt aus dem Erwerbsleben.... 33
        2.3.4   Was Menschen freiwillig im Erwerbsleben hält............. 35
   2.4   Was wir schon wissen können, und was wir noch wissen wollten..... 40
        2.4.1   Das Erkenntnisinteresse der Praxis..................... 42
        2.4.2   Was uns interessierte................................ 43
   Literatur.. 46

3 **Gute Arbeit, wie sie entsteht oder wie wir sie verhindern**............... 49
   3.1   Einflussfaktoren auf „Gute Arbeit".......................... 50
        3.1.1   Einflussfaktoren auf die Kapazität zur Erfüllung der
               Arbeitsanforderungen................................ 53

      3.1.2   Einflussfaktoren auf die Leistungsfähigkeit und
              Leistungsbereitschaft   73
      3.1.3   Einflussfaktoren auf eine lange Verweildauer
              im Erwerbsleben   93
  Literatur. 106

4   Die Zukunft der Arbeit – Schöne, neue Welt? 109
   4.1   Flexibilität, Agilität und Individualisierung. 112
   4.2   Informatisierung der Arbeit 115
   4.3   Digital Communities 119
   4.4   Multilokales Arbeiten. 121
   4.5   Produktivität, Transparenz und Rationalisierung. 126
   4.6   Beschleunigung 128
   4.7   Fragmentierung und neue Selbstständigkeit? 130
   4.8   Quick-Reads: Fit für die Zukunft der Arbeit? 131
   Literatur. 135

5   Flexible Arbeitsmodelle – Drei Modelle im Überblick 137
   5.1   Wirkung der Modelle zur Aktivierung eines Fachkräftepotenzials 138
   5.2   Wirkung der Modelle auf Gesundheit, Zufriedenheit,
          Produktivität und Motivation. 140
   5.3   Quick-Reads über die Wirkung flexibler Arbeitsmodelle 142

**6   Modell Beschäftigungsgradreduktion: Weniger, aber
   zufriedener arbeiten** 145
   6.1   Modell „Entlastung" 150
      6.1.1   Kurzbeschreibung 150
      6.1.2   Praxisfall Ganz AG 154
   6.2   Modell „Work-Life". 160
      6.2.1   Kurzbeschreibung 160
      6.2.2   Praxisfall Prevent AG. 163
   6.3   Modell „Teilzeit" 165
      6.3.1   Kurzbeschreibung 165
      6.3.2   Praxisfall Bogenkarriere bei der Raiffeisen. 167
   6.4   Erwartung und Wirkung. 170
   6.5   Quick-Reads zur Beschäftigungsreduktion 172
   Literatur. 175

7   Modell Arbeitsportfolio: Länger, motivierter arbeiten 177
   7.1   Arbeitsinhalte der Zukunft. 178
   7.2   Internes Portfolio 182
   7.3   Externes Portfolio 187
   7.4   Erwartung und Wirkung. 194

7.5 Praxisfall Arbeitsportfolio bei der Bühler 195
    7.5.1 Ausgangslage 195
    7.5.2 Vorgehen 196
    7.5.3 Learning 200
    7.5.4 Nutzen 200
7.6 Quick-Reads zum Arbeitsportfolio 201
Literatur 204

8 Sabbatical – Anreiz für wen? 205
8.1 Sabbatical-Modell „Erholung". 207
8.2 Sabbatical-Modell „Orientierung und Qualifikation" 208
8.3 Erwartung und Wirkung 211
8.4 Praxisfall Sabbatical bei der Südostbahn AG 212
    8.4.1 Ausgangslage 212
    8.4.2 Vorgehen 213
    8.4.3 Learning 214
8.5 Quick-Reads zum Sabbatical 215
Literatur 216

9 Erfahrungen und Erfolgsfaktoren in der Einführungsphase 217
9.1 Erwartungen bei der Arbeitsflexibilisierung aus Sicht
    des Arbeitgebers 218
    9.1.1 Prozessgestaltung zur Implementierung von flexiblen
        Arbeitsmodellen 219
    9.1.2 Erfolgsfaktoren bei der Implementierung – Empfehlungen
        für die Umsetzung 222
9.2 Reaktionen aus Perspektive der Arbeitnehmenden 223
    9.2.1 Erwartungen an die Gestaltung der Arbeitsflexibilisierung
        und Erfolgsfaktoren 224

10 Unsere Studien 227
10.1 Die Studie 2015 – „Flexibilisierung der Arbeitsphase 50+" 227
10.2 Die Studie 2017 – „New Work – Gestaltung von Arbeitsportfolios" 231

Abbildungsverzeichnis

Abb. 2.1   Beschäftigung mit Pensionierungszeitpunkt in
            Abhängigkeit vom Alter   26
Abb. 2.2   Beschäftigungsquote der 55- bis 64-Jährigen   29
Abb. 2.3   Beschäftigungsquote der 65- bis 69-Jährigen   30
Abb. 2.4   Wichtigste Gründe für den frühen Arbeitsmarktaustritt
            (nichterwerbstätige Frühpensionierte)   34
Abb. 2.5   Gründe für Erwerbstätigkeit von Frühpensionierten   36
Abb. 2.6   Bedingungen für eine längere Erwerbstätigkeit   37
Abb. 2.7   Beschäftigungsmodelle für Personen über dem
            ordentlichen Pensionierungszeitpunkt   38
Abb. 2.8   Wünsche zu Tätigkeitsgestaltung der Berufsgruppe 55+   39
Abb. 3.1   Wirkungssystem „Gute Arbeit" – Einflussfaktoren auf
            die Verweildauer im Erwerbsleben   50
Abb. 3.2   Innerer Wirkungskreislauf der „guten Arbeit"   51
Abb. 3.3   Einflussfaktoren auf individuelle Arbeitskapazität   54
Abb. 3.4   Beurteilung der Unterstützung durch Vorgesetzte und
            Kollegen durch unterschiedliche Alterssegmente   63
Abb. 3.5   Vergleich häufiger psychischer Anforderungen in
            Organisationen mit/ohne Restrukturierungen   69
Abb. 3.6   Einflussfaktoren auf individuelle Leistungsfähigkeit
            und -bereitschaft   73
Abb. 3.7   Häufigkeit beanspruchender Anforderungen aus Arbeitsinhalt
            und -organisation und daraus resultierende Belastung   82
Abb. 3.8   Psychische Anforderungen aus Arbeitsinhalt und -organisation
            nach Alter   83
Abb. 3.9   Beurteilung der Stresszunahme sowie Über-/Unterforderung
            nach Alter   86
Abb. 3.10   Langfristige Beanspruchungs- und Stressfolgen nach Alter   87
Abb. 3.11   Einflussfaktoren auf die Erwerbsverweildauer   94
Abb. 3.12   Krankenstand- und Erwerbsquote nach Alter in Österreich   96

Abb. 3.13   Einflussfaktoren Arbeitsfreude und -zufriedenheit   99

Abb. 3.14   Anforderungen aus dem Beschäftigungsverhältnis nach Alter.   102

Abb. 3.15   Erlebte Arbeitsmarkthindernisse bei Erwerbstätigkeit über
            dem ordentlichen AHV-Rentenalter – Erwerbstätige Pensionierte . . .   104

Abb. 3.16   Mögliche Arbeitsmarkthindernisse bei Erwerbstätigkeit über
            dem ordentlichen AHV-Rentenalter – Erwerbstätige Pensionierte . . .   104

Abb. 4.1   Einfluss der Digitalisierung auf die Arbeit.   112

Abb. 4.2   Verbreitung mobiler Arbeit – Erwerbstätigenbefragung 2016   123

Abb. 4.3   Gründe für mobiles Arbeiten   125

Abb. 5.1   Modelle zur Arbeitsflexibilisierung   138

Abb. 5.2   Wirkung flexibler Arbeitsmodelle; n = 46, 56, 62,
            Skalenniveau 1 (trifft überhaupt nicht zu) bis 6
            (trifft vollumfänglich zu)   141

Abb. 6.1   Gesundheitliche Beschwerden in Abhängigkeit von der
            wöchentlichen Arbeitszeit bei deutschen Arbeitnehmern   151

Abb. 6.2   Arbeitsproduktivität in Abhängigkeit von der
            wöchentlichen Arbeitszeit   152

Abb. 6.3   Abgestufte Beschäftigungsgradreduktion mit Sockel bei Ganz AG . . .   156

Abb. 6.4   Veränderung der Führungsrolle bei Einführung einer gestuften
            Beschäftigungsgradanpassung im Falle der Ganz AG   157

Abb. 6.5   Rollenveränderung durch Beschäftigungsgradreduktion
            bei kaufmännischen Mitarbeitenden und bei Mitarbeitenden
            der Baustellen der Ganz AG.   158

Abb. 6.6   Beschäftigungsgradreduktion mit Zeitkonto am Beispiel
            der Ganz AG.   159

Abb. 7.1   Veränderung von Arbeitsportfolios am Beispiel des
            Alterssegments der 51- bis 55-Jährigen   182

Abb. 7.2   Variante I: Internes Arbeitsportfolio.   197

Abb. 7.3   Variante II: Externes Arbeitsportfolio   198

Abb. 7.4   Konsequenzen der beiden Arbeitsportfolios für die
            Rollengestaltung.   199

Abb. 9.1   Beispiel eines Implementierungsprozesses   221

Abb. 10.1   Altersverteilung der Studie 2015, n = 731   228

Abb. 10.2   Funktionsstufe der Umfrageteilnehmenden (m = 550 N/f = 180 N) . . .   229

Abb. 10.3   Tätigkeitsfeld, Angabe in %, n = 704.   229

Abb. 10.4   Ausbildung, Angabe in %, n = 726   230

Abb. 10.5   Teilnehmende nach Unternehmensgröße in %, n = 731.   230

Abb. 10.6   Branche, Angabe in %, n = 676   231

Abb. 10.7   Umfrageteilnehmende nach Altersgruppen; N = 920.   232

Abb. 10.8   Teilnehmende nach Funktion und Geschlecht (N = 920).   233

Abb. 10.9   Umfrageteilnehmende nach Organisationsgröße (N = 920).   234

Abb. 10.10 Umfrageteilnehmende nach Branche (N = 920)   234

Tabellenverzeichnis

Tab. 2.1   Berufsbiografisches Lebensphasenmodell und Aufgaben
des Personalmanagements.   27

Tab. 2.2   Vergleich der Maßnahmen zur Bekämpfung des
Fachkräftemangels in der Schweiz und in Deutschland   31

Tab. 3.1   Altersabhängige Einschätzung der fachlichen Qualifikation,
Weiterentwicklung und Aufgabeneignung   55

Tab. 3.2   Bewertung der Vorgesetztenunterstützung, -wertschätzung
sowie Altersdiskriminierung entlang der Unternehmenshierarchie;
n = 729 im Alter 45+   59

Tab. 3.3   Prozentuale Häufigkeit von Arbeitsbelastungen bezogen
auf Wirtschaftszweige, *Häufigkeiten zu gering.   67

Tab. 3.4   Tatsächliche Arbeitszeit und psychische Belastung   80

Tab. 3.5   Handlungs- und Verhandlungsautonomie   88

Tab. 3.6   Handlungsautonomie und Alter.   89

Tab. 3.7   Handlungsautonomie nach Hierarchieebene und Geschlecht   89

Tab. 3.8   Arbeitsbeeinflussung und Entscheidungsautonomie nach Alter   90

Tab. 3.9   Eigenwahrnehmung des Gesundheitszustands
unterschiedlicher Hierarchieebenen   97

Tab. 3.10   Anzahl der unterstützungsbedürftigen Personen pro
Haushalt und Alterssegment   101

Tab. 3.11   Berücksichtigung des Umfelds bei der
Pensionierungsentscheidung.   101

Tab. 4.1   Mobiles Arbeiten nach Geschlecht und Alter   123

Tab. 5.1   Wirkung flexibler Arbeitsmodelle auf die Verweildauer
im Erwerbsleben bis zur ordentlichen Pensionierung und
über die Pensionierung hinaus.   139

Tab. 5.2   Aktivierungspotenzial der zur Frühpension entschlossenen
Erwerbstätigen; n = 219   139

Tab. 5.3   Unterschiede zwischen Erwartung und Erfahrung bei der
Wirkung flexibler Arbeitsmodelle; Mittelwerte auf Skala 1–6   142

Tab. 6.1   Vergleich des Beschäftigungsgrads nach Alter, N = 920.   146
Tab. 6.2   Beschäftigungsgrade in einzelnen Branchen, n = 911.   147
Tab. 6.3   Finanzielle Verkraftbarkeit einer Beschäftigungsgradreduktion
            (Welche Beschäftigungsgradreduktion könnten Sie zum jetzigen
            Zeitpunkt bei Ihrem Hauptarbeitgeber finanziell verkraften,
            ohne Ihren Lebensstil wesentlich zu verändern?); n = 708;
            leere Zeilen zeigen ein n < 10 an und wurden deshalb
            nicht ausgewertet.   148
Tab. 6.4   Eigenschaften Modell Entlastung   153
Tab. 6.5   Wirkung einer beruflichen Entlastung mittels
            Beschäftigungsgradreduktion, n = 45 (Beschäftigte, die ihren
            Beschäftigungsgrad reduziert haben)   154
Tab. 6.6   Nebentätigkeiten in Abhängigkeit vom Beschäftigungsgrad   161
Tab. 6.7   Eigenschaften Modell Work-Life   162
Tab. 6.8   Eigenschaften Modell Teilzeit-Kultur   166
Tab. 7.1   Wirkung eines Arbeitsportfolios   178
Tab. 7.2   Modell „Internes Portfolio".   183
Tab. 7.3   Weitergabe von Erfahrung als internes Portfolio   185
Tab. 7.4   Modell „Externes Portfolio"   188
Tab. 7.5   Externe Arbeits-Portfolios.   190
Tab. 7.6   Betreuende, politische und gemeinnützige Engagements.   192
Tab. 8.1   Wirkung einer beruflichen Auszeit (Sabbatical)   207
Tab. 8.2   Sabbatical-Modell „Erholung"   208
Tab. 8.3   Sabbatical-Modell „Orientierung und Qualifikation"   211

1

Zusammenfassung

Die Arbeitswelt befindet sich in einem rasanten Entwicklungsprozess. Angesichts dessen stellt sich uns die Frage: Wie wollen wir in Zukunft arbeiten? Über diese Frage muss ein breiter gesellschaftlicher Dialog geführt werden, in welchem sich alle Betroffenen, ob Arbeitnehmende oder Arbeitgeberseite, Politik und Wirtschaft, Junge und Alte, Führungskräfte und Mitarbeitende, Erwerbstätige und Erwerbslose, beteiligen können. Denn die Zukunft der Arbeit lässt sich gestalten, wenn wir das komplexe Wirkungsgeflecht aus politischen, organisationalen und individuellen Entscheidungen gut aufeinander abstimmen. Das vorliegende Buch leistet hierzu einen Beitrag, indem es konkrete Beiträge zur Gestaltung von flexiblen Arbeitsmodellen bietet: Anhand zweier Studien und gemeinsam mit der betrieblichen Praxis haben wir Modelle zur Arbeitsflexibilisierung entwickelt und auf ihre Wirksamkeit auf den Verbleib im Erwerbsprozess, aber auch auf Gesundheit, Produktivität, Motivation und Lebenszufriedenheit hin untersucht. Diese Modelle richten sich an Individuen und Organisationen, welche sich angesichts der herrschenden dynamischen Umfeldveränderungen dafür einsetzen, die richtigen Bedingungen zu schaffen für gute Arbeit und damit auch für einen Verbleib der wichtigsten Ressource in der Arbeitswelt – den Menschen.

1.1 Wir müssen reden

Kaum etwas vermag uns jeden Tag so zu beschäftigen, meist fünf Tage die Woche und fast das ganze Jahr hindurch, wie die Arbeit. Arbeit als Beschäftigung, im besten Fall als Vollbeschäftigung, ist aus volkswirtschaftlicher Sicht ein hohes und anzustrebendes Gut. Doch unsere Vorstellung von Vollbeschäftigung geht davon aus, dass alle

Arbeitsfähigen einen produktiven Beitrag zur Produktion der wirtschaftlichen Güter und Mehrung der wirtschaftlichen Wohlfahrt leisten können. Doch wollen und können das auch die Arbeitnehmenden? Betrachtet man die Beschäftigungsquoten, vor allem auch gegen Ende der beruflichen Laufbahn, so wird deutlich, dass hier Phänomene der Frühpensionierung, d. h. des vorzeitigen Erwerbsausstiegs, sich schon lange vom Modell der Vollbeschäftigung verabschiedet haben. Offensichtlich scheint das Individuum genau dann, wenn es entlang der eigenen Berufslaufbahn besonders erfahren und damit auch qualifiziert ist, andere Pläne zu haben, als bis zu einem nicht von ihm gewählten Zeitpunkt vollbeschäftigt zu bleiben. Dieser Befund wirft unter anderen auch angesichts eines zunehmenden Mangels an gut qualifizierten Mitarbeitenden in den Betrieben im Speziellen in unseren Europäischen Volkswirtschaften, aber auch im Allgemeinen Fragen auf, wie zum Beispiel:

- Haben wir genug Arbeitskraft, um künftigen Vorstellungen von Wachstum und Wandel proaktiv zu begegnen?
- Mit welchen Mitarbeitenden, wenn nicht mit jenen in der letzten Berufsphase, wollen wir erfahrene Fachexpertise, gut vernetztes Sozialkapital wie auch Kulturkontinuität und vieles mehr in den Betrieben erhalten?
- Wie wollen und werden wir angesichts sich verändernder Rahmenbedingungen in Zukunft arbeiten?
- Welche Vorstellungen von Alter und Altern wollen wir als gemeinsame Wertegrundlage unseren Personalpolitiken, unserem Umgang zwischen den Generationen zugrunde legen?

Über diese Fragen muss ein breiter gesellschaftlicher Dialog geführt werden, ein Dialog, in welchem sich alle Betroffenen, ob Arbeitnehmende oder Arbeitgeberseite, Politik und Wirtschaft, Junge und Alte, Führungskräfte und Mitarbeitende, Erwerbstätige und Erwerbslose, beteiligen können. Für diesen Dialog soll das vorliegende Buch einen Beitrag leisten, indem es alle erwähnten Bezugsgruppen anspricht und für sie evidente und konkrete Beiträge zur dialogischen Gestaltung von guten Arbeitsbedingungen und -modellen bietet. Damit sollen auch unterschiedliche Perspektiven vereint werden. Die Frage, was uns, insbesondere in der letzten Phase der Berufsbiografie, im Erwerbsleben hält, soll sodann auch mit jener Frage verbunden werden, was wir eigentlich als „gute Arbeit" bezeichnen (siehe hierzu Kap. 3). Dies ausgehend von der Grundhypothese, dass „gute Arbeit" zu leisten letztlich sowohl das Ziel von Arbeitnehmenden wie Arbeitgebenden ist. Um diesen Dialog zu fördern, nehmen wir bewusst nicht nur eine Position ein, deren Interessen zu schützen und zu vertreten sind. Wir sehen eher unseren Beitrag eingebettet in ein komplexes Wirkungsgeflecht aus politischen, organisationalen und individuellen Entscheidungen. Dieses Wirkungsgeflecht versuchen wir in einem reduzierten Wirkungsmodell „guter Arbeit" abzubilden (siehe Abschn. 3.1), um einen Orientierungsrahmen für den Dialog zu schaffen. Gute Arbeit wird dabei nicht nur von ihren Ergebnissen her definiert, also Güte zum Beispiel im Sinne von Produktivität, Qualität, Kundenzufriedenheit etc., sondern auch von ihren Rahmenbedingungen, also der Frage, was gegeben sein muss, damit Arbeit und ihre Entstehungsbedingungen von dem Mitarbeitenden auch als gut empfunden werden. Erst in diesem Wirkungsgeflecht lassen sich Faktoren guter Arbeit verorten und in ihrem Wechselspiel sowie in ihrer gegenseitigen Beeinflussung verstehen. Selbstredend weist ein solches Wirkungssystem innere Dynamiken auf, welche verstärkend oder behindernd das Resultat „guter Arbeit" beeinflussen. Es sind auch die gleichen Dynamiken, die direkt oder indirekt unsere Entscheidung, im Erwerbsleben zu verbleiben oder ihm den Rücken zuzukehren, zu beeinflussen vermögen. Erst das Bewusstsein dieser Dynamiken lässt eine Würdigung der einzelnen Faktoren im Gesamtzusammenhang zu. Und erst das Bewusstsein darüber, wo wir diese Dynamiken beeinflussen können, worin also die Stellhebel der Organisation, des Human Resource Managements, der vorgesetzten Führungspersonen auf der einen Seite, des Mitarbeitenden aber auch auf der anderen Seite liegen, hilft uns individuelle und organisationale Entscheidungen zur Beeinflussung des Wirkungssystems zu treffen. An diesen organisationalen und individuellen Stellhebeln, an diesen Entscheidungspunkten kann sich der Dialog entwickeln, können die Bedürfnisse beider Seiten einander gegenübergestellt, im besten Sinne auch vereint werden. Hierüber können wir reden, hierüber müssen wir aber auch reden.

Jeder Dialog wird immer vor dem Hintergrund individueller oder institutioneller Werte und Einstellungen geführt. Da gibt es meist auf der einen Seite eine beschreibbare Ausgangslage, welche vielleicht den äußeren Anlass des Dialogs darstellt, da gibt es aber auch individuelle und gesellschaftliche Wertvorstellungen, die den Dialog prägen werden. Wenn wir über die Arbeit der Zukunft sprechen, wenn wir über Arbeitsmodelle und Faktoren guter Arbeit reden, dann wird dieser Dialog unweigerlich vor dem Hintergrund anderer Dialoge, zum Beispiel jenem des Fachkräftemangels, der demografischen Veränderung, der Beschäftigungsquoten, dem Wettbewerbsdruck der Betriebe in einem sich rasant verändernden Umfeld geführt werden. Diese Dialoge werden im Öffentlichen, sozusagen im Äußeren geführt und beeinflussen unwillkürlich unsere Aufmerksamkeit sowie Wahrnehmung von Arbeit. Die immer wieder auftretenden Fragen in diesen Dialogen lauten unter anderem:

- Wie können wir die Beschäftigungsquote der älteren Mitarbeitenden erhalten, indem wir ungewollte Frühpensionierungen reduzieren?
- Wie begegnen wir einer alternden Belegschaft und halten diese arbeitsfähig, produktiv und motiviert? Wie gehen wir mit Altersdiversität in den Betrieben um?

Doch auch das, was wir selbst eigentlich meinen, wenn wir Arbeit sagen, was unsere eigene Einstellung und unser persönliches Verständnis prägt, wenn wir über Arbeit reden, wird von gesellschaftlichen Zuschreibungen, berufsbiografischen Erfahrungen, individuellen Werten und unseren eigenen, bewussten oder unbewussten Deutungsmustern geprägt sein. Das sind sozusagen unsere inneren Dialoge. Fragen, die sich uns hier stellen und die wir im Rahmen der vorliegenden Schrift ansprechen, lauten in etwa:

- Bin ich selbst vorbereitet auf die Anforderungen einer sich rasant verändernden Arbeitswelt? Wie gut bin ich im künftigen Arbeitsmarkt integriert?
- Wie lange will ich, muss ich, soll ich arbeiten? Wie will ich einmal künftig arbeiten?
- Welche Faktoren und Rahmenbedingungen brauche ich, um auch in der letzten Berufsphase gerne und gut arbeiten zu können? Wie kann ich mir eine Arbeit nach der ordentlichen Pensionierung vorstellen?

Beide, die äußeren wie die inneren Dialoge, sind wichtig, auch dass man sie transparent macht, wenn wir über Arbeit reden. Zumindest sollten sie für alle Parteien ins Bewusstsein eines reflektierten Dialogs treten. Aus diesem Grund gehen wir blitzlichtmäßig auf einige dieser gesellschaftlichen Diskurse wie auch der Wertentwicklungen von Arbeit in Kap. 2 in aller gebotenen Kürze ein. Wir zeigen ferner in Abschn. 3.1, was uns potenziell befähigt und motiviert, aber auch, was uns von guter Arbeit abhalten kann. Denn nur, wenn wir uns der verschiedenen Sinn- und Bedeutungszusammenhänge des Phänomens Arbeit bewusst sind, lässt sich hierüber ein bewusster Dialog führen. Oder um es in den Worten von Hannah Arendt zu sagen:

> Denn was immer Menschen tun, erkennen, erfahren oder wissen, wird sinnvoll nur in dem Maß, in dem darüber gesprochen werden kann. (…) Sofern wir im Plural existieren, und das heißt, sofern wir in dieser Welt leben, uns bewegen und handeln, hat nur das Sinn, worüber wir miteinander oder wohl auch mit uns selbst sprechen können, was im Sprechen einen Sinn ergibt (Arendt 2016, S. 12).

Das vorliegende Buch nimmt sich deshalb zum Ziel, diesen Dialog zwischen allen an der Entwicklung von Arbeit Beteiligten zu fördern, mit Erkenntnissen aus der Empirie, als Basis für einen sachlichen Diskussionsbeitrag, damit Entwicklungen vor dem Hintergrund eines geschärften Bewusstseins und im Dialog gefunden werden können. Kurz gesagt, über die Zukunft der Arbeit müssen wir reden.

1.2   Wir sollten (uns) vorsehen

Die Arbeitswelt befindet sich in einem rasanten Entwicklungsprozess. Sie wird einerseits getrieben von in immer schnelleren Zyklen anbrandenden technologischen, wirtschaftlichen und gesellschaftlichen Entwicklungswellen. Andererseits ist sie aber auch der Ort, wo genau diese Entwicklungswellen meist unter dem Eindruck von Wettbewerbs- und Produktivitätsdruck, globaler Vernetzung oder auch schlicht des gesellschaftlichen Wandels hervorgebracht und ausprobiert werden. Die Arbeitswelt ist somit gleichermaßen Täterin wie Opfer ihrer eigenen Entwicklung und Dynamik. Die digitale Transformation wird sowohl in der Arbeitswelt durch neue Herstellungsverfahren, global verknüpfte

Wertschöpfungs- und Leistungserbringungssysteme, aber auch durch neue Geschäftsmodelle der Arbeitserbringung – u. a. die in Abschn. 4.7 beschriebene neue Selbstständigkeit – produziert. Es werden aber auch die übrigen, gemeinhin nicht als Speerspitze
der neuen Arbeitswelt zu bezeichnenden traditionellen Arbeitssphären von genau dieser
eben selbst produzierten digitalen Transformation erfasst. Zunehmende Flexibilisierung
und Agilität, Informatisierung, digitale Communities, multilokales Arbeiten, neue Fer-
tigungstechnologien und Produktionsprozesse, vermehrte Transparenz und Rationalisierung sind Treiber einer Beschleunigung wie auch Fragmentierung von Arbeit und sind
nur einige dieser Phänomene der neuen Arbeitswelt, welche sowohl von dieser hervorgebracht wurden als auch auf diese als Ganzes wirken. Aus diesem Grund werden wir diese
Phänomene in Kap. 4 kurz einführen, beschreiben und in unserem Wirkungsmodell in
Bezug setzen.

Wer sich also damit beschäftigt, auch in Zukunft und angesichts der herrschenden
dynamischen Umfeldveränderungen gute Bedingungen für einerseits gute Arbeit und
damit andererseits auch für einen Verbleib der wichtigsten Ressource darin – den Menschen – zu schaffen, ist gut beraten vorauszusehen und (sich) vorzusehen. Denn es sind
Chancen, aber auch Risiken im Umgang mit diesen dynamischen Veränderungen zu
erwarten, welche vorausblickend wahrgenommen werden sollten. Insofern wollen wir
mit unserer Publikation auch perspektivisch diese Chancen und Risiken für einerseits
die Gestaltung guter Arbeitsbedingungen im Allgemeinen aufzeigen, andererseits aber
auch damit die (Wert-)Grundlagen, sozusagen den Nährboden beschreiben, auf dem neue
Modelle der Arbeitsflexibilisierung gedeihen können.

1.3   Wir können gestalten

Die neue Arbeitswelt bietet uns nebst anderem vor allem eines: Wir können sie gestalten.
Und wir sollten dies auch tun. Vor dem Hintergrund der aktuellen Diskurse über Fachkräftemangel, Frühpensionierungen, New Work, demografischen Wandel etc., aber auch
vor dem Hintergrund eines sich wandelnden gesellschaftlichen Bewusstseins über den
Stellenwert der Arbeit und schließlich auch angesichts der rasanten Transformationspro-
zesse der kommenden Jahre und Jahrzehnte, angesichts all dieser Veränderungen sollten
wir konkrete Lösungsmöglichkeiten gestalten, prüfen und diskutieren. Genau das haben
wir vorbereitend zu dieser Publikation gemacht.

In unserem vorliegenden Buch konzentrieren wir uns auf die Flexibilisierung und
Individualisierung als Grundtendenz der neuen Arbeit. Wir leiten – aus enger Zusammenarbeit mit der betrieblichen Praxis, aber auch gestützt auf zwei quantitative Studien –
ein Set von 8 Modellen der Arbeitsflexibilisierung ab und beschreiben diese in Kap. 5.
Es handelt sich dabei um prototypische Modelle der Arbeitsflexibilisierung, welche
jeweils dem betrieblichen Kontext angepasst werden müssen. Fallbeispiele, welche wir
in diesem Buch verwenden, zeigen auf, dass die Ausgestaltung hoch individualisiert und
dem Unternehmenskontext angepasst erfolgt. Das ist auch gut so, denn es kann nicht die

Absicht der Flexibilisierung darin liegen, mit hoher Standardisierung von Modellen, sich selbst zu konterkarieren. Gleichzeitig haben wir darauf geachtet, dass diese 8 Arbeitsmodelle in einem eigenen inneren Wirkungszusammenhang stehen und sich deshalb, in Kombination eingeführt, gegenseitig verstärken können. Sie bilden damit für ein modernes Personalmanagement einen Baukasten, welcher je nach Bedarf im betrieblichen Kontext, je nach intendierter Zielrichtung kombiniert oder als Ganzes eingesetzt werden kann.

Die Funktionsweise und Wirkung eines Modells ist nur so aussagekräftig, wie sie in der Praxis evident hat nachgewiesen werden können. Wir haben deshalb im Jahr 2015 eine breit abgestützte quantitative Befragung zur Evaluation von Bedürfnissen, Einsatz und Wirkungsweise dieser Modelle der Arbeitsflexibilisierung durchgeführt. Hierbei haben wir uns auch von der Grundfrage leiten lassen, welchen Beitrag die Modelle im wissenschaftlichen und wirtschaftlichen Diskurs u. a. zur Behebung des Fachkräftemangels leisten können. Details hierzu sind in Kap. 4 beschrieben. Dabei zeigte sich, dass die Modelle alle einen Beitrag zum Fachkräftediskurs, zum Diskurs der Frühpensionierung sowie des Umgangs mit älteren Mitarbeitenden leisten können. Es zeigt sich ferner, dass sie gut in unserem Modell „guter Arbeit" verortbar sind und im beidseitigen Interesse von Arbeitgebenden und Arbeitnehmenden stehen. Aufgrund der hohen erwarteten Wirkung des Modells Arbeitsportfolio, wie wir es in Kap. 7 beschreiben, haben wir im Jahr 2017 eine weitere vertiefende Studie bei gut 920 Mitarbeitenden durchgeführt, welche der Frage nach der Gestaltung des Arbeitsportfolios bzw. der Arbeitsinhalte nachgegangen ist. Diese Ergebnisse sind direkt in dasselbe Kapitel eingeflossen. Beide Studien, die 2015 und 2017 durchgeführt wurden, bieten interessantes Datenmaterial, welches den wissenschaftlichen Diskurs über Verweilgründe im Erwerbsprozess, über die Wirksamkeit flexibler Arbeitsmodelle, über die Erwartungen gegenüber Veränderungen im Arbeitsumfeld sowie schließlich über die zukunftsgerichtete Ausgestaltung von Arbeitsportfolios ergänzen und vertiefen. Damit richtet sich das Buch auch an ein Fachpublikum, welches an einem evidenzbasierten Diskurs über die Zukunft der Arbeit interessiert ist. Der bestehende Stand der wissenschaftlich erhärteten Erkenntnisse wird damit ergänzt und vertieft.

Modelle sind systematisierte Ideen, bis sie in die betriebliche Praxis umgesetzt werden. Unsere Forschungsarbeit war von Anbeginn stark mit einem Konsortium von Arbeitgebenden unterschiedlicher Branchen und Unternehmensgrößen verbunden. Mit diesen sogenannten „Lead-Usern" konnten wir frühzeitig Forschungsfragen diskutieren, das Erkenntnisinteresse vor dem Hintergrund anwendungsorientierter Fragestellungen schärfen, Arbeitsmodelle entwickeln und, was mit das Wichtigste war, diese generierten Modelle in ihrer Umsetzung in den Unternehmen begleiten. Dabei sind wichtige Umsetzungserfahrungen hinsichtlich Zielsetzung, Ausgestaltung und Akzeptanz entstanden, welche als Praxisfallstudien in dieses Buch eingeflossen sind. Diese Lead-User waren auch der Gründungskern eines HR-Panels New Work, welches in einem partizipativen Forschungsansatz in die Gestaltung von Lösungsansätzen der neuen Arbeitswelt integriert wurde. Damit stellt die Praxis einen wichtigen Prüfstand für die entwickelten Modelle dar, einen Lackmustest, was überhaupt und in welcher Form von der Praxis angenommen werden kann und welche Umsetzungspraxis sich Erfolg versprechend darstellt. Insofern kommt also auch die Arbeitgeberseite in diesem Buch zu Wort, wodurch ein schöner Brückenschlag zwischen Wissenschaft und Praxis gesichert werden konnte. Damit richtet sich dieses Buch sowohl an die Fach-Community wie auch an Praktikerinnen und Praktiker und bringt beide Seiten in einen fruchtbaren Dialog zur Gestaltung der neuen Arbeitswelt.

Literatur

Arendt, Hannah. 2016. *Vita activa oder Vom tätigen Leben. Ungekürzte Taschenbuchausgabe,* 18. Aufl. München: Piper.

Arbeit im Wandel der Zeit

2

Zusammenfassung

Warum arbeiten wir, und welche wirtschaftlichen und gesellschaftlichen Werte verbinden wir mit der Arbeit? Dieser Frage gehen wir in diesem Kapitel mit drei Diskursansätzen nach, indem wir nach dem Wert der Arbeit fragen, der Frage nach unserer Einstellung zu Alter und Ruhestand aus gesellschaftlicher Perspektive nachgehen und schließlich aus wirtschaftlicher Perspektive den demografischen Wandel und den Fachkräftemangel beleuchten. Dabei stellt sich immer wieder die Frage: Was hält den Menschen auch gegen Ende seiner Berufsbiografie freiwillig im Erwerbsleben, und unter welchen Bedingungen können Menschen bis und über die ordentliche Pensionierung hinaus im Erwerbsleben gehalten werden? Während der Bestand an möglichen Interventionen von Human-Resource-Seite zur Vermeidung von Frühpensionierungen als gut zu bezeichnen ist, zeigen wir die aktuelle Forschungslücke und das aktuelle Erkenntnisinteresse der Praxis auf. Dabei steht die Frage im Zentrum, inwieweit mit spezifischen, flexiblen Arbeitsmodellen eine positive Wirkung auf das Pensionierungsverhalten sowie auf indirekte Faktoren der Arbeitszufriedenheit erzielt werden kann.

Die Arbeit bestimmt in den allermeisten Fällen in hohem Maß unser Leben. Wir erträumen uns unsere Berufe, entwickeln einen wesentlichen Anteil unseres Kompetenzerwerbs im Hinblick auf unsere Arbeit; wir verbringen den Großteil unseres Lebens mit Arbeiten, bauen über unsere Arbeitsbeziehungen maßgeblich unser soziales Kapital auf; wir leben von der Arbeit, manchmal leben wir auch für die Arbeit. Die Arbeit begleitet als Berufsbiografie den Hauptteil unserer Lebensbiografie, und in der Art und Weise, wie sich die Arbeitsgrundlagen, unsere Einstellungen zur Arbeit, die Rahmenbedingungen der Arbeit und unsere Anreiz- und Gratifikationssysteme rund um die Arbeit verändern, verändern sich auch unsere individuellen Biografien. Auch für unsere Wirtschaft ist das

© Springer Fachmedien Wiesbaden GmbH, ein Teil von Springer Nature 2018
S. Wörwag und A. Cloots, *Flexible Arbeitsmodelle für die Generation 50+,*
https://doi.org/10.1007/978-3-658-20538-6_2

qualitative und quantitative Arbeitskräftepotenzial erfolgsentscheidend, für den Wettbewerb in einer globalen Welt sind die Agilität der Arbeitsmärkte, das Potenzial an Fachkräften und die Produktivität der Ressource Arbeit ausschlaggebend. Und schließlich ist
auch für eine Gesellschaft, insbesondere für eine dramatisch alternde Gesellschaft, die
Arbeit eine Voraussetzung wie eine Resultante von dynamischen Veränderungsprozessen,
welche unter anderem über Integration oder Ausschluss, über Gerechtigkeit und Solidarität usw. in einer von Diversität geprägten Zeit sowie über den Zugang zu gesellschaftlich
bestimmten Bildern mitentscheidet. Diese Diskurse sind wichtig, und sie finden statt,
zu Hause wie in der politischen Arena, explizit sowie implizit, ganz privat und jeder für
sich wie in der breiten Öffentlichkeit. In diesen Diskursen konstruieren wir Wirklichkeit,
gebunden an die Denkvoraussetzungen unserer Zeit. Dabei zeigt es sich, dass Arbeit eng
mit unserem Menschsein verbunden ist, dass unser Menschsein und damit auch unsere
Einstellung zur Arbeit nichts Fixiertes ist, sondern sich fortlaufend wandelt und uns als
Subjekte beständig verändert. Denn der Mensch in und mit seiner Arbeit ist eingebettet
in einer „Serie von Subjektivitäten, die niemals zu einem Ende kommen und uns niemals vor etwas stellen, das ‚der Mensch' wäre. Der Mensch ist ein Erfahrungstier: Er
tritt ständig in einen Prozess ein, der ihn als Objekt konstituiert und ihn dabei gleichzeitig verschiebt, verformt und verwandelt – und der ihn als Subjekt umgestaltet" (Foucault
et al. 2008, S. 85).

Vor diesem Hintergrund ist es wichtig, diese Diskurse als Ausdruck einer dynamischen Entwicklung rund um die Arbeit, rund um uns als Objekte sowie Subjekte der
Arbeit auszugsweise kurz aufleuchten zu lassen, um die Folie zu verstehen, welche die
Arbeit auch als etwas Relatives, zeitlich Gebundenes und subjektiv Wandelbares erscheinen lässt. In Abschn. 2.1 beleuchten wir Facetten der Bedeutungsentwicklung der Arbeit
zwischen der Vormoderne, der Industrialisierung und der Gegenwart. Denn es gab Zeiten, in denen wir uns als Zeichen eines guten Lebens von der Arbeit als Quell von Mühsal befreien wollten. So kam mit der Industrialisierung eine neue Rationalität, jene des
„Geldverdienens", die sich bis in die Gegenwart fortgesetzt hat. Schließlich hat die taylo-
ristische Trennung von Arbeit und Konsum, die Ausdifferenzierung des Herstellungspro-
zesses in Funktionen und Spezialisierungen zu einer Entfremdung und Verzwecklichung
der (Mit-)Arbeitenden geführt, deren Verhalten nicht aus einer inneren Orientierung an
Arbeit, sondern mittels Anreizen und Regeln gesteuert werden sollte. Das ist für viele
Beschäftigte eine heute kaum hinterfragte Realität. Die Frage wird uns deshalb durch
das Buch begleiten, ob wir so, also als Animal Laborans, wahrgenommen und beschäftigt werden wollen oder zurückkehren zu Schöpfern von Werken, die wir um ihrer selbst
willen tun – dem Homo Faber. Dieser Wertediskurs kommt vielleicht sogar dem Postulat einer Re-Humanisierung von Arbeit in der heutigen Zeit näher. Dieser Werte- und
Einstellungsdiskurs wird durch aktuelle gesellschaftliche Diskurse und Zuschreibungen
beeinflusst, unter anderem jenem über den demografischen Wandel. In Abschn. 2.2 zeigt
sich der gesellschaftliche Diskurs nicht nur in der Frage unserer Alterspyramide, sondern
besonders in der Frage, was noch als jung, was schon als alt zu bezeichnen ist; wo Alter
als Potenzial, wo es aber auch als Einschränkung gesehen wird; welche Zuschreibungen

alt und jung erfahren, insbesondere auch die unzutreffenden sowie welche alt mit Tradition und jung mit Innovation vermischen. Dies führt uns schließlich zur Frage, wie lange wir arbeiten wollen, sollen, müssen oder dürfen, und wie die Grenze zwischen Arbeit und Nichtarbeit zu ziehen ist. Diese Fragen sind sodann für den in Abschn. 2.3 beschriebenen wirtschaftlichen Diskurs von Bedeutung, wenn wir zur Bekämpfung des Fachkräftemangels, aber auch zur Abfederung der Kosten einer alternden Gesellschaft nach Wegen suchen, Frühpensionierungen zu vermeiden und die Beschäftigten im produktiven Erwerbsleben jenseits der ordentlichen Pensionierungsgrenze zu halten. Die Logik des wirtschaftlichen Diskurses für sich alleine gesehen wird also keinen gesellschaftlichen oder Wertewandel erzeugen, sondern ist eng verbunden mit den erstgenannten Diskursen. Oder etwas verkürzt gesagt, (nur) wenn es uns gelingt, aus einem Animal Laborans wieder den Homo Faber, wie in Abschn. 2.1.2 beschrieben, auferstehen zu lassen, wenn sich unsere eher defizitorientierte Sicht auf Alter wandelt und Berufsbiografien als Phasen mit fließenden Übergängen betrachtet werden, wenn schließlich die Arbeitsmodelle ausreichend individualisierbar sind, damit sie Handlungsräume und Selbstwirksamkeit erzeugen, dann wird sich der wirtschaftliche Diskurs entspannen.

2.1 Zum philosophischen Diskurs über den Wert der Arbeit

In den vormodernen Gesellschaften war der Begriff der Arbeit durchweg negativ besetzt. Sie war Last und Mühsal und diente dem Menschen einzig dazu, die Lebensnotwendigkeiten zu erstellen oder zu besorgen. Dies war dann auch der einzige Zweck der Arbeit, weshalb sie als grundsätzlich unfrei galt und lediglich der Notwendigkeit im eigentlichen Wortsinn gehorchte. Heutige Zuschreibungen von Selbsterfüllung, Selbstverwirklichung und intrinsischer Motivation in der Arbeit waren dem damaligen Begriffsverständnis fremd. Es war dann auch ein Kennzeichen von Arbeit, dass sie nie fertig war. Denn die Arbeit zur Erstellung der Lebensgrundlage galt fest in den Rhythmus des Lebens, der Jahre, der Monate, der Wochen und Tage eingebunden: Sie wiederholte sich entlang der Jahreszeiten; kaum war sie für einen Tag getan, wartete die meist gleiche Arbeit am folgenden Tag wieder. Ihre prinzipielle Endlosigkeit charakterisiert die Arbeit mehr als Tätigkeit, die sich nie erschöpft, wohingegen sie denjenigen, der sie verrichtet, sehr wohl erschöpfen kann. Diese Form der Arbeit hatte dazumal niemand gesucht. Der Mensch ächzte unter der Last der Arbeit und dem Joch der Notwendigkeit und „das Verlangen nach dem leichten, von Mühe und Arbeit befreiten, göttergleichen Leben ist so alt wie die überlieferte Geschichte" (Arendt 2016, S. 12). Nur den wenigen, Privilegierten, über die vielen Herrschenden, welche es sich leisten konnten, die Notwendigkeit der Arbeit an Unfreie abzugeben, war ein Leben ohne den Zwang der Arbeit vorbehalten. Dieses Privileg wurde bestens behütet und verteidigt. Würden nicht auch wir davon träumen, ein von dem Zwang und der Notwendigkeit zur Arbeit befreites Leben zu führen? Und ist nicht genau das eine der charmanten Aussichten eines bedingungslosen Grundeinkommens? Doch wenn wir uns fragen, wie sich der Arbeitsalltag eines Großteils der Erwerbstätigen abspielt, so begegnen uns auch hier nicht selten unterschiedliche Beschreibungen von Last, Mühsal und Unfreiheit. Auch heute leiden wir darunter, dass die Arbeit nie fertig ist, wir nennen das das sprichwörtliche „Hamsterrad", eine Metapher, die nicht nur der aktuellen Entwicklung einer beschleunigten Leistungsgesellschaft geschuldet ist, sondern sich maßgeblich vom Typus der Endlosigkeit der Arbeit in obigem Begriffsverständnis herleitet. Wir haben uns also seit der Antike nicht wirklich von der Arbeit befreit. Wenn wir also nicht ohne die Arbeit leben können, so ist es höchste Zeit, eine andere Definition der Arbeit zu generieren, die uns erlaubt, besser und länger mit ihr zu leben.

2.1.1   Arbeit, eine Erfindung der Moderne

„Was wir heute ‚Arbeit' nennen, ist eine Erfindung der Moderne." So beginnt André Gorz (Gorz 1989, S. 27) „Kritik der ökonomischen Vernunft". Er beschreibt, dass die heutige Form, wie wir Arbeit verrichten, wie wir sie zum Mittelpunkt unseres individuellen und sozialen Lebens erhoben haben, auf die Zeit des Industrialismus zurückgeht. Bis zu diesem Zeitpunkt, also bis etwa zum 18. Jahrhundert, bezeichnete der Begriff der Arbeit die Tätigkeit der Knechte und Tagelöhner. Ihre Aufgabe bestand darin, Konsumgüter herzustellen oder lebensnotwendige Dienste zu verrichten, die dem täglichen Verzehr anheimgestellt waren, also nichts Dauerhaftes hinterließen. Sie wurden für die Zurverfügungstellung ihrer Arbeitskraft und Arbeitszeit bezahlt. Sprachlich gehen die Begriffe „labour" oder „travail" auf diese Arbeitsform zurück.

Ganz anders die Handwerker damals, die Werkstücke herstellten, welche in Auftrag gegeben wurden und von dauerhaftem Wert sein sollten. Damit gingen diese in den eigentlichen Besitz ihrer Eigentümer ein, um dann meist an die eigene Nachkommenschaft wieder vererbt zu werden. Handwerker waren keine Arbeiter, sondern erstellten Werke, was sich in den Wortwurzeln „work", bzw. „oeuvre" widerspiegelt. Während die Arbeiter für ihre Arbeit(szeit) bezahlt wurden, ließen sich die Handwerker ihr Werk nach einem festen, oft von den Zünften und Gilden festgesetzten Satz vergüten. Die sprachliche Unterscheidung zwischen der Entlohnung (der Arbeiter) und der Vergütung (eines Werks) zeigt eine grundlegende Unterschiedlichkeit, welche sich über die vergangenen Jahrhunderte abgeschliffen hat und in unserem heutigen Sprachgebrauch leider kaum mehr bewusst ist.

Mit der Industrialisierung schließlich stellte sich eine ökonomische Rationalisierung der Arbeit ein. Dies bedingte, die Arbeit als ökonomisch quantifizierbare Kategorie von dem Arbeiter zu trennen. Phänomene der Mechanisierung der Arbeit, zum Beispiel über vorgegebene Arbeitsrhythmen und Arbeitstakte, aber auch die Einführung des Leistungslohns, nahmen hier ihren Anfang. Doch die anfänglichen Versuche der Rationalisierung gegen Ende des 18. Jahrhunderts scheiterten kläglich am natürlichen Widerwillen der Arbeitenden, sich in dieses Arbeitskorsett hineinzwingen zu lassen, und führten schließlich zum Bankrott der ersten Fabriken. Denn der damalige Arbeiter fragte nicht danach, wie viel er maximal verdienen könne, wenn er ein Maximum an Arbeit leiste, sondern wie viel er arbeiten müsse, um seine Lebensbedürfnisse zu decken (Gorz 1989). Um nun den Bedarf an stabiler Arbeitskraft zu decken, wurde durch die Industrie auf die Kinderarbeit zurückgegriffen, in der Überzeugung, dass Arbeitende aus ländlichen oder handwerklichen Beschäftigungen nicht mehr zu guten Manufakturarbeitern geformt werden könnten, sobald sie das Pubertätsalter überschritten hätten. Zu sehr seien sie gemäß gängiger bourgeoiser Meinung dann bereits der Lässigkeit, Faulheit und Ausschweifung anheimgefallen. Kinder konnten demgegenüber schon früh in ein Denken der ökonomischen Rationalität, in ein Denken des Geldverdienens hinein sozialisiert werden. Die große Veränderung in der Einstellung zur Arbeit bestand in dieser Zeit also darin, Arbeit und Werk von ihrem eigenen Sinn und Gegenstand zu trennen und auf ein Mittel zum Geldverdienen zu reduzieren.

> Sie hörte auf, Teil des Lebens zu sein, um stattdessen Mittel zum 'Lebensunterhalt' zu werden. Arbeit und Lebenszeit wurden voneinander getrennt; die Arbeit, ihre Werkzeuge und Produkte, erhielten eine andere, dem Arbeiter entfremdete Wirklichkeit und hingen von fremden Entscheidungen ab. Die Befriedigung, gemeinsam 'etwas herzustellen', und die Freude am 'Tun' wurden zugunsten bloßer mit Geld käuflicher Befriedigungen unterdrückt. Anders gesagt, die konkrete Arbeit konnte nur dadurch in – wie Marx es später nennen wird – 'abstrakte Arbeit' umgewandelt werden, dass an die Stelle des Hersteller-Produzenten der Arbeiter-Konsument trat: also ein gesellschaftliches Individuum, das nichts von dem produziert, was es konsumiert, und nichts von dem konsumiert, was es produziert. Für den Arbeiter-Konsumenten liegt der wesentliche Zweck seiner Arbeit darin, das Geld zum Kauf von Waren zu verdienen, die von der gesellschaftlichen Maschine in ihrer Gesamtheit produziert und definiert werden (Gorz 1989, S. 40).

Diese Entfremdung zwischen Produktion und Konsum ist heute in den allermeisten Arbeitsverhältnissen die gängige Praxis. Dies führt zu dem landläufig benannten Paradigma, dass die Arbeit für das Leben da sei, also zur Ermöglichung eines bequemen und annehmlichkeitsreichen Lebens dient und nicht umgekehrt. Auch die Spaltung zwischen der eigenen Tätigkeit und einer Wirkung, welche identitätsstiftend wahrgenommen wird, ist dort zum Regelfall geworden, wo kein professionelles Verständnis eines Berufskodexes besteht, sondern die berufliche Tätigkeit lediglich in wechselnden Handlungsfeldern beschreibbar ist.

Verstärkt wird diese Entfremdungstendenz heute durch eine zunehmende Ausdifferenzierung von Funktionen, Kompetenzen und Rollen in der betrieblichen Praxis. Die fast explosionsartige Zunahme, Differenzierung und Spezialisierung von Berufen, aber auch die zunehmende Ausdifferenzierung von Funktionen und Kompetenzen in einem Betrieb sind einerseits Zeichen einer arbeitsteiligen Wirtschaft. Sie führen aber andererseits dazu, dass sich der Einzelne nur noch als kleines Rädchen in einem kaum mehr überschaubaren Wertschöpfungsprozess fühlt. Sinn und Zweck des eigenen Handelns erschließen sich darum immer schwieriger, je komplexer und ausdifferenzierter ein Betrieb organisiert wird. Um die Vielfalt an spezialisierten Funktionen zu koordinieren, werden dann meist inflationär betriebliche Regeln eingeführt, wodurch beim Einzelnen der Eindruck der Entmächtigung und Entfremdung vom eigenen Arbeitsergebnis nur noch zunimmt. Damit ist nach Gorz (1989) ein selbstverstärkender Prozess zunehmender Ausdifferenzierung und nachfolgender Komplexitätssteigerung verbunden, welcher dann wieder mit einer Zunahme an Regeln, und damit auch einer Zunahme an Bürokratisierung, begegnet wird.

Dieser Umstand wurde bereits vor gut 80 Jahren von Max Horkheimer und Theodor Adorno (1991) kritisiert: Sie verglichen die Arbeiter der Moderne mit den Ruderern, welche nicht zueinander sprechen können, in Unkenntnis des Wegs, wohin sie fahren, der eine wie der andere im Takt eingespannt, einem Konformismus gehorchend in eine Zukunft rudernd, die sie nicht einmal sehen können. Die Arbeitenden regredieren so zu bloßen Gattungswesen, einander gleich und isoliert in der Kollektivität. Die Vereinheitlichung intellektueller Funktionen führt sodann zwangsläufig zu einer „Resignation des Denkens zur Herstellung von Einstimmigkeit, bedeutet Verarmung des Denkens so gut wie der Erfahrung, (…) und je komplizierter und feiner die gesellschaftliche, ökonomische und wissenschaftliche Apparatur, auf deren Bedienung das Produktionssystem den Leib längst eingestimmt hat, um so verarmter die Erlebnisse, deren er fähig ist" (Horkheimer und Adorno 1991, S. 42). Was damit verloren geht, ist nicht nur die selbstständige Erfahrung des Einzelnen, sondern viel grundlegender noch das Prinzip des „Selbst" an sich. Es verkümmert die „Phantasie, mit eigenen Ohren Ungehörtes zu hören, Unergriffenes mit eigenen Händen tasten zu können" (Horkheimer und Adorno 1991, S. 43). Sofern also die Ausdifferenzierung von Funktionen und die Bürokratisierung von Verfahren letztlich der Standardisierung von Leistung, der Harmonisierung von Verhalten und der Homogenisierung von Denken dienen, gehen das Selbsterleben des Einzelnen, seine Individualität und schließlich auch sein unabhängiges Denken und Handeln verloren.

Da hilft es auch nichts, die (intrinsische) Eigenmotivation gebetsmühlenartig zu beschwören. Denn je weniger es gelingt, den Handlungsrahmen des Individuums zu weiten, selbstständiges Denken und entsprechende Erfahrung zu fördern und den individuellen Beitrag zu einem großen Ganzen zu mehren, um sich als wirksamen Teil einer gemeinsamen Wert- und Sinnproduktion zu fühlen, desto eher laufen die Beschwörungsformeln des eigenmotivierten Mitunternehmers (statt Mitarbeitenden) Gefahr, zu leeren Floskeln zu verkommen. Die Substitution intrinsischer Motivation durch extrinsische Anreizstrukturen, nicht zuletzt mit pekuniärer Prägung – hier sind wir wieder beim Zweck der Arbeit als Mittel zum Geldverdienen – vermögen aber auch nicht die Kraft der Eigenmotivation zu ersetzen. Um dennoch eine Verlässlichkeit der betrieblichen Wertschöpfung angesichts einer vom Arbeitsergebnis getrennten Motivationslage sicherstellen zu können, ist das Unternehmen versucht, Regeln zur Qualitätsproduktion, Reglementierungen und Kodifizierungen des Verhaltens zu erlassen. Der Geist guter Arbeit, der „Spirit", der aus der gemeinsamen Erstellung eines als sinnvoll erachteten Werks entsteht, der Stolz auf den eigenen Berufsstand geht in dieser Reglementierung unter. Das Verhalten der Mitarbeitenden wird, unabhängig von ihren eigenen Absichten, auf die expliziten und impliziten Zwecke der Unternehmung ausgerichtet. Diese zweckorientierte Kodifizierung des Handelns des Mitarbeitenden wird in Funktionen zusammengefasst und mit Aufgaben, Verantwortungen und Kompetenzen, selten aber mit beeinflussbaren Wirkungs- und Sinndimensionen, ausgestattet. Gut aufeinander abgestimmt, alle Formen der Synergiepotenziale ausnutzend und der Vergleichbarkeit halber standardisiert, erinnert das intendierte Zusammenspiel aller Funktionen an das Funktionieren einer übermächtigen Maschine. Diese Maschine namens Unternehmen soll reibungslos, effizient und wirkungsvoll funktionieren. Dieses maschinelle Welt- und auch Menschenbild kann zu jener Verdinglichung unserer Lebens- und Berufswelt führen, von der Honneth (Honneth et al. 2015, S. 36) schreibt, dass sie sich aus

> der sozialen Generalisierung des Warentausches ergibt: Der wachsende Gestaltwandel der sozialen Praktiken in Richtung eines teilnahmslosen Handelns verdankt sich den Zwängen, die die Teilnahme an bloß kalkulatorischen Tauschprozessen auf die Deutungsgewohnheiten der Subjekte ausübt.

Wenn der Mensch sich nur noch als Rädchen eines komplexen Systems versteht, in einer mechanistischen, verzwecklichten und verdinglichten Welt abgeschnitten von den eigenen Sinnzusammenhängen, läuft er Gefahr, sich von einer interessierten Anteilnahme an eben dieser Welt, von dem Bemühen eines wechselseitigen Verstehens zu verabschieden. Er wird zum passiven Beobachter einer Welt, die er nicht mehr beeinflussen zu können glaubt, die er nicht mehr versteht, die ihn auch nichts mehr angeht. Er wechselt in dieser Ohnmacht aus einer Teilnehmerperspektive in eine Beobachterperspektive. In dieser Beobachterperspektive wird er nicht mehr am sozialen Leben einer betrieblichen Praxis teilhaben, wird zum Beobachtenden von Interaktionen, ohne aber an dieser Praxis wirklich Anteil zu nehmen. Er wird nicht in der Lage sein, sich in die soziale Praxis seines Umfelds hineinzuversetzen. Kurz gesagt, er oder sie hängt ab. Dort, wo also Mitarbeitende zu einer kalkulatorischen Masse an Produktivkräften degradiert werden, wo sie Zwecken und nicht mehr Motiven zu folgen haben, wo keine gelebte Dialogkultur wirkliches Interesse, echte Anteilnahme am Gegenüber zum Ausdruck bringt, wo sich „Praktiken des puren Beobachtens, Registrierens oder Berechnens von Menschen gegenüber ihrem lebensweltlichen Kontext verselbstständigen, ohne noch in rechtliche Beziehungen eingebettet zu sein, entsteht jene Ignoranz gegenüber der vorgängigen Anerkennung, die hier als Kern aller intersubjektiven Verdinglichung beschrieben worden ist" (Honneth et al. 2015, S. 98). Somit erhält die Anerkennung einer Person und ihrer Arbeit eine grundlegende Bedeutung als Voraussetzung an Interesse zur Teilhabe an einem System. Eine anerkennende Haltung gegenüber der Arbeit, mehr noch gegenüber den Menschen, die an diesem schwer verständlichen, da komplexen Prozess der Arbeit teilhaftig sind, ist somit in einer Welt, in welcher dem Arbeitenden die Sinnzusammenhänge der Arbeit verloren gegangen sind, von eminenter Bedeutung.

Mit der hohen beruflichen Sozialisation geht auch eine gewisse Spaltung zwischen Berufsleben und Privatleben einher. Während die Spielregeln des beruflichen Erfolgs einem kompetitiven Modell, einem durchsetzungsstarken Erfolgswillen, Anpassungsleistungen an übergeordnete Regelwerke und Streben nach oben folgen, dient die Privatsphäre mehr der Verfolgung eines partnerschaftlichen Modells Gleichgesinnter, der Verwirklichung von Authentizität und der Entwicklung eines eigenen Selbstseins.

Inwieweit beide Sphären ein friedliches Nebeneinander, eine gute Verbindung der Logiken zwischen ‚Work‘ und ‚Life‘ darstellen, bleibt jedem in seiner Beurteilung selbst überlassen.

2.1.2   Animal Laborans und Homo Faber

Wie eingangs ausgeführt, hatte Arbeit in ihrem ursprünglichen Verständnis nicht primär die Erstellung dauerhafter Werte zum Zweck, sondern ist, wie in der Natur, dem Prozess des Verbrauchs anheimgestellt. Hannah Arendt verwendete deshalb für den Arbeitenden den Begriff des „Animal Laborans“. Ihm gegenüber steht der Gestalter von Werken und dauerhaften Werten: der „Homo Faber“. Der Homo Faber ist der Schöpfer einer Dingwelt, die ihn umgibt, er steht für das Primat des Handelns, Produzierens und Fabrizierens, wie wir es seit der Moderne kennen. Dem Homo Faber ist es sodann gelungen, den Menschen aus den Wirkmechanismen der Natur durch das Prinzip eigenen Handelns zu befreien. Das hat auch Einfluss auf den Erkenntnisprozess, indem der Mensch nach Seitz (2002 S. 287) nur noch zu wissen glaubt, was er selbst gemacht hat. Der Mensch als Homo Faber, als aktiver Schöpfer seiner Lebenswelt ist das Bild, worüber heute im Sinne eines Idealbildes wohl gesellschaftlicher Konsens herrschen würde. Doch stellt sich die Frage insbesondere im Hinblick auf die Interpretation von Arbeit, ob und inwieweit wir wirklich noch Handelnde sind, Schöpfer unserer Werke und Werte. Wenn es stimmt, dass wir uns mit unserem Verständnis von Arbeit abgefunden haben, nicht mehr handelnde Schöpfer, sondern, eingebunden in einem Räderwerk von Regeln, unfreie Ausführende zu sein, dann sind wir ausgegrenzt aus dem Reich des Handelns: Dann sind wir ein Animal Laborans.

Mit dem Übergang vom Werk zur Arbeit, vom Werkvertrag zum Arbeitsvertrag, mit der Entfremdung des Menschen vom Ergebnis seines Handelns, haben wir ihn entmündigt. Gleichzeitig haben wir akzeptiert, dass unser heutiges Bild von Arbeit nicht (mehr) grundlegend jenem des Homo Faber zugeordnet werden kann. Es kommt hinzu, dass das Interesse der Moderne sich zunehmend von der Frage, „was ist“, zur Frage, „wie es entstanden ist“, zugewandt hat. Die Denkform dahinter ist der Prozess, der nach Arendt unser Denken in der Neuzeit prägt. Doch im Übergang vom Werk zum Prozess entfremdet sich der Mensch als Schöpfer von seinem Werk. Der Homo Faber ist deshalb auch ein Opfer seiner selbst geworden: In einer modernen Welt der Prozesse statt Werke, einer Welt des Überflusses, in welcher die Dinge in ihrer inflationären Herstellung an Wert längst verloren haben, die Werke des Homo Faber zu austauschbaren Nebenprodukten des Konsumierens verkommen sind, in dieser Welt hat sich der Homo Faber selbst überholt. Das grenzenlose Erschaffen, die Entgrenzung der Welt an sich, die der Homo Faber zu schaffen sich zum Ziel gesetzt hat, sind gleichsam auch sein Ende: In allem Überfluss hat sich der Homo Faber selbst überflüssig gemacht. Nur wenige noch, die die Kunst des Werks – zum Beispiel des Kunst- oder Handwerks – ins Zentrum ihrer Arbeit setzen, die Unikate schaffen, die direkt mit dem Handeln ihres Schöpfers verbunden sind, jene noch

dürfen sich als Homo Faber bezeichnen. Die vielen anderen haben schon lange die Wirkmechanismen des Animal Laborans für sich akzeptiert. Für Arendt (Arendt in Seitz 2002,
S. 292) sind das Sättigungszeichen einer Gesellschaft:

> In ihrem letzten Stadium verwandelt sich die Arbeitsgesellschaft in eine Gesellschaft von
> Jobholders, und diese verlangt von jenen, die ihr zugehören, kaum mehr als automatisches
> Funktionieren, als sei das Leben des Einzelnen bereits völlig untergetaucht in dem Strom
> des Lebensprozesses, der die Gattung beherrscht, und als bestehe die einzige aktive, indi
> viduelle Entscheidung nur noch darin, sich selbst gleichsam loszulassen, seine Individua
> lität aufzugeben, bzw. die Empfindungen zu betäuben, welche noch die Mühe und Not des
> Lebens registrieren, um dann völlig 'beruhigt' desto besser und reibungsloser 'funktionie
> ren' zu können.

Ist das gute Arbeit? Wen verwundert es, dass für Menschen, die tief in ihrem Inneren
noch immer das Ideal des Homo Faber in sich tragen, die aus der Welt der Notwendigkeit wieder in die Welt der Freiheit entfliehen wollen, die wieder selbst Handelnde
ihrer eigenen Werte und Ideale sein wollen, dass diese einer Arbeitswelt von Jobholders,
wie Arendt sie beschreibt, den Rücken kehren wollen, und zwar je früher desto besser.
Müsste es nicht unser Ansinnen sein, dem Menschen wieder seine Rolle als Handelnder
zurückzugeben, ihn wieder zum Hersteller – nicht mehr einer weiteren Dingwelt, doch
von etwas Neuem – zu machen? Müsste nicht das Bild des Homo Faber uns bei der Ausgestaltung der Arbeit wieder vermehrt ein Orientierungspunkt sein?

Unsere Studie 2015 zeigt klar auf, dass 65 % der Arbeitsbevölkerung 55 + in den letzten 10 Berufsjahren (wieder) vermehrt sinn- und wertvolle Tätigkeiten ausüben wollen.
Dies ist indes nur möglich, wenn solche einerseits verfügbar sind und nachgefragt werden und andererseits die Individuen über Handlungsmöglichkeiten verfügen, selbst darin
wirksam zu werden. Das ist der moderne Homo Faber, der nicht mehr handelt, indem er
die Dinge der Welt herstellt, sondern die Erfahrung von Wirksamkeit seines Handelns
macht, während er sich für wertvolle Werke einsetzt.

Unser Sprachgebrauch schafft ein gutes Indiz für unser Verständnis einer Sache: Wir
reden heute selbstverständlich von einer Arbeitswelt, schließen damit aber gleichzeitig –
zumindest sprachlich, meist auch gedanklich – die Welt der Werke aus. Werkverträge spielen heute in der Ausgestaltung von Beziehungen zwischen Arbeitgebenden und -nehmenden
eine untergeordnete Rolle. Denn Werke, wir haben es oben gesehen, sind heute nicht mehr
in gleichem Maße gefragt wie Arbeit. Arbeit ist Beschäftigung. Und für Beschäftigung im
Sinne des Arbeitgebenden wird ein Lohn entrichtet, der meist der Zeitdauer dieses Beschäftigtseins in etwa entsprechen muss. Unprätentiös definiert Gorz (Gorz 1989, S. 27) die Arbeit
als eine „Tätigkeit, die von anderen nachgefragt, bestimmt, als nützlich anerkannt und –
deshalb – vergütet wird". Durch diese Vergütungslogik sind wir Teil der Gesellschaft, Teil
der öffentlichen Sphäre, wir gewinnen aus ihr eine soziale Existenz und eine berufliche Identität und sind aufgehoben in einem Interaktionsnetz mit anderen arbeitenden Menschen.
Durch diese von uns als wichtig wahrgenommene Identitäts- und Sozialisierungswirkung

von Arbeit kann man seither und weitgehend auch bis heute noch mit gutem Recht von einer Arbeitsgesellschaft sprechen.

Gibt es einen Weg, die Arbeitsgesellschaft aus ihrer selbst gewählten Unfreiheit hinauszuführen, ihr die Tugenden und die Selbstwirksamkeit einer Werksgesellschaft wieder zu geben? Sennet und Bischoff (2014) haben in ihrem viel beachteten Buch „Handwerk" die an sich plausible These aufgestellt, dass das Handwerk per se nach technischer Perfektion verlangt und damit die Handwerker – analog zu den Künstlern – dazu veranlasst, nach dieser Perfektion ganz selbstverständlich zu streben. Dies beruht auf dem Wunsch des Handwerkers, etwas um seiner selbst willen gut zu machen. Das kann ein Handwerksstück, ein Gebäude, ein Musikstück, ein Computerprogramm, ein zubereitetes Gericht oder eine Rede sein. Allen gemeinsam ist das Bestreben, ein Meisterwerk zu schaffen, vielleicht sogar ein Kunstwerk, das so wie der Krug durch die Hand des Töpfers entsteht: ein Prozess zunehmender Perfektionierung, bei dem es in erster Linie um die Güte und Schönheit des Ergebnisses und erst mittelbar um die damit zu erzielenden Wirkungen (bei der Käuferschaft) und Zwecke geht. Damit liegt der Entwicklung eines Werkes eine ganz andere und grundlegendere Motivation zugrunde, welche Ausdruck individueller Fertigkeiten und nicht standardisierter Abläufe ist.

Die Frage ist also, wie wir es in der heutigen Arbeitsgesellschaft erreichen, Menschen wieder dazu zu motivieren, mehr als nur einen Job, sondern wirklich etwas zu schaffen, das über sie hinausweist? Es braucht die Motivation, die dazu veranlasst, hartnäckig zu Werke zu gehen, aus Fehlern zu lernen, im Scheitern nicht aufzugeben und durch Üben und Variieren der eigenen Herangehensweise diese und damit die eigene Technik zu perfektionieren. Eine solche Kultur zu schaffen, muss nun jeden Arbeitgebenden bei der Ausgestaltung „guter" Arbeit interessieren. Wenn es also gelingt, Aufgaben nicht als Arbeit, sondern als Werke zu vergeben, dem Mitarbeitenden die Freiheit zuzugestehen, seinen Weg der Erstellung selbst zu entscheiden, Mittel und Wege zu finden, seine eigenen Fertigkeiten selbst und in der Gruppe zu perfektionieren, was kann dann an Motivation und Perfektion entstehen? Wenn es darüber hinaus gelingt, Arbeitsportfolios zu entwickeln, bei welchen die Selbstwirksamkeit des Mitarbeitenden wieder erfahren werden kann, bei der es auch um das Streben nach Perfektion innerhalb eines ausreichend groß definierten Handlungsraumes geht, in welchem die Motivation des Mitarbeitenden dahingehend geweckt werden kann, die Arbeit einfach um ihrer selbst willen gut machen zu wollen und als etwas Großes zu begreifen, dann werden auch wir in unserer Arbeitsgesellschaft wieder Werke schaffen. Denn etwas um seiner selbst willen gut zu machen, führt wohl automatisch dazu, dass man es richtig gut macht.

Es ist eine Frage des Blickwinkels, unserer Einstellung und Ambition, so wie in der überlieferten Geschichte der drei Steinmetze (Quelle: unbekannt):

> Der Besucher eines mittelalterlichen Ortes begegnete drei Steinmetzen und fragte den ersten, was er tue. Dieser gab zur Antwort: „Ich behaue Steine, damit ich meinen Lebensunterhalt verdienen kann." Der Besucher ging weiter und fragte den zweiten Steinmetz, was er da tue. Dieser antwortete: „Ich mache die beste Steinmetzarbeit im ganzen Land." Schließlich fragte der Besucher noch den dritten Steinmetz. Dieser blickte mit leuchtenden Augen auf und strahlte: „Ich helfe mit, die große Kathedrale in der Stadt zu bauen."

Die schöne Metapher zeigt auf, dass wir für genau dieselbe Arbeit unterschiedliche Deutungsmöglichkeiten haben. Der erste Steinmetz interpretiert Arbeit im Sinne der ökonomischen Rationalität, welche dem Lebenserwerb dient, als solches aber nicht weit von dem Verständnis eines Tagelöhners liegt. Der zweite Steinmetz ist ein Vertreter der aktuellen Arbeitswelt, welche ein kompetitives Verorten in einem Berufsfeld zum Ziel hat und ein hohes Maß an persönlicher und sozialer Identität sucht. Der dritte Steinmetz wiederum scheint von seiner Arbeit intrinsisch motiviert, er erstellt als Hersteller-Produzent ein Werk, bei welchem sein Schaffen eng mit einem motivierenden Wirkungsziel verbunden ist und er sich als Teil eines sinnvoll empfundenen Ganzen fühlt.

Und wer würde dann freiwillig und frühzeitig einer solchen Aufgabe als Frühpensionär den Rücken zukehren wollen?

2.2   Zum gesellschaftlichen Diskurs über Alter und Ruhestand

Es ist kein Geheimnis, dass wir älter werden. Jeder individuell, doch auch unsere Gesellschaft als Ganzes. Alter und vor allem Altern in der eigenen Biografie im Kleinen wie auch in der demografischen Zusammensetzung unserer Gesellschaft und Gesellschaften im Großen gehört zu den Herausforderungen unserer Zeit. Die Herausforderung besteht nach Höpflinger et al. (2006) darin, dass bislang in der Menschheitsgeschichte keine Gesellschaft herausgefordert war, eine demografisch alternde Gesellschaft wirtschaftlich innovativ zu halten. Diese in vielen Gesellschaften damit zusammenhängenden Fragen sind historisch neu, weshalb es auch an einem gesicherten Erfahrungsrepertoire fehlt, wie damit produktiv umgegangen werden kann. Ohne gesichertes Wissen über die richtigen und wirksamen Maßnahmen, um diesen Herausforderungen zu begegnen, laufen wir Gefahr, sozusagen eine Operation am offenen Körper durchzuführen, ohne genau zu wissen, was genau wir zu operieren haben. Die Verantwortung, die wir aber für die aktuelle Generation wie auch für unsere Volkswirtschaften haben, lässt an sich nur wenig Spielraum für Experimente. Deshalb ist es angezeigt, Maßnahmen evidenzorientiert und umsichtig einzusetzen. Doch es geht über die zweckgerichtete Wahl der geeigneten Maßnahmen hinaus: Es geht auch um die Veränderung eines gesellschaftlichen Wertebildes, welches sich von einem tendenziell offen oder latent defizitorientierten Altersbild hin zu einem wertgeschätzten „Potenzial Alter" hinbewegt, ohne dabei neue Stigmatisierungen oder Reduktionen – zum Beispiel schlicht auf die Ressource „Erfahrung" – auszulösen. Zumal wir stillschweigend zu akzeptieren scheinen, dass unsere Gesellschaft unter einem enormen Erfahrungsschwund leidet, ein Umstand, den wir in Abschn 3.1.2.3 streifen werden.

Die Bedeutung von Alter beruht auf den Wertvorstellungen einer Gesellschaft in ihrem Kulturkreis und in ihrer Zeit. Das bestehende Altersbild in der Gesellschaft basiert auf einem einfachen Paradoxon: Fast jeder will es werden, kaum einer will es sein. Viele

Menschen entwickeln mit zunehmenden Jahren ein etwas angespanntes Verhältnis zum Alter. Meist natürlich zu jenem der anderen. Ein hohes Alter ist – anders als bei einem guten Cognac – zumindest für viele keine Auszeichnung, sondern eine Zuschreibung, mitunter auch eine Zumutung. Anciennität und Seniorität, das war einmal. Früher noch erstrebenswerte Ziele, werden diese Werte mitunter auf ein mehrheitlich defizitäres „Vieles-nicht-mehr-gleichermaßen-Können" reduziert, wobei sich das „gleichermaßen" auf eine Idee von Jugendlichkeit bezieht. Diese Idee von Jugendlichkeit führt zu einer sprachlichen Altersdistanzierung und deutet Senioren kurzerhand zu „Best-Agers", „Jungen Alten", „Silver Agers", „Senior Experts" etc. um. Im Arbeitskontext behilft man sich mit Begrifflichkeiten wie „ältere Mitarbeitende", „erfahrene Arbeitskräfte", „Persönlichkeiten in der letzten Berufsphase" etc. Letztlich stehen hinter vielen dieser Begriffe Altersstereotype, welche sich oftmals an traditionellen, manchmal auch mindestens unterschwellig defizitär interpretierten Altersbildern orientieren. Und gerade das Bemühen, aus alten Menschen mindestens „junge Alte" zu machen, die durch die Vielzahl der Etikettierungen ausgelöste Aufmerksamkeit auf ein spezifisches Alterssegment, der Verlust von Gelassenheit, sich auch einfach mal als alt zu bezeichnen, ohne sich dabei in einen gesellschaftlichen Erklärungsnotstand zu bringen, das alles führt zu einem etwas verkrampften Umgang mit dem Alter.

Es gibt also nicht eine einheitliche „Eichung" des Alters. Es gibt vielmehr unterschiedliche Altersdimensionen: ein subjektives Alter entsprechend unserer Eigenwahrnehmung, ein biografisches entsprechend der Geburtsurkunde, ein biologisches entsprechend unserem Gesundheitszustand und ein soziologisches Alter entsprechend gesellschaftlicher Wertvorstellungen und Einstellungen. Allen gemeinsam sind drei Dinge: Erstens kann sich dem Altern niemand entziehen, zweitens ist es ein natürlicher Bestandteil des Lebens, und drittens verläuft es irreversibel nur in eine Richtung. Ähnliches lässt sich momentan auch vom demografischen Wandel berichten: Deutschland hat bereits den demografischen „point of no return" überschritten, denn Alterung und Bevölkerungsrückgang sind unvermeidlich, selbst wenn der jährliche Wanderungssaldo bis 2020 auf 200.000 Menschen zunehmen sollte und die Geburtenrate bis 2025 auf 1,6 Kinder pro Frau steigen sollte. Auch eine Anhebung des Renteneintrittsalters auf 67 oder 69 Jahre kann diesen Trend nur abschwächen, aber nicht stoppen (Ebner 2015, S. 19).

Wer gilt nun aber in der betrieblichen Praxis als alt? Auch hier scheint es eine stillschweigende Übereinkunft zu geben, dass alt nicht immer gleich alt ist, sondern auch von der Position in der Unternehmenshierarchie abhängt. Vorgesetzte in leitender Funktion, insbesondere Geschäftsleitungsmitglieder und gar Firmenpatrons in KMU, gelten mit 50 noch als recht jung. Bei ihnen wird das Alter in Relation zu ihrer beruflichen Position oder Laufbahnentwicklung interpretiert, sie haben es mit 50 zu etwas gebracht, ihnen wird eine Berufs- und Lebenserfahrung attestiert, die es für die Ausübung ihrer verantwortungsvollen Position braucht, welche sie mit 50 noch recht jung aussehen lässt. Umgekehrt gelten normale Mitarbeitende mit 50 bereits als relativ alt. Ihnen wird damit die Erfahrung, die auch sie in ihrem Leben angesammelt haben, in Bezug zu ihrer als weniger verantwortungsvoll eingestuften Position, sozusagen weniger angerechnet. Dieser Bezug zwischen Alter und Verantwortung spiegelt sich dann auch in der gelebten Praxis des Personalmanagements wider. Wird die Ressource Erfahrung in Verbindung mit einer Leitungsfunktion höher gewichtet, so wird wohl auch in die Entwicklung eines 50-jährigen Kadermitarbeitenden, zum Beispiel mittels Weiterbildung – tendenziell mehr investiert als bei gleichaltrigen normalen Mitarbeitenden, bei denen wohl in vielen die Frage eines Returns on Investment anders gestellt wird.

Damit sind wir bei einer weiteren Alterszuschreibung, jener der hohen Kosten. Und in der Tat ist es so, dass ältere Mitarbeitende aufgrund höherer Einkommen, insbesondere sofern diese (dienst-)altersabhängig gestaltet sind – Stichwort Senioritätsprinzip –, wie auch aufgrund höherer Pensionskassen- bzw. Rentenkassenbeiträge mehr „kosten" als jüngere Mitarbeitende. Setzt man diese Kosten dann noch in Bezug zu der Unterstellung einer geringeren Leistungsfähigkeit und tendenziell längerer Krankheitsabsenzen, so senkt sich die „Rentabilität" älterer Mitarbeitender aus der Arbeitgebersicht (Ebner 2015). Dies liegt u. a. auch daran, dass Erfahrungswissen nicht in die Kosten-Nutzen-Rechnung einbezogen wird.

Neben der Dimension „jung" versus „alt" gibt es eine weitere, damit oftmals vermischte Dimension zwischen „neu" und „traditionell" (Höpflinger et al. 2006). Dabei wird auch in der betrieblichen Praxis dem Attribut jung oft auch der Zusatz „neu" angehängt, während die „Alten" auf dem Zusatz „traditionsgebunden" sitzen bleiben. Es ist natürlich korrekt, dass junge und alte Mitarbeitende in der betrieblichen Praxis oftmals unterschiedlichen Generationen angehören, welche mit einerseits unterschiedlichen Werten sozialisiert wurden, andererseits eine natürlicherweise unterschiedliche Perspektive auf die Welt und ihre Entwicklung einnehmen. Dennoch greift das zu kurz. Denn wir beobachten auch bei der aktuell jungen Generation eine gewisse Orientierung an traditionellen Werten, Rollenbildern und Vorstellungen (Ruthus 2013), während auch ältere Mitarbeitende oftmals, und nicht zuletzt aufgrund ihrer Erfahrung, eine klar zukunftsorientierte, veränderungsbereite und innovative Sichtweise einnehmen. Von diesen sind oftmals gut durchdachte, reflektierte und engagierte Impulse zur Weiterentwicklung, allenfalls auch radikalen Neuausrichtung der betrieblichen Praxis zu erwarten. Alt, erfahren, selbstbewusst und dabei innovativ und initiativ sind neue Altersbilder, welche wohl häufiger noch mit der Eigenwahrnehmung älterer Menschen übereinstimmen als das alte Bild von alten, leistungsschwachen und veränderungsresistenten Mitarbeitenden.

Eine weitere Unterscheidung zwischen jung und alt in der betrieblichen Praxis ist wohl von der Erfahrung der wirtschaftlichen und gesellschaftlichen Rahmenbedingungen abzuleiten, welche die unterschiedlichen Generationen in ihrer jungen Berufsphase geprägt haben. So ist alleine die Zunahme an Bildungsmöglichkeiten bei gleichzeitiger Aufwertung der höheren Berufsbildung, Weiterbildung und Hochschulbildung ein verändertes Phänomen. Die heutige junge Berufsgeneration hat die Möglichkeit, damit aber auch schon fast die Verpflichtung, einen im Quervergleich hohen Bildungsabschluss zu erlangen. Die Berufslehre alleine reicht in vielen Fällen nicht aus, um sich auf dem Arbeitsmarkt gut zu positionieren. Die Zunahme an Studierenden der höheren Berufsbildung, aber auch der Hochschulbildung ist Zeichen eines „war of talents" – nicht zu verwechseln mit dem „war for talents", bei dem die Unternehmen im Wettbewerb um die besten Bildungsabgänger stehen. Demgegenüber haben sich heute tätige ältere Mitarbeitende noch in Zeiten ausgebildet, in denen eine Berufsausbildung berufsqualifizierend war und der Anteil jener, die über eine akademische oder höhere Berufsbildung verfügen, noch geringer war. Dies führt zu einem doppelten Bildungsgefälle zwischen jungen und alten Mitarbeitenden. Erstere sind aktuell, sozusagen am Puls des aktuellen Wissens mit neuen Methoden hervorragend ausgebildet und verfügen meist über mehrere Bildungsabschlüsse innerhalb der Bildungshierarchie.

2.2.1 Ist 60 das neue 40, und wie lange wollen wir denn arbeiten?

Da wir uns trotz immer höherem Alter immer jünger fühlen, und wenn es stimmt, wie uns auf Werbeplakaten allenthalben suggeriert wird, dass 60 das neue 40 ist, so geht damit stillschweigend die Forderung einher, dass wir alle länger arbeiten. Warum eigentlich? Woher kommt die heute so gängige Forderung, länger zu arbeiten? Hat die Arbeit nun alle Lebensbereiche in Sachen wahrgenommener Wichtigkeit überflügelt, sodass wir gar nicht genug davon bekommen können? Dient die Arbeit dem Menschen dazu, sich in einer zunehmend chaotischen Lebenswelt durch organisationale Einbindung selbst zu verorten, sodass der Ruhestand als Phase einer Desorientierung hinausgeschoben werden soll? Ist angesichts der Burn-out-Rate die Arbeit das, wovon wir nicht lassen können, auch wenn sie uns gesundheitlich zu schädigen droht? Und sind die Arbeit sowie unsere funktionale Verortung darin letztlich konstituierend für unsere Lebensläufe geworden, ein Ausstieg aus der Erwerbsarbeit somit das Ende unserer Curricula Vitae?

Mag man auch noch so versucht sein, die eine oder andere der obigen Fragen mit „ja" zu beantworten, so kann das Postulat „länger zu arbeiten" sich nicht alleine aus einer teilweise übertriebenen Bedeutungszuschreibung legitimieren. Die Generation Y, welche aktuell eine radikale Neubewertung der Arbeit vorzunehmen scheint, würde uns Lügen strafen. Und auch die Statistiken widersprechen jenem, der trotz hoher gesellschaftlicher Bedeutungszuschreibung meint, dass wir von der Arbeit nicht lassen können: Gemäß Datenmaterial des Bundesamts für Sozialversicherung BSV gingen in der Schweiz zwischen 2008 und 2011 rund 40 % der Erwerbstätigen bis ein Jahr vor dem AHV-Rentenalter frühzeitig in Ruhestand, rund 23 % ließen sich mit dem ordentlichen AHV-Rentenalter pensionieren und lediglich rund ein Drittel war bereit, über das ordentliche Rentenalter hinaus zu arbeiten, wobei der Anteil ab 65 Jahren rasch abnimmt (Trageser et al. 2012). Die Vorruhestandquote, also jener Anteil im Alter von 58–63/64 in Ruhestand getretener Personen an ihrer Altersgrundgesamtheit, betrug in den Jahren 2008–2011 durchschnittlich 19 % bei den Männern und 14 % bei den Frauen. Hierbei nimmt das Kredit- und Versicherungsgewerbe mit 42 % eine Spitzenposition ein, gefolgt von den Branchen Verkehr, öffentliche Verwaltung und Kommunikation (25–35 %) (Trageser et al. 2012).

Die Antwort auf die Frage, warum wir unsere Lebensarbeitszeit vermutlich verlängern werden, ist einfach: weil wir es wohl müssen, angesichts einer stagnierenden Erwerbsbevölkerung bis ins Jahr 2060 und einer in einer alternden Gesellschaft rückläufigen Erwerbsquote (Trageser et al. 2012). Oder einfacher gesagt, wenn die Erwerbsbevölkerung zwischen 2009 und 2060 gemäß Szenario des Bundesamtes für Statistik lediglich um 1,6 % zunimmt, die Alterung der Bevölkerung aber dazu führt, dass der Anteil der Erwerbstätigen an der Gesamtbevölkerung (Erwerbsquote) um 9,3 % auf 59 % sinkt, dann liegt es auf der Hand, dass Maßnahmen zu ergreifen sind, um die Erwerbsquote nachhaltig zu steigern (siehe hierzu auch Abschn. 2.2.2.). Wo nicht mehr Erwerbstätige „produziert" werden können, liegt es nahe, dass die bestehenden Erwerbstätigen länger arbeiten werden (müssen). Die Diskussion über die Heraufsetzung des Rentenalters ist in diesem Zusammenhang unausweichlich. Und doch setzt sie vielleicht an einem falschen Punkt an, nämlich an einer übergreifenden Regelung, welche viele Menschen aus monetären Gründen dazu zwingen will, länger arbeiten zu müssen. Würde es sich deshalb nicht lohnen, darüber nachzudenken, warum wir eigentlich nicht einfach länger arbeiten wollen, statt zu müssen? Zielführender und auch wohl von breiten Bevölkerungskreisen eher akzeptiert wäre es nämlich nach Wegen zu suchen, wonach die Motivation und Arbeitsfähigkeit der Erwerbstätigen länger erhalten bleibt. Das ist auch die Perspektive der Politik: Der Bundesrat fordert in der Schweiz angesichts der demografischen Veränderungen und des zunehmenden Fachkräftemangels gute Rahmenbedingungen für eine möglichst hohe und tendenziell längere Arbeitsmarktbeteiligung der Bevölkerung. Darüber hinaus sollen flexiblere Arbeitsmodelle zur besseren Vereinbarkeit von Arbeit und Privatleben gefunden werden (Trageser et al. 2012). Der Perspektivstab des Bundesrats forderte bereits ein Jahr zuvor flexible Arbeitsmodelle, damit die ältere Erwerbsbevölkerung länger im Arbeitsprozess erhalten bleiben kann. Diese Haltung wird auch von Arbeitgeber- und Arbeitnehmerverbänden großmehrheitlich geteilt. So bräuchte es nur noch die Arbeitnehmenden selbst und ihre Bereitschaft, über das ordentliche Rentenalter hinaus zu arbeiten. Doch lediglich ein Fünftel der Erwerbstätigen unter 64/65 Jahren planen, unter gewissen Bedingungen, nach dem Pensionierungszeitpunkt noch einer Erwerbstätigkeit nachzugehen.

2.2.2 Ruhestand: ein Stichtag oder eine Phase des Übergangs?

Der gesellschaftliche Wandel, beeinflusst durch demografische Veränderung und Wertewandel, verändert auch unsere Einstellung zum Ruhestand. Mehr noch die Art und Weise, wie wir unsere berufliche Biografie künftig schreiben werden. Klassische biografische Musterkarrieren gibt es immer weniger oder sie sind in Auflösung begriffen. Tradierte Bilder über Laufbahnen, Karrieren und Rollenentwicklung entlang der beruflichen Lebensspanne verändern sich. Höpflinger et al. 2006 beschreiben unter anderem folgende Tendenzen, welche die Normalarbeitskarriere verändern: Da ist zum einen die zunehmende Entgrenzung zwischen Selbstständigen und Arbeitnehmenden. Wie unter anderem in Abschn 4.7 beschrieben, entsteht eine Gig-Economy selbstständiger Kleinstunternehmen, in welcher nur noch die direkte Leistungserbringung, nicht mehr aber stabile Arbeitsverhältnisse im Vordergrund stehen. Die gewonnene Flexibilisierung und die Möglichkeit innovativer und untereinander kombinierbarer Geschäftsmodelle sind zwar auch im Hinblick auf ältere Mitarbeitende unter dem Aspekt der Handlungsautonomie nicht uninteressant, doch fallen klassische Orientierungsschemas der betrieblichen Einbindung, der Pflege eines betrieblichen Sozialkapitals und die Möglichkeit der Unterstützung, allenfalls auch Entlastung innerhalb eines Netzwerkes von Arbeitskollegen weg. Die Karriere wird zu einer Ich-Angelegenheit, der die Orientierung auf ein Kollektiv abhandenkommt. Ferner führt diese zunehmende Selbstständigkeit auch zu einer weiter verstärkten Entgrenzung von Arbeit und Freizeit, von Öffentlichem und Privatem. Sich beruflich fit zu halten, steht unterdessen bereits in Eigenverantwortung der einzelnen Mitarbeitenden. Die Verflechtung von Beruf und Privatem steigert sowohl die entsprechenden Freiheiten als auch Verantwortungen. Vor diesem Hintergrund wird auch die Frage nach dem Ruhestand neu gestellt werden müssen. Keinem Selbstständigen wird vor diesem Hintergrund gesagt werden, dass nun genug gearbeitet sei, dass die berufliche Laufbahn nun abgeschlossen werden kann oder soll. Die Planung des Austritts aus dem Erwerbsleben wird zunehmend zu einer individuellen Entscheidung, welche unter Berücksichtigung der beruflichen wie privaten Anreiz- und Anerkennungsstrukturen sowie der individuellen, beide Lebensbereiche betreffenden Rahmenbedingungen, allenfalls Einschränkungen, getroffen wird. Das Fehlen eines reflektierten Prozesses, den beispielsweise eine vorgesetzte Stelle mit einem führen könnte, kann hier zum echten Problem werden, denn bei vielleicht einer der schwersten Entscheidungen, nämlich dem Rück- und Austritt aus einer lebenslangen Beschäftigung, ist man weitgehend auf sich gestellt.

Zweitens nimmt die Dynamik der Entwicklung und Veränderung, aber auch des Wegfalls standardisierter Berufe zu. Was früher ein Lebensberuf war, ist heute einer lebenslangen beruflichen Mobilitätsanforderung gewichen. Wir beenden also mit großer Wahrscheinlichkeit unsere berufliche Karriere in einem anderen Beruf, in einer anderen Tätigkeit mit ziemlich sicher komplett anderen Anforderungen, als jenem, mit dem wir sie begonnen haben. Das hat natürlich Auswirkungen auf unsere berufliche Sozialisation und Identität. Wir sind nicht mehr das, was wir beruflich tun, sondern jene, die es schaffen, mit laufend neuen Qualifikationsanforderungen und beruflichen Herausforderungen zurechtzukommen. Damit geht aber auch in vielen Fällen so etwas wie berufliche Identität und Berufsstolz verloren. Mit Blick auf den Ruhestand kann dies bedeuten, dass wir viel weniger emotional an das gebunden sind, was wir tun, eher vielleicht an jene, mit denen wir es tun.

Drittens sind wir immer mehr mit diskontinuierlichen Lebensläufen und Berufsbiografien konfrontiert. Auch das soziale Umfeld ist nicht mehr eine Konstante, sondern unterliegt oft und zusehends tief greifenden Zäsuren. Neue Bedürfnisse, vielleicht auch Veränderungen im privaten Beziehungsgeflecht, können zunehmend auch unsere Entscheidungen im Erwerbsleben beeinflussen, wie auch umgekehrt. Betreffend Festlegung des Pensionierungszeitpunkts hat das private Umfeld eine hohe Bedeutung.

Gemäß unserer Studie 2015 werden in 65 % der Entscheidungen zum Pensionierungsverhalten die Wünsche der Partnerin oder des Partners größtenteils oder vollumfänglich
berücksichtigt. Es ist somit schon lange nicht mehr gesagt, dass die gesellschaftliche
Konvention dessen, was der Übergang in den Ruhestand bedeutet, auch wirklich gelebte
Realität ist. Doch wenden wir uns der betrieblichen Konvention zu. Hier wird in den
meisten Fällen die Pensionierung noch immer mit einem stichtagsbezogenen Denken
verbunden, d. h., in den meisten Fällen wird zum ordentlichen oder einem früheren Zeitpunkt der (komplette) Ausstieg aus dem Arbeitsverhältnis geplant. Das ist eine Stich-
tagsbetrachtung, die unseres Erachtens nicht zeitgemäß ist und den Bedürfnissen älterer
Mitarbeitender nicht gerecht wird. Vor allem sofern die Pensionierung als ein irrever-
sibler Grenzübergang in den Ruhestand verstanden wird, ist die Wahrscheinlichkeit
eines Gefühls des Nicht-mehr-gebraucht-Werdens, zum alten Eisen zu gehören, auf dem
Abstellgleis zu stehen etc. erheblich.

Denn insofern der Beruf auch eine Orientierungsfunktion, ein soziales Netzwerk, eine
Anerkennungsstruktur und das Gefühl von Sicherheit und Aufgehobensein vermittelt, so
fällt dies mit einer herkömmlichen Pensionierung von einem auf den anderen Tag radikal
weg. Leere, Sinnentleerung, Orientierungslosigkeit und Vereinsamung können im dras-
tischen, aber nicht unrealistischen Fall die Folge sein, ohne dass der Mitarbeitende auf
diesen radikalen Schritt vorbereitet wäre. Zuschreibungen, wonach man jetzt endlich die
Zeit habe, all die Dinge zu tun, die man schon immer tun wollte, endlich Zeit ohne Ende,
Freiräume und Entfaltungsmöglichkeiten zu haben, können eher ernstlich bedrohen als
Freude spenden.

Vor diesem Hintergrund liegt es nahe, dass eine bewusst geplante, flexible und pha-
senorientierte Gestaltung des Übergangs für den Betroffenen, nicht zuletzt auch für sein
Umfeld, stimmiger und besser verdaubar sind. Kurzum, wir sollten wegkommen von
einem Stichtagsdenken und hin zu einem Phasenübergang, zu einem Wandelungspro-
zess gelangen, welcher die oben beschriebenen gesellschaftlichen Realitäten berücksichtigt. Ein Phasenübergang schafft nämlich die nötigen Ressourcen, um sich bewusst
mit dem Übergang zu beschäftigen und zu einer eigenständigen und überzeugten Haltung zu kommen. Mehr noch aber schafft ein Phasenübergang die nötigen Freiräume,
individualisierte Formen des Übergangs zu wählen, vielleicht auch mit diesen zu expe-
rimentieren, ohne sich gleich für das „Alles oder Nichts" zu entscheiden. So sind beispielsweise mit den in Kap. 5 vorgeschlagenen Modellen der Flexibilisierung von
Arbeitsmodellen vielfältige Kombinationsmöglichkeiten zwischen Erwerbsleben und
Privatleben, zwischen Betreuungsaufgaben und Reisen, zwischen sinnvollem Tätigsein
und Sorge für die eigene Gesundheit, zwischen Phasen hoher Produktivität und Phasen der Inspiration, des Lernens und der Orientierung usw. möglich. Diese flexiblen
Arbeitsmodelle tragen den gesellschaftlichen Veränderungen unserer Berufsbiografien
gleichermaßen Rechnung wie den Leistungs- und Produktivitätsanforderungen einer
wettbewerbsorientierten Wirtschaft. Sie berücksichtigen unsere volkswirtschaftlichen
Bedürfnisse nach Erhalt erfahrener Berufsleute im Erwerbsleben gleichermaßen wie
sie die individuellen Wahlfreiheiten schützen. Sie funktionieren nicht mit Regelwerken,

positiven oder negativen ökonomischen Anreizstrukturen, sondern basieren auf dem Prinzip der Freiwilligkeit als Grundlage einer motivierten, selbst gewählten Fortsetzung guter Arbeit.

Die Beschäftigung mit diesem Phasenübergang fängt bedeutend früher an, als man dies vermuten würde. Es ist nicht so, dass erst wenige Jahre vor dem ordentlichen Rentenalter die Beschäftigung mit dem richtigen Pensionierungszeitpunkt beginnt; die Auseinandersetzung beginnt bereits rund um die 50-Jahres-Schwelle. Unsere Studie 2015 zeigt auf, dass bereits 47 % der unter 50-Jährigen sich Gedanken über den richtigen Zeitpunkt ihrer Pensionierung machen (Abb. 2.1). 60 % haben sich bis ins Alter von 55 Jahren Gedanken über die Pensionierung gemacht. Der gesellschaftliche wie auch betriebliche Dialog über die stimmige Gestaltung des Übergangs in den Ruhestand wird also früh geführt und ist Ausdruck einer vorausschauenden Auseinandersetzung mit der Planung des dritten Lebensabschnittes seitens des Individuums. Wer erst ab 55 Jahren anfängt, mit seinen Mitarbeitenden über die Pensionierung zu sprechen, wird sich allenfalls wundern, dass rund 40 % bereits klare Vorstellungen über ihre (Früh-)Pensionierung haben.

Der gesellschaftliche Diskurs über Alter und Vorruhestandsplanung muss sich natürlich auch in der betrieblichen Praxis niederschlagen. Wenn alternative Arbeitsmodelle zu jenem einer Stichtagspensionierung etabliert werden sollen, so ist eine frühzeitige Sensibilisierung der unter 55-Jährigen erforderlich, um hier allenfalls die Bereitschaft zu flexiblen Arbeitsmodellen zu fördern. Geldermann (Geldermann 2007, S. 27) spricht in

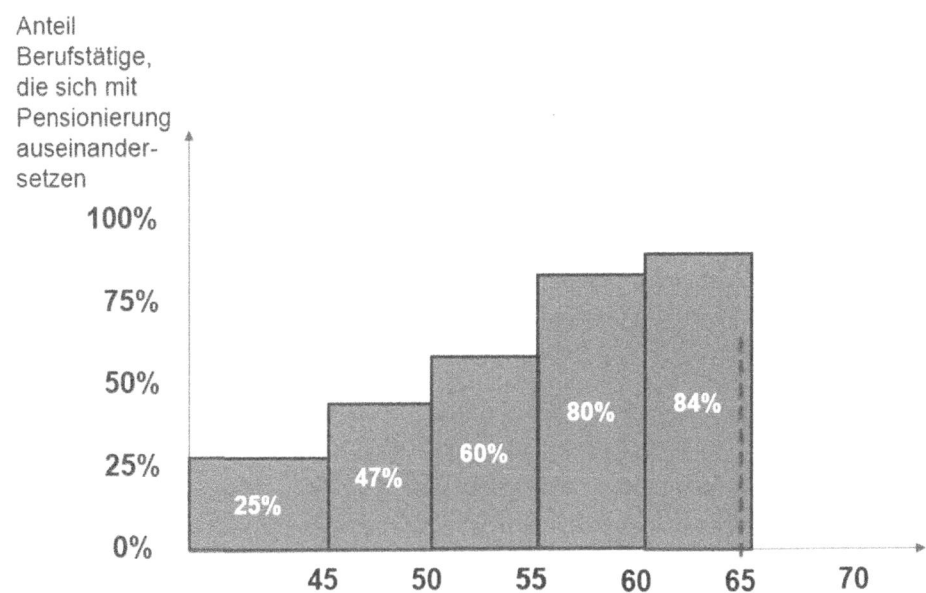

Abb. 2.1 Beschäftigung mit Pensionierungszeitpunkt in Abhängigkeit vom Alter. (Quelle: Studie 2015)

diesem Zusammenhang von komprimierten Karrieremustern, in welchen auf einen kontinuierlichen Aufstieg bis etwa zum 45. Lebensjahr ein Entwicklungsplateau folgt, um dann mit Anfang bis Mitte 50 in die Phase des beruflichen Rückzugs zu münden (siehe auch Kels 2009; Lim und Feldman 2003). Und mit diesem Karriere-Stereotyp hat sich auch die Personalentwicklungspraxis fixiert. Dieses Denken ist wieder zu öffnen und im Sinne eines Lebensphasenmodells der Personalentwicklung zu gestalten (Graf 2002, 2012). In diesem Sinne sind wir angehalten, unsere Vorstellung einer Berufsbiografie als unidirektionales Kontinuum zu überprüfen und zu hinterfragen (Tab. 2.1).

Interessant ist, dass sich das Bedürfnis nach Frühpensionierung mit zunehmendem Alter zu wandeln scheint. Während die 46- bis 50-Jährigen in unserer Studie 2015 angaben, eher vor Erreichen des Pensionsalters in den Ruhestand treten zu wollen Mittelwert von 3,83, σ 1,7, will dies die Altersgruppe der 56- bis 60-Jährigen und die der 61- bis 65-Jährigen bedeutend weniger. Dies kann ein Hinweis auf einen sich abzeichnenden gesellschaftlichen Trend, aber auch eine altersabhängige Neubeurteilung des gewünschten Berufsausstiegs sein.

Auffallend ist weiterhin, dass der Wunsch nach einer sinn-/wertvollen Tätigkeit vor allem bei der Altersgruppe der 61- bis 65-Jährigen stark ausgeprägt ist. Die Unterschiede zu den anderen Gruppen sind signifikant. Es scheint so, als entwickele sich mit zunehmendem Alter eine kritische Haltung zu einer Arbeitswelt der „Animal Laborans" und keime der Wunsch, gegen Ende der Karriere doch wieder zum „Homo Faber", zum Gestalter von Werken und dauerhaften Werten zu werden. Die Studie 2015 zeigt aber auch, dass der gesellschaftliche Diskurs über die neue Gestaltung von berufsbiografischen Lebensphasen, insbesondere über die Gestaltung einer Phase des Ruhestandsübertritts,

Tab. 2.1 Berufsbiografisches Lebensphasenmodell und Aufgaben des Personalmanagements. (Quelle: Geldermann 2007, S. 28)

Berufsphase	Berufsrolle	Aufgaben des Personalmanagements
(evt. erneuter) Berufseinstieg	Einsteiger	Rekrutieren, Anlernen, Integration, Management des Neustarts
Festigung der beruflichen Erfahrung	Junior	Potenziale ermitteln, Arbeitsplatzwechsel, Entwicklungsmöglichkeiten planen, Laufbahngestaltung
Mittlere Berufsphase	Senior, Teamleiter, Spezialist	Weiterbildung, Übertragung vielfältiger Aufgaben, evtl. Vorbereitung auf Führungsaufgabe
Berufliche Reife, Entwicklung neuer Perspektiven	Um-/Neuorientierung	Unterstützung bei der Übernahme neuer Aufgaben, Weiterbildung
Rückzug	Mentor, Berater	Replacement, Ausstieg aus der Linie unterstützen, Akzeptanz sichern, Flexibilität der Arbeitszeit
Nachberufliche Phase	Senior-Berater	Neuer Kontrakt

noch nicht bei allen Erwerbstätigen angekommen ist. Denn rund ein Drittel der über 45-Jährigen gab an, dass man mit Erreichen des offiziellen Rentenalters in den Ruhestand treten soll. Auch das ist eine Realität, welche sich erst mit fortschreitendem gesellschaftlichen Diskurs verändern wird.

2.3 Zum wirtschaftlichen Diskurs über Arbeitsmärkte, Demografie und Fachkräftemangel

Mit der Moderne hat sich eine zunehmende Ausdifferenzierung und Trennung in gesellschaftliche, politische und wirtschaftliche Handlungsfelder vollzogen. Die gegenseitige Entkoppelung dieser Handlungsfelder hat zu einer Verselbstständigung von Sprachlogiken und Diskursen geführt, welche teilweise nebeneinander, nicht selten auch gegeneinander, in den wenigsten Fällen aber miteinander erfolgen. Bezogen auf die ökonomische Logik lässt sich verkürzt feststellen:

> In vielen modernen Gesellschaftstheorien wird seither davon ausgegangen, dass die Wirtschaft rein als zweckgerichtete Produktion und Verteilung von Gütern und Leistungen anzusehen ist. "Wirtschaften" gilt dann als ein von sozialen Regeln und Prinzipien abgelöstes Handeln, das der Logik des Erwerbens und der Gewinnmaximierung folgt (Maurer 2017, S. 127).

Ökonomische Wohlfahrt basiert nach wie vor auf dem Tauschparadigma, also dem für zwei Individuen wechselseitig vorteilhaften Tausch von Gütern und Leistungen. Das Ganze funktioniert besonders angesichts eines Wachstumsparadigmas, wenn Güter und Leistungen in zunehmender Zahl verfügbar sind und durch deren Herstellung Arbeitsplätze und Einkommen gesichert sind. Die demografischen Veränderungen verschärfen noch das Wachstumsparadigma, da sich steigende Renten nur bei entsprechendem Wirtschaftswachstum finanzieren lassen. Auch sind die erforderlichen strukturellen Anpassungen einer wachsenden Volkswirtschaft ohne drastische Steuererhöhungen nur finanzierbar, wenn der Staat in einer wachsenden Wirtschaft mit zunehmenden Steuereinnahmen rechnen kann. Und schließlich muss eine Volkswirtschaft, welche im internationalen Wettbewerb konkurrenzfähig bleiben möchte, laufend investieren, was wiederum entsprechende Gewinne innerhalb der Wirtschaft voraussetzt. Während auf der einen Seite dieses Wachstumsparadigma zunehmend kritisiert wird, wird es auf der anderen Seite als faktische Notwendigkeit zum Erhalt bestehenden Wohlstands deklariert. Vor diesem Hintergrund sind die aktuellen Diskussionen über die Entwicklung der Arbeitsmärkte, die demografischen Verschiebungen und über den Fachkräftemangel einzuordnen.

Doch schauen wir hierzu einmal die Faktenlage an: Im gesamten DACH-Raum hat sich die Beschäftigungsquote der 55- bis 64-Jährigen im Zeitraum zwischen 2007 und 2012 verbessert. Die Schweiz liegt hinter Island, Neuseeland, Schweden und Norwegen

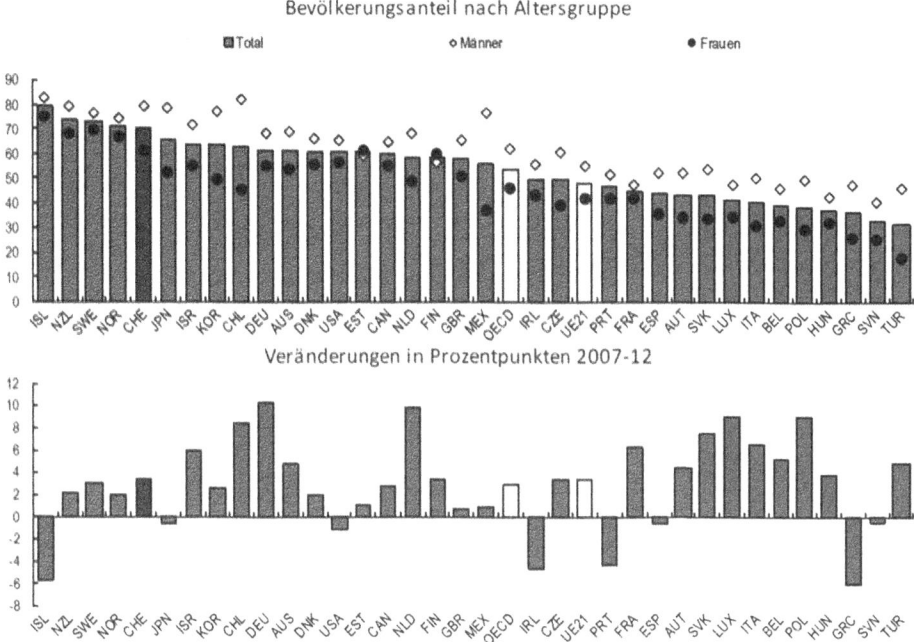

Abb. 2.2 Beschäftigungsquote der 55- bis 64-Jährigen. (Quelle: OECD 2014, S. 47)

mit 70,5 % im Jahr 2012 auf Platz 5 der Beschäftigungsquoten in diesem Alterssegment (siehe Abb. 2.2, OECD 2014, S. 47). Deutschland und Österreich liegen beim Beschäftigungsgrad dieser Altersgruppe fast identisch auf den Plätzen 10 und 11 und damit auch noch über dem OECD-Schnitt. Die Schweiz ist mit niedrigen Arbeitslosenquoten in diesem Alterssegment von der Finanzkrise weitgehend verschont geblieben. In Deutschland fällt demgegenüber die erhebliche Steigerungsquote bei den Beschäftigungsanteilen von rund 10 % zwischen 2007 und 2012 auf. Die Beschäftigungsquoten sagen indes noch nichts aus über die unterschiedlichen Gründe für den Erwerbsaustritt oder die Nichterwerbstätigkeit. Für die Schweiz konstatiert die OECD-Studie zwischen 2001 und 2012 eine gewisse Verlagerung von der Nutzung der Möglichkeit eines vorzeitigen Erwerbsaustritts hin zu prekären Arbeitsmarktstati, die die Rückkehr in den Arbeitsmarkt erschweren.

Anders sieht es im Alterssegment nach 65 aus, in welchem bei der Beschäftigungsquote die Schweiz den 14. Platz und Deutschland abgeschlagen unter dem OECD-Schnitt den 24. Platz bzw. Österreich den 27. Platz einnimmt (Abb. 2.3).

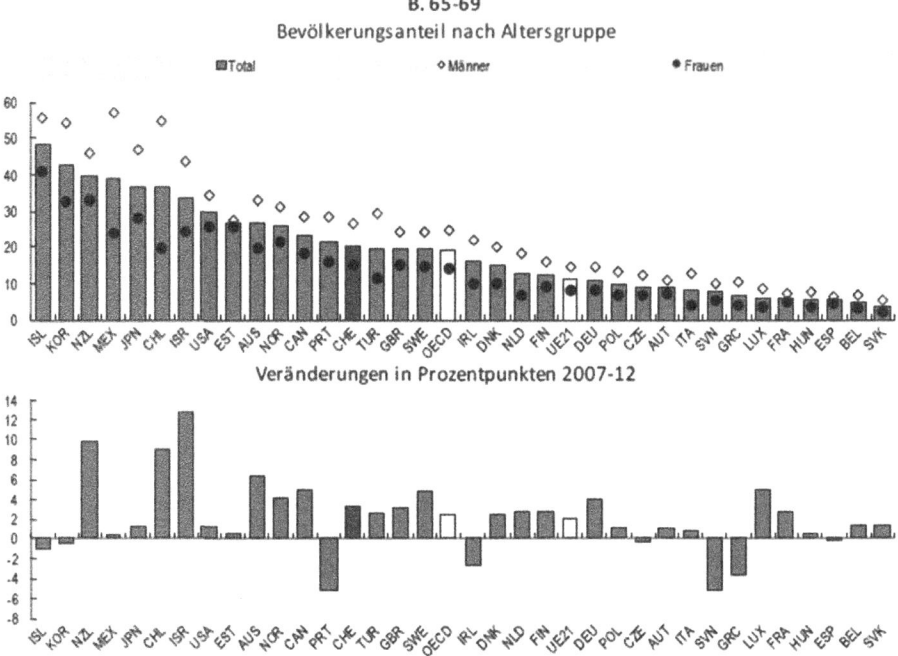

Abb. 2.3   Beschäftigungsquote der 65- bis 69-Jährigen. (Quelle: OECD 2014, S. 47)

2.3.1   Abnahme des Erwerbspotenzials durch demografische Veränderungen

In Deutschland führt die demografische Entwicklung nach bisherigen Erkenntnissen zu einer deutlichen Abnahme des Potenzials an Erwerbspersonen, verstanden als Personen, welche arbeiten, Arbeit suchen oder unter gewissen Bedingungen eine Arbeit aufnehmen könnten. Bis 2030 wird sich die Zahl der Menschen zwischen 20 und 64 von heute knapp 50 Mio. um 6,3 Mio. Menschen verringern. Dabei wird die Altersgruppe der 20- bis 34-Jährigen mit einem Minus von 2,4 Mio. Menschen betroffen sein, die Altersgruppe der 35- bis 59-Jährigen sogar um 5,5 Mio. Menschen rückläufig sein. Einzig die Altersgruppe der 60- bis 64-Jährigen wird um rund 1,6 Mio. Personen zunehmen (Stecker 2011).

In der Schweiz zeigen sich die Auswirkungen der demografischen Entwicklung auf dem Arbeitsmarkt mit zwei Grundtendenzen: Zum einen weist die Schweiz mit 1,5 Kindern pro Frau (2011) eine im Vergleich zum OECD-Schnitt von 1,7 Kindern pro Frau niedrige Geburtenrate aus. Zum anderen lässt sich in der Schweiz im Zeitraum zwischen 2001 und 2011 eine positive Zuwanderungsquote beobachten. 2011 macht die zugewanderte Bevölkerung mit 27,3 % nach Luxemburg den größten Anteil an der Gesamtbevölkerung aus – mehr als doppelt so hoch, wie der OECD-Durchschnitt (12,6 %) (OECD 2014, S. 32). Insbesondere die hohe Zuwanderungsquote schwächt in der Schweiz zwar die Folgen der demografischen Veränderungen ab, da die zugewanderte

Bevölkerung mit durchschnittlich 38,4 Jahren jünger als die Schweizer Bevölkerung
(42 Jahre) ist. Wurde das Wirtschaftswachstum der Schweiz durch die Zuwanderung
von gut qualifizierten Arbeitskräften aus dem EU-Raum in den letzten Jahrzehnten noch
gestützt, so stimmt der Umstand dennoch nachdenklich, dass gemäß Länderbericht zur
Schweizer Wirtschaftspolitik der OECD 2013 die Produktivität in der Schweiz unter
jener der leistungsfähigen OECD-Länder zurückbleibt. Mit der Verlangsamung der Ein-
wanderung und der zunehmend alternden Bevölkerung muss in der Schweiz deshalb das
Hauptaugenmerk der Wirtschaftspolitik auf Produktivitätsfragen sowie der Nutzung bislang ungenutzter Arbeitskräftepotenziale liegen. Aus diesem Grund hat der schweizerische Bundesrat 2013 ein Maßnahmenpaket erlassen, welches die bessere Ausschöpfung
des inländischen Arbeitskräftepotenzials in den Fokus rückt.

2.3.2 Der Fachkräftemangel und das Phänomen von Frühpensionierung

Die Intention vieler Volkswirtschaften, ihr inländisches Arbeitskraftpotenzial besser auszuschöpfen, ist vor dem Hintergrund eines nur langsamen Bevölkerungswachstums und
abnehmender Migrationsgewinne unter oben beschriebenem Wachstumsparadigma nach-
vollziehbar. Viele Volkswirtschaften klagen sodann auch über einen zunehmenden Fachkräftemangel in einzelnen Branchen.

Um dem Fachkräftemangel zu begegnen, stehen grundsätzlich jeder Volkswirtschaft
drei Maßnahmenpakete zur Verfügung: die Erhöhung der Erwerbsquote der Frauen, die
verstärkte Rekrutierung ausländischer Arbeitskräfte sowie eine stärkere Arbeitsmarktbeteiligung bzw. ein längerer Verbleib älterer Mitarbeitender im Arbeitsmarkt. Betrachtet
man die aktuelle Situation bei älteren Arbeitnehmern, so zeigt sich hier Handlungsbedarf
oder positiv ausgedrückt Handlungsspielräume, um die Arbeitsmarktbeteiligung der Personen 55+ zu steigern.

Vergleicht man die Bestrebungen der Regierungen Deutschlands wie der Schweiz zur
Bekämpfung des Arbeitskräftemangels, so zeigen sich die in Tab. 2.2 dargestellten Ähn-
lichkeiten und Unterschiede.

Tab. 2.2 Vergleich der Maßnahmen zur Bekämpfung des Fachkräftemangels in der Schweiz und
in Deutschland. (Quelle: OECD 2014, S. 35)

Bekämpfung des Fachkräftemangels: Das Deutsche Konzept (basierend auf dem Konzept zur Fachkräftesicherung 2011)	Bekämpfung des Fachkräftemangels: Das Schweizer Konzept (basierend auf Maßnahmenbericht 2014 des WBF)
• Aktivierung und Beschäftigungssicherung • Bessere Vereinbarkeit von Beruf und Familie • Bildungschancen für alle von Anfang an • Qualifizierung: Aus- und Weiterbildung • Integration und qualifizierte Zuwanderung	• Höherqualifizierung entsprechend dem Bedarf der Wirtschaft • Bessere Vereinbarkeit von Beruf und Familie • Schaffung guter Bedingungen für ältere Arbeitnehmende zur Förderung der Erwerbstätigkeit bis ins Pensionsalter und darüber hinaus • Förderung von Innovationen zur Entschärfung der Fachkräfteknappheit

Die volkswirtschaftlichen Herausforderungen des Arbeitskräftemangels scheinen in beiden Ländern erkannt zu sein und sollen mit ungefähr denselben mehr oder minder griffigen Maßnahmen bekämpft werden. In der Schweiz ist die Förderung der Erwerbstätigkeit älterer Arbeitnehmender bis zur Pensionierung und darüber hinaus explizit erwähnt. Denn das Phänomen, dass viele oft gut qualifizierte Fachkräfte sich frühzeitig aus dem Erwerbsleben verabschieden, verschärft die Herausforderung des Fachkräftemangels. Zur besseren Ausschöpfung des Arbeitskräftepotenzials müsste es indes gelingen, Frühpensionierungen zu reduzieren und Mitarbeitende sogar zu einem Verbleib im Erwerbsleben über die Pensionierungsgrenze hinaus zu bewegen – alles natürlich vorbehältlich einer guten Gesundheit, Kapazität, Leistungsfähigkeit und Leistungsbereitschaft der Mitarbeitenden, gute Arbeit zu leisten (siehe auch Kap. 3).

Wie groß ist aber das Potenzial, das den Arbeitsmärkten vor dem ordentlichen Pensionierungszeitpunkt verloren geht? In der Schweiz traten gemäß Analysen des Bundesamtes für Sozialversicherungen im Durchschnitt der Jahre 2001 bis 2011 40 % der Männer bzw. Frauen bis ein Jahr vor der ordentlichen Pensionierung aus dem Arbeitsprozess aus, 23 % gingen zum ordentlichen Pensionierungszeitpunkt (AHV-Rentenalter) in den Ruhestand und lediglich gut ein Drittel arbeiteten weiter, wobei die Erwerbsbeteiligung nach 65 rasch abnimmt (Trageser et al. 2012).

Es überrascht somit auch nicht, dass Branchen mit hohem Qualifikationsniveau und hohen Durchschnittslöhnen eher hohe Vorruhestandsquoten aufweisen, und auch wenig überraschend ist es, dass Personen in Teilzeitfunktionen oder in der Selbstständigkeit niedrige Vorruhestandsquoten aufweisen.

Das Phänomen freiwilliger Frühpensionierungen bietet sich als interessanter Angelpunkt zur Reduktion des Fachkräftemangels an. Das Potenzial ist erheblich: Gemäß unserer 2015er Studie möchten 31,7 % der Befragten frühzeitig in den Ruhestand gehen, weitere 18 % tendieren dazu. Das macht insgesamt ein erhebliches Potenzial aus, welches mit geeigneten Maßnahmen zur Fortsetzung bis zur ordentlichen Pensionierung motiviert werden kann. Demgegenüber stehen 20 % der Befragten, die aktuell über die Pensionierung hinaus arbeiten möchten, weitere 17 % können sich das unter Umständen vorstellen. Das ist das Potenzial, welches heute in vielen Firmen der sogenannten „Altersguillotine" zum Opfer fällt. 49 % der Befragten können sich hingegen unter gegebenen Bedingungen keine Fortsetzung der Arbeitstätigkeit nach der Pensionierung vorstellen – auch hierin liegt ein Potenzial, einige davon mittels geeigneter Arbeitsmodelle arbeitsfähig und motiviert zu erhalten. Die Zahlen, welche in der Tendenz gut mit jenen von Trageser et al. aus dem Jahr 2012 korrespondieren, belegen, dass der Wirtschaft ein erhebliches Ressourcenpotenzial verloren geht, sowohl durch Frühpensionierungen, Altersguillotine als auch aufgrund mangelnder Bereitschaft zur Arbeit über den Pensionierungszeitpunkt hinaus. Es scheint also angezeigt, über die Gründe eines frühzeitigen Erwerbsaustritts nachzudenken und nach Strategien zu suchen, welche einen freiwilligen, motivierten und produktiven Verbleib älterer Mitarbeitender in der Arbeitswelt sichern.

2.3.3   Gründe für den frühzeitigen Austritt aus dem Erwerbsleben

Ein frühzeitiger Rückzug aus dem Erwerbsleben kann verschiedene Gründe haben: Gesundheitliche Gründe (Krankheit oder Invalidität) können genauso wie Arbeitslosigkeit das Ende der Erwerbsphase erzwingen, so wie eine freiwillige Frühpensionierung einen vorzeitigen Austritt aus der Erwerbstätigkeit ermöglichen kann. Gemäß OECD-Bericht zur Alterungs- und Beschäftigungspolitik der Schweiz lassen sich gestützt auf die Schweizerische Arbeitskräfteerhebung SAKE die nichterwerbstätigen Personen der Altersgruppe 58 bis 64/65 Jahre wie folgt auf diese Kategorien aufteilen: Bei Männern fallen 10 % unter die Kategorie Altersarbeitslosigkeit, 17 % unter Dauerinvalidität und rund 60 % unter vorzeitige Pensionierung. Bei den Frauen hält sich die vorzeitige Pensionierung mit 34 % in etwa die Waage mit persönlichen und familiären Gründen (32 %), vor der Dauerinvalidität (10 %) und der Arbeitslosigkeit (4 %) (OECD 2014, S. 61). Während also bei Frauen persönliche und familiäre Gründe gewichtiger zu sein scheinen als bei Männern, sind diese eher von wohl nicht immer freiwilliger vorzeitiger Pensionierung, Altersarbeitslosigkeit und Dauerinvalidität betroffen.

Interessant ist die Frage, wie viel Prozent der vorzeitigen Pensionierungen freiwillig und selbst gewählt sind und wie viel aufgrund von Umstrukturierungen und Personalabbaumaßnahmen mehr oder weniger direkt erzwungen wurden. Gemäß der Untersuchung von Trageser et al. (2012) ist bei einem Großteil der nichterwerbstätigen Frühpensionierungen, also jener, die Altersvorsorgeleistungen erhalten, der Rückzug aus dem Arbeitsmarkt hauptsächlich freiwillig erfolgt. Der Anteil bei den Frauen liegt bei 64 %, jener bei den Männern bei 78 %. Betrachtet man die Gründe für den frühzeitigen Arbeitsmarktaustritt genauer, so fallen doch Geschlechterunterschiede auf. Bei den Männern zeigt sich in Abb. 2.4, dass es nach gesundheitlichen Gründen auch betriebliche Gründe, namentlich Umstrukturierungen, Zwangspensionierung/Kündigung oder auch unbefriedigende Arbeitsbedingungen waren, welche den Ausschlag für den Erwerbsaustritt gegeben haben. Demgegenüber war der Wunsch nach mehr Freizeit nur in 31 % an der Entscheidung mitbeteiligt. Bei Frauen ist dies hingegen der ausschlaggebende Faktor, welcher von 42 % der Frauen genannt wurde. Nebst unbefriedigenden Arbeitsbedingungen scheinen sie ihre Entscheidung weniger von betrieblichen Faktoren abhängig zu machen. Es fällt aber auf, dass 25 % ihre Erwerbstätigkeit unter anderem aufgaben, da ihr/-e Partner/-in nicht mehr erwerbstätig ist. Dies wiederum scheint bei den Männern weniger ausschlaggebend zu sein.

Es gibt also bei Frauen tendenziell mehr positive Faktoren hin zu Freizeit und Partner/-in, während bei Männern auch negative oder einschränkende Faktoren weg von der aktuellen

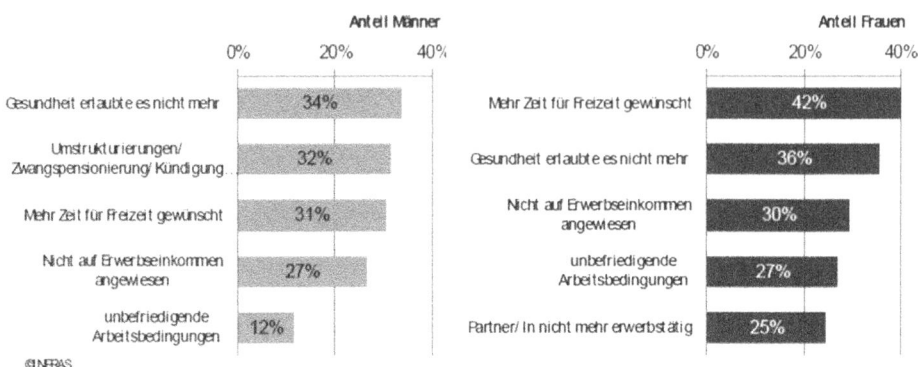

Abb. 2.4 Wichtigste Gründe für den frühen Arbeitsmarktaustritt (nichterwerbstätige Frühpensionierte). (Quelle: Trageser et al. 2012, S. 19)

Situation, aufgrund von Gesundheit, Umstrukturierung, Zwangspensionierung, Kündigung oder unbefriedigenden Arbeitsbedingungen, eine wichtige Rolle bei der Entscheidung spielen, sich frühzeitig aus dem Erwerbsleben zurückzuziehen.

Im Gegensatz zu den freiwilligen Frühpensionierungen mit Altersvorsorgeleistungen erfolgt naheliegenderweise der Rückzug bei Personen ohne Altersvorsorgeleistungen mehrheitlich unfreiwillig. 84 % der Männer und 42 % der Frauen gaben an, hauptsächlich unfreiwillig aus dem Erwerbsleben zu scheiden. Bei 61 % der Männer und 49 % der Frauen führen gesundheitliche Probleme zum frühen Ausscheiden, 39 % der Männer geben Umstrukturierungen, Zwangspensionierung oder Kündigung als Grund an und bei rund einem Viertel der Männer wie Frauen spielen unbefriedigende Arbeitsbedingungen eine Rolle (Trageser et al. 2012). Hierin liegt ein erhebliches Aktivierungspotenzial an Erfahrungswissen und Arbeitskraft, welches im Allgemeinen unter dem Aspekt „guter Arbeit", aber auch unter dem herrschenden Fachkräftemangel im Besonderen in unserer Volkswirtschaft besteht.

Das Bewusstsein im Umgang mit Frühpensionierungen scheint sich langsam zu verändern, besonders auch angesichts des zunehmenden Fachkräftemangels, aber auch einer allgemeinen Einstellungsänderung gegenüber der Ressource Erfahrung. Doch hierin tut sich auch ein gewisser „Double-Bind" auf: Die Not an Fachkräften führt zu einem plötzlichen Höherschätzen älterer Mitarbeitender, die bis vor noch nicht allzu langer Zeit eher gering geschätzt frühzeitig aus dem Arbeitsmarkt mittels Frühpensionierungen „entsorgt" wurden. Ebner (2015) spricht hier deutlich aus, was sich wohl manch ein älterer Mitarbeitender angesichts der Debatte um das Erhalten älterer Mitarbeitender im Erwerbsleben denkt: „Wurden ältere Beschäftigte bis vor Kurzem ermuntert, in Frühpension zu gehen – oder sie wurden zu diesem Schritt gezwungen –, erwartet man von ihnen heute, vorausgesetzt, sie sind gesund, vermehrtes Engagement und eine motivierte Einstellung gegenüber ihrer Arbeit bis zum offiziellen Rentenalter oder darüber hinaus" (Ebner 2015, S. 13). Dieser Gesinnungswandel in unserer Arbeitswelt muss erst

einmal bewältigt werden, und ein rein utilitaristischer Umgang, welcher ältere Mitarbeitende als Lösung für den herrschenden Fachkräftemangel verzwecklicht, wird allenfalls
an der mangelnden Bereitschaft genau dieser Altersgruppe, sich auf diese Verzwecklichung einzulassen, scheitern (siehe hierzu auch die Ausführungen zur Verdinglichung in
Abschn 2.1.1). Eine Argumentation, welche die älteren Mitarbeitenden mit dem Fachkräftemangel in Verbindung bringt, greift zu kurz. Es braucht eine veränderte Einstellung
über die Leistungsfähigkeit und den Erfolgsbeitrag, den ältere Mitarbeitende als Teil
eines generationenübergreifenden Systems leisten können, in welchem es nicht nur auf
eine Alterssparte ankommt, sondern in welchem das Zusammenspiel aller Mitarbeiter-
und Alterssegmente von ausschlaggebender Bedeutung ist.

Menschen in den letzten Berufsjahren sind also nicht nur als Lösung unseres Fachkräftemangels zu sehen, wir müssen uns für diese Menschen, für ihre Wünsche, Sorgen,
Bedürfnisse und Potenziale aufrichtig interessieren. Honneth et al. (2015, S. 42) würden in diesem Zusammenhang wohl von Anerkennung sprechen, Heidegger von Sorge,
Dewey von praktischem Engagement und Lukács von Anteilnahme: Alle meinen damit
die „Vorgängigkeit eines existenziellen Interesses an der Welt, das sich aus der Erfahrung
ihrer Werthaftigkeit speist“. Nur in diesem ernsthaften Interesse an den Mitarbeitenden
der letzten Berufsphase als Menschen, nur indem wir ihren Wert und nicht ihren Zweck
in das Blickfeld rücken, werden wir ihnen gerecht und werden auch Maßnahmen zu
deren Erhalt im Erwerbsleben als gute Arbeitsbedingungen glaubhaft zu kommunizieren
zu sein, ohne sich des Vorwurfs der „Bauernfängerei“ auszusetzen. Nur dadurch können
neue Formen der Altersdiskriminierung und neue Double Binds vermieden werden. Dies
bedarf aber einer authentischen und überzeugten Strategie in Unternehmen wie auch auf
der politischen Ebene, wie mit Altersdiversität produktiv umgegangen werden kann.

Während es früher maßgeblich Großunternehmen sowie die öffentliche Verwaltung
waren, welche über Altersmanagementstrategien verfügten, so scheint sich heute die
Überzeugung in allen Unternehmensgrößen und -branchen zu verbreiten, dass es wirklich aktiv Maßnahmen angesichts einer alternden Mitarbeiterstruktur braucht. Dies
sind die Erkenntnisse einer Befragung, welche im November 2013 in Rahmen einer
OECD-Untersuchung in der Schweiz durchgeführt wurde (OECD 2014). Die anzutref-
fenden Maßnahmen zeigen Tendenzen einerseits in Richtung ergonomischer Arbeits-
platzgestaltung, interne Mobilität, Arbeitsorganisation, aber auch Teilzeitarbeit und
Flexibilisierung der Arbeitszeit. Doch scheint hier die Praxis den wissenschaftlichen
Erkenntnissen und dem vorherrschenden Bewusstsein weit hinterherzuhinken. Denn es
fehlt nach wie vor an breiter Evidenz konkreter Maßnahmen und beispielhafter Umset-
zungserfahrung, welche über den betrieblichen Kontext hinaus verallgemeinerbar sind.

2.3.4 Was Menschen freiwillig im Erwerbsleben hält

Wir konnten bis hierhin aufzeigen, was ältere Mitarbeitende eher dazu bringt, sich frühzeitig aus dem Erwerbsleben zu verabschieden. Was aber hält Erwerbstätige in den letzten

fünf bis sieben Berufsjahren vor dem Ruhestand freiwillig in der Erwerbstätigkeit? Finanzielle Gründe spielen natürlich eine wichtige Rolle für die Erwerbstätigkeit von Personen
unter dem Pensionierungsalter. So gaben „mit Ausnahme der erwerbstätigen frühpensionierten Männer mehr als die Hälfte der erwerbstätigen Personen unter dem ordentlichen AHV-Rentenalter an, finanziell auf die Erwerbstätigkeit angewiesen zu sein. Bei
der Mehrheit dieser Personen zeigt sich aber, dass sie gleichzeitig auch positiv durch die
Arbeit motiviert sind" (Trageser et al. 2012, S. 16).

Trageser et al. (2012) untersuchten aber auch die Gründe, was Menschen motiviert,
trotz altersvorsorgeabgesicherter Frühpension, d. h. trotz finanzieller Kompensation, weiterhin erwerbstätig zu sein. Gemäß Abb. 2.5 ist dies maßgeblich davon abhängig, dass es
der Gesundheitszustand erlaubt, dass man ein gutes Arbeitsklima vorfindet, dass sich die
Arbeit gut mit der Familie und der Freizeit vereinbaren lässt, dass die Arbeit interessant
ist und schließlich auch flexible Arbeitsbedingungen aufweist. Vier dieser fünf Gründe
sind direkt oder indirekt durch den Arbeitgebenden beeinflussbar. Es bestehen somit
Stellhebel auf Arbeitgeberseite, um Frühpensionierungen zu verhindern.

Intrinsische Motivationsquellen, wie zum Beispiel ein motivierender Arbeitsinhalt
und die Möglichkeit, sich selbst zu verwirklichen, sowie ein gutes Arbeitsklima sind
für Männer die wirksamsten betrieblichen Stellhebel, freiwillig, d. h. trotz Leistungsbezug aus der Frühpension, im Erwerbsleben zu bleiben. Für Frauen sind demgegenüber
die Vereinbarkeit mit Familie und Freizeit, ein gutes Arbeitsklima, aber auch flexible Arbeitsbedingungen maßgebend. Alles vorausgesetzt, dass die Gesundheit erhalten
bleibt.

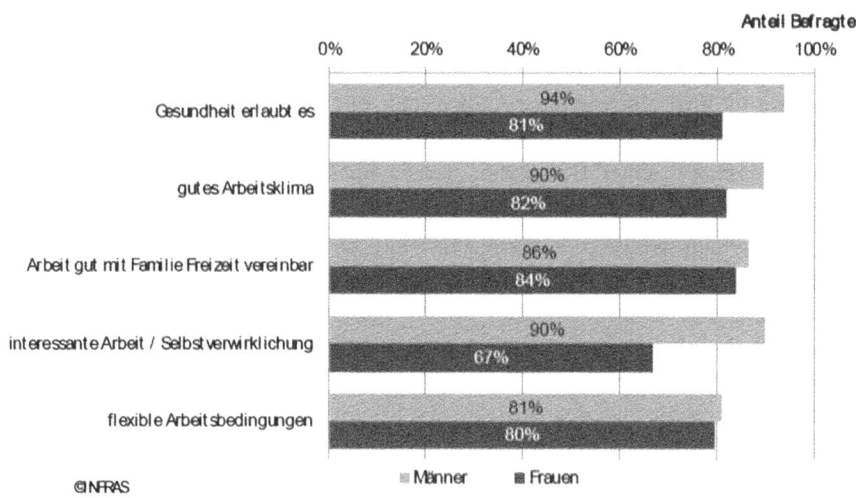

Abb. 2.5 Gründe für Erwerbstätigkeit von Frühpensionierten. (Quelle: Trageser et al. 2012,
S. 16); Frage: Was motiviert Sie, trotz den Leistungen aus der Altersvorsorge, weiterhin erwerbstätig zu sein? n = 140, Mehrfachantworten möglich

Interessant ist aber auch die Frage, aufgrund welcher Bedingungen sich Menschen entscheiden würden, länger als erforderlich, d. h. über das ordentliche Pensionierungsalter hinaus zu arbeiten. Abb. 2.6 gibt hierüber Aufschluss. Es zeigen sich, nicht ganz überraschend, ähnliche Faktoren wie in Abb. 2.5, d. h., es sind dieselben Motivationslagen, die uns vor wie nach der Pension im Erwerbsleben zu halten vermögen.

Umgekehrt braucht es aber auch Unternehmen, welche einerseits ältere Mitarbeitende jenseits der Pensionsgrenze beschäftigen wollen, andererseits auch bereit sind, attraktive Rahmenbedingungen für ältere Mitarbeitende zu schaffen. Während noch 2006 in einer von Höpflinger et al. durchgeführten Befragung 55 % der Unternehmen angaben, Beschäftigungsmöglichkeiten für Personen über dem ordentlichen Pensionierungszeitpunkt anzubieten, waren es in der Befragung von Trageser et al. 2012 rund zwei Drittel. Davon stellen 12 % der Unternehmen auch Mitarbeitende jenseits des Pensionierungszeitpunktes neu an, was also nicht auf eine Weiterbeschäftigung, sondern Rekrutierung hinausläuft. Wie in Abb. 2.7 ersichtlich werden am häufigsten (64 %) Teilzeitmodelle angeboten, welche offensichtlich der Belastbarkeit und dem Wunsch nach Vereinbarkeit mit Familie und Freizeit Rechnung tragen. Befristete Arbeitsverhältnisse kommen mit 46 % auch häufig vor, so wie Vertretungen bei längeren Ferienabwesenheiten (39 %). Erstaunlich hoch ist auch der Einsatz von Hochqualifizierten als Berater und Mentoren (32 %), wie auch der Einsatz für Hilfsarbeiten (30 %). Hier scheint wohl die zeitliche Disponibilität von im Ruhestand stehenden Personen eine Rolle zu spielen.

Wir können festhalten, dass es neben Freude an der Arbeit vor allem attraktive Arbeitsbedingungen sind – in erster Linie eine gute Vereinbarkeit der Arbeit mit der Familie und der Freizeit, gesundheitlich nicht belastende Arbeit, flexible Arbeitszeiten

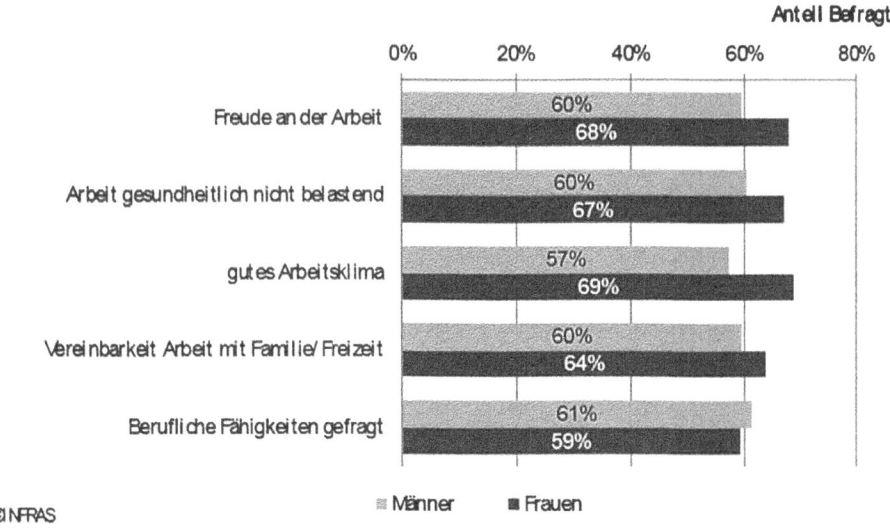

Abb. 2.6 Bedingungen für eine längere Erwerbstätigkeit. (Quelle: Trageser et al. 2012, S. 24)

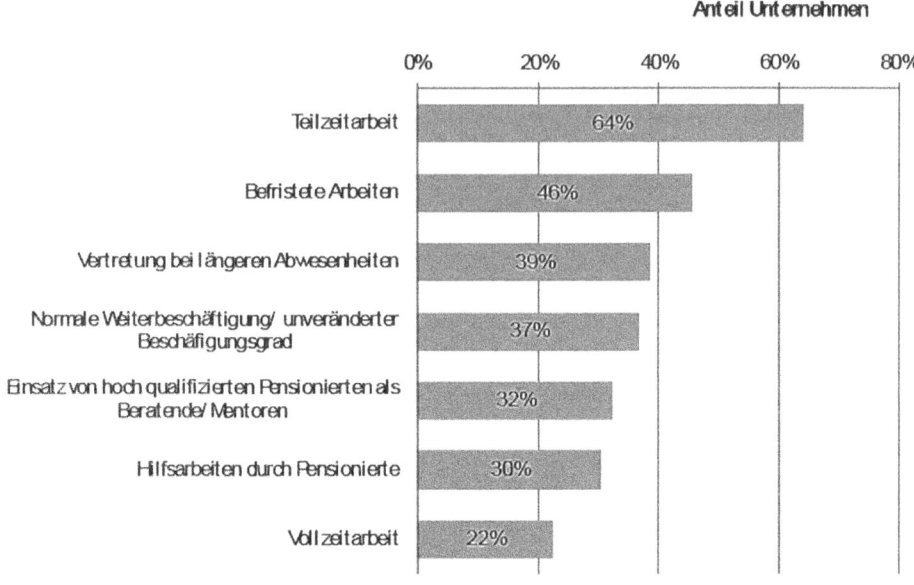

Abb. 2.7 Beschäftigungsmodelle für Personen über dem ordentlichen Pensionierungszeitpunkt. (Quelle: Trageser et al. 2012, S. 39)

und ein gutes Arbeitsklima –, welche als wichtige Voraussetzungen für eine längere Ver- weildauer in der Erwerbsarbeit wahrgenommen werden (Trageser et al. 2012; Wörwag und Cloots 2016). Die Frage nach der freiwilligen Bereitschaft, länger zu arbeiten, ist also mit qualitativen Faktoren verbunden. Doch sind diese Faktoren heute keine Selbst- verständlichkeiten, mit denen man im Allgemeinen, beziehungsweise in der letzten Berufsphase im Besonderen, rechnen kann. Wie in Abb. 2.4 gezeigt, sind es oft betriebli- che Gründe, Umstrukturierungen und schlechte Arbeitsbedingungen, welche den frühen Austritt provozieren.

Insofern muss mit dem Postulat des „länger arbeiten" auch jenes nach „besser arbei- ten" verbunden werden. Wollen wir die Bereitschaft der älteren Erwerbstätigen steigern, auf eine Frühpensionierung zu verzichten bzw. sogar über die ordentliche Pensionie- rungsgrenze hinaus zu arbeiten, so müssen wir nach den Gütekriterien von Arbeit im All- gemeinen wie in der letzten Berufsphase im Besonderen fragen (hierzu mehr in Kap. 3).

In unserer Studie 2015 gingen wir unter anderem der Frage nach den Wünschen der Erwerbstätigen 55+(n=450) nach. Abb. 2.8 zeigt einen klaren Wunsch nach Tätigkeiten, welche als sinn- und wertvoll erscheinen: Für fast 2 von 3 Personen über 55 Jahren trifft die- ser Wunsch eher bis vollumfänglich zu. Besser arbeiten heißt also in erster Linie mehr Iden- tifikation mit einer individuell als sinn- oder wertvoll empfundenen Tätigkeit. Das Bedürfnis, sich für wertvoll empfundene Tätigkeiten zu engagieren, kann auch aus der hohen Beteili- gung der über 55-Jährigen in Freiwilligenengagements abgelesen werden. Mit mehr als zwei

Abb. 2.8 Wünsche zu Tätigkeitsgestaltung der Berufsgruppe 55+. (Quelle: Studie 2015)

Stunden Freiwilligenarbeit pro Woche ist die Altersgruppe zwischen 55 und 74 Jahren die diesbezüglich aktivste Altersgruppe (Bundesamt für Statistik 2016). Dass sinn- und wertvoll empfundene Tätigkeit vielleicht nicht immer in der angestammten Erwerbsarbeit möglich ist, wird dadurch deutlich, dass das am zweithäufigsten genannte Bedürfnis die berufliche Entlastung ist. Der Schluss liegt nahe, dass, wenn am Arbeitsplatz nicht an wertvoll empfundener Tätigkeit gearbeitet werden kann, diese andernorts gesucht wird. Der Wunsch nach sinn- und wertvoller Arbeit entspricht dem Bild des Homo Faber, was wir weiter oben beschrieben haben: Menschen, die aus der Arbeit als Routine und Fremdbestimmung für nicht selbst gewählte Zwecke wieder in die Welt der Freiheit entfliehen wollen. Diese Menschen wollen wieder selbst Handelnde ihrer eigenen Werte und Ideale sein. Wo ihnen das gelingt im Erwerbsleben zu realisieren, werden wir sie als identifizierte und motivierte Träger einer Gestaltungskraft erleben, welche ihr Erfahrungswissen, ihre Kompetenz und Arbeitskraft in den Dienst eines größeren Ganzen zu stellen bereit sind. Wo sie dies nicht antreffen, werden sie entweder zu einem Animal Laborans degradiert sein oder, sofern sie es sich leisten können, dem Erwerbsleben verloren gehen.

Die Ausführungen zeigen, dass auch der ökonomische Diskurs nicht um den Faktor Mensch herumkommt, denn auch ökonomische Rationalität ist letztlich nur ein Teil der Rationalität menschlicher Praxis. Insofern darf sich auch ein Diskurs unter Verwendung der ökonomischen Rationalität nicht verselbstständigen, sondern muss vor dem Hintergrund einer lebensweltlichen Praxis der Handlungsbegründung an diese gebunden bleiben (Nida-Rümelin 2015). Das bedeutet, dass ein Diskurs über den Fachkräftemangel, über die Zuführung oder Aktivierung von Arbeitskräftepotenzialen zum Arbeitsmarkt etc. nicht losgelöst von der lebenspraktischen Erfahrung älterer Arbeitnehmer auf eben diesem Arbeitsmarkt oder in der betrieblichen Praxis geführt werden darf. Eine rein dem Nutzentheorem folgende, zweckrationale Diskussion um die effizienteste Ressourcenallokation verliert eine wichtige Voraussetzung des Gelingens solcher Programme aus den Augen: den Menschen. Und insofern müssen wir hier bei diesem beginnen, bei dem Menschen in seiner letzten Berufsphase, bei seinen Bedürfnissen und Erwartungen, bei seiner wie der gesellschaftlichen Zuschreibung von Arbeit. Es bedarf also eines breiten, verlässlichen Diskurses zwischen allen Akteuren, jenen aus der Politik, der Wirtschaft und der Gesellschaft. Das ist nicht trivial, folgen doch die Logiken der jeweiligen Diskurse nicht selten einer einseitigen Interessenvertretung, ohne ausreichenden Blick auf das Ganze. Und so lässt sich der viel zitierte Satz des Verfassungsrichters Ernst-Wolfgang Böckenförde, „die liberale Demokratie lebt von Voraussetzungen, die sie selbst nicht erfüllen kann", problemlos auch auf einen einseitigen ökonomischen Diskurs anwenden. Eine dieser Voraussetzungen ist dabei die verlässliche Kommunikation (Nida-Rümelin 2015, S. 77).

2.4   Was wir schon wissen können, und was wir noch wissen wollten

Die aktuelle Forschung interessiert sich seit Jahren zunehmend für die Frage, wie ältere Mitarbeitende im Arbeitsprozess gesund, motiviert und produktiv bis zur Pensionierung und darüber hinaus erhalten bleiben können (Atkinson et al. 2009; Cahill et al. 2012; Dittrich 2012; Ellwart et al. 2013; Grube und Hertel 2008; Lim und Feldman 2003; Zölch et al. 2017; Hasselhorn und Apt 2015). Untersucht wurden hier vor allem die „Stay-Factors" eines Verbleibs im Erwerbsleben sowie auch die „Push-Factors" in die Pensionierung (Hilsen und Midstundstad 2015, S. 46). Aus Europa stammen zusätzlich eine Reihe von qualitativen Best-Practice-Fallstudien größerer Unternehmen, welche eine Frühpensionierung zu verhindern suchen. Insgesamt ist der Bestand an möglichen Interventionen von Human-Resource-Seite zur Vermeidung von Frühpensionierungen als gut zu bezeichnen. Was hingegen fehlt, sind Forschungen, wie diese Interventionen und Maßnahmen wirken. Die Forschungslücke besteht also primär in der Frage, welche Effekte Modelle zur Vermeidung von Frühpensionierungen auslösen.

Aktuelle Forschung sowie „good practice" über die Rolle von Human-Resource-Maßnahmen zum Erhalt älterer Arbeitnehmer/-innen im Erwerbsprozess kommen mehrheitlich aus nordeuropäischen Ländern. Insbesondere bei der Prävalenzforschung von alterssensiblen HR-Strategien sind Norwegen, Großbritannien, die Niederlande, Dänemark und Deutschland zu nennen. Nur wenige dieser Studien oder Praxisfallstudien zeigen aber den Zusammenhang zwischen einem konkreten HR-Programm oder einer Maßnahme und deren Wirkung auf die Wahl des Pensionierungsmodells auf (Hilsen und Midstundstad 2015, S. 47). Ferner beziehen sich die meisten Forschungsergebnisse auf Großunternehmen und beziehen KMU zu wenig in die Überlegungen mit ein. Ergebnisse zeigen ferner auf, dass die Frage, ob und inwieweit konkrete Maßnahmen für ältere Mitarbeitende eingeführt werden sollen, maßgeblich davon abhängt, wie wichtig die Ressource Alter im spezifischen Unternehmenskontext wahrgenommen und nachgefragt wird (siehe auch mit Genderfokus Atkinson et al. 2009). Auch scheint, was wenig überrascht, die Wirtschaftslage einen wesentlichen Einfluss darauf zu haben, inwieweit ältere Mitarbeitende im Betrieb gehalten werden sollen oder nicht. Hier ist also eine mehrheitlich opportunistische und betriebsspezifische Einstellung gegenüber älteren Mitarbeitenden, ausgehend von Umfeldbedingungen, zu Werke. Aus diesem alleine und ohne bessere und überzeugendere Kenntnis von den für Arbeitgebenden wie Arbeitnehmenden resultierenden Effekten ist wohl auch in Zukunft nicht von einer nachhaltigen und strategischen Ausrichtung von Erhaltmaßnahmen für ältere Mitarbeitende auszugehen. Dies ist ein Grund, warum uns nicht nur die Entwicklung flexibler Arbeitsmodelle zum Erhalt älterer Mitarbeitender interessiert hat, sondern auch deren wahrgenommenen Effekte.

Hilsen und Midstundstad (2015, S. 47) identifizieren deshalb aktuell folgende Forschungslücken:

1. Es bedarf mehr Studien über die Wirkungseffekte von HR-Programmen für ältere Mitarbeitende. Dies würde auch das Pensionierungsverhalten als Reaktion dieser spezifischen HR-Programme besser erklären.
2. Es fehlt an Forschung im KMU-Sektor über HR-Programme für ältere Mitarbeitende und deren Wirkung.
3. Die branchenspezifischen Arbeitsbedingungen, u. a. physische und/oder psychische Belastungssituationen, müssen spezifisch differenziert werden.
4. Best-Practice-Studien liefern zwar interessante Hinweise zu altersspezifischen HR-Maßnahmen, sie ersetzen aber nicht breite quantitative Studien über die Erwerbsbeteiligung älterer Mitarbeitender.
5. Trotz der bestehenden Meinung zugunsten eines phasenweisen Übergangs in den Ruhestand gibt es wenig Maßnahmen und Modelle, wie ein solch weicher Übergang gestaltet werden kann und welche Effekte dieser hat.
6. Es braucht vertiefte Forschung über die Interdependenz zwischen Pensionierungsintention (retirement intention) und Pensionierungsverhalten (retirement behaviour). Obschon es Erkenntnisse darüber gibt, wie HR-Maßnahmen die Pensionierungsintentionen beeinflussen können, sind diese nicht verbunden mit dem effektiven Pensionierungsverhalten.

Pohrt und Hasselhorn (2015, S. 49) identifizieren weiteren Forschungsbedarf bei der Wirkung von Arbeitsfaktoren auf die Pensionierung, insbesondere dort, wo diese nicht aus Dienstunfähigkeit, z. B. aufgrund von Krankheit oder Invalidität, entsteht. Daraus folgt, dass jenen Faktoren besonderes Gewicht beizumessen ist, welche eine positive Verweildauer im Erwerbsleben fördern. Insbesondere deren Einfluss und gegenseitige Interdependenzen sind im Arbeitskontext wenig erforscht.

2.4.1 Das Erkenntnisinteresse der Praxis

Das Erkenntnisinteresse ist jedoch bei weitem kein rein akademisches, denn auch die Praxis interessiert sich zunehmend für die Frage, wie sie Schlüsselkompetenzen in ihren Betrieben halten kann. Auch die Veränderung von HRM-Strategien und Maßnahmen drängt sich vor dem Hintergrund der bedeutsamen und zunehmenden Menge älterer Mitarbeitender in den Betrieben auf. Dies wurde uns auch in der Vorstudie zur Studie 2015 von den beteiligten Lead-User-Partnern geschildert: Eine von der FHS St.Gallen im Jahr 2013/2014 durchgeführte Vorstudie, gemeinsam mit den Kantonen St. Gallen, Thurgau und Appenzell Ausserrhoden sowie der Wirtschaftsregion St. Gallen (WISG) und weiteren Unternehmen, sollte die grundsätzliche Bedarfslage von Arbeitgebenden unterschiedlicher Größe und Branchenzuordnung an der Thematik der Flexibilisierung von Arbeitsmodellen in der letzten Berufsphase ausloten. Im Rahmen von Experteninterviews wurden folgende für die Projekterarbeitung wichtige Erkenntnisse gesammelt.

1. Die Flexibilisierung von Arbeitsmodellen wird sowohl gesellschaftlich als auch wirtschaftlich relevant erachtet. Die Erfahrung zeigt, dass die Ausgestaltung der Modelle sehr von den einzelnen Individuen und Firmen abhängig ist. Es werden übertragbare Erkenntnisse und Modellerfahrungen im Sinne von Blue-Prints gesucht, die auf gesicherten Erkenntnissen beruhend firmenspezifisch angepasst werden können.
2. Das Praxisinteresse bezieht sich analog zu dem Forschungsinteresse auch auf die evidente Wirkung von Modellen zur Arbeitsflexibilisierung. Diese Evidenzen werden gebraucht, um innerbetrieblich Akzeptanz für die Einführung solcher Modelle zu schaffen.
3. Obschon der demografische Wandel bei den Unternehmen noch nicht als Problem skizziert wurde, zeigten sich zunehmend gravierende Probleme aufgrund des Fachkräftemangels. Dies muss auch vor dem Eindruck der Annahme der Masseneinwanderungsinitiative in der Schweiz am 9. Februar 2014 gesehen werden. Dennoch wird dies als einer der stärksten Leidensdrucke für die Zukunft beschrieben.
4. Spezifisches Interesse kreist auch um die Frage, wie Betriebe den Verlust von für sie notwendigem Wissen und Erfahrungen durch pensionierte Fachkräfte stoppen können, ohne dabei neue HRM-Modelle nach Gießkannenprinzip allen zugänglich zu machen. Die richtige Selektion der zu haltenden Mitarbeitenden sei wichtig.

Die Vorstudie zeigte eine wahrscheinlich in vielen Betrieben vorherrschende Ambivalenz zwischen der Wertschätzung der Ressource Alter und Erfahrung im Verhältnis zu den zweifellos meist höheren Kosten älterer Mitarbeitender. Daraus ist zu schließen, dass ein ernsthafter Haltungs- und Einstellungsdialog in der Gesellschaft, in der Politik, aber auch in den einzelnen Betrieben im Hinblick auf den Stellenwert älterer Mitarbeitender geführt werden muss. Die Bereitschaft, diese Debatte zu führen, haben wir bei den acht involvierten Betrieben sowie im Aufbau eines breiten HR-Panels New Work eindrücklich gespürt. Unterdessen sind rund 20 Unternehmen sowie ein großer Industrieverband dem HR-Panel als Dialog-, Erfahrungsaustausch-, Forschungs- und Umsetzungsplattform beigetreten (http://www.hrpanel-fhs.ch).

2.4.2   Was uns interessierte

Vor dem Hintergrund der internationalen Forschungslücke zur Frage, wie erfahrene Arbeitnehmer bis zur und über die Pensionierung hinaus arbeitsfähig und motiviert im Erwerbsleben erhalten bleiben können, aber auch vor dem Hintergrund des spezifischen Praxisinteresses am Thema, haben wir uns im Rahmen der Studie 2015 für die Fragen interessiert, was für Pensionierungsintentionen herrschen und inwieweit flexible Arbeitsmodelle eine positive Wirkung auf das Pensionierungsverhalten sowie auf indirekte Faktoren der Arbeitszufriedenheit erzielen können.

Zwischen November 2014 und Januar 2015 wurden bei sieben Unternehmen je zwei halb strukturierte Experteninterviews mit HR-Verantwortlichen und Fach- sowie Führungskräften geführt. Es wurde darauf geachtet, dass unterschiedliche Branchen und Geschlechter vertreten waren. Befragt wurden einerseits HR-Verantwortliche zum Stand der Praxis sowie zur Akzeptanz und Einsatzfähigkeit gewisser Flexibilisierungsmodelle, andererseits wurden Mitarbeitende hinsichtlich Selbstbild und ihrer Vorstellungen zum Berufsausstieg oder zur Bereitschaft zur Arbeitsverlängerung befragt. Die Erkenntnisse dieser qualitativen Erhebungen dienten als Basis für die in einem späteren Schritt durchgeführte quantitative Erhebung.

Von Januar bis März 2015 wurden auf Basis der Experteninterviews acht flexible Arbeitsmodelle in drei Clustern (siehe hierzu Abb. 5.1) entwickelt. Bei der Ausarbeitung der Modelle standen vor allem die Beschäftigungsgradreduktion, neue Aufgabenportfolios sowie berufliche Auszeiten im Vordergrund. Bei jedem Modell wurde dessen Verbreitung, eine mögliche Ausgestaltung, die Wirkungserwartungen, mögliche Herausforderungen bei der Umsetzung sowie weitere Entwicklungsfragen, u. a. als Grundlage für die nachfolgende Erhebung, wissenschaftsgestützt umschrieben. Zur Sicherstellung einer praxisrelevanten Entwicklung dieser Modelle haben wir ein Konsortium von Lead-Partnern[1] einbezogen, deren Expertise und Erfahrung im Bereich Human Resources wie auch deren eigene Unternehmenspraxis in das Projekt mittels qualitativer Experteninterviews, Workshops sowie quantitativer Befragung einbezogen wurden. Mit diesen Lead-Partnern konnte sichergestellt werden, dass die Arbeitsmodelle praxisnah entwickelt

---

[1]Swisscom IT Services, Gallus Rüesch, Wirtschaft Region St.Gallen (WISG), Continuum AG, Swiss-Life, Zürich, Raiffeisen Schweiz, SOB Südostbahn, Bühler AG, Stadler Rail, Kanton St.Gallen.

wurden und immer wieder auf ihre Praxistauglichkeit und Umsetzbarkeit hin überprüft
werden konnten. Damit wurde dem wichtigen Gütekriterium der Praxisnähe und Anwen-
dungstauglichkeit Rechnung getragen. Es ist auch ein gutes Zeichen, dass alle Lead-Part-
ner sich in der Umsetzungsphase der erarbeiteten Arbeitsmodelle involvierten und bis
heute als Lead-User oder Board-Member im St.Galler HR-Panel Mitglied sind.

In der Erarbeitung der Arbeitsmodelle kristallisierte sich der Bedarf einer quantitativen Erhebung, insbesondere zur Wirkungsabschätzung der entwickelten Modelle, ab. Die
entwickelten Modelle wurden deshalb in einer breit angelegten quantitativen Erhebung
in den Sommermonaten 2015 evaluiert. Die durchgeführte Erhebung verfolgte bei der
Wirkungsforschung folgende Ziele:

**Direkte Wirkung flexibler Arbeitsmodelle zur Verminderung von Frühpensionierun-
gen und zum Verbleib im Erwerbsleben über das ordentliche Pensionierungsalter
hinaus**
Mit Bezug auf den herrschenden Fachkräftemangel interessiert uns die Frage, wie der
erhebliche Anteil von Frühpensionierungen reduziert werden kann und somit den
Arbeitsmärkten die Ressource Erfahrung erhalten bleiben kann. Hierbei gehen wir von
der Hypothese aus, dass flexible Arbeitsmodelle einen erheblichen Beitrag zur Reduktion
von Frühpensionierungen leisten können und gleichzeitig die Kapazität, Leistungsfähigkeit und -bereitschaft älterer Mitarbeitender zum Erbringen guter Arbeit bis zur Pensionierung und darüber hinaus erhalten bleibt.

Indirekte Wirkungen flexibler Arbeitsmodelle
Aufgrund verschiedener Forschungsbefunde sowie der philosophischen Ausführungen zu
den Begriffen „Homo Faber" und „Animal Laborans" gehen wir davon aus, dass flexible Arbeitsmodelle wesentlich zur Zufriedenheit und Gesundheit älterer Arbeitskräfte in
unserer Gesellschaft beitragen können, dass Erfahrungen sinnvoll weitergegeben werden
können, dass die Zusammenarbeit zwischen jungen und älteren Mitarbeitenden schließlich auch interessante Koppeleffekte auch für jüngere Generationen bieten kann. Weiter
sind wir davon überzeugt, dass die Flexibilisierung von Arbeitsmodellen angesichts der
herrschenden digitalen Transformation aber auch des Wertewandels in unserer Gesellschaft in absehbarer Zeit keine Wahloption, sondern eine Notwendigkeit darstellen wird,
der sich die Arbeitgebenden wie die Arbeitnehmenden nicht mehr entziehen können.
Insofern ist die Beschäftigung mit flexiblen Arbeitsmodellen heute noch allenfalls eine
wählbare Maßnahme, eine Möglichkeit zur Distinktion mittels einer modernen Arbeitgebermarke, in absehbarer Zukunft wird dies zum Pflichtprogramm der HR-Abteilungen
gehören.

Um ein möglichst gutes Bild der erwarteten und effektiven Wirkungen zu erhalten, wurden bei den unterschiedlichen Arbeitsmodellen die Wirkungserwartungen und, wo möglich,
die Wirkungserfahrungen der Modelle aus Sicht der Arbeitnehmenden evaluiert. Zudem
sollten in der Studie 2015 die Entscheidungsfaktoren für die Wahl der verschiedenen

Modelle evaluiert, die Akzeptanz und die Nachfrage von Flexibilisierungsmodellen erhoben sowie Faktoren zur Gestaltung idealer Rahmenbedingungen identifiziert werden.

Als Zielgruppe wurden die Arbeitnehmenden unterschiedlicher Unternehmensgrößen aus den Trägerkantonen St. Gallen, Appenzell AR und Thurgau definiert (Details hierzu in Kap. 10). Durch die Größe und Art der in der Zielgruppe beschriebenen Grundgesamtheit wurde eine Teilerhebung durchgeführt. Befragt wurden die Mitarbeitenden der Projektpartner sowie die Mitglieder verschiedener Arbeitgeber- und Gewerbevereine. Die Stichprobe liefert mit 730 auswertbaren Fragebögen und einem Rücklauf von 7,6 % eine gute Stichprobengröße. Die Befragung wurde in dieser Form erstmalig in der Schweiz durchgeführt.

Während sich bisherige Studien mehrheitlich auf Großunternehmen fokussieren, nimmt unsere Studie 2015 auch die mittelständische Wirtschaft ins Visier und vergleicht das Angebot und die Wirkung von flexiblen Arbeitsmodellen auch unter dem Aspekt der Unternehmensgröße. Unsere Studie 2015 adressierte zudem auch die bestehende Forschungslücke über die Wirkung verschiedener flexibler Arbeitsmodelle und unterscheidet zwischen intendierter Ruhestandsgestaltung (retirement intention) und effektiver Ruhestandsgestaltung (retirement behaviour).

Bestehende Forschungsergebnisse lassen offensichtlich die Einbettung der Arbeitsfaktoren in ein Zusammenhangsverständnis vermissen, welches die Komplexität der Wirkungszusammenhänge der einzelnen Faktoren untereinander und auf die Verweildauer im Erwerbsleben aufzeigt (Pohrt und Hasselhorn 2015, S. 49). Dies hat uns dazu bewogen, als Orientierungsrahmen zur Einbettung der Arbeitsfaktoren wie auch unserer Arbeitsmodelle eine systemische Betrachtung von Wirkzusammenhängen einzuführen. Diese wird in Abschn. 3.1 eingeführt. Mit diesem kausalen Wirkungsmodell soll der Komplexität der Einflussfaktoren und damit verbunden einem breiten Verständnis für Zusammenhänge zwischen diversen Einflussfaktoren und dem Verbleib im Erwerbsleben Rechnung getragen werden.

Die geringe Evidenz über Akzeptanz von Personalmaßnahmen zum Erhalt erfahrener Mitarbeitender hat uns veranlasst, nach der quantitativen Studie eine qualitative Evaluation der Umsetzungsplanung und -initiierung vorzunehmen. Dieser „Proof of Concept" stand unter dem Eindruck der zeitgleichen Aufgabe des Euromindestkurses im Januar 2015 durch die Schweizer Nationalbank, welche auch während der Umsetzungsbegleitung im Jahr 2016 noch immer dominantes Thema war. Obschon die Herausforderungen des Fachkräftemangels und des demografischen Wandels auf lange Frist noch immer als strategische Herausforderungen betrachtet wurden, hat sich der betriebliche Handlungsdruck in Richtung radikaler Kostensparprogramme verlagert. D. h. viele Unternehmen leben im Bewusstsein, dass der Fachkräftemangel zwar mittelfristig die herausragende Herausforderung im Personalwesen sein wird, doch wurde dieses Problem von wirtschaftlichen Schwierigkeiten aufgrund des starken Frankens überlagert. Es zeigte sich ferner, dass die Auswirkungen der Umsetzung der Masseneinwanderungsinitiative noch nicht überall evident waren. Auch die Auswirkungen der demografischen Veränderung auf dem Arbeitsmarkt stehen noch am Anfang und werden sich in den nächsten 15 Jahren erst deutlich akzentuieren. Deshalb war es naheliegend anzunehmen, dass Maßnahmen gegen den Fachkräftemangel, insbesondere jene, welche einen längeren Vorlauf bedingen, nicht zuoberst auf der unternehmerischen Prioritätenliste rangierten. Vor diesem Hintergrund war es umso erstaunlicher, dass sich von 13 dazumal am Projekt teilnehmenden Unternehmen 11 an einer Umsetzungsplanung zwischen Frühjahr und Herbst 2016 beteiligten. Einige dieser Umsetzungs-Fallbeispiele sind in dieser Publikation beschrieben.

Der Umstand schließlich, dass, wie wir in Abschn. 5.1 beschreiben werden, das Arbeitsportfolio die beste Wirkung zur Vermeidung von Frühpensionierungen aufweist, darüber hinaus auch die besten Werte, eine Erwerbstätigkeit über die ordentliche Pensionierung sicherzustellen, hat uns dazu bewogen, bei der Umsetzung genauer hinzusehen. Auffällig war, dass gerade einmal 23 % der umsetzenden Unternehmen sich zu diesem Modell entschieden haben, wohingegen die Beschäftigungsgradreduktion von 46 % und selbst eine Auszeit mit 30 % häufiger gewählt wurde. Warum wird also ein so mächtiges Instrument, welches die besten Wirkungen zum Verbleib der Mitarbeitenden im Betrieb zeigt, am wenigsten häufig gewählt? In der Umsetzungsphase erhielten wir entsprechend Indizien, dass Unsicherheiten bei der Ausgestaltung der Arbeitsportfolios bestehen.

Dies wiederum nahmen wir zum Anlass, im Jahr 2017 eine zweite quantitative Studie zur Ausgestaltung der Arbeitsportfolios zu lancieren. Vor diesem Hintergrund interessierte uns primär die Frage: „Wie können Arbeitsportfolios und Rahmenbedingungen von Arbeitsportfolios gestaltet werden, damit sie die Arbeitsmotivation und Produktivität sowie Entwicklungsfähigkeit der Mitarbeitenden in unterschiedlichen biografischen Phasen erhalten?" Konkret wurde dies in folgenden Fragebereichen untergliedert und mit Veränderungen von New Work angereichert:

- Welche Trends in der Arbeitswelt werden die Arbeit zukünftig beeinflussen, und wie gut sind die Mitarbeitenden darauf vorbereitet?
- Wie wird das heutige Stellenprofil der Mitarbeitenden beurteilt, und wie sollte ein idealtypisches Soll-Arbeitsprofil aussehen?
- Wie könnte ein flexibles Arbeitsportfolio aussehen, welches sind Motive, dieses zu wählen, was sind die Widerstände?
- Wie sollen Rahmenbedingungen hierfür gestaltet sein?

Literatur

Arendt, Hannah. 2016. *Vita activa oder Vom tätigen Leben. Ungekürzte Taschenbuchausgabe*, 18. Aufl. München: Piper (Piper, 3623).

Atkinson, Carol, Jackie Ford, Nancy Harding, und Flora Jones. 2009. The expectations and aspirations of a late-career professional woman. *Work, Employment and Society* 2015 (6): 1019–1028. http://journals.sagepub.com/doi/pdf/10.1177/0950017015581987.

Bundesamt für Statistik. 2016. MONET-Freiwilligenarbeit, Hrsg. v. BFS – SAKE Modul "Unbezahlte Arbeit". https://www.bfs.admin.ch/bfs/de/home/statistiken/nachhaltige-entwicklung/cockpit/soziale-kohaesion-gleichberichtung-geschlechter/freiwilligenarbeit.html.

Cahill, E. Kevin, Michael D. Giandrea, Joesph F. Quinn. 2012. Older workers and short-term jobs: Patterns and determinants. *Monthly Lab Review* 20 (May).

Dittrich, Thomas. 2012. *Arbeitsmotivation älterer Mitarbeiter. Eine empirische Untersuchung zur Bedeutung von Arbeitsbedingungen und Motiven.* Hamburg: disserta.

Ebner, Franz. 2015. *Von der Entdeckung älterer Mitarbeiter. Beschäftigungsfähigkeit und Weiterbildung im mittleren und späteren Erwerbsalter.* Männedorf: Verlag publications.ch.

Ellwart, Thomas, Silke Bündgens, Oliver Rack. 2013. Managing knowledge exchange and identification in age diverse teams. *Journal of Managerial Psychology* 28 (7/8).

Foucault, Michel, Ducio Trombadori, Wilhelm Schmid. 2008. *Der Mensch ist ein Erfahrungstier. Gespräch mit Ducio Trombadori.* 1. Aufl., [Nachdr.]. Frankfurt a. M.: Suhrkamp (Suhrkamp-Taschenbuch Wissenschaft, 1274).

Geldermann, Brigitte. 2007. Weiterbildung für die Älteren im Betrieb. In *Demografischer Wandel und Weiterbildung*, 1. Aufl., Hrsg. Herbert Loebe und Eckart Severing, 27–38. Bertelsmann W. Verlag (Wirtschaft und Bildung, v.3).

Gorz, André. 1989. *Kritik der ökonomischen Vernunft. Sinnfragen am Ende der Arbeitsgesellschaft*, 2. Aufl. Berlin: Rotbuch.

Graf, Anita. 2002. *Lebenszyklusorientierte Personalentwicklung. Ein Ansatz für die Erhaltung und Förderung von Leistungsfähigkeit und -bereitschaft während des gesamten betrieblichen Lebenszyklus.* Bern: Haupt.

Graf, Anita. 2012. Life cycle-oriented personnel development. *LLinE Lifelong Learning in Europe* XVII (1): 20–30.

Grube, Anna, und Guido Hertel. 2008. Altersbedingte Unterschiede in Arbeitsmotivation, Arbeitszufriedenheit und emotionalem Erleben während der Arbeit. *Wirtschaftspsychologie* 10 (3): 18–29.

Hasselhorn, Hans Martin, und Wenke Apt (Hrsg.). 2015. *Understanding employment participation of older workers. Creating a knowledge base for future labour market challenges.* German Federal Minitry of Labour and Social Affairs.

Hilsen, Anne Inga, und Tove Midstundstad. 2015. Human resource management and interventions. In *Understanding employment participation of older workers. Creating a knowledge base for future labour market challenges*, Hrsg. Hans Martin Hasselhorn und Wenke Apt, 46–47.

Honneth, Axel, Judith Butler, und Raymond Geuss, und Jonathan Lear. 2015. *Verdinglichung. Eine anerkennungstheoretische Studie*, Erste Aufl. Berlin: Suhrkamp (Suhrkamp Taschenbuch Wissenschaft, 2127).

Höpflinger, Francois, Alex Beck, Maja Grob, und Andrea Lüthi. 2006. *Arbeit und Karriere – Wie es nach 50 weitergeht. Eine Befragung von Personalverantwortlichen in 804 Schweizer Unternehmen.* Zürich: Avenir Suisse.

Horkheimer, Max, und Theodor W. Adorno. 1991. *Dialektik der Aufklärung. Philosophische Fragmente.* Ungekürzte Ausg., 19.–23. Tsd. Frankfurt a. M.: Fischer-Taschenbuch-Verl. (Fischer-Taschenbücher, 7404).

Kels, Peter. 2009. *Arbeitsvermögen und Berufsbiografie. Karriereentwicklung im Spannungsfeld zwischen Flexibilisierung und Subjektivierung.* Wiesbaden: VS Verlag.

Lim, Vivien K. G., und Daniel Feldman. 2003. The impact of time structure and time usage on willingness to retire and accept bridge employment. *The International Journal of Human Resource Management* 14 (7): 1178–1191. http://psycnet.apa.org/record/2003-08358-006.

Maurer, Andrea. 2017. Wahlverwandtschaften: neue Institutionentheorien und neue Wirtschaftssoziologie. In *Handbuch der Wirtschaftssoziologie,* Hrsg. Andrea Maurer, 127–150. Wiesbaden: Springer Fachmedien Wiesbaden.

Nida-Rümelin, Julian. 2015. Die Optimierungsfalle. Philosophie einer humanen Ökonomie, 1. Aufl., genehmigte Taschenbuchausgabe. München: btb (btb, 74969).

OECD. 2014. *Vieillissement et politiques de l'emploi. Suisse 2014 – Mieux travailler avec l'âge*. Paris: OECD Publishing (Vieillissement et politiques de l'emploi). http://gbv.eblib.com/patron/ FullRecord.aspx?p=3026729.

Pohrt, Anne, und Hans Martin Hasselhorn. 2015. Work Factors. In *Understanding employment participation of older workers. Creating a knowledge base for future labour market challenges*, Hrsg. Hans Martin Hasselhorn und Wenke Apt, 48–49.

Ruthus, Julia. 2013. *Employer of Choice der Generation Y. Wiesbaden Herausforderungen und Erfolgsfaktoren zur Steigerung der Arbeitgeberattraktivität*. Gabler: Springer.

Seitz, Jakob Stefan. 2002. Hannah Arendts Kritik der politisch-philosophischen Tradition. Unter Einbeziehung der französischen Literatur zu Hannah Arendt. Zugl.: München, Hochschule für Philosophie, Dissertation, 2002. München: Utz (Münchner philosophische Beiträge, 10).

Sennett, Richard, und Michael Bischoff. 2014. *Handwerk*. 5. Aufl. Berlin: Berliner Taschenbuch-Verl (BvT, 632).

Stecker, Christina (Hrsg.). 2011. Abschlussbericht Modellprojekt GeniAL – Generationenmanagement im Arbeitsleben. Demographieorientierte Beratung von Unternehmen durch die Deutsche Rentenversicherung. Deutsche Rentenversicherung Bund. Sonderausg. der DRV. Berlin: Dt. Rentenversicherung Bund Geschäftsbereich Presse- und Öffentlichkeitsarbeit Kommunikation (DRV-Schriften, 95).

Trageser, Judith, Stephan Hammer, und Juliane Fliedner. 2012. *Altersrücktritt im Kontext der demografischen Entwicklung. Beiträge zur Sozialen Sicherheit*, Hrsg. v. Bundesamt für Sozialversicherungen. Bern (11).

Wörwag, Sebastian, und Alexandra Cloots. 2016. *Länger besser arbeiten*. FHS St.Gallen, Hochschule für Angewandte Wissenschaften. http://www.hrpanel-fhs.ch/wp-content/ uploads/2017/06/HR-Panel_Pr%C3%A4sentation_2016-1.pdf.

Zölch, Martina, Marcel Oertig, und Viktor Calabrò, Hrsg. 2017. *Flexible Workforce – Fit für die Herausforderungen der modernen Arbeitswelt? Strategien, Modelle, Best Practice*, 1. Aufl. Bern: Haupt.

Gute Arbeit, wie sie entsteht oder wie wir sie verhindern

3

Zusammenfassung

Die verschiedenen Diskurse zum Thema haben letztlich eines gemeinsam zum Ziel: die Hervorbringung von Voraussetzungen und Entstehungsbedingungen für gute Arbeit. Diese stehen untereinander in einem engen Wirkungszusammenhang. Aus diesem Grund entwickeln wir in diesem Kapitel ein Wirkungssystem, welches sowohl die Voraussetzungen als auch die Wirkungen guter Arbeit miteinander in Beziehung setzt. Da wir den Primärfokus auf die Erwerbsgesellschaft der Mitarbeitenden 50+ setzen, interessiert uns in unserem Wirkungssystem besonders, was Mitarbeitende der letzten Berufsphase benötigen, um einerseits eine hohe Kapazität zur Erfüllung der Arbeitsanforderungen und andererseits eine hohe Leistungsfähigkeit und -bereitschaft erhalten zu können. Weiter geht dieses Kapitel entlang des Diskurses zum Fachkräftemangel und dem Phänomen der Frühpensionierung der Frage nach, wie die Wirkungszusammenhänge auf einen langen Verbleib im Erwerbsleben wirken. Alle diese Zusammenhänge gehen von der nicht unbegründeten Annahme aus, dass der Mensch unter guten Rahmenbedingungen gerne arbeitet und damit auch im Erwerbsleben freiwillig bleiben möchte. So gesehen trägt gute Arbeit zu einer vita activa bei. Es liegt nun an den Organisationen, die von ihnen beeinflussbaren Rahmenbedingungen im Sinne guter Arbeit zu gestalten. Es liegt aber auch an den Individuen, die sich ergebenden Chancen für „gute Arbeit" zu nutzen und verantwortungsvoll die eigene Berufsbiografie bis zu einem selbst gewählten Abschluss zu gestalten.

© Springer Fachmedien Wiesbaden GmbH, ein Teil von Springer Nature 2018
S. Wörwag und A. Cloots, *Flexible Arbeitsmodelle für die Generation 50+*,
https://doi.org/10.1007/978-3-658-20538-6_3

3.1   Einflussfaktoren auf „Gute Arbeit"

Was als gute Arbeit bezeichnet wird, ist natürlich in hohem Maße subjektiv. Dennoch lassen sich mehr oder weniger bei jedem Individuum vergleichbare Einflussfaktoren auf „gute Arbeit", auf Zufriedenheit, auf Motivation und schließlich auch auf den Wunsch zum Verbleib im Erwerbsleben beschreiben. Statt jedoch nach Einzelzusammenhängen zu suchen, welche den vielfältigen Wirkungszusammenhängen von Einflussfaktoren, Wirkungen, Wirkungsschlaufen etc. nicht gerecht werden, soll nachfolgend versucht werden, ein einfaches Wirkungsgeflecht der für den Mitarbeitenden direkt wahrnehmbaren Einflussgrößen und Wirkungen zu beschreiben. Hierbei wird zwischen Faktoren unterschieden, welche im Einflussbereich der Organisation stehen – diese werden mit einem (O) ausgezeichnet –, und Faktoren, welche eher individuell (I) beeinflussbar sind. Das Wirkungssystem ist ferner so gestaltet, dass bei den ausgezeichneten Pfeilen von einem positiven Wirkungszusammenhang im Sinne eines „je mehr, desto mehr" ausgegangen wird, wohingegen ein gestrichelter Pfeil in Abb. 3.1 einen negativen Zusammenhang impliziert, bei welchem also der Kausalzusammenhang ein „je mehr, desto weniger" darstellt.

Im Zentrum dieses Wirkungssystems in Abb. 3.1 steht das Bestreben des Menschen, „gute Arbeit" zu leisten. Was genau „gute Arbeit" umfasst, lässt sich selten mit Leistungsindikatoren umfassend beschreiben und differiert oft in der Bewertung durch unterschiedliche Anspruchsgruppen. So kann sich die Eigenwahrnehmung von guter Arbeit von jener der Leistungsbezieher – zum Beispiel Kunden – und wiederum von jener von

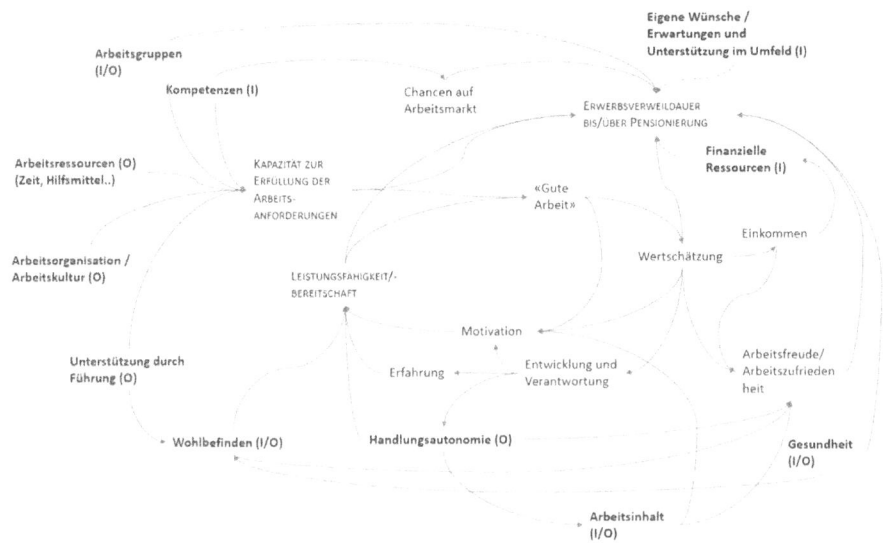

Abb. 3.1 Wirkungssystem „Gute Arbeit" – Einflussfaktoren auf die Verweildauer im Erwerbsleben. (Quelle: Eigene Darstellung)

Abb. 3.2 Innerer Wirkungskreislauf der „guten Arbeit". (Quelle: Eigene Darstellung)

Arbeitskollegen oder Vorgesetzten unterscheiden. Das ist einerseits abhängig von allenfalls vorhandenen Normen und Regeln, von der Erwartungshaltung jener, die die Arbeitsgüte bewerten wie natürlich von der Natur der Arbeit selbst. So wird gute Arbeit in der freiwilligen, familiennahen Pflege anders beschrieben als die Erbringung einer Kundendienstleistung oder die Abwicklung eines Zahlungsvorgangs bei einer Bank. Die Gütekriterien dessen, was das Ergebnis bewirken soll, unterscheiden sich je nach Tätigkeit. „Gut" umfasst auch unterschiedliche Ausprägungen, wie zum Beispiel gut im Sinne von Vermeidung von Fehlern, von nützlich, von Erwartungen erfüllend oder gar übertreffend, aber auch von sinnstiftend und Freude bereitend – dies meist aus der Sicht des Leistungserbringers. Selbstredend ist die Beurteilung der Arbeitsgüte nicht immer kongruent, insbesondere zwischen den Arbeitgebenden, den Beschäftigten als Leistungserbringern und den Leistungsbeziehern als Kunden, Klienten, Patienten etc. Dies liegt an unterschiedlichen Erwartungen, an unterschiedlichen Bemessungsdimensionen und auch an oft vorhandener Intransparenz in Möglichkeiten und Rahmenbedingungen. Dort, wo aber gute Arbeit kongruent von allen Beteiligten wahrgenommen wird, dort entsteht Bindung: Bindung zwischen Arbeitnehmenden und ihren Betrieben, zwischen Kundinnen und Kunden und Mitarbeitenden, oder zwischen Mitarbeitenden untereinander, die gemeinsam einen Beitrag zu guter Arbeit geleistet haben. Es würde zu weit führen und nicht im direkten Fokus dieser Publikation liegen, würden wir die Bemessungsgrundlagen guter Arbeit erforschen und beschreiben wollen. Es reicht uns für den Moment, gute Arbeit als Konstrukt zu verstehen, auf welches sich alle Beteiligten offenkundig oder stillschweigend einigen, davon ausgehend, dass der Mensch in der Regel eine zutreffende subjektive Einschätzung von guten, vor allem in Abgrenzung zu schlechten Arbeitsergebnissen und -prozessen hat. Diese mehr oder weniger bewusste tägliche Reflexion der eigenen Arbeitsgüte und die Bemühung, allfällige Optimierungen bei der Effizienz oder Effektivität tagtäglich herbeizuführen, sind dem Menschen als denkendes und entwicklungsorientiertes Wesen als Prämisse in den allermeisten Fällen wohl zu unterstellen.

Betrachten wir zunächst einmal die Wirkung, die gute Arbeit bei den Mitarbeitenden als Leistungserbringern auslöst, so lässt sich sagen, dass in den allermeisten Fällen gute Arbeit per se schon für den Leistungserbringer intrinsisch motivierend wirkt. Man ist stolz und zufrieden über ein gelungenes Arbeitsergebnis, eine gemeisterte Herausforderung oder ein gelöstes Problem. Zusätzlich führt ein gutes Arbeitsergebnis auch zu externer Wertschätzung, sei dies durch zufriedene Kunden, gut gestimmte Vorgesetzte und die gemeinsame Freude mit Arbeitskollegen, mit denen dies gute Ergebnis erzielt wurde. Und schließlich zahlt sich ein Teil der Wertschätzung auch materiell und finanziell aus, verschafft uns damit beruflich wie privat höhere Handlungsspielräume und ist eine Wertschätzung dessen, was wir uns verdient haben. Wertschätzung, sei sie nun verbal, symbolisch oder materiell, ist ein wesentlicher Anteil unserer Arbeitsfreude und -zufriedenheit, führt aber auch dazu, dass uns aufgrund unserer guten Arbeit auch mehr Verantwortung und Entwicklungspotenzial attribuiert werden. Darin liegt die Chance, unseren Handlungsspielraum und damit verbunden das Potenzial zukünftiger Erfahrungen auszuweiten. Gute Arbeit lohnt sich also, denn sie bringt direkt wahrnehmbaren Erfolg für die eingesetzte Zeit und Leistung. Wo sich gute Arbeit lohnt, sind wir auch bereit, mehr davon zu erbringen, wir reiten sozusagen auf einer kleinen Welle des Erfolgs, was unsere Leistungsfähigkeit wie auch Leistungsbereitschaft, weiterhin gute, wenn nicht sogar noch bessere Arbeit zu leisten, anspornt. Abb. 3.2 zeigt diesen kleinen, einfachen inneren Kreislauf der guten Arbeit.

Diese Sichtweise rückt das Individuum mit seinem Bestreben nach Selbstwirksamkeit in der Arbeit in den Vordergrund.

Die politische Debatte legt demgegenüber beim Begriff der guten Arbeit hingegen meist engere Akzente, indem gute Arbeit mit guten Arbeitsbedingungen gleichgesetzt wird, wie dies unter anderem bei den Diskussionen um die Messung der Qualität der Arbeit durch das Deutsche Bundesamt für Statistik[1], dem Indikatorenrahmen der International Labor Organisation ILO oder der Initiative Neue Qualität der Arbeit (INQA) geschieht, die als Gemeinschaftsinitiative von Bund, Ländern, Sozialpartnern, Sozialversicherungsträgern, Stiftungen und Unternehmen die Frage nach guten betrieblichen Praxen und qualitativ guten Arbeitsbedingungen zum Wohle der Betriebe und Beschäftigten in den Fokus rückt. In unserem Wirkungssystem wollen wir mehr das Phänomen „gute Arbeit" mit Fokus auf die Einfluss- und Erfolgsbedingungen beschreiben. Damit sollen verschiedene individuelle und organisationale Einflussfaktoren auf gute Arbeit und damit indirekt auf die Verbleibdauer des Mitarbeitenden im Erwerbsleben aufgezeigt und diskutiert werden. Wir konzentrieren uns in der Folge auf drei Subsysteme unseres

---

[1]Das Statistische Bundesamt misst die Qualität von Arbeit anhand von sieben Dimensionen: 1) Arbeitssicherheit und Gleichstellung, 2) Einkommen und indirekte Arbeitgeberleistungen, 3) Arbeitszeit, Ausgleich von Beruf und Privatleben, 4) Beschäftigungssicherheit und Sozialleistungen, 5) Arbeitsbeziehungen, 6) Qualifikation und Weiterbildung, 7) Zusammenarbeit und Motivation.

Wirkungssystems, namentlich auf die Einflussfaktoren auf die Kapazität zur Erfüllung der Arbeitsanforderungen, auf die Leistungsfähigkeit und -motivation und schließlich die Einflussfaktoren auf eine lange Verweildauer im Erwerbsleben.

Aus Arbeitgebersicht können diese Subsysteme weitgehend als Rahmenbedingungen unterstützt werden, weshalb hier Handlungsspielräume in der Organisation bewusst ausgelotet und genutzt werden müssen.

3.1.1 Einflussfaktoren auf die Kapazität zur Erfüllung der Arbeitsanforderungen

Eine Erfolgsvoraussetzung für gute Arbeit ist die individuelle Kapazität zur Erfüllung der expliziten und impliziten Arbeitsanforderungen. Darunter verstehen wir mehr als die Arbeitsfähigkeit bzw. Workability, wie sie in den 1980er Jahren in Finnland mit dem Fokus des betrieblichen Gesundheitsmanagements entwickelt worden ist (Ilmarinen et al. 2002). Der Arbeitsfähigkeitsindex (auch Workability-Index WAI) stellt zwar auch in Deutschland ein wichtiges Messinstrumentarium zur (u. a. betriebsärztlichen) Überprüfung der Arbeitsfähigkeit der Beschäftigten dar, konzentriert sich aber mit der Mehrheit der 7 Fragenkomplexe auf Krankheits- und Belastungsrisiken als Prädiktoren für den künftigen Verlauf der Arbeitsfähigkeit. Selbstverständlich kommt der Prävention von krankheitsbedingten Arbeitsausfällen bzw. Frühpensionierungen angesichts des bestehenden Fachkräftemangels und des demografischen Wandels eine besondere Bedeutung zu, doch wollen wir uns hier nicht nur auf einen defizitorientierten Ansatz der Krankheitsprävention mit Bezug zur Arbeitsfähigkeit fokussieren, sondern allgemein fragen, welche Faktoren förderlich zum Erhalt, wenn nicht gar zur Steigerung der individuellen Kapazität, gute Arbeit zu leisten, sind. Hierbei verfolgen wir eine multikausale Perspektive für die Entwicklung guter Arbeitsfähigkeit. Das Konzept von Breutmann und Adenauer (2007), welches die individuelle Leistungsfähigkeit, den Gesundheitszustand, die fachlichen Kompetenzen, die individuellen Werte, die Einstellungen zur Tätigkeit und die eigene Motivation als bedeutsam für die Arbeitsfähigkeit herausarbeitet, erweitern wir in Abb. 3.3 um folgende Faktoren, welche für den Erhalt der Arbeitskapazität von Bedeutung sind:

- Individuelle Kompetenzen
- Zusammensetzung von Arbeitsgruppen
- Vorhandensein geeigneter Arbeitsressourcen
- Arbeitsorganisation
- Unterstützung durch die Führung

Dieser multikausale Zusammenhang zeigt auf, dass die Einflussfaktoren auf die hier beschriebene Kapazität zur Erfüllung der Arbeitsanforderungen eher mittel- bis langfristiger Natur sind. Es fängt bei der individuellen Kompetenzausstattung an, welche die

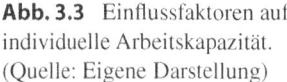

Abb. 3.3 Einflussfaktoren auf individuelle Arbeitskapazität. (Quelle: Eigene Darstellung)

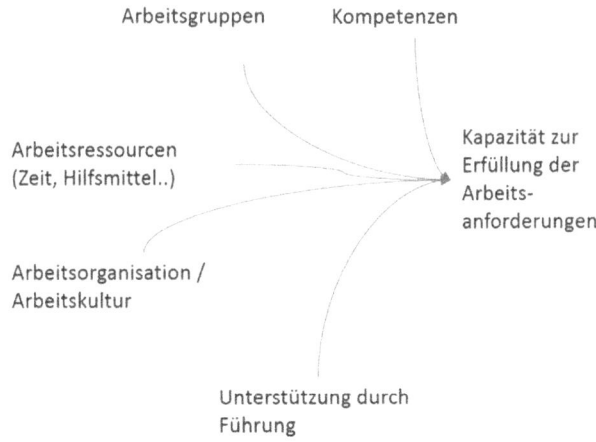

Mitarbeitenden zur Erfüllung seiner Aufgaben alleine oder in einem Team benötigt. Insofern stellt auch die Arbeitsgruppe eine mögliche Ressource dar, welche auf ihren Beitrag zur Kapazität zur Erfüllung von Arbeitsanforderungen hin untersucht werden muss. Die Ausstattung mit Zeit, Budgets, Hilfsmitteln etc. stellt in Verbindung mit der Arbeitsorganisation, wie aber auch der Arbeitskultur, eine weitere meist längerfristig ausgerichtete Ressource dar. Schließlich identifizieren wir die Rolle der vorgesetzten Stelle sowie die Art und Weise, wie diese den Mitarbeitenden in der Erfüllung der Arbeitsanforderungen unterstützen kann, als eine wichtige Einflussgröße. Allen Faktoren gemeinsam ist, dass ihr Vorhandensein eine wohl notwendige, wenn auch nicht hinreichende Voraussetzung dafür ist, dass der Mitarbeitenden die nötige Kapazität zur Erfüllung der Arbeitsanforderungen besitzt. Umgekehrt heißt es aber auch, dass diese bereits bei Ermangelung eines Faktors maßgeblich beeinträchtigt, wenn nicht sogar verunmöglicht wird. Deshalb geht es in der Folge darum, in einer generellen Bestandsaufnahme die unterstützenden wie behindernden Wirkungen der Faktoren aufzuzeigen.

3.1.1.1 Individuelle Kompetenzen

Ein adäquater Mix von fachlich-methodischen, sozialen und personalen Kompetenzen spielt eine wesentliche Rolle für die individuelle Kapazität zur Erfüllung der Arbeitsanforderungen. Kurz gesagt, man tut (gut), was man kann, oder umgekehrt, man kann, was man tut. Dieser individuelle Kompetenzmix muss sich einer dynamischen Veränderung von Arbeitsmarkt- sowie arbeitsinhaltlichen Anforderungen anpassen. Die niveau-, zeit- und zielgruppengerechte Entwicklung des individuellen Kompetenzprofils ist eine geteilte Verantwortung zwischen Mitarbeitenden und Arbeitgebenden, welche beidseitig mit Blick sowohl auf die spezifischen betrieblichen Arbeitsanforderungen als auch auf überbetriebliche arbeitsmarktrelevante Kompetenzen entwickelt werden muss. Ein wichtiges Element für ältere Mitarbeitende ist der Zugang zu Weiterbildungsmaßnahmen.

Die individuelle Kompetenzerhaltung und -entwicklung leistet einen wichtigen Beitrag zur Arbeits- wie zur Arbeitsmarktbefähigung. Beide müssen sich auf der Zeitachse in gegenwärtigen Anforderungen wie auch zukunftsgerichtet auf künftige Anforderungen ausrichten. Kompetenzen dürfen sich ferner nicht auf formal nachweisliche Qualifikationen alleine beschränken, auch wenn diese für die Arbeitsmarktbefähigung von nicht unerheblichem individuellen Wert sind. Sie müssen auch aus informellem und implizitem Lernen erworbene Kompetenzen umfassen. Dies setzt aber voraus, dass diese für ältere und entsprechend erfahrenere Mitarbeitende typischen Kompetenzen in den betrieblichen Praxen wertgeschätzt werden müssen und neben den formalen Bildungsabschlüssen nicht separat gerechtfertigt werden müssen. Zu denken ist hierbei unter anderem an das Erfahrungswissen, welches ältere Mitarbeitende über die Zeit und ihre reflektierte Praxis erworben haben (mehr hierzu in Abschn. 3.1.2.3). Gerade die informal erworbenen Kompetenzen können von unschätzbarem Wert für die Erfüllung von Arbeitsanforderungen sein, welche nicht nur eine formal richtige Lösung erfordern, sondern sich nur durch ein Verständnis einer Situation im Verhältnis zu ähnlichen, meist vergangenen Arbeitssituationen erschließen lassen. Diese praktische Intelligenz hilft zu wissen, wie man eine spezifische Situation unter Hinzuziehen von Erfahrungen über Gelingensbedingungen ähnlicher Situationen lösen kann.

Im Rahmen unserer im Jahr 2015 durchgeführten Studie wurde u. a. der Frage nachgegangen, inwieweit es einen Altersverlauf bei der Einschätzung des eigenen Fachwissens und der Weiterentwicklungsmöglichkeiten gibt (siehe Tab. 3.1). Während es bei der Einschätzung der Aktualität des fachlichen Wissens keinen klaren altersabhängigen Trend zu geben scheint, nehmen die fachlichen Weiterentwicklungsmöglichkeiten bis zur Pensionierung kontinuierlich ab. Der Anstieg nach der Pensionierung kann mit einem positiven Selektionsmechanismus bei der Stichprobe zusammenhängen, insofern jene sich noch nach der Pensionierung im Erwerbsleben befinden, welche sich fachlich weiterentwickeln konnten. Demgegenüber scheint die Deckung der beruflichen Fähigkeiten mit den Aufgabenanforderungen ab 60 abzunehmen.

Tab. 3.1 Altersabhängige Einschätzung der fachlichen Qualifikation, Weiterentwicklung und Aufgabeneignung. (Quelle: Studie 2015)

Alter	Gewichteter Mittelwert „mein fachliches Wissen ist auf dem neuesten Stand"	Gewichteter Mittelwert „ich kann mich bei meiner Arbeit fachlich weiterentwickeln"	Gewichteter Mittelwert „berufliche Fähigkeiten decken sich mit Aufgaben"
46–50	5,18	4,81	5,24
51–55	5,06	4,73	5,25
56–60	5,22	4,66	5,31
61–65	5,18	4,46	5,26
66–70	5,14	5,07	5,54
71–75	5,00	5,00	5,00

Die Frage, inwieweit man mit den eigenen Fähigkeiten den Aufgabenanforderungen genügen kann, ist für ältere Mitarbeitende ein bedeutendes Thema. Das Gefühl, den Aufgaben gewachsen zu sein, korreliert nämlich damit, inwieweit sie ihre Arbeit gerne machen (r = 0,23). Gleichzeitig besteht ein negativer signifikanter Zusammenhang von −0,13 mit dem Wunsch, in Frühpension gehen zu wollen. Zusammengefasst kann man es auf die Formel bringen, dass ältere Mitarbeitende, welche sich ihren Aufgaben gewachsen fühlen, gerne arbeiten und damit tendenziell eher im Arbeitsleben verbleiben. Die Einschätzung, inwieweit sie sich ihren Aufgaben gewachsen fühlen, hängt wieder erheblich (r = 0,35) von der Einschätzung ihres Fachwissens ab (Studie 2015). Dies zeigt auf, wie wichtig es ist, ältere Mitarbeitende im Erhalt ihres aktuellen Fachwissens zu unterstützen, damit sie sich ihren Aufgaben gewachsen fühlen. Dies führt zum Postulat, auch ältere Mitarbeitende in fortlaufender Weiterbildung auf dem neuesten Stand der Kompetenzen zu befähigen. Gemäß einer Untersuchung von Bellmann et al. (2007) in Deutschland beschäftigen gut 60 % der Betriebe ältere Mitarbeitende. Von diesen Betrieben haben rund sechs Prozent ältere Arbeitnehmende in Weiterbildungsaktivitäten mit einbezogen. Weiterbildungsmaßnahmen, „die speziell für Ältere gestaltet sind, gab es demgegenüber sogar nur in einem Prozent der Betriebe mit älteren Mitarbeitern" (Bellmann et al. 2007, S. 88). Angesichts dieser Daten ist man geneigt, betreffend Weiterbildungsbeteiligung von einer mehr oder weniger latenten Altersdiskriminierung zu sprechen. Mag es sein, dass sich ältere Mitarbeitende eine Weiterbildung nicht mehr zutrauen, oder dass sie eine solche angesichts ihres Alters nicht mehr für nötig erachten, sei es, dass Betriebe ältere Mitarbeitende bei der Personalförderung aus den Augen verloren haben, allenfalls sogar formale Alterslimiten für die Unterstützung von Weiterbildungsmaßnahmen gesetzt haben, in all diesen Fällen ist von Ungleichbehandlung und eher defizitorientierten Altersbildern auszugehen. Betrachtet man zusätzlich den Markt der Weiterbildungen, so richten sich viele von diesen eher an aufstrebende Nachwuchskräfte und weniger an Mitarbeitende in der letzten Berufsphase, obschon diese auf dem Zenit ihrer Erfahrung stehen. Damit wird deutlich, dass es eine implizite Verbindung zwischen Weiterbildung und Alter gibt, konkret aus Arbeitgebersicht hinsichtlich der Bereitschaft, Weiterbildung für ältere Mitarbeitende zu fördern, und aus Arbeitnehmersicht hinsichtlich der Bereitschaft und vielleicht auch Fähigkeitszuschreibung, eine Weiterbildung im fortgeschrittenen Alter erfolgreich zu absolvieren. Die Frage ist dabei, ob diese Korrelation eine faktische ist oder ob es sich dabei um gesellschaftliche Zuschreibungen handelt. Aus individueller Perspektive lässt sich sagen, dass „Lernbereitschaft und Lernfähigkeit in erster Linie abhängig von Persönlichkeitsstruktur, Berufsbiografie und Motivationslage jedes Einzelnen (sind) und nicht vom biologischen Alter. Die Lernmuster hingegen verändern sich dahingehend, dass das Unsicherheitsempfinden in Lernsituationen mit zunehmendem Alter ebenso ansteigt wie die Störanfälligkeit der Lernprozesse" (Rump und Eilers 2007, S. 44). Im Rahmen der Personalförderung sind wir also angehalten, einer altersmäßigen Stigmatisierung älterer Mitarbeitender hinsichtlich Lerndefiziten entgegenzuwirken und vielmehr Unterstützung dort zu bieten, wo Unsicherheiten das Selbstvertrauen in den persönlichen Weiterbildungserfolg behindern.

Dies ist besonders dort wichtig, wo Mitarbeitende in ihrer eigenen Bildungsbiografie wenig oder schlechte Erfahrung gemacht haben oder schlicht die letzte Weiterbildung so weit zurückliegt, dass sie sich nicht zutrauen, angesichts moderner Lehr- und Lernsettings, in der Weiterbildung zu reüssieren. Auch der in der Gesellschaft teilweise zu beobachtenden Überbetonung von formalen Bildungsabschlüssen ist entgegenzutreten: Wie Sennett und Bischoff (2014, S. 321) bemerken, versucht eine auf formale Qualifikationen ausgerichtete Gesellschaft ständig, „Kluge von Dummen zu unterscheiden". Dabei geht es in den allermeisten Fällen nicht um Klugheit oder Dummheit, sondern darum, ob eine spezifische Lernfähigkeit, zum Beispiel die Art und Weise, wie Leistungsnachweise eingefordert werden, bei den Lernenden bereits trainiert und gelernt wurde. Aus unserer Erfahrung mit Weiterbildungskunden von Masterstudiengängen sind es insbesondere formale Prüfungen und die Masterthesis, welche ältere Weiterbildungsteilnehmende zutiefst verunsichern können. Die Fähigkeit, zum Beispiel ein Thema konzis, wissenschaftlich fundiert und mit hohem Transfernutzen aufzuarbeiten, muss zuerst entwickelt werden. Dieser Imperativ darf nicht die Weiterbildungsteilnehmenden auf sich gestellt lassen. Hierfür kann auch betriebliche Unterstützung durch unter anderem jüngere, allenfalls weiterbildungsaffinere Mitarbeitende gegeben werden. Zudem kann man bei der betrieblichen Organisation darauf achten, den Lernprozess mit guten Rahmenbedingungen zu fördern, unter anderem, indem Lernprozesse eher en bloc, frei von betrieblicher Störung und Vereinbarkeitskonflikten absolviert werden können.

Wo in erster Linie junge Talente gefördert werden, dort, wo sich die Arbeitgebermarke besonders auf den jungen Nachwuchs ausrichtet, wo kein spezifisches Förderangebot für ältere Mitarbeitende zu erwarten ist, wo auch keine altersübergreifenden Lernsettings unterstützt werden, dort werden sich ältere Mitarbeitende eher schwertun, den immer kürzeren Weiterbildungszyklen zu folgen und ihre Kompetenzen à jour zu halten. Und genau in diesen Betrieben wird es älteren Mitarbeitenden schwerfallen, ihren Aufgaben adäquat gewachsen zu sein. Und wo dies der Fall ist, ist mit Unsicherheit, Frust und Resignation bis hin zu einem verfrühten Ausstieg aus der Arbeitswelt zu rechnen. Lebenslanges Lernen ist nicht nur ein Postulat, das sich an jüngere Mitarbeitende richtet; man ist aufgefordert, das ganze Leben, entlang dem Berufsverlauf, entlang den sich wandelnden Anforderungen der Arbeits- und Berufswelt, entlang allen technischen Entwicklungen, die die Halbwertszeiten unseres Wissens immer mehr verkürzen, immer und kontinuierlich zu lernen.

3.1.1.2 Unterstützung durch die vorgesetzte Stelle

Die Bedeutung der Führung für die Kapazität der Mitarbeitenden, ihre Arbeitsanforderungen zu erfüllen, ist in den letzten Jahren hinreichend belegt worden. Der Gallup Engagement Index[2] belegt, dass der Wunsch nach einer hervorragenden Führungskraft mit

---

[2]In Deutschland wurden 2016 1413 Arbeitnehmer/-innen befragt.

einem Durchschnitt von 4,35 sogar noch höher ist als jener nach guten Bezahlungs- und Verdienstmöglichkeiten (4,12). Gleichwohl klaffen die Bewertungen von Führungskräften weit auseinander: Während 97 % der Führungskräfte von sich selbst den Eindruck haben, eine „gute Führungskraft" zu sein, sagen 69 % der befragten Mitarbeitenden, dass sie in ihrer beruflichen Laufbahn bereits einmal eine schlechte Führungskraft hatten, 18 % haben sich während der letzten 12 Monate sogar überlegt, aufgrund ihres direkten Vorgesetzten das Unternehmen zu verlassen (Nink 2017). Gemäß Stressreport Deutschland aus dem Jahr 2012 erhalten gerade einmal 59 % der Mitarbeitenden Unterstützung durch die vorgesetzte Stelle (Lohmann-Haislah und Schütte 2013).

Insgesamt scheint also eine Diskrepanz zwischen Eigen- und Fremdbild von Führungskräften zu herrschen, was damit zusammenhängen mag, dass wiederum gemäß Gallup 69 % der Mitarbeitenden in den vergangenen Monaten ihre Bedenken bei der Arbeit gegenüber der Führungskraft verschwiegen haben. Dies überrascht wiederum dann nicht, wenn gemäß der Studie lediglich in 56 % der Fälle in den letzten 12 Monaten ein Mitarbeitergespräch über die Leistung des Mitarbeitenden mit dem Vorgesetzten stattgefunden hat.

Der Einfluss der Führungskraft steht gemäß der Studie auf Platz 2 der wichtigsten Faktoren zur emotionalen Bindung von Mitarbeitenden. Die aufgedeckten Mängel führen sodann die Autoren der Gallup-Studie zu folgenden Handlungsempfehlungen: Führungsqualität systematisch erfassen, Trainings und Coachings für Führungskräfte, welche helfen, das Führungsverhalten zu reflektieren, und schließlich sollen Führungskräfte für die Qualität der Führung verantwortlich gemacht werden. Mittelfristig schlagen die Autoren vor, bei der Führungskraftselektion anzusetzen, alternative Karrierewege für Mitarbeitende ohne Führungstalent zu schaffen und die Unterstützung der HR-Abteilung für Führungskräfte auszubauen.

Der Einfluss der Führungsperson auf die Arbeitsfähigkeit älterer Mitarbeitender ist wie dargestellt groß. Uns interessierte deshalb in unserer Studie spezifisch die Frage, wie die Unterstützung durch die vorgesetzte Person durch ältere Mitarbeitende wahrgenommen wird. In unserer 2015er Studie schnitt die Unterstützung durch die Führung auf einer 6er-Skala mit einem Durchschnitt von 4,7 bei einer erheblichen Standardabweichung von 1,1 recht durchwachsen ab. Das ist kein berauschendes Resultat und stellt die Führungsunterstützung in ein gleichwohl altersunabhängiges dennoch kritisches Bild. Demgegenüber besser schnitt die Unterstützung durch Arbeitskollegen/-kolleginnen mit einem Durchschnitt von 5,1 (δ 0,85) ab. Eine signifikant altersabhängige Ausprägung von Unterstützung, Wertschätzung oder der Bewertung von Altersdiskriminierung lässt sich in der Studie nicht nachweisen.

Ein Unterschied betreffend die Vorgesetztenunterstützung zeigte sich indes abhängig
von der Hierarchieebene in Tab. 3.2. Mitarbeitende geben ihren Führungspersonen bei
der Unterstützung schlechtere Werte als Leitungspersonen ihren Vorgesetzten gegenüber.
Auch beurteilen Mitarbeitende die Frage der Altersdiskriminierung oder jene nach der
Wertschätzung der eigenen Arbeit deutlich negativer, als dies zum Beispiel Mitglieder
der Geschäftsleitung tun.

Tab. 3.2 Bewertung der Vorgesetztenunterstützung, -wertschätzung sowie Altersdiskriminierung
entlang der Unternehmenshierarchie; n = 729 im Alter 45+. (Quelle: Studie 2015)

Funktionsebene	N	Mittelwert von „Ich fühle mich von meinem/r Vorgesetzten unterstützt."	Mittelwert von „Meine Arbeit wird von meinem/r Vorgesetzten wertgeschätzt."	Mittelwert von „Das Alter im Allgemeinen hat keinen Einfluss darauf, wie die Mitarbeitenden im Unternehmen behandelt werden."
Geschäftsleitung	213	5,02	5,27	5,23
Führungskräfte von Führungskräften	47	4,82	5,24	4,48
Führungskräfte von Mitarbeitenden	103	4,81	4,94	4,61
Führungskräfte ohne Mitarbeitende	95	4,84	5,00	4,55
Mitarbeitende	271	4,56	4,81	4,57
Gesamtergebnis	729	4,78	5,02	4,80

Auch der Einfluss des Führungsverhaltens auf psychische Belastungssituationen ist von besonderem Interesse. Der Stressreport Deutschland weist hierbei nach, dass es einen signifikanten Zusammenhang zwischen der Unterstützung durch die vorgesetzte Person und der Anzahl von Gesundheitsbeschwerden gibt (Stilijanow 2013). Mitarbeitende, welche durch ihre vorgesetzte Stelle häufig unterstützt werden, klagen deutlich weniger über Gesundheitsbeschwerden, als Mitarbeitende, die nur wenig oder keine Unterstützung erhalten. Hierdurch wird klar, dass Vorgesetzte einen wesentlichen Einfluss auf das psychische Wohlbefinden bzw. im Umkehrfall auf Belastungssituationen haben und damit auf die Kapazität zur Aufgabenbewältigung des Mitarbeitenden wirken.

Spezifisch auf die Zielgruppe der 50+ stellt sich die Frage, wie groß der Einfluss der Führung auf die Kapazität zur Arbeitserfüllung älterer Mitarbeitender ist. In einer elfjährigen Längsschnittstudie in Finnland identifizierte Ilmarinen et al. (2002) das Führungsverhalten der vorgesetzten Person als den einzigen hoch signifikanten Faktor zur Verbesserung der Arbeitsfähigkeit von Mitarbeitenden zwischen dem 51. und 62. Altersjahr. Brinkmann (2009) setzt hier an und schlägt einen sich am Reifegrad des Mitarbeitenden orientierenden Führungsstil vor, wobei Reife ein Zusammenwirken von Leistungsmotivation, Verantwortungsbereitschaft und Erfahrung darstellt (Brinkmann 2009). Auch Konzepte der nachhaltigen Führung setzen hier an, indem sie neben dem Bekenntnis zu allgemeinen Nachhaltigkeitsprinzipien, u. a. der 3 P – people, profit, planet –, auch konkret die langfristige Ausrichtung einer Organisation und Verfügbarkeit ihrer Ressourcen sowie die Erhaltung des sozialen bzw. humanen Kapitals in den Fokus rücken. Handlungsfelder sind: a) die Pflege und der Erhalt des Humankapitals bezogen auf Menge, Qualität und Qualifikation sowie Gesundheit, b) Förderung des Sozialkapitals, insbesondere im Bereich Netzwerke, Kommunikation und Zusammenarbeit, sowie c) Investitionen in Funktionsweisen, Gesundheit und Kompetenzen von Individuen und Teams und schließlich d) Verfügbarmachen von individueller Entwicklungszeit. Eine qualitative Analyse bei Führungskräften durch die Fachhochschule St.Gallen zeigte auf, dass es bei Führungskräften ein breites, wenn auch diffuses und eher intuitives Bewusstsein für die Notwendigkeit nachhaltiger Führung gibt. Gleichwohl beschränken sich Maßnahmen daher meist auf (eher unspezifische) Trainingsangebote, Diversitätsmanagement oder ein allgemeines Umweltbewusstsein (Olbert-Bock et al. 2017). Damit werden in erster Linie Zielsetzungen im Bereich des Gesundheitsmanagements (Reduktion der Krankheitstage und Unfälle, Erhalt der physischen und psychischen Gesundheit und der Arbeitskapazität) sowie der Kompetenzentwicklung verfolgt, welche die Leistungsfähigkeit des Mitarbeitenden ins Zentrum rücken. Demgegenüber spielt die Vereinbarkeit von Beruf und Familie bzw. die Work-Life-Balance eine subsidiäre Rolle und wird nur erwähnt im Rahmen wahrgenommener Problemfälle. Dies zeichnet ein eher utilitaristisches Bild von Führung, welche den Mitarbeitenden als Leistungsträger zur Erfüllung unternehmerischer Ziele fördert, indirekte Wirkungsmechanismen, welche sich auf die Leistungsfähigkeit auswirken können, aber eher ausblendet. Als besonders herausfordernd wurde auch in dieser Befragung die oftmals knappe oder fehlende Zeit für die eigentliche Führungsaufgabe, aber auch für die vorbildliche Wahrnehmung der eigenen Arbeit und schließlich für die Reflexion der eigenen Führung benannt. Im Bereich der nachhaltigen Führung zeigen sich somit zwei einfache Konklusionen: Einerseits benötigen Führungskräfte ein breiteres und konkreteres Verständnis, wie Nachhaltigkeit bei Mitarbeitenden auf unterschiedlichen Ebenen gefördert werden kann, andererseits brauchen auch sie die nötigen Ressourcen, um selbst nachhaltig ihre Rolle als Vorbilder in der Organisation ausüben zu können. In vielen Fällen treffen die Führungskräfte nicht die hierfür notwendigen Rahmenbedingungen an. Die Frage muss deshalb lauten, welche Voraussetzungen und Rahmenbedingungen vorgesetzte Stellen antreffen müssen, um ihrerseits wiederum ihren Mitarbeitenden gute Unterstützungsangebote bieten zu können. Betrachtet man die von Führungskräften häufig genannten belastenden Arbeitsanforderungen, so stellt man fest, dass Führungskräfte selbst unter einem hohen Maß an Arbeitsstörungen und -unterbrechungen, starkem Termin- und Leistungsdruck sowie verschiedenen, gleichzeitig zu bearbeitenden Aufgaben leiden (Stilijanow 2013). Diese Faktoren treten nicht nur einzeln, sondern bei 34 % auch in Kombination auf, während lediglich 19 % der Mitarbeitenden ohne Führungsaufgaben über diese Kombination klagen. Es liegt somit nahe, dass in dem Maße, wie Führungskräfte selbst unter Termin- und Leistungsdruck, Arbeitsstörungen und parallelen Aufgabenanforderungen leiden, sie ihre Mitarbeitenden in ihren Aufgaben nicht oder nur wenig unterstützen können. Entlastungen von Führungskräften und das Einplanen von Zeitressourcen für die eigentliche Führungsaufgabe entlasten nicht nur die Führungskraft, sondern schaffen auch den Raum für Unterstützung ihrer Mitarbeitenden. In der Folge ist von einem höheren psychischen Wohlbefinden nicht nur der Führungskraft, sondern auch der ihr unterstellten Mitarbeitenden auszugehen. Dieser Multiplikationswirkung ist in der betrieblichen Praxis im Allgemeinen wie auch in der Ausgestaltung der Führungskultur im Besonderen Rechnung zu tragen. Im Mittelpunkt sollte also die Förderung eines unterstützenden, wertschätzenden und partizipationsorientierten Führungsstils mit den hierfür nötigen Rahmenbedingungen für Führungskräfte stehen. Die Betriebe sollten im Rahmen ihrer betrieblichen Gesundheitspolitik somit auch Augenmerk auf die Arbeitsbedingungen ihrer Führungskräfte legen. Diese wiederum sollten ihre Handlungsspielräume, welche weiter gefasst sind als jene ihrer Mitarbeitenden, dafür nutzen, ihren Mitarbeitenden auch entsprechende Unterstützung anzubieten. Oder einfach ausgedrückt: Wer keine Zeit zum Führen hat, sollte dies im Hinblick auf das eigene wie das Wohl seiner Mitarbeitenden auch eher sein lassen.

3.1.1.3 Arbeitsgruppen

Einen Großteil unserer Arbeit erledigen wir heute nicht alleine, sondern in Arbeitsgruppen oder Teamkonstellationen. Die Funktionsweise solcher Arbeitsgruppen hat somit einen wesentlichen Einfluss auf die Arbeitsweise des Einzelnen wie auch auf das abgelieferte Arbeitsergebnis. Synergien und Verbundeffekte innerhalb der Arbeitsgruppe sollten dabei positivere Effekte haben, als wenn Mitarbeitende alleine arbeiten. D. h. nicht für alles und jedes eine Arbeitsgruppe einzurichten, sondern dort, wo Kooperation und das damit verbundene Bündeln unterschiedlicher Ressourcen Mehrwerte versprechen. Echte Kooperationen werden oftmals hinsichtlich ihres Anspruchsniveaus unterschätzt: Denn Kooperationen verlangen danach, dass der Einzelne seine Interessen soweit zurückstecken kann, dass er sich an einer gemeinsamen und geteilten Handlung beteiligen kann, die in erster Linie allen, natürlich auch – wenn auch nicht primär – ihm selbst, zugutekommt. Kooperationen in Arbeitsgruppen, welche die Optimierung des eigenen Vorteils des Einzelnen erlauben, zerbrechen sodann auch. „Vielmehr distanziert sich die kooperierende Person so weit von ihren eigenen Interessen, dass sie diese gerade nicht optimiert, wenn eine solche je individuelle Optimierung der gemeinsamen Praxis im Wege stünde" (Nida-Rümelin 2015, S. 88). Arbeitsgruppen produzieren also eine gemeinsame Praxis, in welcher Kooperation, Synergienbildung, aber auch Hilfsbereitschaft und Ergänzung vor den je individuellen Interessen zu stehen haben. Oder umgekehrt gesagt gilt für Arbeitsgruppen: Kooperation ist nicht alles, aber ohne Kooperation ist alles nichts.

Der Wirksamkeit von Arbeitsgruppen – auch unter dem Aspekt des Alters – wurde in verschiedenen Studien nachgegangen. Börsch-Supan et al. (2007) konnten nachweisen, dass größere Arbeitsgruppen in der Montage weniger Fehler machen als kleine Gruppen. Hierbei spielt wohl die Möglichkeit der gegenseitigen Kontrolle und Korrektur bei größeren Arbeitsgruppen eine wesentliche Rolle. Auch die Gruppenzugehörigkeit hat einen erheblichen Einfluss. Je länger eine Gruppe ohne personelle Veränderung zusammenarbeitet, desto weniger Fehler macht sie. Unter dem Aspekt älterer Arbeitsgruppen scheint der Frauenanteil einen signifikanten Einfluss auf die Qualität bzw. Fehlerrate zu haben. So konnte nachgewiesen werden, dass die altersabhängige Fehlerrate bei Gruppen mit einem höheren Frauenanteil weniger schnell zunimmt als bei Gruppen mit einem geringeren Frauenanteil. Dies legt die Vermutung nahe, dass die Leistungsfähigkeit von Frauen im Alter weniger nachlässt als bei Männern. Auch konnten sie nachweisen, dass eine Überqualifikation von Gruppenmitgliedern zu tendenziell mehr Fehlern führt, was die Bedeutung eines stimmigen Qualifikationsmatchings nahelegt. Gleichzeitig scheint Bildung die altersbedingte Fehleranfälligkeit eher zu reduzieren, d. h., je höher das durchschnittliche Bildungsniveau innerhalb einer Arbeitsgruppe ist, desto weniger nehmen die Fehler mit zunehmendem Alter zu (Börsch-Supan et al. 2007, S. 62).

Ein kollegiales Miteinander hilft nicht nur, Fehler zu reduzieren, die in einer guten Arbeitsgruppe angebotene soziale Unterstützung hilft auch, Belastungssituationen, Stress und Stressfolgen abzubauen. Gemäß Stressreport Deutschland aus dem Jahr 2012 beurteilen 88 % der Befragten die Zusammenarbeit mit Arbeitskolleginnen und Arbeitskollegen als positiv, 80 % fühlen sich am Arbeitsplatz als Teil einer Gemeinschaft. Ungefähr gleich viel erhalten Hilfe und Unterstützung bei ihren Kolleginnen und Kollegen. Hierbei gibt es allerdings eine Genderdifferenzierung: Männer gaben eher an, Hilfe und Unterstützung durch Kolleginnen und Kollegen zu erhalten, während Frauen sich insbesondere am Arbeitsplatz als Teil einer Gemeinschaft fühlen. Interessant und auf den ersten Blick kontraintuitiv ist ferner, dass Teilzeitbeschäftigte häufiger gute Zusammenarbeit mit Kollegen sowie ein Gemeinschaftsgefühl erleben als Vollzeitbeschäftigte.

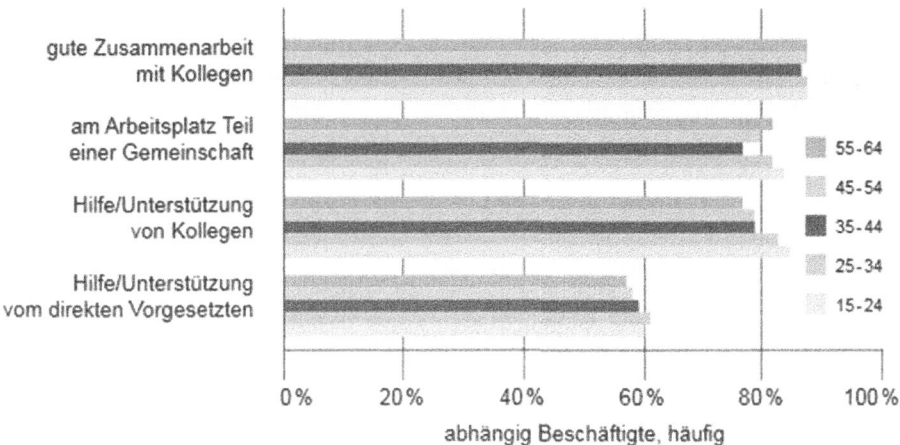

(n = 17562)

Abb. 3.4 Beurteilung der Unterstützung durch Vorgesetzte und Kollegen durch unterschiedliche Alterssegmente. (Quelle: Lohmann-Haislah und Schütte 2013, S. 78)

Abb. 3.4 zeigt auf, dass die Zusammenarbeit mit Kolleginnen und Kollegen über die unterschiedlichen Alterssegmente sehr konstant ist, während mit zunehmendem Alter die Unterstützung durch Kolleginnen und Kollegen graduell schwächer eingeschätzt wird. Die Unterstützung durch den direkten Vorgesetzten wird auf tieferem Niveau auch altersabhängig schwächer beurteilt.

Die Wirkungen von altersdurchmischten Teams sind in der Literatur eingehend besprochen. Doch ist der Befund nicht einheitlich: Einerseits kann davon ausgegangen werden, dass die heterogenen Perspektiven wie auch diversen Erfahrungs-, Haltungs- und Wertebenen den Austausch von Information in einem altersdurchmischten Team fördern und damit insbesondere bei komplexen Fragestellungen die Fähigkeit, Probleme zu lösen oder Innovationen zu entwickeln, gesteigert wird (Hüttermann 2016). Gut funktionierende altersdurchmischte Teams können auch durchaus einen längeren Verbleib in der Arbeitswelt hervorrufen. Bookmann et al. (2012) legten sogar nahe, dass altersdurchmischte Teams die einzige altersspezifische Personalmaßnahme seien, welche mit einem längeren Verbleib im Erwerbsleben korreliere. Andererseits muss auch auf die Gefahren von altersdurchmischten Teams hingewiesen werden: Wesentliche Einflussfaktoren für das Funktionieren solcher Konstellationen sind die Arbeitsatmosphäre und die Kommunikation im Team, welche die Ausschöpfung des altersdurchmischten Potenzials eines Teams wesentlich fördern oder beeinträchtigen können. Zur Vermeidung negativer Teamdynamiken muss auf die Gestaltung guter altersgerechter Rahmenbedingungen geachtet werden, wie zum Beispiel auf einen adäquaten Einsatz von Mitarbeitenden, auf Tätigkeitsvielfalt und Belastungswechsel wie auch auf die gute Integration aller Gruppenmitglieder, unabhängig von ihrem Alter. In der Realität sind diese Rahmenbedingungen und eine entsprechende Arbeitsatmosphäre jedoch nicht immer anzutreffen. Oftmals nimmt mit der Gruppenarbeit eher der Leistungsdruck für ältere Mitarbeitende zu und es kommt zu Wettbewerb und zur Gefahr von Ausgrenzung und Isolation. In diesem Zusammenhang weisen Börsch-Supan et al. (2007) in ihrer Analyse von altersdurchmischten Teams in der Montage sogar nach, dass die Fehleranfälligkeit mit der Gruppenheterogenität zunimmt. Altersdurchmischte Gruppen machten demnach signifikant mehr Fehler als altershomogene Arbeitsgruppen. Sie führen dies auf Selbstkategorisierungsprozesse zurück, die zur Spaltung eines Teams in altersspezifische Untergruppen führen, die Gruppenkohäsion nimmt dadurch ab und es kommt zu Spannungen und Konflikten. Zunehmende Beachtung ist deshalb der Führungssituation in altersdurchmischten Teams zu widmen. Projektstrukturen, in welchen zum Beispiel jüngere Vorgesetzte unter anderem ältere Mitarbeitende führen, können für beide Seiten eine Herausforderung sein. Dabei geht es noch nicht einmal um die Gefahr impliziter Altersdiskriminierung durch zum Beispiel Ausgrenzungen aus formalen oder informellen Teamstrukturen, es kann auch vorkommen, dass jüngere Vorgesetzte aus lauter Respekt vor der Erfahrung und der Seniorität älterer Teammitglieder sich mit einer direkten, mitunter auch kritischen Kommunikation schwertun. Besondere Rücksichtnahme gegenüber Anciennität, jemandem im Alter „nicht weh tun" wollen, Probleme aussitzen, ohne sie, wie zum Beispiel bei Gleichaltrigen oder Jüngeren, auch anzusprechen, sind letztlich aber auch Ausschlussmechanismen, welche, so gut sie auch gemeint sind, eine Form der Altersdiskriminierung darstellen. Das Führen von altersdurchmischten Teams durch jüngere Chefs gehört somit zunehmend als Ausbildungsbestandteil in jede interne oder externe Führungsausbildung. Ziel muss es sein, Vorurteile abzubauen, das Potenzial, Erfahrungswissen und die Netzwerke älterer Mitarbeitender identifizieren und ins Team einbinden zu können, Rollensicherheit im Umgang mit altersdiversen Gruppen zu gewinnen und nicht zuletzt natürliche Durchsetzungskraft auf der Basis von Respekt und Wertschätzung zu entwickeln.

Unsere Studie ging unter anderem der Frage nach, inwieweit altersdurchmischte Teams Zustimmung finden und auch Vorteile aus der Zusammenarbeit mit Kolleginnen und Kollegen unterschiedlichen Alters gesehen werden. Während sich darin keine wesentlichen altersabhängigen oder auch bildungsniveauabhängigen Unterschiede bei der Beurteilung altersdurchmischter Teams zeigten, zeigen die Ergebnisse eine leicht höhere Zustimmungsquote zu altersdurchmischten Teams, je höher sich der Mitarbeitende in der Firmenhierarchie befindet. Grundsätzlich kann man daraus ableiten, dass Menschen gerne mit Menschen unterschiedlichen Alters zusammenarbeiten, nicht zuletzt, weil sie darin auch eindeutige Vorteile für die eigene Arbeit sehen, dass gleichwohl die Zustimmung entlang der Führungshierarchie zunimmt (Studie 2015).

3.1.1.4 Arbeitsressourcen

In Zeiten, in welchen die Taktfrequenz der Arbeit immer schneller wird, in welchen die Arbeit unter zunehmendem Kostendruck steht, in welchen personelle Ressourcen sich vermehrt gegen die Automatisierungs- und Rationalisierungswelle der Digitalisierung zu stemmen haben, in welchen Informationen zwar überall und jederzeit zur Verfügung zu stehen scheinen, doch deren Selektion und effizienter Gebrauch den Mitarbeitenden mehr zu fordern als zu entlasten scheinen, in welchen Teams immer volatiler und dezentraler arbeiten, in solchen Zeiten scheint der Ruf nach mehr Zeit und Mitteln sich selbst zu überholen. Klar, kaum jemand hat an sich Zeit, und schon gar nicht Mittel im Überfluss, seine Arbeit nach bestem Gutdünken und ohne Zeitdruck zu verrichten. Und doch entsteht immer wieder hervorragende Arbeit auch in Situationen, in welchen die verfügbaren Arbeitsressourcen mindestens knapp bis gar nicht vorhanden waren. Dies hängt mit einer Kompensation von betrieblichen Arbeitsressourcen durch personale Ressourcen wie Improvisationsgeschick und Kreativität zusammen. Nur wo beides – Zeit und Improvisationsgeschick – fehlt, entsteht ein Defizit in der Kapazität zur Arbeitserfüllung, welches gute Arbeit verhindern kann, mitunter auch die individuelle Arbeitsfähigkeit stark zu beeinträchtigen vermag. Das ist der Punkt, an dem einem die Arbeit buchstäblich über den Kopf zu wachsen droht. Wenn Arbeit nicht mehr zu bewältigen ist, ist an „gute Arbeit" schon gar nicht mehr zu denken. Dies zeigt, wie nahe beieinander die Begriffe der Ressource und der Belastung liegen. Bereits das Vorhandensein eines zur Arbeitserfüllung dienlichen Merkmals, sei dies ein formales Merkmal einer Ressource (wie Zeit, Mittel etc.) oder einer personalen Ressource (z. B. Improvisationstalent, Freundlichkeit, Stressresistenz etc.), werden vom Mitarbeitenden als Ressource wahrgenommen, deren Nichtvorhandensein hingegen als Belastung. Oder einfach ausgedrückt: Was der Arbeit dient, ist eine Ressource, was fehlt, eine Belastung.

Gemäß Erhebung des European Working Conditions Survey EWCS zu den im Jahr 2015 vorherrschenden Arbeitsbedingungen lässt sich auf den ersten Blick ein Bild zunehmender Arbeitsentlastung zeichnen. So sank beispielsweise die durchschnittliche Arbeitszeit in der EU von 41 h im Jahr 1991 auf 36 h im Jahr 2015. Gleichzeitig nahmen jedoch atypische Arbeitsverhältnisse und die damit verbundenen Belastungen zu: Mehr als die Hälfte der Arbeitnehmenden arbeitet gemäß der Befragung an mindestens einem Samstag pro Monat, 30 % an mindestens einem Sonntag pro Monat (Eurofound Jahrbuch 2015 2016). 45 % der Befragten gaben an, Arbeit im letzten Jahr auch in der Freizeit erledigt zu haben, um den beruflichen Anforderungen gerecht zu werden; 13 % mussten mehrmals im Monat auf Freizeit zugunsten der Arbeit verzichten. Dadurch entstehen neue Quellen von Stress, zum Beispiel aus dem Gefühl ständiger Verfügbarkeit, sowie Störungen im Familienleben. Wirtz (2010) kommt aufgrund eigener Studien im Vergleich zum aktuell wissenschaftlich gesicherten Erkenntnisstand zu folgendem Schluss, dass mit zunehmender Dauer der wöchentlichen Arbeitszeit das Risiko für Beeinträchtigungen der Gesundheit und der sozialen Teilhabe der Beschäftigten ansteigt.

Darüber hinaus zeigt sich, dass die negativen gesundheitlichen und sozialen Effekte weiterer potenziell ungünstiger Arbeitszeitmerkmale wie Schichtarbeit, variable Arbeitszeiten, schlechte Planbarkeit der Arbeitszeit sowie Arbeit an Abenden oder am Wochenende durch lange Arbeitszeiten weiter verstärkt werden. Da hohe körperliche und/oder psychische Arbeitsanforderungen das Risiko gesundheitlicher Beeinträchtigungen schon von sich aus erhöhen, führen diese insbesondere bei langen und/oder in der Lage versetzten Arbeitszeiten zu einer weiteren Erhöhung des Beeinträchtigungsrisikos (Wirtz 2010, S. 7).

Ein Indiz für die aktuelle zeitliche Belastung gibt der Stressreport Deutschland aus dem Jahr 2012. In diesem geben 31 % der vollzeitbeschäftigten Frauen an, die Pause ausfallen zu lassen, wovon 45 % dies mit „zu viel Arbeit" begründen. Bei den Männern gehen 28 % regelmäßig nicht mehr in die Pause, wobei hier 32 % dies mit zu viel Arbeit begründen (Lohmann-Haislah und Schütte 2013). Ferner fällt auf, dass Führungskräfte und hierbei wieder hauptsächlich Männer (25 %) mehr als 48 h pro Woche arbeiten und damit deutlich mehr als männliche Mitarbeitende ohne Führungsaufgabe (15 %). Bei weiblichen Führungskräften arbeiten 11 % mehr als 48 h pro Woche, während die Kolleginnen ohne Führungsaufgaben lediglich zu einem Anteil von 5 % mehr als 48 h pro Woche arbeiten müssen. Ein ähnliches Bild zeigt sich bei Arbeitsanfall an Sonntagen und Feiertagen: 48 % der männlichen und 43 % der weiblichen Führungskräfte verzeichnen Sonn- und Feiertagsarbeit, während 36 % der Mitarbeiter und 32 % der Mitarbeiterinnen ohne Führungsaufgaben damit konfrontiert sind. Vor diesem Hintergrund überrascht nicht, dass, wie weiter oben ausgeführt, Führungskräfte oftmals nur ungenügend die Zeit für die eigentliche Führungsaufgabe und die Unterstützung ihrer Mitarbeitenden aufwenden können. Vor diesem Hintergrund erstaunen auch nicht die eher kritischen Einschätzungen zur Führungsarbeit durch die Mitarbeitenden. Betrachtet man die Bedeutung der Führungsarbeit für die Arbeitskapazität der Mitarbeitenden, wie in Abschn. 3.1.1.2 beschrieben, so überrascht es nicht, dass insbesondere ältere Mitarbeitende die Überlastung der Führungskräfte, nebst anderen Gründen, zum Anlass eines frühen Ausstiegs aus dem Arbeitsleben nehmen.

Arbeitsanforderungen unterscheiden sich je nach Arbeitskontext. Bezogen auf die Wirtschaftszweige sind vor allem das Baugewerbe, Verkehr und Lagerei und das Gastgewerbe von hohen Arbeitszeitanforderungen betroffen (siehe Tab. 3.3).

3.1.1.5 Arbeitsorganisation

Grundlegendes Ziel einer guten Arbeitsorganisation ist, eine gute Arbeit zu unterstützen. In der Praxis scheint nicht selten das Umgekehrte der Fall zu sein. Gerade in komplexen und ausdifferenzierten Organisationen erschweren Bürokratisierungstendenzen oftmals eine gute Arbeitserfüllung. Manche pragmatische, einfache und unbürokratische Lösung wird nicht selten mit Verweis auf organisationale Regelung, Verfahren und Prozessbeschreibungen unnötig erschwert. Das führt auch dazu, dass oft der situativ richtigen Lösungsfindung von Mitarbeitenden, ihren kreativen und mitunter unorthodoxen, durchaus aber gut gemeinten Praktiken und einem motivierten, der Sache oder den Menschen verschriebenen Handeln organisational der Garaus gemacht wird. Oder, um es mit dem Bonmot von Karl Valentin zu sagen: „Mögen hätt ich schon wollen, doch dürfen hab ich mich nicht getraut" (Valentin 2007). Dies beschreibt eine nicht selten anzutreffende organisationale Paralyse, in welcher die Eigeninitiative der Mitarbeitenden („mögen-wollen") durch eine reglementierte Organisationsstruktur („dürfen") behindert wird und kulturell zu einer Vermeidungskultur („nicht getraut") führt.

Dabei soll die Arbeitsorganisation einer Optimierung der Prozesse und Zuständigkeiten, einer Ermächtigung der Mitarbeitenden und damit einer Verbesserung der internen

Tab. 3.3 Prozentuale Häufigkeit von Arbeitsbelastungen bezogen auf Wirtschaftszweige, *Häufigkeiten zu gering. (Quelle: angelehnt an: Lohmann-Haislah und Schütte 2013, S. 59)

	tatsächlich >48 Std./Wo.	tatsächlich >40-48 Std./Wo.	Schichtarbeit	Samstagsarbeit	Sonn- und Feiertagsarbeit	Rufbereitschaft/Bereitschaftsdienst	Pausenausfall	Vereinbarkeits-probleme	n
Verarbeitendes Gewerbe	12	24	23	66	33	13	20	42	5099
Energieversorgung	*	31	*	56	40	29	27	35	247
Wasserversorgung; Abwasser-, Abfallentsorgung/Beseitigung von Umweltverschmutzungen	*	*	*	64	*	39	*	47	137
Baugewerbe	19	32	*	71	25	19	30	47	937
Handel; Instandhaltung und Reparatur von Kraftfahrzeugen	9	16	9	76	29	12	22	41	1611
Verkehr und Lagerei	25	23	20	74	45	23	29	50	773
Gastgewerbe	13	14	20	85	75	21	38	43	408
Information und Kommunikation	19	31	*	60	42	15	27	38	551
Erbringung von Finanz- und Versicherungsdienstleistungen	13	25	*	33	12	*	25	31	565
Erbringung von freiberuflichen, wissenschaftlichen und technischen Dienstleistungen	14	22	*	64	42	22	21	45	499
Erbringung von sonstigen wirtschaftlichen Dienstleistungen	11	20	*	64	42	22	21	45	499
Öffentliche Verwaltung, Verteidigung, Sozialversicherungen	11	31	5	45	34	25	26	32	1367
Erziehung und Unterricht	17	18	*	58	42	14	34	44	1156
Gesundheit und Sozialwesen	9	12	21	70	60	28	38	42	1991
Kunst, Unterhaltung und Erholung	*	*	*	82	73	*	*	40	160
Erbringung von sonstigen Dienstleistungen	*	16	*	65	38	16	26	42	400
Gesamt	13	22	13	64	38	18	26	41	

und externen Zusammenarbeit dienen. Die Arbeitsorganisation sollte es also frei nach Karl Valentin den Mitarbeitenden ermöglichen, sich trauen zu dürfen, was sie im Sinne der Organisation wollen mögen. Die Intelligenz der Arbeitsorganisation ist ein dynamischer Prozess, der nie abgeschlossen, aber selten wirklich kritisch reflektiert wird. Aus diesem Grund durchlaufen auch viele Betriebe hier nicht wirklich eine steile Lernkurve, da das Paradigma einer sicheren, prozessorientierten Organisation, in welcher Engagement im Sinne des Zeiteinsatzes belohnt wird, nicht verlassen wird. Ganz anders die Formel „work smarter – not harder". Hier geht es um smarte Arbeitsorganisation, welche den Mitarbeitenden von wertschöpfungsarmen Aufgaben entlastet, um ihm Zeit für Relevantes, Neues, Sinnstiftendes zu geben. Agilität, Schlankheit, Transparenz, Flexibilität und Lernorientierung sind Elemente, die in keiner smarten Arbeitsorganisation fehlen dürfen. Erschließt sich indes die „Smartheit" einer Organisation ihren Mitarbeitenden nicht und sind diese umgekehrt wegen wiederkehrender Reorganisationen immer wieder mit individueller Mehrarbeit, Leerläufen und Redundanzen konfrontiert, so wendet die Formel sich in ihr Gegenteil, „work harder – not smarter". Das ist leider die häufig anzutreffende betriebliche Realität: 42 % der im Stressreport Deutschland 2012 befragten Mitarbeitenden haben in den letzten zwei Jahren eine Umstrukturierung erlebt (Lohmann-Haislah und Schütte 2013). Besonders von Umstrukturierungen betroffen scheinen die Energieversorgung (65 %), die Finanz- und Versicherungsbranche (53 %) und der IT- und Kommunikationssektor (53 %). Weniger von Umstrukturierungen betroffen sind demgegenüber das Baugewerbe (25 %) und das Gastgewerbe (29 %) (Lohmann-Haislah und Schütte 2013).

Durch eine Restrukturierung sind nicht nur die konkreten Strukturen und Abläufe betroffen, auf die sich die Mitarbeitenden neu ausrichten müssen, sie tangieren auch weitere arbeitsrelevante Einflussfaktoren. Köper (2013) fand zum Beispiel im Rahmen der BIBB/BAuA Erwerbstätigenbefragung 2012 heraus, dass 56 % der von einer Restrukturierung betroffenen Mitarbeitenden mit einer Zunahme von fachlichen Anforderungen, 39 % mit einem neuen Chef, 42 % mit Stellenabbau im Unternehmen konfrontiert waren. Vor diesem Hintergrund überrascht es sodann auch nicht, dass 52 % über eine Zunahme von Stress und Arbeitsdruck klagten, während nur 34 % der Mitarbeitenden in nicht von einer Restrukturierung betroffenen Unternehmungen hierüber klagen (Köper 2013). Doch was ist es, das besonders belastend in einer Phase der Reorganisation wirkt? Köper (2013) fand hierbei in erster Linie den Umstand, verschiedene Arbeiten gleichzeitig zu betreuen (68 %), gefolgt mit 62 % von einem hohen Termin- und Leistungsdruck (siehe Abb. 3.5). Auch Arbeitsunterbrechungen sind ein typisches Phänomen von Restrukturierungen, welche in Firmen ohne Restrukturierung deutlich weniger vorkommen.

Daraus und in Kombination mit dem Umstand, dass Menschen ungern gewohnte Abläufe aufgeben, resultieren gefährliche Reorganisationswiderstände. All diese Organisationsansätze gehen von einem Menschenbild aus, das durch Organisation diszipliniert, dessen Abläufe standardisiert und dessen Kräfte im Sinne des Managements gebündelt werden sollen. Diese Organisationen laufen Gefahr, auszusterben, allein aufgrund dessen, weil sie verlernt haben zuzuhören. Wem? Ihren Mitarbeitenden, die nach wie vor die Akteure der Organisation sind. Denn ohne sie ist jede Organisationsform nur Theorie.

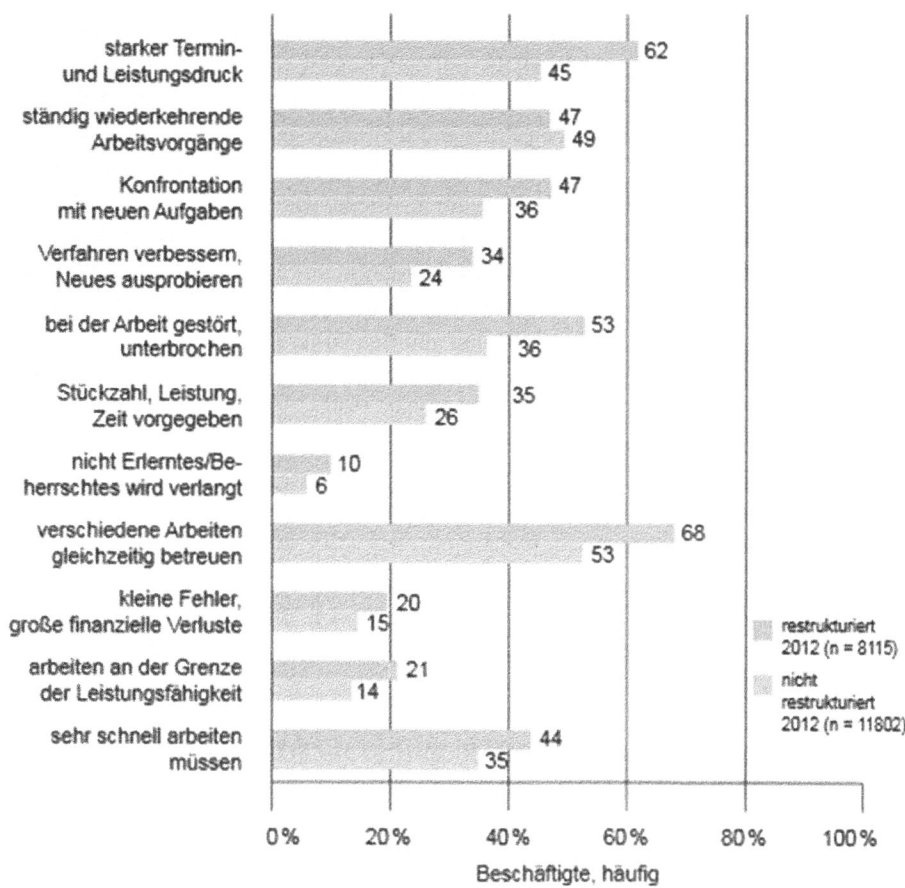

Abb. 3.5 Vergleich häufiger psychischer Anforderungen in Organisationen mit/ohne Restrukturierungen. (Quelle: Köper 2013, S. 149)

Oder anders formuliert: Sobald der letzte Mitarbeitende am Abend das Licht ausgeknipst hat, ist die Organisation tot, bis sie am nächsten Morgen mit den Menschen und ihrem auch Menschlichen und Allzumenschlichen, das den Menschen auszeichnet, wieder zum Leben erwacht. Und was würde man hören, wenn man die Mitarbeitenden nach ihren Bedürfnissen nach Organisation befragt? Hackl et al. (2017) stießen in diversen aktuellen Studien immer wieder auf einen Wunsch: Beteiligung. Teilhabe an Entwicklungen, an Gestaltung, an Entscheidungen. Mitarbeiterbeteiligung ist gemäß ihren Studien für einen hohen Varianzanteil in der Leistung von Teams, in der Mitarbeiterzufriedenheit und in der Arbeitgeberattraktivität verantwortlich (Hackl et al. 2017).

Klassische Organisationen funktionieren noch immer nach einer primären Hierarchielogik. Viele Führungssysteme, Anreizlogiken etc. ordnen sich einer pyramidalen Organisationslogik unter. Berufliche Entwicklung heißt meistens Aufstieg in der vertikalen

Organisationsstruktur, der Blick ist nach oben gerichtet, Karrierewegoptionen jenseits der Vertikale sind die Ausnahme. Dank der mit dem Begriff von New Work verbundenen Demokratisierung traditioneller Arbeitsverhältnisse findet sich die klassische Hierarchisierung plötzlich auf einem kritischen Prüfstand und muss sich gegenüber Bestrebungen zu mehr Selbstbestimmung und Partizipation aller Mitarbeitenden legitimieren. Starre Organisationslogiken werden zunehmend durch offene und flexible Netzwerkstrukturen abgelöst, welche die Agilität des Unternehmens als wesentliche Zukunftskompetenz sicherstellen. Diese Organisationslogiken lassen sich nicht durch einige Einzelmaßnahmen, als Flickenteppich von unkoordinierten Vorstößen entwickeln oder verändern. Um Glaubhaftigkeit zu erlangen, muss die Kultur mit der Struktur einhergehen und von der Unternehmensspitze vorgelebt werden. Authentizität, Vertrauenswürdigkeit und Nachhaltigkeit sind dabei die Erfolgsfaktoren, um eine Organisation ernsthaft in Richtung von New Work zu entwickeln. Und Organisationsentwicklungen müssen beim einzelnen Mitarbeitenden ankommen. Nur was dieser in seiner eigenen Arbeitsumgebung für Erfahrungen macht, wird ihn von der Ernsthaftigkeit der Organisationslogik überzeugen. Das Proklamieren einer innovativen Fehlerkultur bei der Neujahrsansprache hilft nichts, wenn am 3. Januar ein Fehler mit öffentlicher Schelte geahndet wird. Und der „double bind" ist dann perfekt, wenn der Mitarbeitende noch nicht einmal die Kompetenz oder die Ressourcen gehabt hat, um den Fehler zu vermeiden (siehe widersprüchliche Arbeitsanforderungen).

3.1.1.6 Quick-Reads: Steigerung der Kapazität zur Erfüllung der Arbeitsanforderungen

Aus Arbeitgebersicht können die Einflussfaktoren auf die Kapazität zur Arbeitserfüllung weitgehend als Rahmenbedingungen unterstützt werden. Darunter fällt, mit dem richtigen Fähigkeits- und Kompetenzmix die Mitarbeitenden zu fördern, ausreichende Arbeitsressourcen, wie Zeit, Finanzmittel, Personalressourcen, Hilfsmittel etc., zur Verfügung zu stellen, die Arbeit in eine transparente und möglichst reibungsverlustfreie Arbeitsorganisation eingebettet zu haben, welche dem Mitarbeitenden ausreichende Handlungsräume zur Selbstwirksamkeit gibt. Ferner ist die unterstützende und wertschätzende Rolle der vorgesetzten Person, aber auch das Arbeitsumfeld (Team, Abteilung, Zusammenarbeitsstrukturen) für die wahrgenommene Kapazität zur Aufgabenerfüllung maßgeblich.

Bei der Weiterbildungsintensität schneidet insbesondere die Schweiz im EU-Vergleich hervorragend ab, obschon sich auch hier ein Altersverlauf, insbesondere bei der Übereinstimmung zwischen den beruflichen Fähigkeiten mit den Aufgabenanforderungen, abzeichnet. Eine wesentliche Erkenntnis muss deshalb darin liegen, gezielte und altersgerechte Weiterbildungsmaßnahmen entlang der gesamten Berufsbiografie anzubieten und zu fördern. Diese müssen auch die Nutzbarmachung des informal erworbenen praktischen Wissens integrieren. Ein Austausch zwischen praktischem Erfahrungswissen und formalem Wissen mit hohem Aktualitätsbezug zwischen älteren und jüngeren Mitarbeitenden kann produktiv gestaltet werden. Eine gute Befähigung älterer Mitarbeitender, sich ihren Aufgaben gewachsen zu fühlen, führt schließlich nebst guter Arbeit zu hoher Arbeitsfreude und einem längeren Verbleib im Erwerbsleben. Und was für ältere hier besonders zutreffen mag, ist für alle Mitarbeitenden im Allgemeinen auch nicht falsch.

Eng mit der Weiterbildungsunterstützung verbunden ist auch die Frage der Vorgesetztenunterstützung. Hier ist die Bedeutung einer guten Vorgesetztenunterstützung gleichermaßen belegt wie die vorhandenen Diskrepanzen zwischen Selbst- und Fremdbild der Führungskraft. Handlungsempfehlungen für Betriebe beziehen sich sodann in erster Linie auf einen geführten Reflexionsprozess, eine wiederkehrende Evaluation der Führungsqualität, insbesondere auch des Grades der Unterstützung für die Mitarbeitenden, und gezielte Förderprogramme für Führungskräfte. Eine notwendige Voraussetzung dafür, dass sich die Führungsqualität verbessern kann, ist die Frage, inwieweit Führungskräfte selbst überhaupt Zeit und Handlungsfreiräume vorfinden, ihrer Führungsaufgabe gerecht zu werden. Der typischen Sandwichposition zwischen Leistungsdruck von oben und Erwartungshaltung von unten muss mit der dafür nötigen Ressourcenausstattung für Führungskräfte begegnet werden. Unterstützender als die Führungskraft werden sodann die Arbeitskolleginnen und Arbeitskollegen wahrgenommen. Es zeigt sich, dass besonders Arbeitsgruppen mit langer Gruppenzugehörigkeit, Genderdurchmischung und ab einer gewissen Größe gute Wirkung auf die Fehlerabstinenz haben. Auch ist die Wirkung von Arbeitsgruppen zum Abwenden von individuellen Belastungssituationen und zur Schaffung eines Gemeinschaftsgefühls wichtig. Es zeigt sich aber auch, dass die Unterstützungsleistung einer Arbeitsgruppe für ältere Mitarbeitende eher nachlässt. Inwieweit hier latente Formen von Altersdiskriminierung eine Rolle spielen, müsste im Einzelfall abgeklärt werden. Auch bei den explizit altersdurchmischten Teams können hervorragende Effekte im Bereich der Innovation hervorgebracht werden, jedoch nur unter der Prämisse, dass eine offene Teamatmosphäre gepflegt wird, welche nicht zu Untergruppenbildung und Ausgrenzungen führt, und wenn die Teamleitung kompetent mit solchen Teamdynamiken umzugehen weiß. In der Leitung altersdurchmischter Teams – nicht selten durch eher junge Führungspersonen – leitet sich ein virulenter Weiterbildungsbedarf ab.

Bei den Arbeitsressourcen zeichnet sich nebst dem wohl verallgemeinerbaren Befund, keine Zeit oder ausreichenden Mittel zu haben, eher eine Verlagerung an atypische Arbeitszeiten ab. Arbeiten wir insgesamt statistisch zwar weniger als früher, so arbeiten wir in anderen Arbeitsrhythmen, auch an Abenden und Wochenenden. Damit einher geht die zunehmende Entgrenzung unserer Arbeitsressourcen von unseren privaten Ressourcen. Um dem Einhalt zu gebieten, sind klare Abmachungen zur Erreichbarkeit, aber auch eine gewisse Vorbildfunktion der Führungskräfte vonnöten. Eng verbunden mit den Arbeitsressourcen ist auch die Arbeitsorganisation, welche eine Ermöglichungsstruktur darstellen sollte. Diese gilt es nach dem Motto „work smarter, not harder" mit ausreichend großer Agilität, Schlankheit, Transparenz, Flexibilität und Lernorientierung auszustatten.

Somit lassen sich sehr stark zusammengefasst folgende Handlungsempfehlungen zur Steigerung bzw. mindestens zum Erhalt einer guten Kapazität zur Erfüllung der Arbeitsanforderungen ableiten:

1. Investition in aufgabenspezifische Qualifikation der Mitarbeitenden
2. Weiterbildung auch altersspezifisch anbieten
3. Verbindung von formalen Lernformaten mit informalem Praxis- und Erfahrungswissen, Schaffung von altersdurchmischten Lerngruppen
4. Sicherung eines unterstützenden Führungsstils durch ausreichende Zeitausstattung der Führungsaufgabe
5. Qualifikation von jungen Führungspersonen in der Führung älterer Mitarbeitender
6. Ständige Reflexion der Führungswirkung, insbesondere unter dem Aspekt der Unterstützung
7. Förderung von Arbeitsgruppen v. a. unter den Dimensionen Genderdurchmischung, Stabilität und Größe
8. Gezielter Einsatz von altersdurchmischten Teams unter qualifizierter Führung für komplexe Fragestellungen, anspruchsvolle Problemlösungen oder Innovationsanforderungen
9. Berücksichtigung individueller Anforderungen bei der Ausstattung mit Ressourcen, u. a. Zeit, v. a. unter Berücksichtigung zunehmender Entgrenzungserfahrungen zwischen Privatleben und Beruf
10. Schaffung einer unterstützenden Organisationsstruktur, welche vieles ermöglicht, ohne mehr noch vorzugeben, welche agil, schlank, transparent und entwicklungsorientiert wirkt.

Ein bewusstes Pflegen und Entwickeln der Kapazität des Mitarbeitenden leistet nicht nur einen Beitrag dazu, dass dieser in der Lage ist, gute Arbeit zu leisten, es führt nachfolgend zu weiteren Mechanismen, welche selbstverstärkend auf gute Arbeit wirken und auch den Verbleib des Mitarbeitenden in der Erwerbsphase verlängern können. Denn wer gute Arbeit abliefern kann, wird einerseits selbst daraus intrinsisch motiviert, sich in den Dienst einer gelingenden Aufgabe gestellt zu haben, andererseits erfährt diese Person auch Anerkennung durch die direkten und indirekten Empfänger und Nutznießer des guten Arbeitsergebnisses sowie wiederum Wertschätzung durch die vorgesetzte Person.

Die intrinsische oder auch extrinsische Motivation, die aus dem Erlebnis guter Arbeit entsteht, führt meist zu einer noch höheren Einsatzbereitschaft, denn man ist gewillt, Gutes zu wiederholen und zu verstärken, andererseits führt die mit guter Arbeit unter Beweis gestellte Kapazität oftmals dazu, dass sich Aufgaben, Verantwortung und mitunter auch Kompetenzen mehren: Man wird zu einem „Leistungsträger", welcher anhand der Betrachtung vergangener Erfolge auch solche in der Zukunft zugeschrieben bekommt. Das Phänomen ist in der betrieblichen Praxis bekannt, wonach die besten Mitarbeitenden meist am meisten zu tragen haben, bzw. die erfolgskritischen Aufgaben meist nur auf wenige Schultern verteilt sind. Dieses Job-Enrichment, manchmal auch einfach nur Job-Enlargement, birgt indes ein Risiko stärkerer Belastung und damit negativer Konsequenzen auf Produktivität, Effizienz und Einsatzbereitschaft. Auch die freiwillige Selbstausbeutung des Besten wird einmal an ihre natürlichen Grenzen kommen, wenn sie sich nicht sogar direkt auf die Gesundheit niederschlägt. Und selbstredend wird sich auch eine andauernde Belastungssituation, vor allem auch in Abwägung zum subjektiven Gesundheitszustand, negativ auf die Zufriedenheit auswirken und so allenfalls den Wunsch, frühzeitig aus der Erwerbsarbeit auszuscheiden, beschleunigen. Aus diesem Grund ist nicht nur auf die grundlegende Arbeitskapazität der Mitarbeitenden ein Augenmerk zu werfen, sondern auch auf die konkrete Leistungsfähigkeit und Leistungsbereitschaft.

3.1.2 Einflussfaktoren auf die Leistungsfähigkeit und Leistungsbereitschaft

Leistungsfähigkeit ist nicht nur die Befähigung, ein gewisses Arbeitsquantum in einer gewissen Zeiteinheit zu einer gewissen Qualität zu liefern, es ist auch die Fähigkeit, mit widrigen Arbeitsumständen, Belastungen etc. umzugehen. Wir definieren die Leistungsfähigkeit und -bereitschaft deshalb auch in Abhängigkeit von a) der Motivation, b) der Erfahrung, c) der Handlungsautonomie und d) dem (psychischen) Wohlbefinden bzw. dem Umgang mit Belastungssituationen. Selbstverständlich spielen dabei auch die Gestaltung der Arbeitsinhalte und das Vermögen, über diese Sinn vermittelt zu bekommen, eine eminent wichtige Rolle (siehe Abb. 3.6).

Abb. 3.6 Einflussfaktoren auf individuelle Leistungsfähigkeit und -bereitschaft. (Quelle: Studie 2015)

Zusammen mit den oben beschriebenen und in längeren Zyklen wirkenden Kapazitätsfaktoren zur Erfüllung der Arbeitsanforderungen wirkt sich die Leistungsfähigkeit und -bereitschaft direkt auf die Güte der Arbeit aus. Die Leistungsfähigkeit ist somit multipel mit Einflussfaktoren verknüpft, auf die in der Folge eingegangen werden soll.

Im Zusammenhang mit dem demografischen Wandel rückt immer wieder die Frage in den Fokus, ob die individuelle Leistungsfähigkeit mit zunehmendem Alter abnimmt. Börsch-Supan et al. (2007) haben hierzu eine theoretische und empirische Untersuchung erstellt. Hierbei wird zwischen der körperlichen Leistungsfähigkeit und der kognitiven Leistungsfähigkeit unterschieden. Die physische Leistungsfähigkeit, u. a. messbar an der Fähigkeit, Sauerstoff aufzunehmen, um während einer Belastungssituation die durch Verbrennung benötigte Energie freizusetzen, nimmt bereits ab dem 25. Altersjahr ab. Selbstverständlich kann der physische Alterungsprozess durch genetische Einflüsse, körperliche Fitness, Erkrankungen etc. beschleunigt oder verlangsamt werden, doch kann letztlich von einer altersabhängig abnehmenden physischen Leistungsfähigkeit ausgegangen werden. Bei der kognitiven Leistungsfähigkeit gibt es ein zweigeteiltes Bild: Bei der fluiden Intelligenz ist ein altersabhängiger Rückgang zu verzeichnen: Mit zunehmendem Alter nimmt die geistige Wendigkeit, die Fähigkeit, sich auf neue Situationen einzustellen, die Kombinationsfähigkeit und Koordination kognitiver Fähigkeiten – wenn auch mit deutlichen individuellen Unterschieden – ab. Stabil und für die individuelle Leistungsfähigkeit im Alter von großer Bedeutung ist demgegenüber die kristalline Intelligenz, also die Fähigkeiten, welche Allgemeinwissen, Erfahrungswissen, Wortschatz und Sprachverständnis voraussetzen. Im Gegensatz zur fluiden Intelligenz bleibt die kristalline Intelligenz bis ins hohe Alter stabil. Diese ist auch für viele Arbeitskontexte von großer Bedeutung, beispielsweise wenn es um die Beiträge geht, die ein älterer Mitarbeitender in einem vielleicht auch altersdurchmischten Team einbringen kann. Dies ist nur ein Beispiel eines Kontextes, wonach ältere Mitarbeitende einen Beitrag zur Steigerung der Leistungsfähigkeit der betrieblichen Leistungserstellung bieten können.

Betrachtet man die physische und bei der kognitiven Leistungsfähigkeit maßgeblich die fluide Leistungsfähigkeit, so wird man zwangsläufig zu einem Bild abnehmender Produktivität und Leistungsfähigkeit im Alter kommen, ein Bild, welches sich bis zu einem gewissen Grad auch stigmatisierend im Betriebsalltag wie auch in der gesellschaftlichen Wahrnehmung eingenistet hat. Beides führt somit zu einem defizitorientierten Altersbild.

Morschhäuser (2002) legt indes nahe, dass der individuelle Gesundheitszustand die entscheidende Rolle bei der Entwicklung der Leistungsfähigkeit im Alter spielt und sich somit das Älterwerden nicht als ein gleichförmiger Prozess, sondern hoch individuell entwickelt. Damit wird deutlich, dass ältere Mitarbeitende hauptsächlich dann nicht mehr die üblichen Leistungsanforderungen erfüllen können, wenn sie krank sind oder gesundheitlich beeinträchtigt sind. Damit wird der Gesundheitszustand zur maßgeblichen Determinante einer allfälligen Abnahme der Leistungsfähigkeit und nicht der Alterungsprozess an sich. In unserem Modell nutzen wir das Konstrukt des Wohlbefindens, welches zwar einerseits vom Gesundheitszustand als exogenem Faktor abhängig ist, andererseits aber auch durch die konkreten Arbeitsinhalte beeinflusst wird, die, einfach gesagt, man gern oder weniger gern macht, die einen langweilen oder überfordern, die einem Sinn vermitteln oder sogar in ethische Dilemmas führen. Mit genau diesen Arbeitsinhalten fangen wir unsere Betrachtungen an.

3.1.2.1 Sinnstiftende Arbeitsinhalte

Nicht erst seit „Entdeckung" der Bedürfnisse der Generation Y wissen wir, wie wichtig ein nachvollziehbarer Sinn für eine gute Arbeit und die Selbstverwirklichung ist (Parment 2013). Sinnstiftung im beruflichen wie auch privaten Kontext gehört zu den starken Motivationsvoraussetzungen und Antriebsfedern. Dabei beschäftigt die Sinnfrage nicht nur einige Idealisten, Schöngeister und Philosophen, die Frage nach dem „wofür-tätig-sein" ist inmitten des gesellschaftlichen Diskurses angekommen. So ist, wahrscheinlich nicht ganz losgelöst von dem gesamtgesellschaftlichen Wohlergehen, eine Werteverschiebung von der Frage „wovon wir leben wollen" zur Frage „wofür wir leben wollen" zu beobachten.

Was im jeweiligen Einzelfall im Leben Sinn stiftet, ist natürlich eine Frage gesellschaftlicher Diskurse und individueller Wertvorstellungen. Insgesamt ist sicherlich in unserer Gesellschaft – und auch nicht nur bei der Generation Y – eine Abkehr vom Primat des Status- und kurz greifenden Karrierestrebens hin zu nachhaltigen Sinnfragen spürbar. Nachhaltigkeit, Verantwortung gegenüber der nachkommenden Generation, Gemeinschaft, Solidarität gehören heute nicht mehr in den exklusiven Wortgebrauch von Weltverbesserern, sondern sind bei der Berufswahl, bei beruflicher Weiterentwicklung, aber auch grundsätzlich bei der Bestimmung des Verhältnisses zwischen Beruf und Lebensziel von größerer Bedeutung als früher (Parment 2013; Ruthus 2013; Cloots et al. 2017). Die Berufswahl, Landschaftsarchitektin zu werden, wird beispielsweise mit dem Ideal verknüpft, Natur und Leben im Einklang zueinander zu gestalten; wer Soziale Arbeit lernt, will als aktiver Akteur gesellschaftliche Prozesse beeinflussen zugunsten der von der Gesellschaft Benachteiligten, wer in den Gesundheitssektor geht, will Menschen helfen. Diese zugegebenermaßen verkürzten Berufsideale beeinflussen bereits die Berufswahl, stellen aber auch Anforderungen an die eigene Selbstwirksamkeit bei der Berufsausübung. Wer merkt, dass sich sein Berufsideal nicht wirksam umsetzen lässt, erlebt eine Enttäuschung im eigentlichen Sinn. Sinnorientierung wird aber auch in der Art der Arbeitsgestaltung eingefordert. So wirken Arbeitsprozesse, welche dem Einzelnen einen Einfluss auf den ganzen Arbeitsprozess geben, in welchen das Ergebnis der eigenen Arbeit sichtbar wird, „sinnvoller", als wenn man nur ein Rädchen im großen Triebwerk eines Unternehmens darstellt. Einflussnahme, Mitwirkung und Mitgestaltungsmöglichkeiten wirken sich deshalb positiv auf die Wahrnehmung der eigenen Arbeit als sinnvoll aus. Der Mensch will bei der Arbeit Teil von etwas sein, Teil von etwas Großem, das über die ansonsten beschränkt wahrgenommene Einflusssphäre hinausreicht. Im Erleben der eigenen Schaffenskraft erfährt der Mensch eine Bedeutsamkeit, einen Beitrag zu etwas Wichtigem zu leisten. Wichtigkeit im Arbeitskontext ergibt sich wiederum aus der Aufgabe selbst (zum Beispiel jemanden unterstützen), aus dem

Zweck, der mit der Aufgabe verfolgt wird (zum Beispiel einen Beitrag zum Landschafts-schutz zu leisten), oder aus den Zwecken und Werten, für die die Organisation, für die man tätig ist, einsteht. Hierbei wird die wahrgenommene Bedeutung der direkten oder indirekten Tätigkeit umso größer, je größer und breiter der Adressatenkreis bzw. der Kreis der Nutzer ist, die von dieser Aufgabe profitieren. Sinn wird also nicht transpor-tiert, wenn das Unternehmen oder die Organisation darstellt, wie herausragend ihre Stel-lung im Wettbewerb ist, sondern wie relevant ihre Leistungen zum Beispiel im Rahmen einer gesellschaftlichen Verantwortung sich darstellen. Insofern verträgt sich Sinnver-mittlung nicht mit Werbebotschaften auf Hochglanzprospekten, nicht mit Plattitüden, wonach wahlweise oder gleichzeitig die Kundinnen und Kunden einerseits und die Mit-arbeitenden andererseits im Zentrum stehen, nicht mit Aussagen, welche im Widerspruch zum täglichen Erleben der Mitarbeitenden stehen.

In unserer Studie 2015 konnten wir einen signifikanten positiven Zusammenhang (0,58) zwischen der Arbeitsmotivation („ich arbeite gerne") und dem Erleben von Sinnhaftigkeit in der Arbeit („ich erlebe meine Arbeit als sinnvoll") feststellen. Dieser starke Zusammenhang bestätigt die These, dass Arbeitsfreude und -zufriedenheit nicht in erster Linie mit materiellen Anreizen zu „erkaufen" sind, sondern sich subtil aus der Wahrnehmung von Sinn und Sinnstiftung ergeben. Sinnstiftende Arbeit alleine reicht natürlich nicht aus, um Fachkräfte von einer Frühpensionierung abzuhalten, doch gibt es einen negativen signifikanten Zusammenhang von −0,26, welcher darauf hindeutet, dass sinnhaft wahrgenommene Tätigkeit einen Einfluss auf die Frühpensionierung haben kann. Das trifft natürlich in erster Linie auf intrinsisch motivierte Mitarbeitende zu, wel-che aus der Arbeit und den damit verbundenen Bedeutungszusammenhängen Motivation schöpfen, welche sie nicht vorzeitig verlassen wollen. Es kann damit auch ein gewisses Pflichtgefühl gegenüber jenen Anspruchsgruppen entstehen, aus denen der Mitarbeitende seinen Sinn schöpft.

3.1.2.2 Motivation

Die individuelle Leistungsfähigkeit, insbesondere aber die Leistungsbereitschaft hängen direkt mit der individuellen Motivation zusammen. Wir sahen in Abb. 3.2 einen inne-ren dynamischen Kreislauf zwischen dem individuellen Erleben, gute Arbeit geleistet zu haben, der daraus resultierenden intrinsischen Motivation, welche wieder die Leis-tungsbereitschaft anfeuert und Grundlage für noch mehr gute Arbeit ist. Einfach gesagt, beschreibt dieser Zusammenhang das Flow-Erlebnis, in welches Mitarbeitende alleine schon durch gute und gelingende Arbeit geraten können. Weiter befeuert wird die Moti-vation durch die Wertschätzung, welche der Leistungserbringer guter Arbeit erfährt, bei-spielsweise durch direkte Kundenfeedbacks, Komplimente oder auch durch internes Lob und Anerkennung von Arbeitskollegen und Vorgesetzten. Oftmals ist einfach ein Dan-keschön die schönste Wertschätzung für gute Arbeit. Dieses ist der erweiterte Kreislauf zwischen guter Arbeit und Motivation, diese weiterhin oder sogar noch in gesteigertem Maße zu erbringen.

Ein in der Praxis weit verbreitetes Stereotyp lautet, dass die Motivation älterer Mitarbeitender nachlässt. Handelt es sich dabei um einen wissenschaftlich belegbaren Fakt, oder ist dies allenfalls ein Ausdruck einer latenten Altersdiskriminierung? Aufschluss hierüber gibt unter anderem die Studie von Rabl (2010) bei 1250 Mitarbeitenden in sechs großen Unternehmen Deutschlands, welche einen Vergleich zwischen einer älteren Arbeitnehmergruppe (50 bis 64 Jahre) und einer deutlich jüngeren Arbeitnehmergruppe (30- bis 40-Jährige) darstellte. Sie konnte damit nachweisen, dass es einen schwachen, aber positiven Zusammenhang zwischen Alter und wahrgenommener Altersdiskriminierung gibt. Altersdiskriminierung – und dies erstaunt auch nicht – korreliert wiederum mit einer Abnahme von Unterstützung in der Unternehmung (siehe hierzu auch Abschn. 3.1.1.2). Das bedeutet, dass eine geringere Wertschätzung gegenüber den Arbeitsleistungen und Beiträgen älterer Mitarbeitender auch zu einer Abnahme von organisationaler Unterstützung führt. Umgekehrt kommt die Studie zu dem Schluss, dass ältere Mitarbeitende, unter anderem aufgrund ihrer Erfahrungen und ihres eigenen biografischen Gedächtnisses, gar nicht so viel organisationale Unterstützung erwarten wie jüngere. Wo die Erwartungen an Wertschätzung und Unterstützung nicht so hoch sind, fällt auch die Enttäuschung geringer aus, wenn diese ausbleiben.

Ferner scheint ein signifikanter, wenn auch nicht stark ausgeprägter negativer Zusammenhang zwischen Alter und Hoffnung auf Erfolg (hope of success) zu bestehen. D. h., mit dem Alter nehmen die Zweifel an dem Erfolg des eigenen Handelns tendenziell zu. Kein Zusammenhang konnte auf der anderen Seite zwischen Alter und Versagensängsten und Angst vor Misserfolg (fear of failure) gefunden werden. Dieser Befund zeigt, dass die Erfolgsmotivation im Alter aufgrund von Persönlichkeitseigenschaften nicht signifikant abnimmt. In Situationen allerdings, in welchen Altersdiskriminierung wahrgenommen wurde, besteht ein positiver Zusammenhang mit Versagensängsten. Hier scheint es etwas wie eine sich selbst erfüllende Prophezeiung zu geben: Je mehr ältere Mitarbeitende mit dem Vorurteil konfrontiert werden, weniger leisten zu können oder zu wollen, desto weniger werden sie leisten. Wahrgenommene Vorurteile beeinträchtigen in starkem Ausmaß die Motivation älterer und eben von Altersdiskriminierung betroffener Mitarbeitender.

Auch unsere Studie kommt zu einem ähnlichen Befund: Die Absenz von Altersdiskriminierung („das Alter hat keinen Einfluss, wie die Mitarbeitenden behandelt werden") korreliert signifikant positiv mit 0,29 mit der Arbeitsfreude („ich arbeite gerne"). Dieser Umstand zeigt auf, wie wichtig die Wahrnehmung von Wertschätzung der Arbeit älterer Mitarbeitender ist. Mangelnde Wertschätzung und infolgedessen abnehmende Unterstützung älterer Mitarbeitender lässt die Arbeitsfreude naheliegenderweise schwinden, wohingegen es umgekehrt einfach ist, die Motivation älterer Mitarbeitender mit einem klaren Bekenntnis gegen Altersdiskriminierung zu steigern.

Als Handlungsempfehlung sollte somit berücksichtigt werden, Altersdiskriminierung bereits auf der Wahrnehmungsebene innerbetrieblich zum Thema zu machen, denn diese und nicht das Alter an sich ist in erster Linie für Versagensängste verantwortlich. Demotivationen sind also hier auch oft hausgemacht und können durch eine offene und wertschätzende Alterspolitik kombiniert mit einer geschickten und transparenten Kommunikation verhindert werden. Eine regelmäßige Evaluation der Werthaltung und des konkreten Verhaltens des Managements gegenüber älteren Mitarbeitenden ist der erste Schritt hierzu. Verhinderung von jeglicher Form von Altersdiskriminierung leistet nach Rabl (2010) einen Beitrag dazu, wie die Unternehmenskultur und die Unterstützung der Organisation wahrgenommen werden und wird sich positiv auf Arbeitsmotivation, Identifikation und letztlich Verbleib im Arbeitsleben auswirken.

3.1.2.3 Erfahrung

Spricht man von der zentralen Kompetenz älterer Mitarbeitender, so kommt man schnell, vielleicht vorschnell auf das Erfahrungswissen, das ältere Mitarbeitende – naturgemäß in höherem Maß als jüngere – aufzuweisen haben. Doch wie wichtig wird die Ressource Erfahrung heute in den auf Fortschritt und Technisierung geformten Gesellschaften geschätzt und wertgeschätzt? Arendt (2016, S. 410) kommt hier zu einer kritischen Einschätzung:

> Vergleicht man die moderne Welt mit den Welten, die wir aus der Vergangenheit kennen, so drängt sich vor allem der enorme Erfahrungsschwund auf, der dieser Entwicklung inhärent ist. Nicht nur, dass die anschauende Kontemplation keine Stelle mehr hat in der Weite spezifisch menschlicher und sinnvoller Erfahrungen, auch das Denken, sofern es im Schlussfolgern besteht, ist zu einer Gehirnfunktion degradiert, welche die elektronischen Rechenmaschinen erheblich besser, schneller und reibungsloser vollziehen als das menschliche Gehirn.

Was Arendt bereits 1958 sagte, scheint an Aktualität heute nichts verloren zu haben, insbesondere angesichts der mit der Digitalisierung verbundenen Diskussion von der Substitution des Denkens, des Schlussfolgerns durch schnelle Rechenalgorithmen. Was wird dem Menschen bleiben, wenn Erfahrung, Kontemplation und komplexes Reflektieren keinen Stellenwert mehr haben in der Weite menschlicher und sinnvoller Erfahrungen? Arendt prognostiziert, dass man den Moment voraussehen kann, an dem auch die Arbeit und die erreichbare Lebenserfahrung aus dem menschlichen Erfahrungsbereich ausgeschaltet sein wird. Arbeit wäre dann nur noch ein „Funktionieren, als sei das Leben des Einzelnen bereits völlig untergetaucht" (Arendt 2016). Sie beschreibt damit das Animal Laborans, welches sich aller Individualität entblößt hat. Bei diesen mahnenden Worten wird einem die Bedeutung von Erfahrung, Arbeitserfahrung wie Lebenserfahrung, als Zeichen der Individualität, als Selbstständigkeit des Denkens und Erfahrens bewusst. Erfahrung ist somit mehr als nur das Zurverfügungstellen von Wissen, das nur noch wenige haben, weil es viele heute nicht mehr brauchen, Erfahrung ist etwas zutiefst Konstituierendes für das Menschsein. Erfahrung sollte als Schatz verstanden werden, welcher durch beständiges Erfahren und Reflektieren über eine Lebens- oder Berufsbiografie akkumuliert wird, welche Persönlichkeiten und Überzeugungen formen, welche die Zukunft nicht verhindern, sie aber aus dem kritischen Blick des Vielerlebten betrachten und welche für einen Großteil unseres Lernens zuständig ist. Erfahrung ist eng mit einer Denkfähigkeit, einer Reflexion und allenfalls auch Kontemplation verbunden, welche sich nicht im Schlussfolgern beschränken sollte, sondern Quell für Neues darzustellen vermag. Dann, und nur dann, wird Arendt nicht recht behalten.

Ältere Mitarbeitende haben den unschätzbaren Vorteil, über diese Erfahrungen zu verfügen. Diese müssen jedoch in einem reflektierten Prozess immer dem Neuen gegenübergestellt werden, um daraus Synthesen bilden zu können. Erfahrung verhilft nicht in erster Linie dazu, das Neue vor dem Alten zu prüfen, wozu man berechtigterweise einwenden könnte, dass so kaum etwas Neues entstehen würde, sondern vielmehr die Muster des Gelingens zu erkennen, welche nicht nur im Einzelfall, sondern zeitübergreifend Gültigkeit besitzen. Diese Form des Denkens ist ein Zeichen überlegter Reflexion, eine Denkfähigkeit, welchen Jüngeren und Unerfahreneren zwangsläufig abgeht, da das Repertoire aus Mustern nicht aufgefüllt ist.

Zu dieser Denkfähigkeit dient das hohe Maß kristalliner Intelligenz, also die Fähigkeiten, welche Allgemeinwissen, Erfahrungswissen, Wortschatz und Sprachverständnis voraussetzen. Diese sind für die individuelle Leistungsfähigkeit im Alter von großer Bedeutung, und diese Intelligenz bleibt – im Gegensatz zur fluiden Intelligenz – bis ins hohe Alter stabil.

Leider gibt es eher wenig wissenschaftliche Untersuchungen über die Wirkung von Erfahrung im betrieblichen Kontext. Börsch-Supan et al. (2007) konnten in ihrer Studie bei Gruppen von Montagearbeitenden bei Daimler Chrysler nachweisen, dass es keine signifikanten Unterschiede bezüglich Fehleranfälligkeit gibt, die auf das Alter der Montagearbeiter zurückzuführen sind. Sehr wohl konnte aber ein Zusammenhang zwischen Betriebszugehörigkeit und Fehleranfälligkeit einer Arbeitsgruppe hergestellt werden: Arbeitsgruppen mit längerer Betriebszugehörigkeit machten nach der Studie weniger Fehler. Somit ist es die Betriebszugehörigkeit und damit die Betriebserfahrung und nicht das Durchschnittsalter einer Arbeitsgruppe, welche einen signifikanten Einfluss auf die Qualität im Sinne der Fehlervermeidung hat. Damit wird die Bedeutung der Erfahrung als Einflussfaktor auf die Arbeitsqualität bestätigt (Börsch-Supan et al. 2007). Dieselbe Studie konnte zudem nachweisen, dass bei gleicher Betriebszugehörigkeit lediglich die Arbeitsbelastung einer Arbeitsgruppe einen signifikanten Einfluss auf deren Fehleranfälligkeit aufweist. Die Abnahme der fluiden Intelligenz wirkt sich besonders bei zunehmender Arbeitsbelastung aus. Dennoch zeigt sich die Betriebszugehörigkeit als stärkere Variable und kann den Arbeitsbelastungseffekt kompensieren. D. h., Arbeitsgruppen mit höherer durchschnittlicher Betriebszugehörigkeit können auch mit zunehmender Arbeitsbelastung umgehen, da sie aufgrund ihrer Erfahrung eher den Überblick und die Routine aufrechterhalten können als dienstjüngere Arbeitsgruppen.

3.1.2.4 Wohlbefinden und Umgang mit Belastung

Viele Beschäftigte klagen heute am Arbeitsplatz über viel Arbeit. Die schiere Arbeitsfülle und der Leistungs- und Termindruck können zu eigentlichen Belastungssituationen führen. Die physische und psychische Belastung am Arbeitsplatz und damit die Gefahr eines vorzeitigen Übergangs in den Ruhestand hängen also offensichtlich mindestens auch mit der Arbeitszeit bzw. „Expositionszeit" zusammen (Tab. 3.4). Brenscheidt und

Tab. 3.4 Tatsächliche Arbeitszeit und psychische Belastung. (Quelle: OECD 2014, S. 114)

	20–34 h	35–39 h	40–47 h	48 und mehr Studen
Starker Termin- und Leistungsdruck	43	44	54	72
Arbeitsdurchführung detailliert vorgeschrieben	25	31	27	23
Ständig wiederkehrende Arbeitsvorgänge	56	54	46	43
Konfrontation mit neuen Aufgaben	30	34	42	52
Verfahren verbessern, Neues ausprobieren	20	24	28	37
Bei der Arbeit gestört, unterbrochen	41	42	46	52
Stückzahl, Leistung, Zeit vorgegeben	27	33	31	34
Nich Erlerntes/Beherrschtes wird verlangt	6	7	8	12
Verschiedenartige Arbeiten gleichzeitig betreuen	55	56	59	71
Kleine Fehler, große finanzielle Verluste	9	16	18	24
Arbeiten an Grenze der Leistungsfähigkeit	13	14	16	28
Sehr schnell arbeiten müssen	37	37	38	47

(n = 17.562)

Beermann (2013) konnten im Rahmen der BIBB/BAuA Erwerbstätigenbefragung im Rahmen des Stressreport Deutschland 2012 nachweisen, dass die Nennung psychischer Belastungsfaktoren in einem deutlichen Zusammenhang mit der Dauer der Arbeitszeit steht. Bei zehn von 12 in der Befragung erhobenen Kriterien zu Aspekten der psychischen Belastung weisen Mitarbeitende mit über 48 h Wochenarbeitszeit die höchsten Werte auf. Insbesondere scheinen die Empfindung von starkem Termin- und Leistungsdruck, die gleichzeitige Betreuung verschiedenartiger Arbeiten und das Arbeiten an der Grenze der Leistungsfähigkeit für diese Mitarbeitenden im Verhältnis zu einer „Normalarbeitswoche" von 40–47 h am stärksten zuzunehmen.

Entsprechend weisen auch Mitarbeitende mit Arbeitswochen über 48 h am häufigsten Beschwerden in folgenden Bereichen auf: nächtliche Schlafstörungen (33 %), allgemeine Müdigkeit, Mattigkeit und Erschöpfung (53 %), Nervosität und Reizbarkeit (34 %), Niedergeschlagenheit (26 %), körperliche Erschöpfung (42 %) und emotionale Erschöpfung (28 %). Es kann somit ein Zusammenhang zwischen der Lage wie der Dauer der Arbeitszeit mit psychisch belastenden Merkmalen der Arbeit erstellt werden. Daraus leitet sich ein Gestaltungsauftrag an die Arbeitgebenden ab, bewusst Modelle der Arbeitszeitflexibilität wie auch der Lage der Arbeitszeit anzubieten, um möglichst präventiv Belastungen daraus entgegenzuwirken.

Doch auch unabhängig von der langen Arbeitszeit stellt die heutige Arbeitswelt im Bereich der psychosozialen Anforderungen wohl auch höhere Anforderungen an die Mitarbeitenden als noch früher. Stichworte hierbei sind die Zunahme von geistigen und interaktiven Tätigkeiten und damit die steigenden emotionalen und kognitiven Anforderungen durch die fortschreitende Tertiarisierung. Hinzu kommen die gestiegenen

Anforderungen an Flexibilität durch zeitlich atypisches und ortsunabhängiges Arbeiten, welches durch die Informatisierung befeuert wird (siehe hierzu auch Abschn. 4.2), die andauernde Beschleunigung von Prozessen und Abläufen und die aufgrund diskontinuierlicher Karrierepfade wie auch mit instabil gewordenen sozialen Beziehungen verbundenen Unsicherheiten. Der Stressreport Deutschland aus dem Jahr 2012 fasst die Arbeitsanforderungen gestützt auf eine breite Erwerbstätigenbefragung wie folgt zusammen: „viel gleichzeitig, schnell und auf Termin, immer wieder neu, aber oft auch das Gleiche" (Lohmann-Haislah und Schütte 2013, S. 34). Die Studie identifiziert dabei folgende häufige Arbeitsanforderungen, die den Arbeitsalltag in Deutschland bestimmen (siehe Abb. 3.7): Verschiede Arbeiten gleichzeitig betreuen (58 %), starker Termin- und Leistungsdruck (52 %), ständig wiederkehrende Arbeitsvorgänge (50 %), Arbeitsunterbrechungen (44 %) und sehr schnell arbeiten müssen (39 %). Die häufigsten Belastungssituationen resultieren dabei aus dem Termin- und Leistungsdruck (34 %) sowie den Arbeitsunterbrechungen (26 %). Die intensivste Belastungssituation entsteht bei der „Arbeit an der Grenze der Leistungsfähigkeit", dicht gefolgt durch „nicht rechtzeitige Informationen" (Lohmann-Haislah und Schütte 2013, S. 35).

Bei den Untersuchungen zur Altersabhängigkeit der Arbeitsanforderungen in Abb. 3.8 zeigt sich, dass vor allem ältere Mitarbeitende von „Arbeiten an der Grenze der Leistungsfähigkeit" und „ständig wiederkehrenden Arbeitsvorgängen" mehr betroffen sind als alle anderen Alterssegmente. Hierbei werden die ständig wiederkehrenden Arbeitsvorgänge aber häufiger wahrgenommen und scheinen deshalb mehr den betrieblichen Alltag älterer Mitarbeitender in Unterscheidung zu jüngeren zu prägen als Erfahrungen an der Leistungsgrenze. Als Folgerung könnte der Eindruck entstehen, dass ältere Mitarbeitende aufgrund ihrer langen Arbeitserfahrung besser, vielleicht auch gelassener als andere Alterssegmente mit verschiedenartigen Aufgaben, Zeit- und Termindruck, Arbeitsunterbrechungen etc. umgehen können und Fehlerkonsequenzen vielleicht auch aufgrund des Erfahrungsschatzes als weniger belastend empfinden als jüngere, weniger erfahrene Mitarbeitende. Der hier dargestellte Befund kann aber auch mit dem „Healthy Worker Effekt", wie er in Abschn. 3.1.3.1 beschrieben ist, zusammenhängen oder mit dem Umstand, dass ältere Mitarbeitende bereits eher für Routineaufgaben eingesetzt werden, was die im Vergleich zu anderen Alterssegmenten häufigste Belastung durch ständig wiederkehrende Arbeitsvorgänge erklären würde. Bewusst oder unbewusst vermag hier ein Aspekt von altersspezifischer Aufgabenzuteilung enthalten sein, welcher zwar in einigen Bereichen entlastet, aber auch in der Routinisierung nicht mehr positiv fordert.

In der Schweiz hat gemäß der 5. Europäischen Erhebung über die Arbeitsbedingungen die Arbeitsintensität, gemessen an den hohen Arbeitstakten, dem Termindruck und der Anzahl der Arbeitstage mit mehr als 10 Arbeitsstunden, bei älteren Mitarbeitenden zwischen 2005 und 2010 stark zugenommen und liegt heute über dem europäischen Durchschnitt (OECD 2014, S. 142). Inwieweit dies aber als belastend empfunden wird oder ob sich hier ein Aspekt von Altersroutine und -gelassenheit einstellt, ist nicht bekannt, kann aber angesichts der Erkenntnisse aus Deutschland vermutet werden.

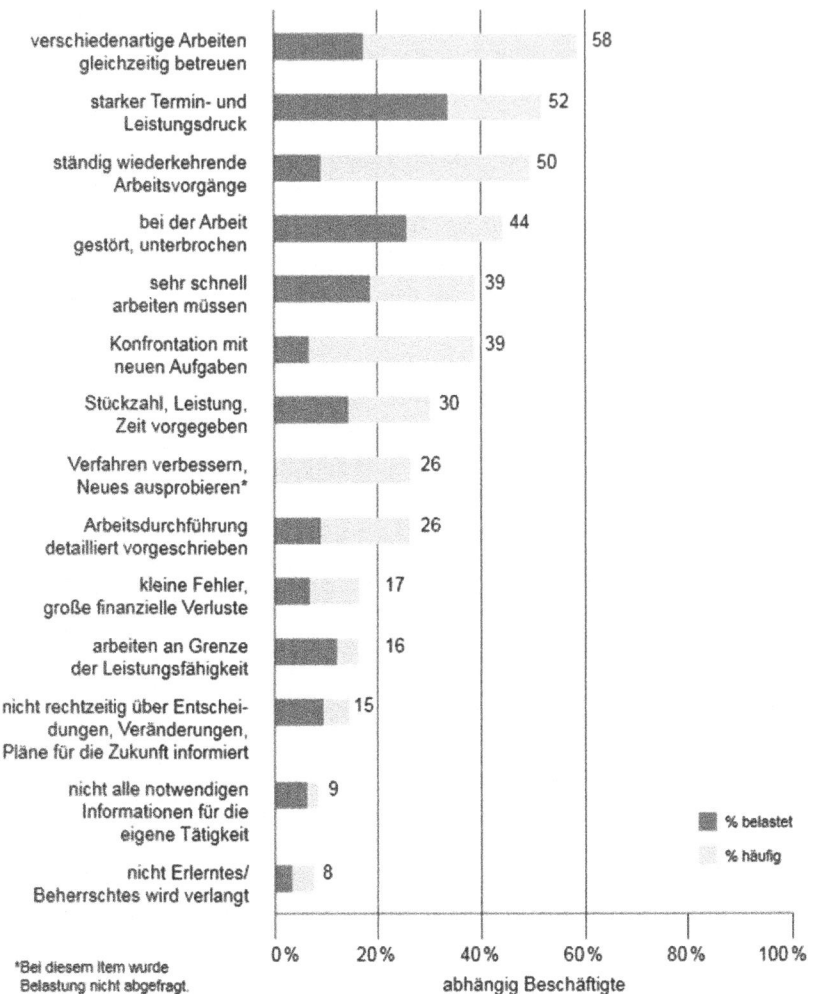

Abb. 3.7 Häufigkeit beanspruchender Anforderungen aus Arbeitsinhalt und -organisation und daraus resultierende Belastung. (Quelle: Lohmann-Haislah und Schütte 2013, S. 35)

Die Ergebnisse legen an sich nahe, dass Unternehmen gut beraten wären, systematisch Maßnahmen zum Abbau beruflicher Stressfaktoren, unabhängig vom Alter, zu implementieren. Gemäß Schätzung der OECD haben dies in der EU allerdings lediglich 25 % der Unternehmen implementiert, in der Schweiz sogar nur geschätzte 20 % (OECD 2014, S. 143).

Umgekehrt muss aber auch bemerkt werden, dass viel Arbeit und große Herausforderungen nicht zwingend zu Belastungssituationen führen müssen, sondern sogar die Grundlage für persönliche Erfolgserlebnisse sein können. Studien bei Montagearbeitenden konnten nachweisen, dass eine zu geringe Arbeitsbelastung sich negativ auf die

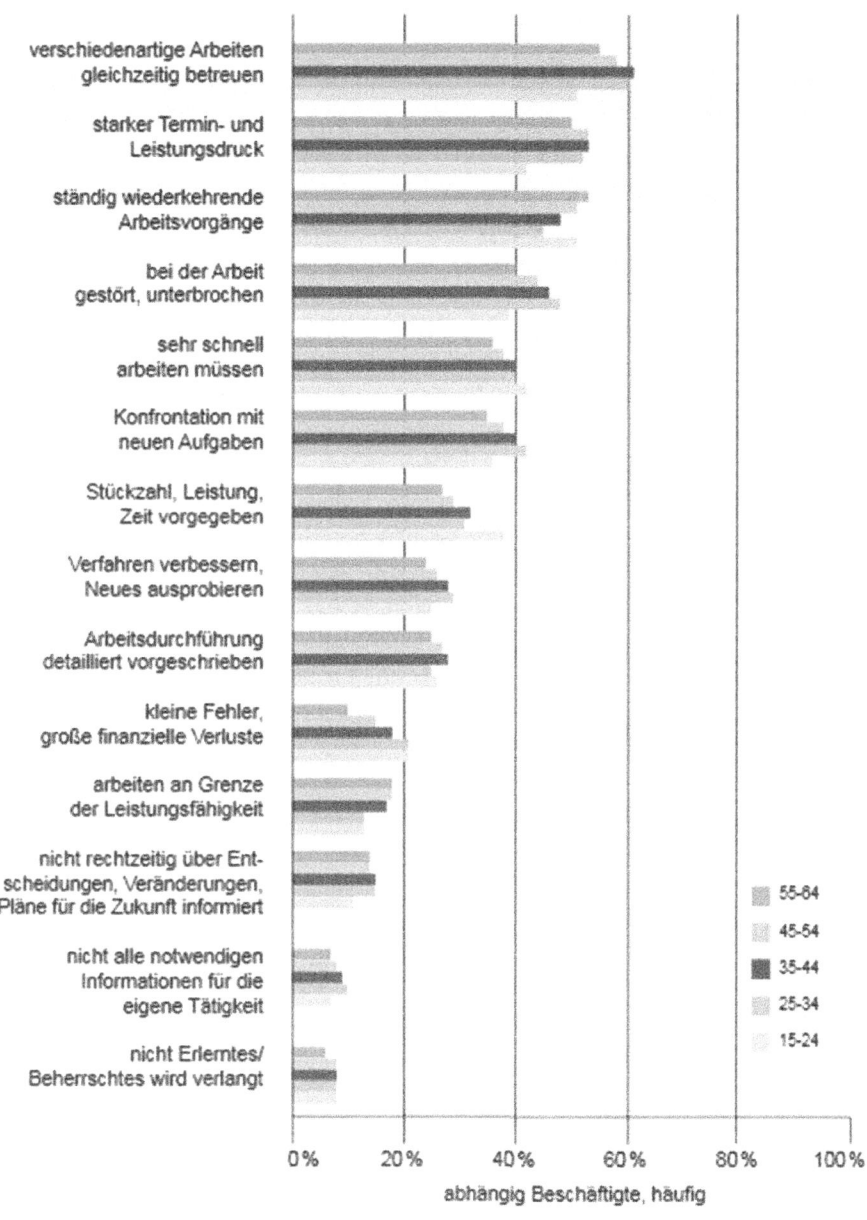

(n = 17562)

Abb. 3.8 Psychische Anforderungen aus Arbeitsinhalt und -organisation nach Alter. (Quelle: Lohmann-Haislah und Schütte 2013, S. 39)

Arbeitsqualität auswirkt und zu mehr Fehlern in der Montage führt, während höhere Arbeitsbelastung einen leicht positiven Effekt auf die Arbeitsqualität ausübt, was wohl auf die Motivation, auch eine herausfordernde Aufgabe zu meistern, zurückzuführen ist (Börsch-Supan et al. 2007). Auch ist hinreichend bekannt, dass Arbeit in der Regel als durchaus positiv und psychisch stabilisierend wahrgenommen wird, umgekehrt, dass jene, die keine Arbeit haben, ein meist schlechteres psychisches Wohlbefinden haben, als solche mit (Lohmann-Haislah und Schütte 2013). Selbst Ziel- und Rollenkonflikte müssen nicht zwingend als Belastung wahrgenommen werden, sofern es dem Mitarbeitenden gelingt, diese divergierenden Anforderungen miteinander in Balance zu halten. So gesehen, kann das Ausbalancieren unterschiedlicher Themen und Aufgaben sogar als interessant und bereichernd wahrgenommen werden. Belastungssituationen entstehen indes, wie nachfolgend dargelegt wird, durch widersprüchliche Arbeitsanforderungen, d. h., wenn ein Spannungsverhältnis zwischen Fremdbestimmung und gewährter Autonomie den Mitarbeitenden daran hindert, diese Balance zu halten.

Aus der Belastungsforschung der Psychologie kennen wir drei grundsätzliche Belastungskonzepte, welche sich durch objektivistische, subjektivistische und interaktionistische Grundvorstellungen unterscheiden (Moldaschl 2005, S. 247 ff.). Während objektivistische Modelle die Belastungssituation als rein umweltdeterminiert betrachten und als überholt gelten, gehen subjektivistische Modelle davon aus, dass die Entstehung einer Belastungssituation schwerpunktmäßig in Prozessen der kognitiven Bewertung einer Situation durch das Individuum begründet ist. Konkret entstünden so Belastungssituationen aus der Nichtanpassung eines Menschen an seine Umwelt. Demnach können alle Arbeitsbedingungen, welche nicht zu einer Person passen, als Belastung empfunden werden; allgemeine Aussagen über mehr oder weniger belastende Arbeitsbedingungen oder -einflüsse sind dadurch nicht möglich. Eine unterdessen weit auf Konsens stoßende Zwischenposition nehmen nun die interaktionistischen Ansätze ein, welche von einem Wechselspiel zwischen Arbeitsumgebungsfaktoren und dem Mitarbeitenden mit seinen individuellen Eigenschaften, Wahrnehmungs- und Verarbeitungsmustern ausgehen. Dies lässt sich am Beispiel widersprüchlicher Arbeitsanforderungen erklären: Psychische Belastungen im engeren Zusammenhang des Arbeitsauftrages resultieren demnach meist aus Tätigkeiten, bei denen der Mitarbeitende durch Bedingungen und Regeln systematisch daran gehindert wird, diese Balance zwischen unterschiedlichen Zielen und Rollen zu erstellen, und dabei noch für eventuelle Fehl- oder Minderleistungen verantwortlich gemacht wird (Moldaschl 2005, S. 257). Arbeit wird vereinfacht gesagt eben dann als besonders psychisch belastend empfunden, wenn eine mitarbeitende Person die negativen Konsequenzen für etwas zu tragen hat, wofür sie aufgrund Diskrepanz zwischen Fremdbestimmung und Autonomie gar nicht verantwortlich ist.

Diese Widersprüche gilt es somit zu beseitigen, sei es durch eine höhere Rollenautonomie (siehe hierzu Abschn. 3.1.2.4) bzw. Anpassung der Rollenziele, sei es durch das Hinterfragen von Regeln und Bedingungen, welche es den Mitarbeitenden schwer machen, mit den unterschiedlichen Rollenanforderungen zurechtzukommen.

Ein typisches Beispiel widersprüchlicher Arbeitsanforderungen kann bereits bei der Zielformulierung entstehen, wenn zum Beispiel dem Mitarbeitenden divergierende, unvereinbare Ziele aufgetragen werden, Aporien also, bei welchen das eine Ziel nur unter Missachtung des anderen erreicht werden kann. Dabei muss es sich nicht in jedem Fall um explizite Zielwidersprüche handeln, es kann auch bereits Diskrepanzen zwischen expliziten Zielen und ungeschriebenen Regeln, den Dos and Don'ts eines Betriebs geben, oder aber zwischen formalen Zielen und impliziten Erwartungen einer vorgesetzten Stelle. Diese „double-binds" zum Beispiel durch Divergenz zwischen verbaler Botschaft und nonverbalem Ausdruck sind für den Mitarbeitenden oftmals nicht entschlüsselbar, noch seltener auflösbar, da immer ein Machtgefälle zur vorgesetzten Stelle besteht.

Typisch können solche Zielwidersprüche zwischen Schnelligkeit und Sicherheit liegen oder, wie in Pflegeprozessen üblich, zwischen kostenorientierter Standardisierung und patientenorientierter Individualisierung. Diese Zielkonflikte sind nicht untypisch, werden aber erst dann im Sinne widersprüchlicher Arbeitsanforderungen zu einer Belastung, wenn dem Mitarbeitenden die Selbstbestimmung zum Ausbalancieren des Zielkonflikts genommen wird, d. h., wenn die Ressourcen oder auch Kompetenzen des Mitarbeitenden nicht ausreichen, diesen Zielkonflikt selbst zu lösen, er dennoch die Konsequenzen, z. B. Mehrarbeit, Kritik, schlechter Performancenachweis etc., zu tragen hat. Nebst den widersprüchlichen Arbeitsanforderungen auf Ziel- und Planungsebene sind auch jene auf der operativen Ausführungsebene zu erwähnen. Hier sind es oft Regulationsbehinderungen, welche eine gute Arbeit erschweren und dann als belastend empfunden werden, wenn sie nicht durch den Mitarbeitenden beeinflusst, verändert oder im Sinne eines „work-around" umgangen werden können. Denken wir hierbei nur an Störungen durch Unterbrechungen, Nichtverfügbarkeit von Arbeitshilfsmitteln, komplizierte und bürokratische Prozesse, ungünstige Umgebungsbedingungen etc. bei gleichzeitigem Zeitdruck und Ergebniserwartung. Solche Situationen sind oftmals nur durch einen Regelbruch im Sinne der Sache zu lösen, welcher durch den Betrieb, sofern gut reflektiert, belohnt und nicht sanktioniert werden sollte.

Der Stressreport Deutschland aus dem Jahr 2012 sieht unter anderem auch branchenspezifische Belastungssituationen: Im Gesundheits- und Sozialwesen sowie in Erziehung und Unterricht treten Herausforderungen durch die Anforderung „verschiedene Arbeiten gleichzeitig zu betreuen" besonders häufig auf. Berufe in Informatik und Kommunikationen scheinen häufig unter „Termin- und Zeitdruck" zu leiden, während Verkehr und Logistik sowie das Gastgewerbe häufig über „ständig wiederkehrende Arbeitsvorgänge" klagen. Finanz- und Versicherungsberufe sowie Berufe im Energiesektor wiederum sind häufig mit Arbeitsstörungen und Arbeitsunterbrechungen konfrontiert (Lohmann-Haislah und Schütte 2013). Auch scheint es altersspezifische Überforderungen und Unterforderungen zu geben: So zeigt Abb. 3.9, dass es über das Alter hinweg eine kontinuierliche Zunahme des Stressempfindens zu geben scheint, wobei ab 55 hierbei wieder eine leichte Entlastung sichtbar wird.

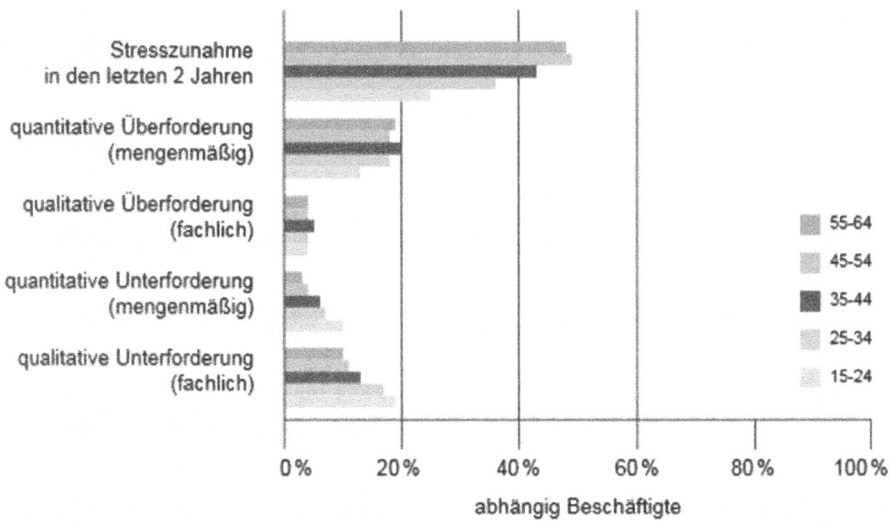

(n = 17562)

Abb. 3.9 Beurteilung der Stresszunahme sowie Über-/Unterforderung nach Alter. (Quelle: Lohmann-Haislah und Schütte 2013, S. 86)

Psychische Belastungen sind wie oben beschrieben oftmals multikausal bedingt im engeren Sinn und allenfalls Resultat aus dem Wechselspiel zwischen Arbeitsumgebungsfaktoren und dem Mitarbeitenden mit seinen individuellen Eigenschaften, Wahrnehmungs- und Verarbeitungsmustern. Im weiteren Sinne sind psychische Belastungen aber auch mit demografischen Veränderungen, einem gesellschaftlichen Wahrnehmungswandel und besseren Diagnosemöglichkeiten verbunden. Arbeitsausfälle aufgrund psychischer Belastungen sind deshalb in den vergangenen Jahren kontinuierlich gestiegen. Sie stellen mit einem relativen Anteil von rund 33 % der Erwerbsminderungsrentenzugängen bei Männern und rund 45 % bei Frauen eine relevante Ursache für Arbeitsausfälle dar (Stecker 2011). Damit einhergegangen ist auch die Zunahme der durchschnittlichen Krankschreibungsdauer, welche mit durchschnittlich 34,2 Tagen deutlich höher liegt als bei körperlichen Erkrankungen (BPtK Bundespsychotherapeutenkammer 2013). Als Ursache dieser Entwicklung identifiziert die Bundespsychotherapeutenkammer einerseits den demografischen Wandel und damit den höheren Anteil älterer Arbeitnehmender, bei welchen sich die Dauer der psychisch bedingten Krankschreibung mit dem Alter deutlich verlängert hat und ab 50 doppelt so hoch ist wie bei 20- bis 25-Jährigen. Andererseits sind aber auch Entwicklungen der Arbeitswelt ursächlich mit der Zunahme psychischer Erkrankungen verbunden. Die deutsche Expertenkommission „Zukunft der betrieblichen Gesundheitspolitik" kommt dabei zum Befund, dass bereits der Wechsel von einer Industriegesellschaft zu einer wissens- und kommunikationsintensiven Dienstleistungsgesellschaft zwar die körperlichen Belastungen in der Arbeitswelt reduziert hat, gleichwohl die psychosozialen Belastungen gestiegen sind. Dazu gehören zunehmender Zeitdruck, hohe Aufgabenkomplexität, Arbeitsverdichtung, Beschleunigung und Unsicherheit durch diskontinuierliche Erwerbskarrieren etc. (BPtK Bundespsychotherapeutenkammer 2013).

Ferner spielt eine Rolle, dass heute vor allem Depressionen in der primärärztlichen Versorgung zuverlässiger erkannt werden können als noch früher. Eine Verschiebung zwischen Muskel-Skelett-Erkrankungen zu psychischen Erkrankungen mag auch darin begründet sein, dass Ärzte die von den Patienten geschilderten Symptome heute anders und präziser diagnostizieren können. So hat die Erkenntnis in die Zusammenhänge zwischen Depressionen und Rückenschmerzen dazu geführt, frühere Diagnosen unter dem Titel „unspezifische Rückenschmerzen" heute den Depressionen zuzuordnen. Auch ist eine Zunahme an psychischen Erkrankungen dem Umstand geschuldet, dass sich Versicherte mit psychischen Beschwerden heute einfacher und niederschwelliger an einen Psychotherapeuten wenden können als früher, was damit zusammenhängen mag, dass der Umgang mit psychischen Erkrankungen in unserer Gesellschaft offener geworden ist. Eine niederschwellige Diagnose und Unterstützung, die höhere gesellschaftliche Akzeptanz sowie bessere Kenntnisse über wirksame Behandlungen können also auch zu einer Zunahme von entsprechenden Diagnosen beigetragen haben.

Naheliegenderweise lässt sich ein deutlicher Bezug zwischen Beschwerden und Alter herstellen. Abb. 3.10 zeigt auf, dass insbesondere der subjektiv empfundene Gesundheitszustand eine starke Altersabhängigkeit aufweist. Bei den muskuloskelettalen wie auch bei den psychovegetativen Beschwerden als auch bei der körperlichen bzw. emotionalen Erschöpfung tritt auch ein klarer Altersverlauf ein, wobei das Maximum hier

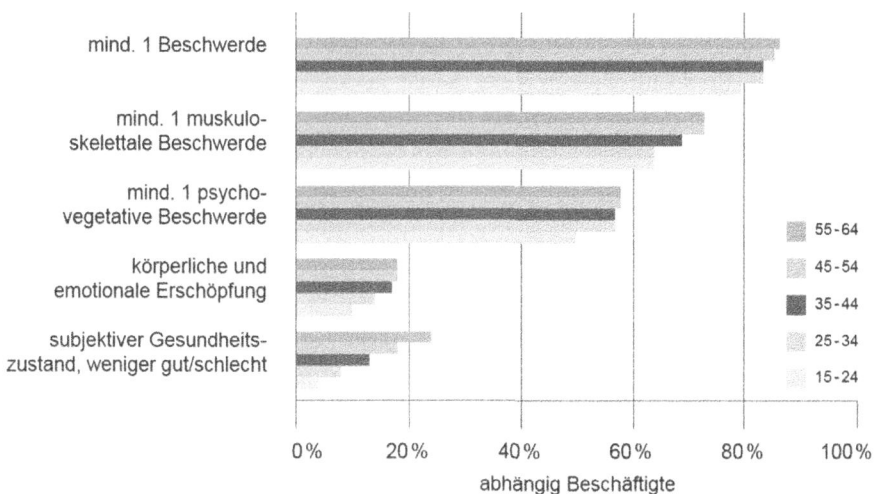

Abb. 3.10 Langfristige Beanspruchungs- und Stressfolgen nach Alter. (Quelle: Lohmann-Haislah und Schütte 2013, S. 95)

bereits in der Altersgruppe der 45- bis 54-Jährigen erreicht zu sein scheint, sodass bei den 55- bis 64-Jährigen keine weitere Zunahme zu verzeichnen ist. Dies legt nahe, dass bereits in der Altersgruppe der 45+-Jährigen Maßnahmen zum Abbau von gesundheitlichen Beschwerden sowie von Erschöpfungszuständen ergriffen werden sollten.

Die Bedeutung psychischer Belastungen für individuelle Entscheidungen im Arbeitsumfeld konnte durch unsere Studie nachgewiesen werden. So korreliert signifikant das Empfinden von zunehmender psychischer Belastung mit dem Wunsch, vorzeitig in Pension zu gehen ($r = 0{,}29$). Mit $r = -0{,}32$ stärker noch ist der signifikante Zusammenhang zwischen psychischer Belastung und Arbeitsfreude. Arbeitsfreude sinkt also bei zunehmender psychischer Belastung, und dies auch bei jenen, die es sich nicht erlauben können, aus dem Erwerbsleben frühzeitig auszusteigen. Es ist also angezeigt, das Thema der körperlichen wie auch psychischen Belastung schon frühzeitig, d. h. bereits im Alter von 45+, zum Thema der Mitarbeitendengespräche zu machen. Ebenso das Ansprechen von Erschöpfungszuständen, wenn man verhindern will, dass ansonsten Mitarbeitende sich aus dem Erwerbsleben, zumindest aus einem motiviert erlebten freudvollen Arbeitsprozess zurückziehen.

3.1.2.5 Handlungsautonomie

Wie wir oben beschrieben haben und wie auch in der Europäischen Erhebung über die Arbeitsbedingungen (EWCS) nachgewiesen wurde (Eurofound Jahrbuch 2015 2016), entstehen arbeitsbezogene Belastungen unter anderem dann, wenn die Mitarbeitenden nicht darauf Einfluss nehmen können, die sie in ihrer Arbeit behindernden Bedingungen zu ändern oder die vorgegebenen und als widersprüchlich und nicht erfüllbar eingestuften Ziele und Rollenerwartungen zu verändern. Moldaschl (2005, S. 258) unterscheidet in diesem Zusammenhang zwischen einerseits Handlungsautonomie (job control) als wesentlichen Faktor, die eigene Arbeit mit ihren Zielen, Mitteln und Wegen selbst zu bestimmen, und andererseits Verhandlungsautonomie (workers control), welche Einfluss nimmt auf die Kontextbedingungen der Arbeit in Bezug zu Umfeld, Anreizsystemen, Beschäftigungsbedingungen, Verhältnis von Arbeit und Freizeit/Familie etc. (Tab. 3.5). Mitarbeitende müssen also über ein gesundes Maß an Autonomie verfügen, was nicht heißt, ein Maximum an unspezifischen Freiheitsgraden zu besitzen, sondern einen ausreichenden und adäquaten Einfluss auf die Arbeitsgestaltung und Arbeitsbedingungen

Tab. 3.5 Handlungs- und Verhandlungsautonomie. (Quelle: Moldaschl 2007, S. 300)

Handlungsautonomie (job control)	Verhandlungsautonomie (workers control)
Selbstbestimmung in der Arbeit	Einfluss auf die Kontextbedingungen der Arbeit
Eigene Ziele und Teilziele bestimmen	Lohn-/Leistungsrelation regulieren
Eigene Zeiteinteilung treffen	Die Stellung auf dem betrieblichen Arbeitsmarkt beeinflussen
Anforderungswechsel herbeiführen	
Soziale Kommunikation herstellen	Zeitsouveränität: Arbeit und Freizeit/Familie vereinbaren
…	können

zu nehmen. So sind sie in der Lage, auch mit widersprüchlichen Arbeitsanforderungen selbstständig umzugehen und diese im Sinne einer guten Arbeitserfüllung auszubalancieren. Daraus entstehen nicht nur höhere Leistungsfähigkeit und letztlich bessere Arbeitsergebnisse, sondern es können Belastungen aus Arbeitsdilemmas abgebaut oder präventiv vermieden werden.

Doch wie steht es um die Handlungs- und Verhaltensautonomie der Mitarbeitenden? Der Stressreport Deutschland 2012 zeigt auf, dass lediglich 67 % der Mitarbeitenden in einem Arbeitsverhältnis die eigene Arbeit selbst planen und einteilen können, 56 % können darauf Einfluss nehmen, wann Pause gemacht wird, und gerade nur noch 32 % haben Einfluss auf die Arbeitsmenge (Tab. 3.6).

Frauen können zu 70 % einen höheren Einfluss auf die Arbeitsplanung und -einteilung ausüben als Männer (65 %), was auf den höheren Anteil von Teilzeitarbeit zurückzuführen ist. Es überrascht auch nicht, dass Führungskräfte häufiger über Handlungsspielräume verfügen als Mitarbeitende. Tab. 3.7 zeigt auf, dass Führungskräfte insbesondere beim Einfluss auf die Arbeitsmenge und bei der Arbeitsplanung und -einteilung deutlich höheren Einfluss haben als Mitarbeitende ohne Führungsverantwortung.

Bei den Berufsfeldern zeigt sich, was nicht weiter überrascht, dass insbesondere freiberuflich Tätige höhere Freiheitsgrade haben. Bei den Branchen sind Mitarbeitende mit wissenschaftlichen und technischen Dienstleistungen sowie die Branchen der Energieversorgung, der Information und Kommunikation sowie der Erbringung von Finanz- und Versicherungsdienstleistungen bei den Handlungsfreiräumen im Vorteil gegenüber den übrigen Branchen.

Tab. 3.6 Handlungsautonomie und Alter. (Quelle: Lohmann-Haislah und Schütte 2013, S. 204)

	15–24	25–34	35–44	45–54	55–64	Gesamt
Eigene Arbeit selbst planen und einteilen	49 %	64 %	68 %	70 %	72 %	67 %
Selbst entscheiden, wann Pause gemacht wird	51 %	58 %	56 %	55 %	56 %	56 %
Einfluss auf die Arbeitsmenge	24 %	29 %	32 %	34 %	37 %	32 %
n	1113	3738	4354	5452	2676	17.333

Tab. 3.7 Handlungsautonomie nach Hierarchieebene und Geschlecht. (Quelle: Lohmann-Haislah und Schütte 2013, S. 72)

	Führungskraft			Mitarbeiter/-in		
	Männlich	Weiblich	Gesamt	Männlich	Weiblich	Gesamt
Eigene Arbeit selbst planen und einteilen	76 %	77 %	77 %	58 %	67 %	63 %
Selbst entscheiden, wann Pause gemacht wird	63 %	58 %	61 %	56 %	51 %	53 %
Einfluss auf die Arbeitsmenge	42 %	39 %	41 %	29 %	27 %	28 %
n	3524	2060	5584	5992	6021	11.944

Auch hinsichtlich der Altersentwicklung zeigt sich ein positiver Verlauf bei den Handlungsautonomien. Tab. 3.6 legt nahe, dass Anciennität bzw. auch mit dem Alter zunehmende Berufserfahrung zu bewirken scheinen, dass die Freiheitsgrade im Bereich der Arbeitsplanung und der Planung der Arbeitsmenge zunehmen. Ersteres lässt auf die Berücksichtigung von Berufserfahrung schließen, Letzteres allenfalls auf eine gewisse Rücksichtnahme bei der Arbeitsmenge. Bei den Pausen ist kein Altersunterschied feststellbar, da diese wohl impliziten oder expliziten betrieblichen Regeln unterworfen sind.

Zu ähnlichen Erkenntnissen kommt auch unsere Studie (Tab. 3.8), wonach die Möglichkeit, die Arbeit hinsichtlich Zeit, Ort, Art der Aufgabenerfüllung zu beeinflussen, mit einem Durchschnittswert von 4,37 von 6 zwar insgesamt relativ schwach beurteilt wird, die Freiheitsgrade ab 60 aber zu steigen scheinen. Einen analogen Verlauf, wenn auch auf leicht höherem Niveau, nimmt die Frage, inwieweit bei der Arbeit selbstständig Entscheidungen getroffen werden können.

Wie wichtig es ist, den Mitarbeitenden die Möglichkeit zu selbstständigen Entscheidungen zu geben, zeigt sich auch in dem in unserer Studie identifizierten hohen Zusammenhang mit der Wahl des Pensionierungszeitpunkts. So korreliert die Möglichkeit zur selbstständigen Entscheidung mit –0,33 signifikant mit der Entscheidung, vorzeitig in Pension zu gehen, und mit 0,23 mit der Entscheidung, nach Erreichen des Pensionsalters in Ruhestand zu gehen. Das bedeutet, dass durch selbstständige Entscheidungsspielräume ein signifikanter Beitrag geleistet werden kann, dass Mitarbeitende ihre Pläne zur Frühpensionierung aufgeben und/oder bis zu einem gewissen Grad auch bereit sind, über den Pensionierungszeitpunkt hinaus zu arbeiten.

Dennoch muss auch darauf hingewiesen werden, dass mit einer unkontrollierten Übergabe von mehr Handlungsspielräumen und Entscheidungskompetenzen mitunter auch Ängste und Unsicherheiten verbunden sind, insbesondere bei Mitarbeitenden, die bislang über wenig solche Autonomiegrade verfügt haben. Brinkmann (2009) weist darauf hin, dass Mitarbeitende, denen mehr Gestaltungsspielraum gegeben wird, diesem mitunter angesichts der Zunahme an Verantwortung und Unsicherheit auch skeptisch

Tab. 3.8 Arbeitsbeeinflussung und Entscheidungsautonomie nach Alter. (Quelle: Studie 2015, n = 518)

	Ich kann die Ausgestaltung meiner Arbeit beeinflussen (Zeit, Ort, Art der Aufgabenerfüllung)	Ich kann bei meiner Arbeit weitgehend selbstständig Entscheidungen treffen
46–50	4,39	4,73
51–55	4,32	4,54
56–60	4,34	4,69
61–65	4,35	4,91
66–70	5,15	5,38
Summe	4,37	4,69

gegenüberstehen. Um sich dieser Freiheits- und Verantwortungszunahme auch gewachsen zu fühlen, müssen Mitarbeitende deshalb gezielt auf die Nutzung und Ausgestaltung der Handlungsräume vorbereitet werden, und es muss ein verlässlicher Umgang mit Fehlern und Entscheidungsunsicherheit im Unternehmen geklärt und auch gelebt werden. Insbesondere ist der Begriff der Partizipation zu klären, besonders dort, wo auch Aufgaben und Kompetenzen delegiert werden, die eigentlich Führungskräften vorbehalten sind.

3.1.2.6 Quick-Reads: Steigerung der Leistungsfähigkeit und Leistungsbereitschaft

Zentral für das Empfinden von Arbeit ist die Arbeit selbst. Der Arbeitsinhalt kann uns motivieren, wenn er uns Sinn vermittelt, wenn er unser Schaffen direkt mit einem Wirkungsergebnis verbindet, wenn er uns die Erfahrung von Relevanz vermittelt, wie das Gefühl, Teil von einem größeren Ganzen zu sein. Dies sind die Voraussetzungen, dass Mitarbeitende in ihrer Aufgabe aufgehen, statt in ihr unterzugehen. Die richtige Arbeit, für die wir brennen, wendet den Fokus von einem Geldverdienen („wovon wir leben") zu einer inneren Berufung („wofür wir leben"). Es lohnt sich also, die Arbeitsaufgaben hinsichtlich dieser Dimensionen zu überprüfen und dem Menschen in der Gestaltung einer von ihm als wichtig wahrgenommenen Aufgabe – und hier sei bewusst von Aufgabe und nicht von Arbeit gesprochen – die Rolle des Homo Faber zuzugestehen. Die sinnvolle Aufgabe hält dann auch die Erwerbstätigen länger im Erwerbsprozess, einfach schon deshalb, weil sie gerne tun, was sie tun. Darüber hinaus lassen sich ältere Mitarbeitende durch die exakt gleichen Formen der impliziten und expliziten Wertschätzung motivieren wie jüngere. Einziger altersabhängiger Unterschied mag der Umstand sein, dass mit dem Alter die Zweifel an dem Erfolg des eigenen Handelns tendenziell zunehmen. Liegen zusätzlich noch latente oder offene Formen der Altersdiskriminierung vor, oder werden diese nur schon wahrgenommen, besteht auch ein positiver Zusammenhang zu Versagensängsten. D. h. im Klartext: Je mehr ältere Mitarbeitende mit dem Vorurteil konfrontiert werden, weniger leisten zu können oder zu wollen, desto weniger werden sie leisten. Wahrgenommene Vorurteile beeinträchtigen in starkem Ausmaß die Motivation älterer und eben von Altersdiskriminierung betroffener Mitarbeitender. Als Handlungsempfehlung sollten somit alle Formen von Altersdiskriminierung bereits auf der Wahrnehmungsebene innerbetrieblich zum Thema gemacht werden, um der Demotivation älterer Mitarbeitender vorzubeugen. Wo sich Motivation mit Erfahrung mischt, kann die Leistungsbereitschaft und -fähigkeit enorme Wirkung entfalten. Doch die Kompetenzen älterer Mitarbeitender auf das Erfahrungswissen zu reduzieren, welches nicht viel mehr vermag als das Zurverfügungstellen von Wissen, das nur noch wenige haben, weil es viele heute nicht mehr brauchen, geht fehl. Erfahrung, und gemeint sind hier gleichermaßen Arbeitserfahrung wie Lebenserfahrung, verhilft dem Menschen zu einem reflektierten Zugang zur Welt wie auch zum eigenen Denken, zu einem überlegten Umgang mit dem Neuen, das nicht naiv angenommen, sondern kritisch auf den Prüfstand von Bewährtem gestellt wird. Erfahrung verhilft dazu, Muster des Gelingens zu erkennen, welche nicht nur im Einzelfall, sondern zeit- und situationsübergreifend Gültigkeit besitzen. Diese Form des Denkens ist ein Zeichen überlegter Reflexion. Konkret bedeutet dies, dass Unternehmen gut beraten sind, eine wissens- wie erfahrungsgeleitete kritische Reflexion als Dialogpraxis im Unternehmenskontext zu pflegen: Einen Dialog, dem ein Denken vorausgeht; eine Analyse, welche nicht nur nach dem Einzelfall fragt, sondern die Muster der Erfolgsprinzipien des betrieblichen Handelns über einen längeren Zeitraum der Betriebszugehörigkeit auswertet. So steigert sich das bewusste und reflektierte Handlungsrepertoire eines Unternehmens.

Mit der Leistungsfähigkeit verbunden, wir haben es oben beschrieben, ist aber auch die Grundvermutung einer abnehmenden Belastbarkeit im Alter. Übereinstimmende Forschungsergebnisse legen aber nahe, dass Unternehmen gut daran täten, zunehmenden beruflichen Stressfaktoren, gesundheitlichen Beschwerden sowie Erschöpfungszuständen entgegenzutreten, und zwar an sich altersunabhängig, spätestens aber in der Altersgruppe der 45+-Jährigen. Insbesondere der Termin- und Leistungsdruck, Routinetätigkeiten, Arbeitsunterbrechungen und ein sehr hohes Arbeitstempo scheinen die Hauptbelastungen auszumachen. Interessanterweise klagen ältere Mitarbeitende vor allem häufig über Routinearbeiten. Es muss deshalb darauf geachtet werden, Entlastung nicht mit Routinisierung gleichzusetzen, womit ältere Mitarbeitende nicht mehr positiv gefordert und gefördert würden. Es zeigt sich schließlich, dass nicht die viele Arbeit alleine zu Belastungen führt, sondern es oft widersprüchliche Arbeitsanforderungen sind, u. a. wenn dem Mitarbeitenden die Selbstbestimmung zum Ausbalancieren des Zielkonflikts genommen wird, d. h., wenn die Ressourcen oder auch Kompetenzen des Mitarbeitenden nicht ausreichen, einen Zielkonflikt selbst zu lösen, er dennoch die Konsequenzen selbst zu tragen hat. Auch hier geht es um das Phänomen der Selbstwirksamkeit und Eigenverantwortung, die zur Entlastung mitunter mehr wirken, als Arbeit wegzunehmen oder in Routinen umzuwandeln.

Auf die Bedeutung von einem gesunden Maß an Handlungs- und Entscheidungsautonomie haben wir mehrfach hingewiesen. Autonomie heißt nicht, ein Maximum an unspezifischen Freiheitsgraden zu besitzen, sondern einen ausreichenden und adäquaten Einfluss auf die Arbeitsgestaltung und Arbeitsbedingungen zu nehmen. Wir konnten nachweisen, dass durch selbstständige Entscheidungsspielräume ein signifikanter Beitrag geleistet werden kann, dass Mitarbeitende ihre Pläne zur Frühpensionierung aufgeben und/oder bis zu einem gewissen Grad auch bereit sind, über den Pensionierungszeitpunkt hinaus zu arbeiten. Dies scheint aktuell in der Praxis gut verankert zu sein, sehen wir doch eine leichte Zunahme an Handlungsautonomie, welche mit der Anciennität bzw. mit zunehmender Berufserfahrung sich auszuweiten scheint. Inwieweit hier aber ein bewusstes Vertrauen in die Berufserfahrung der Mitarbeitenden vorliegt, die die richtige Handlungsautonomie selbst gut abschätzen können, oder inwieweit dies bereits einem Lösen der Bindung zu älteren Mitarbeitenden gleichkommt, bleibt unklar. Wichtig in diesem Zusammenhang ist die vorhin beschriebene rasche Vermutung von Altersdiskriminierung, welche sensibel und vielleicht auch nicht ganz ohne Vorurteile wahrgenommen wird. Hier hilft nur eine transparente und offene Dialogkultur.

Zusammenfassend lassen sich zu den Einflussfaktoren auf die Leistungsfähigkeit und -bereitschaft folgende Handlungsempfehlungen für die betriebliche Praxis ableiten:

1. Gestaltung von sinnstiftenden Aufgabenportfolios, welche die Selbstwirksamkeit des Mitarbeitenden fördern.
2. Vermeidung von Routinisierung der Aufgaben älterer Mitarbeitender als falsch verstandener Versuch, sie zu entlasten.
3. Ausstattung mit angemessenen Handlungs- und Entscheidungsfreiräumen, diese Aufgaben auszufüllen.
4. Ermächtigung und Ermutigung älterer Mitarbeitender, an den Erfolg des eigenen Handelns zu glauben – Ansprechen von Versagensängsten, insbesondere, wenn diese mit einer allenfalls latenten Kultur von Altersdiskriminierung zusammenhängen.
5. Thematisieren von Altersbildern und entschiedenes Entgegentreten im Fall von bewusster und unbewusster Altersdiskriminierung.
6. Förderung einer Dialogkultur, welche die Ressource Erfahrung als Grundlage kritischen Denkens berücksichtigt.
7. Aufforderung älterer Mitarbeitender, wiederkehrende Gelingens- bzw. Erfolgs- und Misserfolgsmuster zu identifizieren, um hieraus das unternehmerische Handlungsrepertoire reflektiert weiterzuentwickeln.
8. Nutzung des Erfahrungswissens, um auch mit widersprüchlichen Arbeitsanforderungen gut umzugehen.
9. Entwicklung von systematischen Maßnahmen gegen betriebliche Stressfaktoren, gesundheitliche Beschwerden sowie Erschöpfungszustände bei Mitarbeitenden. Anerkennung, dass dies kein Altersphänomen ist, sondern spätestens ab 45 ein echtes Risiko darstellt.
10. Analyse und kritisches Hinterfragen der Ursachen für einen hohen Termin- und Leistungsdruck, von Arbeitsunterbrechungen und des hohen Arbeitstempos.

3.1.3 Einflussfaktoren auf eine lange Verweildauer im Erwerbsleben

Wir erinnern uns: In Abschn. 2.4.2 haben wir die Grundhypothese formuliert, dass flexible Arbeitsmodelle einen Beitrag zum Verbleib guter Arbeitskräfte im Erwerbsleben bis und über die Pensionierung hinaus sicherstellen können und sollen. Wir haben bislang die Kapazität zur Erfüllung der Arbeitsanforderungen und die Leistungsfähigkeit sowie -bereitschaft jeweils mit ihren Subfaktoren untersucht. Dabei lag einerseits der Fokus darauf, was – besonders für die Zielgruppe älterer Berufstätiger – gute Arbeit bewirkt, andererseits, welchen Einfluss diese Faktoren auf die Entscheidung zum Verbleib im Erwerbsleben nehmen. Neben der Kapazität und der Leistungsfähigkeit und -bereitschaft spielen jedoch noch andere Faktoren eine erhebliche Rolle bei der

Entscheidung, sich frühzeitig pensionieren zu lassen oder aber bis zur ordentlichen Pension oder sogar darüber hinaus im Erwerbsprozess zu verbleiben (siehe Abb. 3.11). Von diesen Faktoren wollen wir die nachfolgenden etwas vertieft betrachten:

- Gesundheit
- Arbeitsfreude und -zufriedenheit
- Finanzielle Ressourcen
- Eigene Wünsche bzw. Erwartungen und Unterstützung im persönlichen Umfeld
- Chancen auf dem Arbeitsmarkt

Während die Gesundheit, die Arbeitsfreude und -zufriedenheit und die Chancen auf dem Arbeitsmarkt neben der Arbeitskapazität und Leistungsbereitschaft sowie -fähigkeit sich positiv auf eine längere Erwerbsverweildauer auswirken, wirken die finanziellen Ressourcen sowie die eigenen Wünsche sowie Erwartungen und Unterstützungen im Umfeld in der Tendenz eher verkürzend auf die Erwerbsverweildauer. D. h., wer es sich finanziell leisten kann, wer eigene Wünsche jenseits des Erwerbslebens hegt, wer Erwartungen aus dem Umfeld adressieren muss, mag sich eher mit einem frühzeitigen Rücktritt aus dem Erwerbsleben auseinandersetzen. Dieser negative Zusammenhang ist mit der gestrichelten Linie symbolisiert.

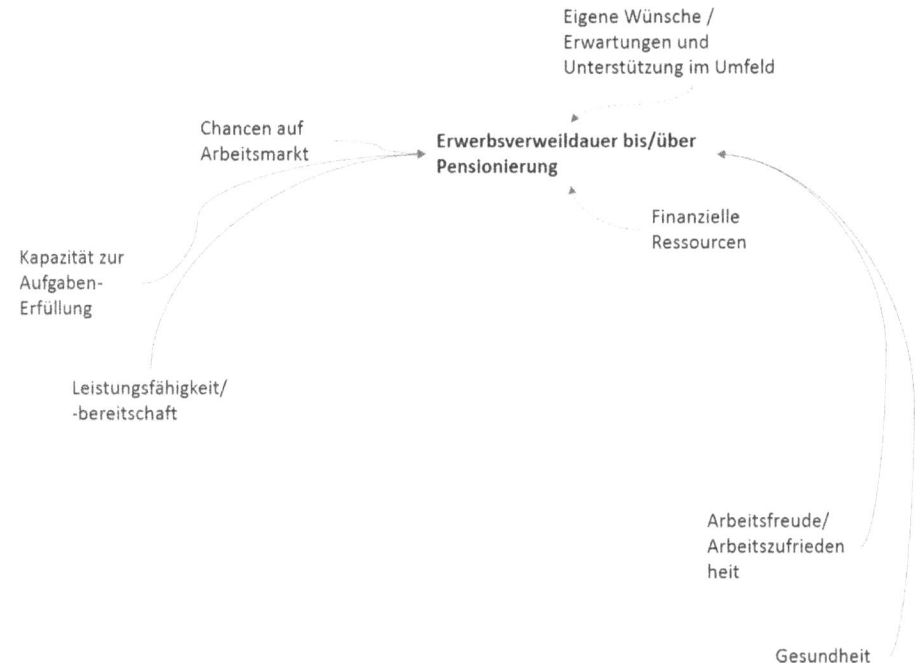

Abb. 3.11 Einflussfaktoren auf die Erwerbsverweildauer. (Quelle: Eigene Darstellung)

3.1.3.1 Gesundheit

Der Gesundheitszustand unserer Arbeitswelt hat sich, allen anderslautenden Verlautbarungen zum Trotz, in den vergangenen Jahrzehnten verbessert. So verzeichnet Österreich seit drei Jahrzehnten einen Rückgang des Krankenstandniveaus. Hatte dies 1980 noch mit 17,4 Krankenstandtagen und einer Krankenstandquote, also einem Verlust an Arbeitstagen von 4,8 % seinen Höhepunkt, so sanken nach Leoni und Uhl (2016) die Krankenstandtage 1990 bereits auf 15,2, 2000 auf 14,4 und im Jahr 2015 auf 12,7 Tage bzw. eine Krankenstandquote von 3,5 %[3].

Diese positive Entwicklung wird durch verschiedene Faktoren begünstigt. Da ist zum einen die Reduktion der Arbeitsunfälle: Der Anteil der Arbeitsunfälle hat sich seit 1994 von damals 7,6 % halbiert – u. a. begünstigt durch besseren Arbeitsschutz sowie eine Verschiebung der Wirtschaftsstruktur in Richtung Dienstleistungssektor, zum anderen dürften die Zunahme von Teilzeitarbeitsverhältnissen und die Zunahme von atypischen Beschäftigungsverhältnissen sich reduzierend auf die Krankenstandquote ausgewirkt haben.

Als häufigste Erkrankungsursachen entfallen auf Krankheiten des Atemsystems und des Muskel-Skelett-Systems heute rund 40 % der Krankenstandtage. Verletzungen fallen demgegenüber mit rund 16 % weniger ins Gewicht, was insofern markant ist, als 1994 noch fast 23 % aller Diagnosen darauf verwiesen. Weiterhin zunehmend entwickeln sich psychische Erkrankungen.

In Deutschland nahmen gemäß Badura et al. (2016) seit 2004 die Fehltage aufgrund psychischer Erkrankungen um knapp 72 % zu. 2012 stand in Deutschland jeder siebte Fehltag in Zusammenhang mit einer psychischen Erkrankung und war damit die zweithäufigste Ursache für krankheitsbedingte Fehltage (BPtK Bundespsychotherapeutenkammer 2013).

Die Dauer der Ausfallzeiten bei psychischen Erkrankungen ist in Österreich mit im Schnitt 25,6 Tagen je Fall (2015) mehr als doppelt so lange wie der Durchschnitt mit 11,6 Tagen, in Deutschland liegen die Ausfalldauern mit 34,2 Tagen nochmals deutlich höher (BPtK Bundespsychotherapeutenkammer 2013).

Gegenläufig zur allgemeinen Verbesserung des Gesundheitszustands der Erwerbsbevölkerung entwickeln sich die durch die alternde Arbeitsbevölkerung zunehmenden Krankenstandtage, welche in den vergangenen zweieinhalb Jahrzehnten zu einem kumulierten Anstieg der Krankenstandquote um rund einen Krankenstandtag oder einen viertel Prozentpunkt beigetragen haben. Konkret treten ältere Menschen zwar seltener als die Jungen in den Krankenstand, sie sind jedoch überproportional oft von längeren Krankheitsausfällen betroffen. Die Krankenstandquoten nach Alter bilden somit eine U-Form (siehe Abb. 3.12): Während Jugendliche unter 20 Jahren vergleichsweise häufig krank sind, dafür nach 5,7 Tagen genesen, reduziert sich die Krankenstandquote für Personen

---

[3]Im Vergleich dazu wurden in Deutschland 2015 19,5 Tage Arbeitsunfähigkeit mit einem Arztzeugnis bescheinigt (Badura et al. 2016).

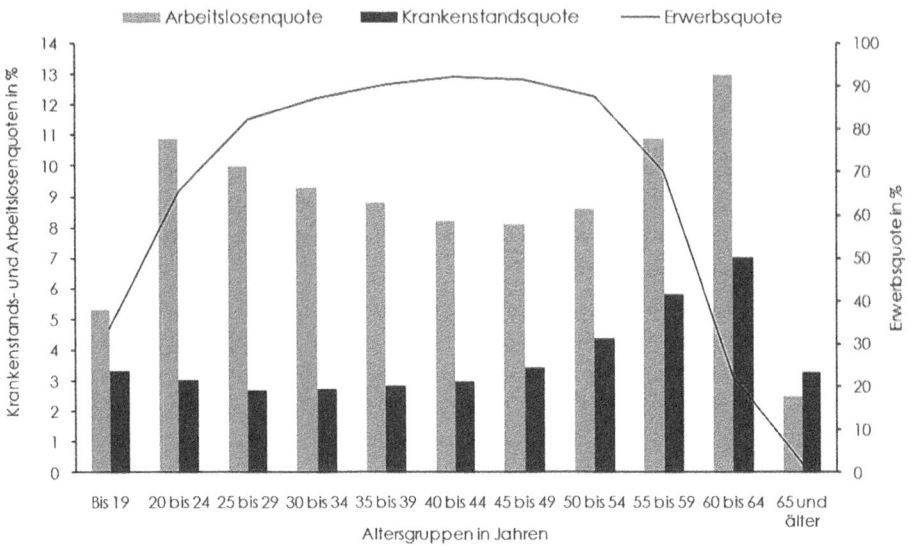

Abb. 3.12 Krankenstand- und Erwerbsquote nach Alter in Österreich. (Quelle: Leoni und Uhl 2016, S. 22)

zwischen 25 und 39 Jahren auf ein Minimum, um nach 40 wieder stark anzusteigen und bei den Personen zwischen 60 und 64 das Maximum zu erreichen (Leoni und Uhl 2016, S. 25). In diesem Alterssegment steigt auch die Dauer des Krankenstandausfalls auf 19,6 Tage, 3,5-mal so viel wie bei der Gruppe der unter 25-Jährigen.

Die rückläufige Tendenz bei den Krankenstandquoten der über 65-Jährigen führen Leoni und Uhl (2016) auf den „Healthy-Worker-Effekt" zurück, einen Selektionsmechanismus, bei dem ab 65 nur noch Personen mit überdurchschnittlicher Gesundheit im Erwerbsleben bleiben. In Österreich sind dies lediglich 0,3 % der Erwerbsbevölkerung. Dieser Effekt wird wohl auch bereits bei der Gruppe der 60- bis 64-Jährigen eine Rolle spielen, bei denen die Krankenstandquote durch die eben beschriebenen Selektionsmechanismen nach Gesundheit wohl ceteris paribus noch höher liegen würde. Die höhere Arbeitslosenquote der 60- bis 64-Jährigen ist ein Hinweis darauf, dass es eine gesundheitsbedingte Selektion der Erwerbsbevölkerung ab 60 Jahren zu geben scheint. Oder anders formuliert: Betriebliche, arbeits- oder sozialpolitische Rahmenbedingungen und Anreize haben einen starken Einfluss darauf, ob Mitarbeitende mit latenten gesundheitlichen Problemen im Erwerbsleben bleiben können, allenfalls auch wollen, und dort allenfalls in Krankenstand treten, oder in einen anderen Status wechseln. Implizit ist damit auch eine mögliche Ausgrenzung von älteren Mitarbeitenden mit Gesundheitsproblemen aus dem Arbeitsmarkt verbunden (Leoni und Uhl 2016).

Ein weiterer Konnex scheint zwischen den krankheitsbedingten Fehlzeiten und der beruflichen Stellung zu bestehen. In Österreich, wie übrigens auch in Deutschland, nehmen die krankheitsbedingten Fehlzeiten mit abnehmender beruflicher Stellung deutlich zu.

Dies mag damit zu tun haben, dass wie oben gezeigt (siehe Tab. 3.7) die Einflussnahme auf die Arbeitsgestaltung tiefer in der Hierarchie geringer ist als bei Führungspersonen. Und zusätzlich wird die Art der Tätigkeit einen Einfluss auf die Arbeitsausfälle haben: So führt Krankheit bei einer ruhigen Bürotätigkeit vielleicht weniger zu Arbeitsausfällen als bei einer körperlich anstrengenden Arbeitsverrichtung.

Bei unserer Befragung zeigt sich neben der insgesamt sehr hohen Bewertung des eigenen Gesundheitszustands, dass normale Mitarbeitende die vergleichsweise tiefste Bewertung ihres Gesundheitszustands angeben, während Führungspersonen oberer Kader (mit unterstellten Mitarbeitenden) sowie Geschäftsleitungsmitglieder sich am gesundesten bewerten (Tab. 3.9).

Auffällig ist zudem, dass das Gesundheitsempfinden stärker mit der Zunahme von körperlichen Belastungen korreliert ($r = -0{,}33$) als mit der Zunahme von psychischen Belastungen ($r = -0{,}27$). So scheint uns der Körper nach wie vor ein direkterer Gradmesser unseres Gesundheitsempfindens zu sein. Umgekehrt korrelieren psychische Belastungen stärker mit dem Gefühl von Überforderung ($r = 0{,}38$), als dies körperliche Belastungen ($r = 0{,}24$) tun. Dies führt zum Schluss, dass körperliche Belastungen schneller zu einem empfundenen Gesundheitsproblem führen, während psychische Belastungen eher mit dem Gefühl der Überforderung einhergehen.

Umgekehrt zeigt sich das Bild mit Blick auf den Wunsch zu einer Frühpension. Während die Zunahme von körperlichen Belastungen nur schwach ($r = 0{,}1$) mit dem Wunsch zur Frühpensionierung korreliert, ist der Zusammenhang zwischen der Zunahme von psychischen Belastungen und dem Bestreben, vorzeitig in Pension zu gehen, mit $r = 0{,}29$ erheblicher. Stärker übrigens auch als das subjektive Gesundheitsempfinden, welches mit dem Wunsch zur Frühpensionierung lediglich mit $-0{,}12$ korreliert. Dies wird auch durch Daten der Deutschen Rentenversicherung gestützt, wonach psychische Störungen im Allgemeinen und Depressionen im Besonderen Grund für nahezu jede zweite Frühpensionierung sind. Ursächlich sind gemäß Bundespsychotherapeutenkammer psychische Erkrankungen mit großem Abstand vor körperlichen Erkrankungen die Ursache für Frühverrentung bzw. Erwerbsminderungsrente. Der enorme Zuwachs von 26 % im Jahr 2001 auf 42,9 % im Jahr 2012 betrifft zur Hauptsache Frauen, welche zu 48,5 % betroffen sind. Bei den psychischen Erkrankungen sind es hauptsächlich Depressionen, deren Diagnose

Tab. 3.9 Eigenwahrnehmung des Gesundheitszustands unterschiedlicher Hierarchieebenen. (Quelle: Studie 2015)

Hierarchieebene	n	„Ich fühle mich gesund" (Skala 1–6, wobei 6 „trifft vollständig zu")
Geschäftsleitung	213	5,65
Vorgesetzte von Mitarbeitenden mit Führungsaufgaben	47	5,57
Vorgesetzte von Mitarbeitenden ohne Führungsaufgaben	103	5,55
Mitarbeitende	272	5,51

sich zwischen 2001 und 2012 fast verdoppelt hat. Gefolgt werden diese von Persönlich-keits- und Verhaltensstörungen (+74 %) sowie substanzbezogenen Störungen, wie Alko-hol, Drogen, Medikamente etc. (+49 %) (BPtK Bundespsychotherapeutenkammer 2013).

In diesem Zusammenhang ist auch die hohe Korrelation zwischen dem Wunsch, sich beruflich zu entlasten, und dem Wunsch, in Frühpension zu gehen, zu deuten (r = 0,3). Entlastungsgründe in oben beschriebenem Sinne spielen also bei der Planung eines vor-zeitigen Ruhestands eine relevante Rolle.

Somit kann mit Bezug zum betrieblichen Gesundheitsmanagement folgender Schluss gezogen werden: Körperliche Belastungen sind mit Blick auf das individuelle Gesund-heitsempfinden und das damit verbundene Krankenstandrisiko zu vermeiden. Psychische Belastungen sind insbesondere unter dem Aspekt der individuellen Überforderung zu reduzieren, nicht zuletzt um damit ungewollte Frühpensionierungen zu vermeiden.

3.1.3.2 Arbeitsfreude und -zufriedenheit

Menschen arbeiten grundsätzlich gerne, denn Arbeit stiftet Identität. Nicht wenige Men-schen werden auf die Frage, was sie tun, mit ihrer Funktionsbezeichnung und ihrem Arbeitsort antworten. Wir sind, was wir arbeiten. Betrachtet man die Summe der Zeit, die erwerbstätige Menschen am Arbeitsort verbringen, die Summe an Kontakten, Erfahrun-gen, Erlebnissen, so sind diese in der Tat für viele Menschen prägend und identitätsstiftend. Doch was macht genau die Arbeitsfreude aus? Fietze (2011) gibt einen guten Überblick über die bestehenden Längs- und Querschnittstudien zu Determinanten und Auswirkun-gen der Arbeitszufriedenheit, welche im Rahmen des Sozio-Ökonomischen Panels SOEP in Deutschland seit 1984 untersucht worden sind. Hierbei konnten Einkommensunzufrie-denheit, mangelnder beruflicher Handlungsspielraum und Konflikte mit dem Vorgesetz-ten sowie mangelnde Möglichkeit eines Arbeitsplatzwechsels als wichtige Determinanten einer sinkenden Arbeitszufriedenheit identifiziert werden. In einer eigenen Auswertung des SOEP weist er einen starken Einfluss subjektiver und objektiver Arbeitsbedingungen und nur einen geringeren Einfluss von Persönlichkeitseigenschaften auf die Arbeitszufriedenheit nach. Wenn auch natürlich bei der subjektiven Beurteilung der Arbeitsbedingungen immer auch die Persönlichkeitsdisposition eine Rolle spielt, so zeigt der Befund dennoch, dass ver-schiedene, auch gestaltbare situative Arbeitsbedingungen einen wesentlichen Einfluss auf die Arbeitszufriedenheit haben. Die wichtigsten Determinanten der Arbeitsbedingungen nach Fietze sind eine Effort-Reward-Imbalance – ein Ungleichgewicht zwischen Arbeits-einsatz und Belohnung –, ein Überengagement (Over-Commitment) und die Autonomie im Beruf. In unserem Modell in Abb. 3.13 übertragen, hängt die Arbeitsfreude und -zufrieden-heit mit den Determinanten Wertschätzung, Einkommen, Handlungsautonomie sowie psy-chischem Wohlbefinden zusammen.

Den Zusammenhang zwischen selbstständiger Entscheidungsmöglichkeit (ein wich-tiger Aspekt der Handlungsautonomie) und Arbeitsfreude konnten wir in unserer Stu-die auch mit r = 0,27 nachweisen. Stärker noch als die Korrelation zu der Möglichkeit, die eigene Arbeit hinsichtlich Zeit, Ort und Art der Aufgabenerfüllung beeinflussen zu können (r = 0,13).

Abb. 3.13 Einflussfaktoren Arbeitsfreude und -zufriedenheit. (Quelle: Studie 2015)

Arbeitsfreude hängt aber bei der älteren Belegschaft wiederum stark mit sinnvollen Arbeitsinhalten zusammen (r = 0,58). Ältere Mitarbeitende ziehen also einen erheblichen Anteil ihrer Arbeitsfreude aus den Arbeitsinhalten, sofern diese sinnvoll erscheinen. Gerne zu arbeiten leistet auch einen Beitrag, dem Wunsch nach frühzeitiger Pensionierung nicht nachzugeben. So korrelieren beide Faktoren negativ (r = −0,23).

3.1.3.3 Finanzielle Ressourcen

Die finanzielle Situation älterer Mitarbeitender scheint sich im Durchschnitt im Vergleich zu jüngeren Mitarbeitenden in den vergangenen 15 Jahren verbessert zu haben. So haben sich die Löhne der Vollzeitbeschäftigten im Altersegment der 55- bis 64-Jährigen am Beispiel der Schweiz im Verhältnis zu jenen der 25- bis 29-Jährigen von einem Faktor 1,42 im Jahr 2002 auf einen Faktor 1,48 im Jahr 2012 gesteigert. D. h., dass ein 55- bis 65-Jähriger durchschnittlich 1,48-mal mehr als ein 25- bis 29-Jähriger verdient. In der EU ist hingegen das Verhältnis von 1,38 im Jahr 2002 auf 1,36 im Jahr 2012 gesunken (OECD 2014). In der Schweiz scheinen somit ältere Mitarbeitende im Durchschnitt von den wirtschaftlichen Krisenjahren der letzten 10 Jahre weniger betroffen gewesen zu sein als das vergleichbare Altersegment in der EU, was aber allenfalls auch mit dem höheren Anteil von Personen mit einer Hochschulbildung in der Schweiz (27,1 % der Erwerbspersonen) im Vergleich zur EU (21,3 % der Erwerbspersonen) zusammenhängen mag.

Die finanziell im Grundsatz als gut zu beurteilende Situation älterer Mitarbeitender in der Schweiz begünstigt einen frühzeitigen Austritt aus dem Erwerbsleben. Hinzu kommt noch die Möglichkeit, einen Teil der Leistungen der zweiten Säule der Altersvorsorge in Kapitalform zu beziehen. Dadurch sind in vielen Fällen Finanzmittel vorhanden, welche auch gemäß Einschätzung der OECD-Studie zur Alterung und Beschäftigungspolitik in der Schweiz eine Frühpensionierung allenfalls zu begünstigen vermögen. Verstärkt wird dieser Effekt durch die Möglichkeit zum Bezug von AHV-Ergänzungsleistungen, wenn der Kapitalbezug nicht zur Vermögensbildung oder zum Erwerb von Wohneigentum dient (OECD 2014, S. 75).

Trageser et al. kommen in ihrer Studie zu dem Schluss, dass institutionelle Faktoren einen erheblichen Einfluss auf den frühen Rücktritt aus dem Arbeitsmarkt ausüben. „Danach waren für 8 % aller Personen, die heute über dem ordentlichen AHV-Rentenalter sind, die vorteilhaften Bedingungen für den Vorbezug der 2. Säule, für 10 % das tiefere ordentliche Rentenalter der Pensionskasse/des Arbeitgebenden und für 13 % die Möglichkeit des AHV-Vorbezugs mit ein Grund für den frühen Arbeitsmarktaustritt" (Trageser et al. 2012, S. 21).

Diese Anreize zur Frühpensionierung sind aus volkswirtschaftlicher Sicht unter der Perspektive des Erhalts der Ressource Arbeit bis zur oder über die Pensionierung hinaus kritisch zu diskutieren, wobei gesamtgesellschaftliche Interessen mit den mit einer Einschränkung der Kapitalbezugsmöglichkeiten einhergehenden massiven Eingriffen in die individuellen Freiheiten abgewogen werden müssten.

Fakt bleibt, dass die finanziellen Voraussetzungen für eine Frühpensionierung mit einer erfolgreichen Berufskarriere bzw. mit dem während der Erwerbsphase angesparten Vermögenswert einhergehen. Es überrascht sodann auch nicht, dass Frühpensionierungen in den Hochlohnbranchen, wie zum Beispiel dem Finanz- und Versicherungssektor, deutlich über den Tieflohnbranchen, wie zum Beispiel dem Gastgewerbe und der Hotellerie, zu liegen kommen.

3.1.3.4 Eigene Wünsche bzw. Erwartungen aus dem Umfeld

Es ist intuitiv verständlich, dass die Vereinbarkeit von Beruf und Familie bzw. Privatleben einen Einfluss auf die Verweildauer älterer Mitarbeitender im Erwerbsleben hat. Gemäß Stressreport Deutschland 2012 arbeiten 16 % der Befragten mehr als 48 h die Woche. Zusätzlich steigt der Anteil atypischer Arbeitszeiten (Wochenenden, Abende). Dies mag nebst gesellschaftlichen Veränderungen der familiären und privaten Lebensgestaltung einer der Gründe sein, warum es nach Lohmann-Haislah und Schütte (2013) ganzen 41 % deutscher Arbeitnehmender lediglich manchmal oder gar nicht gelingt, bei der Arbeitszeitplanung auf familiäre oder private Interessen Rücksicht zu nehmen. Bei Führungskräften (46 %) ist diese Vereinbarungsproblematik ausgeprägter als bei Mitarbeitenden ohne Führungsaufgabe (39 %). Mangelnde Vereinbarkeit zwischen Beruf und dem privaten Umfeld mag einen nicht unwesentlichen Einfluss auf die Festlegung des Pensionierungszeitpunktes haben.

In unserer Studie untersuchten wir deswegen spezifisch den Aspekt der Vereinbarkeit mit familiären Unterstützungsaufgaben, d. h. einerseits, wie stark verschiedene Alterssegmente in Unterstützungsaufgaben eingebunden sind, und andererseits, ob es einen Zusammenhang zwischen der Anzahl Unterstützungsbedürftiger und dem Wunsch nach Frühpensionierung gibt. Letzterer konnte nicht nachgewiesen werden, d. h., es sind andere Faktoren als die geleistete Unterstützung gemessen in der Anzahl unterstützter Personen im gleichen Haushalt, welche über die Frühpensionierung entscheiden. Dennoch fällt in Tab. 3.10 der relativ hohe Anteil unterstützter Personen auf. Dieser reduziert sich sukzessive ab dem Alterssegment der 46- bis 50-Jährigen, welche wohl maßgeblich noch heranwachsende Kinder betreuen. Offensichtlich scheinen aber heute großmehrheitlich die

Tab. 3.10 Anzahl der unterstützungsbedürftigen Personen pro Haushalt und Alterssegment. (Quelle: Studie 2015)

	n	Anzahl der unterstützungsbedürftigen Personen, die aktuell im selben Haushalt leben
46–50	71	2,24
51–55	113	2,04
56–60	43	1,84
61–65	9	1,67
66–70	2	1,00
	238	2,04

Unterstützungssysteme so organisiert zu sein, dass eine gleichzeitige Erwerbsarbeit möglich ist und dies keine dominante Ursache für eine Frühpensionierung darstellt.

Uns interessierte ferner, inwieweit Partner/-innen, Familie und/oder Freunde und Bekannte eine Rolle bei der Pensionierungsentscheidung spielen. Tab. 3.11 zeigt, dass in jedem Alterssegment der Einfluss des oder der Partners/Partnerin am größten ist, hiernach folgt der Einfluss der Familie mit einem Durchschnitt von 4 (trifft eher zu), während Freunde und Bekannte kaum Einfluss auf das Pensionierungsverhalten haben. Dies legt den Schluss nahe, bei Planungen mit Mitarbeitenden auch den oder die Partner/-in einzubeziehen, um alle Entscheidungsträger und relevanten Beeinflusser mit am Tisch zu haben.

3.1.3.5 Chancen auf dem Arbeitsmarkt

Ein wesentlicher Einflussfaktor auf die Verweildauer im aktiven Erwerbsleben sind natürlich die Chancen, die ältere Mitarbeitende auf dem Arbeitsmarkt haben oder zumindest sich ausrechnen. Ist die berufliche Mobilität älterer Mitarbeitender eingeschränkt, so

Tab. 3.11 Berücksichtigung des Umfelds bei der Pensionierungsentscheidung. (Quelle: Studie 2015)

Alter	n	Ich berücksichtige die Vorstellungen meines/r Partners/in bei meinem Pensionierungsverhalten	Ich berücksichtige die Bedürfnisse von Familienangehörigen bei meinem Pensionierungsverhalten	Meine Freunde und/oder Bekannte haben einen Einfluss auf meine Pensionierungsvorstellungen
46–50	116	4,78	4,00	2,20
51–55	194	4,82	4,06	2,21
56–60	139	4,76	3,86	2,17
61–65	53	4,61	4,25	2,54
66–70	15	4,83	4,25	2,54
	517	4,77	4,00	2,25

ist, vor allem im Falle des Arbeitsverlustes, mit höheren Arbeitslosenquoten zu rechnen. Dies wird in Kombination mit der Einschätzung des Risikos, arbeitslos zu werden, das individuelle Verhalten älterer Mitarbeitender in der letzten Berufsphase mitprägen.

Der Stressreport Deutschland aus dem Jahr 2012 geht unter anderem der Frage nach, inwieweit berufliche Unsicherheit in unterschiedlichen Altersspannen ausgeprägt ist. Hierbei zeigt sich in Abb. 3.14, dass ältere Mitarbeitende weniger als jüngere von befristeten oder Zeitarbeitsverhältnissen betroffen sind. Auch wird die Entlassungsgefahr subjektiv nicht höher als im Alterssegment 45–54 oder 35–44 wahrgenommen. Einzig bei der Beurteilung der wirtschaftlichen Lage im Allgemeinen scheint das Urteil der älteren Mitarbeitenden kritischer auszufallen als in jüngeren Alterssegmenten (Lohmann-Haislah und Schütte 2013).

Auch gemäß OECD-Bericht liegt die Arbeitslosenquote der 55- bis 64-Jährigen im Jahr 2012 mit 6 % unter der Gesamtarbeitslosenquote von 8 % (OECD 2014). Im DACH-Raum sticht hier die Schweiz mit einer Arbeitslosenquote von 3,1 % der 55- bis 64-Jährigen besonders ins Auge. Eher problematisch ist die Länge der Arbeitslosigkeit im höheren Berufsalter. Im Jahr 2012 zählten zum Beispiel in der Schweiz 59 % der über 55-Jährigen zu den sogenannten Langzeitarbeitslosen, d. h. zu jenen, die länger als ein Jahr keine Wiederanstellung fanden. Der Anteil der Langzeitarbeitslosen liegt sodann in der Schweiz auch 12 Prozentpunkte über dem OECD-Mittelwert.

Auch augenfällig ist das schlechtere Abschneiden der Frauen auf dem Arbeitsmarkt: So beträgt die Beschäftigungsquote der 60- bis 64-jährigen Frauen gleichwohl wie jene

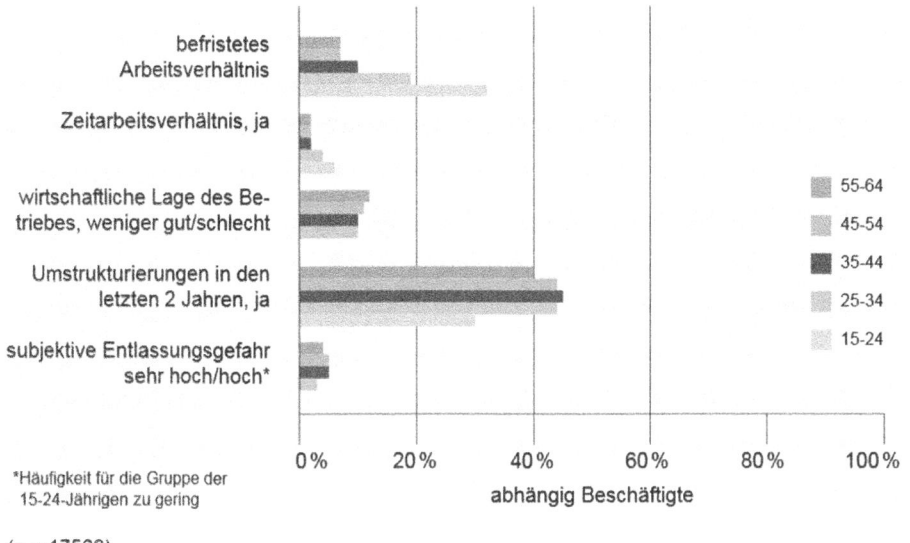

Abb. 3.14 Anforderungen aus dem Beschäftigungsverhältnis nach Alter. (Quelle: Lohmann-Haislah und Schütte 2013, S. 63)

der 55- bis 64-jährigen Frauen ohne Bildungsabschluss auf Sekundarstufe II lediglich 50 %. Zieht man weiter das Phänomen der hohen Teilzeitkultur insbesondere bei Frauen in der Schweiz hinzu, dann reduziert sich die Beschäftigungsquote der Frauen umgerechnet in Vollzeitstellen (Vollzeitäquivalente) auf 40,1 %, was in etwa dem OECD-Schnitt entspricht. Demgegenüber stehen 86 % der Männer im Segment zwischen 55 und 59 mit den 55- bis 64-jährigen Männern mit Hochschulabschluss an der oberen Bandbreite der Beschäftigungsquote. Geschlecht wie Bildungsabschluss spielen also eine wesentliche Rolle bei der Bestimmung der Beschäftigungsquote.

Eine vertiefte Analyse der OECD-Zahlen für die Schweiz zeigt zudem eine tendenziell leichte Abnahme der freiwilligen Frühpensionierungen im Zeitraum 2001 bis 2012, insbesondere bei den 55- bis 59-jährigen Frauen und den 60- bis 64-jährigen Männern. Gleichzeitig haben aber die prekären Arbeitsmarktstati, u. a. aufgrund von Arbeitslosigkeit, Invalidität etc., zugenommen.

Der Outplacement-Anbieter Lee Hecht Harrison hat 2017 2300 Dossiers analysiert, welche 2016 kündigungsbedingte Outplacementprogramme durchlaufen haben. Bezogen auf die unterschiedlichen Alterssegmente kommt die Analyse zu dem Schluss, dass die unter Dreißigjährigen am schnellsten eine neue Tätigkeit, nämlich innerhalb von 120 Tagen, finden. Die Dreißig- bis Vierzigjährigen suchen bereits 160, die Vierzig- bis Fünfzigjährigen 170 Tage, bis sie eine neue Stelle finden. Bei den über Fünfzigjährigen dauert es im Schnitt 240 Tage, bis sie eine neue Anstellung gefunden haben (Pfeiffer Marinho 2017).

Dies hat mit Hindernissen zu tun, welche ältere erwerbstätige Pensionierte auf dem Arbeitsmarkt erleben. Demnach gibt es seitens Arbeitgebenden noch einiges zu tun, um das Arbeitsmarktpotenzial älterer Mitarbeitender zu nutzen. Denn von älteren arbeitssuchenden Mitarbeitenden werden verschiedene Arbeitsmarkthindernisse wahrgenommen (Abb. 3.15): wenige Stellen für ältere Erwerbstätige, Bevorzugung jüngerer Arbeitskräfte, zu teuer für Unternehmen und unangemessene Arbeitsbedingungen. Das sind aus Mitarbeitendensicht Umfeldfaktoren, die sich in der betrieblichen Praxis ergeben. Die kritische Reflexion der eigenen Qualifikationen und ihrer Entsprechung mit den Arbeitsmarktanforderungen wird demgegenüber nur von 29 % der Männer und 39 % der Frauen als Hinderungsgrund genannt.

Insgesamt ist also nicht von einem grundsätzlich erhöhten Arbeitslosenrisiko auszugehen, wohl aber von erschwerten Bedingungen bei der Wiederanstellung und Arbeitsmarkthindernissen, was zu erheblich längeren Suchphasen führen kann. Das gesellschaftliche Wissen hierüber wird einerseits das Risikoverhalten am Arbeitsplatz reduzieren und ab einem gewissen Alter eher zum Verbleib in der bestehenden Funktion und Position führen, was zu einer gewissen Rigidität des betrieblichen Arbeitsmarktes führt. Andererseits wird eine wohl nicht unerhebliche Dunkelziffer in die scheinbar freiwillige Frühpension gehen aus der Einschätzung heraus, dass die Chancen auf eine Wiederanstellung gering ausfallen (Abb. 3.16).

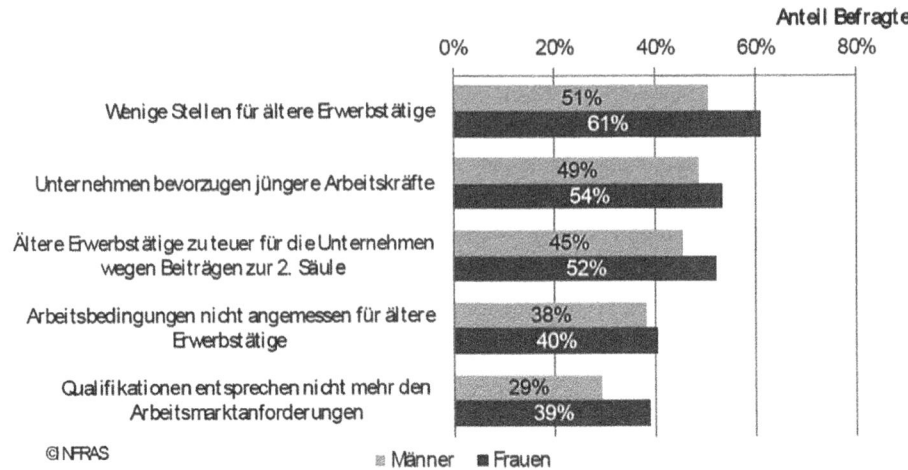

Abb. 3.15 Erlebte Arbeitsmarkthindernisse bei Erwerbstätigkeit über dem ordentlichen AHV-Rentenalter – Erwerbstätige Pensionierte. (Quelle Trageser et al. 2012, S. 28)

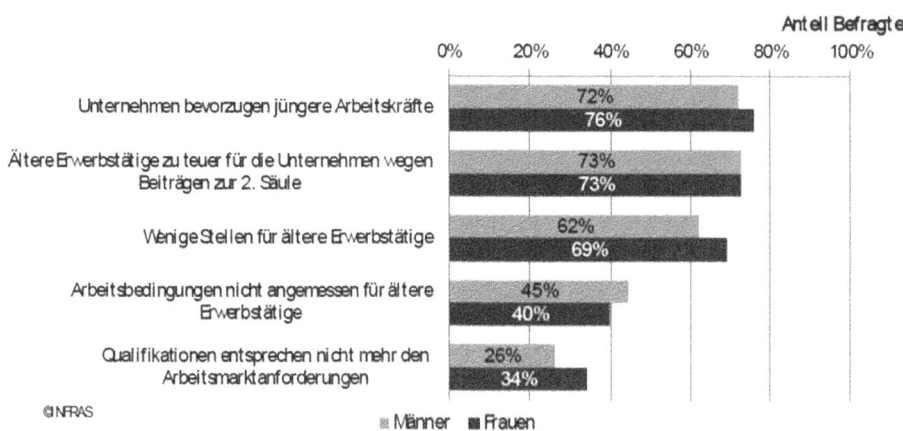

Abb. 3.16 Mögliche Arbeitsmarkthindernisse bei Erwerbstätigkeit über dem ordentlichen AHV-Rentenalter – Erwerbstätige Pensionierte. (Quelle Trageser et al. 2012, S. 28)

3.1.3.6 Quick-Reads: Einflussfaktoren auf den Verbleib im Erwerbsleben

Der Erhalt einer guten Gesundheit ist natürlich eine „conditio sine qua non" für den Verbleib im Erwerbsleben. Obschon sich insgesamt der Gesundheitszustand in unserer Gesellschaft verbessert hat, insbesondere die Unfallrate sich drastisch reduziert hat, gibt der starke Anstieg von Fehltagen aufgrund psychischer Erkrankungen zu denken. Insbesondere die Anzahl der Fehltage fällt mit mehreren Wochen stark ins Gewicht.

Bei älteren Menschen ist zu beobachten, dass sie zwar seltener als die Jungen in den Krankenstand treten, dafür jedoch überproportional oft von längeren Krankheitsausfällen betroffen sind. Dieses Krankheitsrisiko wirkt sich wohl auch negativ auf die Arbeitsmarktchancen bzw. die Wiedereinstiegschancen älterer Menschen aus und fördert eine gesundheitsbedinge Selektion der Erwerbsbevölkerung ab 60 Jahren. In unserer Studie 2015 konnten wir erkennen, dass körperliche Belastungen schneller zu einem empfundenen Gesundheitsproblem führen, während psychische Belastungen eher mit dem Gefühl der Überforderung einhergehen. Auffällig ist ferner, dass psychische Belastungen stärker als körperliche Belastungen mit dem Bestreben, vorzeitig in Pension zu gehen, zusammenhängen: Psychische Störungen im Allgemeinen und Depressionen im Besonderen sind der Grund für nahezu jede zweite Frühpensionierung. Das betriebliche Gesundheitsmanagement wird sich somit viel stärker mit psychischen Belastungen und allgemein mit dem Gefühl der Überforderung auseinandersetzen müssen und sollte dies auch betrieblich zu einem offenen Thema im Führungsprozess machen. Die Vermeidung von Überengagement ist zusammen mit sinnstiftenden Arbeitsinhalten, einer ausgeglichenen Balance zwischen Arbeitseinsatz und Belohnung (Effort-Reward-Balance) sowie einer adäquaten Handlungsautonomie zentral für die Sicherstellung von Arbeitsfreude. Was wir tun, wie viel Entscheidungsfreiheit wir darin erfahren, wie wir dafür be- und entlohnt werden und wie wir bei Überforderung und Belastung unterstützt werden, das sind die wesentlichen Einflussfaktoren darauf, ob wir gerne und mit Freude arbeiten. Und Arbeitsfreude zahlt wiederum auf das Konto der Verweildauer im Erwerbsleben ein. Die aktive Nutzung dieser Stellhebel ist insbesondere in jenen Gesellschaften wie der Schweiz von hoher Bedeutung, in welchen sich ein hoher Anteil der Erwerbsbevölkerung aus finanziellen Gründen – unter anderem durch Vorbezug von Altersvorsorgeleistungen – einen vorgezogenen Austritt aus dem Erwerbsleben auch leisten kann.

Einen weiteren ernst zu nehmenden Einfluss auf die Festlegung des Pensionierungs-/Rentenzeitpunktes nimmt die mangelnde Vereinbarkeit zwischen Beruf und dem privaten Umfeld. Lange und vor allem atypische Arbeitszeiten auch an Abenden und Wochenenden beeinträchtigen diese stark. Insbesondere wenn Unterstützungsaufgaben im familiären Umfeld anfallen, ist auch auf eine ausreichende Flexibilität in der Gestaltung der Arbeitszeiten zu achten, und hierbei müssen wohl die sich biografisch verändernden Bedürfnisse zwischen Kinderbetreuung, Betreuung von Familienangehörigen etc. berücksichtigt werden. Zudem muss die starke Rolle insbesondere des Lebenspartners, der Lebenspartnerin bei der Pensionierungs-/Rentenentscheidung berücksichtigt werden. Diese sollten am besten bei Informationen und betrieblichen Beratungen mit integriert werden.

Ebenso spielen die Erwartungen der eigenen Arbeitsmarktfähigkeit und der konkreten Erlebnisse auf dem Arbeitsmarkt eine wesentliche Rolle bei der Festlegung des Pensionierungs-/Rentenzeitpunkts. Hier zeigt sich, dass ältere Mitarbeitende zwar die Entlassungsgefahr subjektiv nicht höher einschätzen als jüngere Mitarbeitende, aber grundsätzlich die wirtschaftliche Lage im Allgemeinen kritischer beurteilen. Das mag mit dem erhöhten Risiko von Langzeitarbeitslosigkeit zusammenhängen, was sich in

Suchzeiten von im Mittel bei 240 Tagen niederschlägt. Und die Erfahrungen in diesen Suchprozessen sind alles andere als positiv und legen einen betrieblichen Handlungsbedarf offen: Wenige Stellen für ältere Erwerbstätige, Bevorzugung jüngerer Arbeitskräfte, zu teuer für Unternehmen und unangemessene Arbeitsbedingungen, das sind wahrgenommene Formen der Diskriminierung älterer Menschen auf dem Arbeitsmarkt.

Zusammenfassend lassen sich für die betriebliche Praxis folgende Handlungsempfehlungen ableiten, um den Pensionierungszeitpunkt älterer Mitarbeitender zu beeinflussen:

1. Stärkere Berücksichtigung von psychischen Belastungen und Thematisierung von Überforderungssituationen im betrieblichen Gesundheitsmanagement.
2. Kritische Auseinandersetzung mit dem Phänomen des Überengagements. Welches (Führungs-)Verhalten fördert dies?
3. Periodische Überprüfung der Balance zwischen Arbeitseinsatz und Anerkennung/ Wertschätzung und Entlohnung.
4. Sicherstellung, dass Arbeitsinhalte sinnstiftend sind und die Arbeit im Durchschnitt das Potenzial hat, auch Freude zu machen.
5. Sicherstellung einer adäquaten Entscheidungsautonomie als wesentlicher Faktor der Selbstwirksamkeit und Arbeitsfreude.
6. Sicherstellung einer adäquaten Handlungsautonomie bezogen auf Arbeitszeit und -ort, um die Vereinbarkeit zwischen Beruf und Privatleben entlang einer sich wandelnden Lebenspraxis sicherzustellen.
7. Einbeziehen des/der Lebenspartners/-partnerin in die betriebliche Planung der letzten Berufsjahre.
8. Schaffung von neuen Stellen für ältere Mitarbeitende.
9. Schaffung eines alternsfreundlichen Personalleitbilds.
10. Entgegentreten gegen jede Form der Altersdiskriminierung bei der Rekrutierung (zu alt, zu teuer etc.).

Literatur

Arendt, Hannah. 2016. *Vita activa oder Vom tätigen Leben. Ungekürzte Taschenbuchausgabe,* 18. Aufl. München: Piper (Piper, 3623).

Badura, Bernhard, Antje Ducki, Helmut Schröder, Joachim Klose, und Markus Meyer. Hrsg. 2016. *Unternehmenskultur und Gesundheit – Herausforderungen und Chancen. Mit 130 Abbildungen und 253 Tabellen.* Springer-Verlag GmbH. Berlin: Springer (Fehlzeiten-Report, 2016). http:// site.ebrary.com/lib/tubraunschweig/detail.action?docID=11261850.

Bellmann, Lutz, Ute Leber, und Jens Stegmeier. 2007. Betriebliche Personalpolitik und Weiterbildungsmanagement gegenüber älteren Beschäftigten – Ein Überblick mit Daten des IAB-Betriebspanels. In *Demografischer Wandel und Weiterbildung,* Hrsg. Herbert Loebe und Eckart Severing, 1. Aufl., 81–99. s.l.: Bertelsmann (Wirtschaft und Bildung, v.3).

Bookmann, Bernhard, Jan Fries, und Christian Göbel. 2012. *Specific measures for older employees and late career employment.* ZEW Zentrum für Europäische Wirtschaftsforschung.

Börsch-Supan, Axel, Ismail Düzgün, und Mathias Weiss. 2007. *Der Zusammenhang zwischen Alter und Arbeitsproduktivität. Eine empirische Untersuchung auf Betriebsebene.* Hrsg. v. MEA – Mannheimer Forschungsinstitut. Mannheim: Universität Mannheim (Projekt-Nr. 2004-697-3).

BPtK Bundespsychotherapeutenkammer. Hrsg. 2013. *BPtK-Studie zur Arbeits- und Erwerbsunfähigkeit. Psychische Erkrankungen und gesundheitsbedingte Frühverrentung.* Berlin.

Brenscheidt, Frank, und Beate Beermann. 2013. Gesundheitliche und psychosoziale Auswirkung der Arbeitszeit. In *Stressreport Deutschland 2012. Psychische Anforderungen, Ressourcen und Befinden*, Hrsg. Andrea Lohmann-Haislah und Martin Schütte, 113–123. Dortmund: Bundesanstalt für Arbeitsschutz und Arbeitsmedizin.

Breutmann, Norbert, und Sibylle Adenauer. 2007. Arbeitsfähigkeit messen und fördern: der Work Ability Index. *Institut für Angewandte Arbeitswissenschaft* 192:1–15.

Brinkmann, Ralf. 2009. *Berufsbezogene Leistungsmotivation älterer Arbeitnehmer. Eine individuumsbezogene Perspektive*, 1. Berlin: Logos-Verl. (Wirtschaftspsychologie, 1).

Cloots, Alexandra, Judith Pauli, und Sibylle Olbert-Bock. 2017. *Studie 2015/16: Erwartungen an das Arbeitsumfeld von Ostschweizer Digital Natives.* St. Gallen: FHS St.Gallen, Hochschule für Angewandte Wissenschaften.

Eurofound Jahrbuch 2015. 2016. *Leben und Arbeiten in Europa.* Hrsg. v. Amt für Veröffentlichungen der Europäischen Union. Luxemburg.

Fietze, Simon. 2011. *Arbeitszufriedenheit und Persönlichkeit: „Wer schaffen will, muss fröhlich sein!".* Hrsg. v. SOEPapers on Multidisciplinary Panel Data Research. Deutsches Institut für Wirtschaftsforschung DIW Berlin. Berlin (388).

Hackl, Benedikt, Marc Wagner, Lars Attmer, und Dominik Baumann. 2017. *New Work: Auf dem Weg zur neuen Arbeitswelt. Management-Impulse, Praxisbeispiele, Studien.* Wiesbaden: Springer Gabler. http://dx.doi.org/10.1007/978-3-658-16266-5.

Hüttermann, Hendrik. 2016. Jung und Alt im selben Team: Potenzial gezielt nutzen. *Die Volkswirtschaft* 2016 (6): 59–60.

Ilmarinen, Juhani, Jürgen Tempel, und Marianne Giesert, Hrsg. 2002. *Arbeitsfähigkeit 2010. Was können wir tun, damit Sie gesund bleiben?* Hamburg: VSA-Verlag.

Köper, Birgit. 2013. Restrukturierung. In *Stressreport Deutschland 2012. Psychische Anforderungen, Ressourcen und Befinden*, Hrsg. Andrea Lohmann-Haislah und Martin Schütte, 143–155. Dortmund: Bundesanstalt für Arbeitsschutz und Arbeitsmedizin.

Leoni, Thomas, und Alfred Uhl. 2016. *Fehlzeitenreport 2016.* Krankheits- und unfallbedingte Fehlzeiten in Österreich. Unter Mitarbeit von Martina Einsiedl. Österreichisches Institut für Wirtschaftsforschung. Wien.

Lohmann-Haislah, Andrea, und Martin Schütte. Hrsg. 2013. *Stressreport Deutschland 2012. Psychische Anforderungen, Ressourcen und Befinden. Bundesanstalt für Arbeitsschutz und Arbeitsmedizin.* Dortmund: Bundesanstalt für Arbeitsschutz und Arbeitsmedizin. http://www.baua.de/de/Publikationen/Fachbeitraege/Gd68.pdf?__blob=publicationFile&v=5.

Moldaschl, Manfred. 2005. *Immaterielle Ressourcen. Nachhaltigkeit von Unternehmensführung und Arbeit I*, 1. Aufl. München: Hampp (Arbeit, Innovation und Nachhaltigkeit, 3). http://www.wiso-net.de/document/EBOK,AEBO__9783879888689320.

Moldaschl, Manfred. 2007. *Immaterielle Ressourcen*, 2., erw. Aufl. München: Hampp (Arbeit, Innovation und Nachhaltigkeit, 3). http://deposit.d-nb.de/cgi-bin/dokserv?id=3023969&prov=M&dok_var=1&dok_ext=htm.

Morschhäuser, Martina, Hrsg. 2002. *Gesund bis zur Rente. Konzepte gesundheits- und alternsgerechter Arbeits- und Personalpolitik.* Stuttgart: Fraunhofer-IRB-Verl. (Broschürenreihe).

Nida-Rümelin, Julian. 2015. *Die Optimierungsfalle. Philosophie einer humanen Ökonomie*, 1. Aufl., genehmigte Taschenbuchausgabe. München: btb (btb, 74969).

Nink, Marco. 2017. *ENGAGEMENT INDEX DEUTSCHLAND 2016.* Hrsg. v. Gallup. Berlin.

OECD. 2014. *Vieillissement et politiques de l'emploi. Suisse 2014 – Mieux travailler avec l'âge.* Paris: OECD Publishing (Vieillissement et politiques de l'emploi). http://gbv.eblib.com/patron/ FullRecord.aspx?p=3026729.

Olbert-Bock, Sibylle, Alexandra Cloots, und Abdullah Redzepi. 2017. *Sustainable leadership in ambidextrous organisations.* Beitrag zur 5th CR3+Conference: Making Corporate Responsibility useful, April 28–29, 2017, Hanken School of Economics, Helsinki. FHS St.Gallen, Hochschule für Angewandte Wissenschaften. eingereicht in Electronic Journal of Business Ethics and Organization Studies (EJBO). In Review.

Parment, Anders. 2013. *Die Generation Y. Mitarbeiter der Zukunft motivieren, integrieren, führen,* 2. Aufl. Wiesbaden: Springer Gabler.

Pfeiffer Marinho, Caroline. 2017. Nach der Kündigung: Wer findet wie rasch wieder eine Stelle. http://www.lhh.ch/de-ch/blog/2017/march/statistik/.

Rabl, Tanja. 2010. *Age, discrimination, and achievement motives: A study of German employees.* Hrsg. v. Universität Bayreuth. https://doi.org/10.1108/00483481011045416.

Rump, Jutta, und Silke Eilers. 2007. Employability Management – lebenslange Beschäftigungsfähigkeit als Antwort auf den demografischen Wandel. In *Demografischer Wandel und Weiterbildung,* 1. Aufl, Hrsg. Herbert Loebe und Eckart Severing, 39–59. s.l.: Bertelsmann (Wirtschaft und Bildung, v.3).

Ruthus, Julia. 2013. *Employer of Choice der Generation Y. Herausforderungen und Erfolgsfaktoren zur Steigerung der Arbeitgeberattraktivität.* Wiesbaden: Springer Gabler.

Sennett, Richard, und Bischoff Michael. 2014. *Handwerk,* 5. Aufl. Berlin: Berliner Taschenbuch-Verl. (BvT, 632).

Stecker, Christina. Hrsg. 2011. *Abschlussbericht Modellprojekt GeniAL – Generationenmanagement im Arbeitsleben.* Demographieorientierte Beratung von Unternehmen durch die Deutsche Rentenversicherung. Deutsche Rentenversicherung Bund. Sonderausg. der DRV. Berlin: Dt. Rentenversicherung Bund Geschäftsbereich Presse- und Öffentlichkeitsarbeit Kommunikation (DRV-Schriften, 95).

Stilijanow, Ulrike. 2013. Führung und Gesundheit. In *Stressreport Deutschland 2012. Psychische Anforderungen, Ressourcen und Befinden,* Hrsg. Andrea Lohmann-Haislah und Martin Schütte, 123–128. Dortmund: Bundesanstalt für Arbeitsschutz und Arbeitsmedizin.

Trageser, Judith, Stephan Hammer, und Juliane Fliedner. 2012. *Altersrücktritt im Kontext der demografischen Entwicklung. Beiträge zur Sozialen Sicherheit.* Hrsg. v. Bundesamt für Sozialversicherungen. Bern (BBL, Vertrieb Publikationen, 11).

Valentin, Karl. 2007. *Mögen hätt' ich schon wollen. [skurrile Sprüche & Bilder].* Rosenheim: Rosenheimer Verl.-Haus.

Wirtz, Anna. 2010. *Gesundheitliche und soziale Auswirkungen langer Arbeitszeiten.* @Oldenburg, Univ., Dissertation Dortmund: Bundesanstalt für Arbeitsschutz und Arbeitsmedizin.

Die Zukunft der Arbeit – Schöne, neue Welt?

4

Zusammenfassung

Wohl kaum ein Begriff beschäftigt uns aktuell mehr als die Digitalisierung. Aller Euphorie auf der einen und Schwarzmalerei auf der anderen Seite zum Trotz kann davon ausgegangen werden, dass die Digitalisierung eine tief greifende wirtschaftliche und gesellschaftliche Transformation auslösen wird. Zusammen mit dem Megatrend der Globalisierung, dem Wertewandel in der Gesellschaft und der Veränderung der Funktionsweisen unserer Märkte wird die Digitalisierung die Arbeitswelt nachhaltig prägen. Transformationen sind zu erwarten in der Art und Weise, wie sich Arbeitsmodelle, -organisation, -hilfsmittel und nicht zuletzt unsere Einstellung zur Arbeit verändern. All dies tangiert uns als Menschen, als Akteure in dieser Arbeitswelt, in unseren diversen Rollen, in denen wir Teil der neuen Arbeitswelt, der New Work sein werden. Und wie bei allen Transformationen sind sowohl Chancen als auch gesellschaftliche „Druckpunkte" in der digitalen Transformation der Arbeit zu erwarten. Im vorliegenden Kapitel gehen wir auf mögliche Auswirkungen der Digitalisierung auf die Arbeitswelt der Zukunft ein, insbesondere auf die Bereiche der Flexibilisierung, Agilität und Individualisierung, auf die Entstehung neuer Digital Communities, auf den Trend zu multilokalem Arbeiten, auf Wirkungen der Digitalisierung im Bereich der Produktivität, Transparenz und Rationalisierung, auf die Tendenz zu Beschleunigung sowie Fragmentierung der Arbeit.

Den Beginn des Megatrends der Digitalisierung und somit seiner Konsequenzen auf die Arbeit festzulegen, fällt schwer, zumal es nicht „die Digitalisierung" als solches gibt, sondern sich durch neue digitale Formen und Möglichkeiten Optionen für wirtschaftliche und gesellschaftliche Entwicklungen auftun, die als offener Prozess verstanden werden können. Über dessen Richtung zu entscheiden, muss indes Gegenstand eines breiten Diskurses sein. Denn so wenig es einen Zielpunkt für die Digitalisierung gibt, so wenig

© Springer Fachmedien Wiesbaden GmbH, ein Teil von Springer Nature 2018
S. Wörwag und A. Cloots, *Flexible Arbeitsmodelle für die Generation 50+*,
https://doi.org/10.1007/978-3-658-20538-6_4

gab es nur einen Auslöser: Denn oft ist es einem Zusammenspiel geschuldet von einerseits technologischen Entwicklungen (hier u. a. Massentauglichkeit der Informations- und Kommunikationstechnologien, die Verbreitung des Internets, ein zunehmend breiter Technologiezugang einer globalen Bevölkerung) in Verbindung mit wirtschaftlichen Interessen (hier u. a. die Automatisierung, die Globalisierung von Marktzugängen und Wertschöpfungsketten, aufbauend auf einem libertären Freiheitsideal) und andererseits einer gesellschaftlichen Prädisposition (hier u. a. technologischer Machbarkeitsoptimismus, Entgrenzungstendenzen, digitale Fragmentierung, Wunsch nach Vernetzung über digitale Medien etc.). Dieses Zusammenspiel hat erst der transformativen Entwicklung durch die Digitalisierung in der gegebenen Breite Vorschub geleistet. Dass durch diese Entwicklung nicht nur neue Möglichkeiten zu den bestehenden, der „Old Economy", hinzukommen, sondern in allen Lebens- und Wirtschaftsbereichen ein tief greifender Transformationsprozess vonstattengeht, macht die Digitalisierung zu einem spannenden Megatrend: Klassische Produktions- und Inputfaktoren werden zunehmend ersetzt durch neue, wie Kapital, Innovation, Markenwert und Beherrschung von Netzwerken und Daten.

Mit diesem Megatrend zukunftsgerichtet und innovativ umzugehen, setzt arbeitgeberseitig ein hohes Maß an Innovationsfähigkeit voraus. Diese bedingt wiederum eine veränderte Form von Humaneinsatz. Botthof (2015) nennt dabei vier Säulen der Innovationsfähigkeit, welche auch die Arbeit der Zukunft prägen werden: das verfügbare spezialisierte Fachwissen (Humankapital), Vielfalt spezialisierter Wissensbestände und die Art und Weise, diese untereinander zu verknüpfen (Komplexitätskapital), betriebliche Strukturen zur Erzeugung neuen Wissens in Arbeitsprozessen oder durch entsprechende Forschungs- und Entwicklungtätigkeit (Strukturkapital) und schließlich die Fähigkeit, internes Wissen mit externem Wissen aus Forschungs- und Bildungseinrichtungen zu vernetzen (Beziehungskapital). Es reicht offensichtlich nicht mehr, wenn wir geniale Mitarbeitende haben, sondern die Kunst wird darin bestehen, ihre Expertise untereinander innerbetrieblich und überbetrieblich mit anderen Expertinnen und Experten zu vernetzen und die daraus entstandene Intelligenz strukturiert in Arbeits- und Wertschöpfungsprozesse zu integrieren.

Das hat auch Auswirkungen auf die Art und Weise, wie Arbeit verstanden wird. Denn betrachtet man sowohl jene Konzepte der Digitalisierung, welche eine schnelle, plattformgestützte globale Skalierung von Dienstleistungen anstreben, als auch jene, die unter der Bezeichnung von Industrie 4.0 eine durchgehende Digitalisierung der industriellen Wertschöpfungskette ermöglichen, ist beiden Konzepten das Bestreben gemein, folgende Vorteile betrieblich nutzbar zu machen:

1. höhere Agilität und Flexibilität,
2. virtuelle Nähe durch Dezentralisierung,
3. Vermeidung menschlicher Fehleranfälligkeit durch Automatisierung,
4. erhöhte Leistungstransparenz sowie
5. Produktivitäts- und Innovationsvorteile.

Dies sind auch die Anforderungen an Organisationskonzepte und Arbeitsmodelle der Zukunft. Bürokratische Strukturmodelle der „Old Economy" stehen ebenso auf dem Prüfstand wie die klassische Arbeiterlaufbahn und Führungskarriere. Mitarbeitende, welche in vorhersehbaren, stabilen und aufgaben- und/oder personenzentrierten Arbeitsstrukturen groß geworden sind, welche diese Strukturen auch zum Zwecke der sozialen Sicherung und der persönlichen Selbstverortung gebrauchten, sind aufgefordert, angesichts dieser Entwicklungen umzudenken und aktiver Teil dieser gesellschaftlichen Transformation zu werden.

Auch der Marktwert der heutigen Wissensarbeitenden steht zur Disposition. Denn überall dort, wo die Sammlung, Verarbeitung und Verteilung von Wissen minimalen Strukturen gehorcht, kann sie dank moderner und immer besserer Systeme mit künstlicher Intelligenz automatisiert werden. Das herkömmliche Werkzeug der Mitarbeitenden wird durch moderne „Denkzeuge" des Wissensarbeitenden ergänzt, Letzterer, so er sich nicht durch Kreativität und Esprit von der Maschine abhebt, auch gleich weg automatisiert. Gemäß Vasek (2016) hat die Automatisierung des Geistes längst begonnen, und sie wird nicht nur die einfachen Routineaufgaben substituieren, die neuen Algorithmen erlauben es auch, komplexe kognitive Aufgaben rasch und strukturiert abzuarbeiten und damit auch höher qualifizierte Arbeit zu ersetzen. Aus philosophischer, aber auch aus lebenspraktischer Perspektive stellen sich uns hier folgende Fragen: „Was heißt es für unsere Arbeit, wenn Computeralgorithmen Urteile fällen? Erniedrigt die Technologie den Menschen? Und führt die Digitalisierung womöglich zu neuen Formen entfremdeter Arbeit?" (Vasek 2016, S. 82). Begegnen wir aber dieser Herausforderung richtig, wenn wir gleichzeitig unser Anspruchsniveau an reflektierte Wahrheitsgehalte – Stichwort postfaktisches Zeitalter – senken, wenn wir uns selbst auf eine Art Wiki-Realismus verlassen?

Nachfolgend sollen einige bereits eingetroffene oder zu erwartende Phänomene der Digitalisierung aus Mitarbeitendenperspektive aufgegriffen werden, konkret Aspekte

1. der Flexibilisierung, Agilität und Individualisierung,
2. der Informatisierung,
3. der Entstehung neuer Digital Communities,
4. der Produktivität, Transparenz und Rationalisierung,
5. des multilokalen Arbeitens,
6. der Beschleunigung,
7. der Fragmentierung und neuen Selbstständigkeit.

Selbstverständlich sind diese Phänomene abhängig untereinander, und sie wirken in verschiedenerlei Hinsicht auf unser Wirkungsmodell der „guten Arbeit". In Abb. 4.1 sind die beschriebenen Phänomene in diesem Wirkungssystem integriert und mutmaßliche bzw. offenkundige Bezüge zu Faktoren unseres Wirkungssystems aufgezeigt. Es zeigt sich bereits in der Fülle der Wirkungsbezüge, dass wir vor einem tief greifenden Transformationsprozess auch in der Arbeitswelt stehen. Nachfolgend

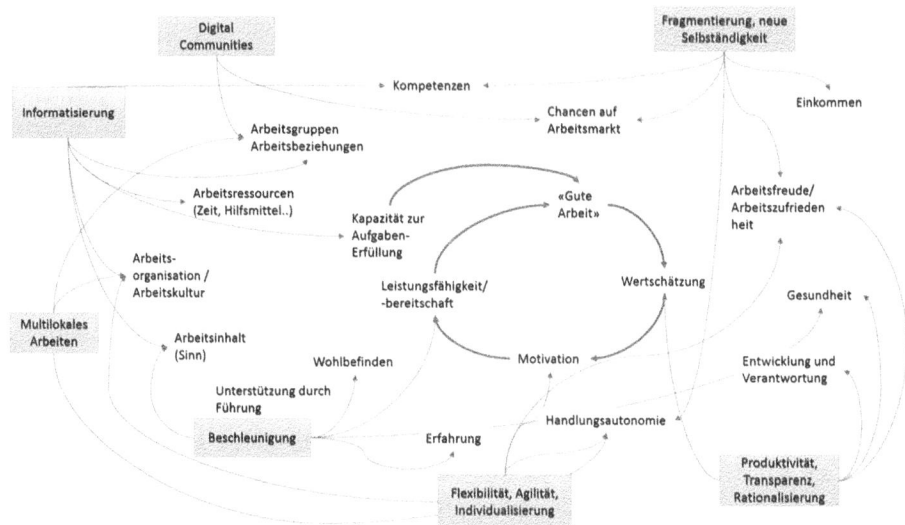

Abb. 4.1 Einfluss der Digitalisierung auf die Arbeit. (Quelle: Eigene Darstellung)

sollen lediglich skizzenhaft einige Tendenzen und Phänomene dieser Transformation und ihrer Auswirkungen auf die Zukunft der Arbeit beschrieben werden, ohne hierfür Anspruch auf Vollständigkeit erheben zu wollen.

4.1 Flexibilität, Agilität und Individualisierung

Alle transformativen Prozesse stellen hohe Ansprüche an die betriebliche Anpassungsfähigkeit. Dies insbesondere in einer Welt, welche durch Volatilität, Unsicherheit, Komplexität und Ambivalenz geprägt ist, wofür der neue Modebegriff der VUKA erfunden wurde. Gemeint ist eine Welt, welche sich immer mehr beschleunigt, in welcher Vorhersagen immer schwieriger zu machen sind, einer zunehmenden Komplexität, in welcher alles mit allem zusammenzuhängen scheint und hierin der Mensch sich mit einer Vielfalt von Entscheidungs- und Wahlmöglichkeiten konfrontiert sieht. Deshalb sind Begriffe wie Flexibilität und Agilität in einem sich schnell verändernden Umfeld als Erfolgsfaktor in aller Munde. Mitunter auch je nach Zuschreibungsschwerpunkt als Adaptivität, Beweglichkeit, Elastizität oder Mobilität bezeichnet, beherrschen diese Begriffe omnipräsent die betriebswirtschaftliche Diskussion. Trotz der unterschiedlichen

Begriffsverständnisse lässt sich dennoch seit den 1980er Jahren die Orientierung an systemtheoretischen Ansätzen als gemeinsamer Nenner von Forschungsbeiträgen zum Thema Flexibilität bzw. Flexibilisierung identifizieren. Zeitgleich rückten auch die Flexibilität menschlicher Arbeit bzw. Arbeitsbeziehungen in den Fokus der Diskussion (Renner 2002). Neben dem Bedürfnis nach Flexibilisierung des Personalbestands stehen auch zunehmend Möglichkeiten zur Steigerung der räumlichen und zeitlichen Flexibilität, der Personaleinsatzflexibilität, aber auch der qualifikationsbezogenen Flexibilität durch Personalentwicklung im Brennpunkt der Diskussion. Bruch et al. nennen räumlich und zeitlich flexibilisierte Arbeitsorganisationen und -formen als ein Hauptkennzeichen der neuen Arbeitswelt (Bruch et al. 2016).

Ziel dieser Flexibilisierung ist es vielerorts, die Anpassungsfähigkeit auf Veränderungen außerhalb, aber auch innerhalb des Unternehmens zu steigern. Hierbei geht es um die Sicherung sowohl von Handlungsspielräumen als auch von Handlungsschnelligkeit, um interne wie externe Potenziale auszuschöpfen, aber auch für entsprechende Risiken gewappnet zu sein. Ob allerdings bestehende Handlungsspielräume auch schnell und wirksam ausgenutzt werden können, hängt wiederum vom Willen und von der Bereitschaft der betroffenen Mitarbeitenden ab, diese zu nutzen. Renner spricht hier von individueller und kollektiver Handlungs- bzw. Flexibilisierungsbereitschaft bzw. von einer Flexibilisierungsmentalität als Kulturbestandteil im Unternehmen (Renner 2002). Das bedeutet einen langfristig angelegten Entwicklungsprozess zur Förderung der Flexibilisierungsmentalität, die Flexibilitätspotenziale und Handlungsspielräume in Abhängigkeit von der Dynamik der Umweltbedingungen oder intern sich verändernder Rahmenbedingungen zu gestalten.

Dabei kann es keinen optimalen, beschreibbaren oder gar verallgemeinerbaren Zustand der Flexibilität im Unternehmen geben, da Flexibilität sich auch immer an allenfalls dynamischen Zielen orientiert. Anders gesagt, besteht die Optimierungsaufgabe darin, das Flexibilitätspotenzial in einem Unternehmen auf die Flexibilitätsanforderungen optimal auszurichten.

Mit der Flexibilisierung auf individueller Ebene verknüpft und dennoch wesensungleich ist die Individualisierung. Mitarbeitende haben weniger Interesse an allgemeiner Flexibilisierung, setzt diese doch auch individuell hohe Anforderungen an Veränderungsbereitschaft, Anpassungsleistungen etc. voraus, welche oftmals a priori noch keinen individuellen Vorteil versprechen. Hingegen ist das individuelle Interesse an eine flexible und auf die individuellen Bedürfnisse anpassbare Gestaltung von Arbeitszeit, -ort, -tempo, -pausen, -verfahren, allenfalls auch -inhalten und -aufgaben hoch. Die Individualisierung einer Stelle, welche die Handlungsspielräume auf Individualebene weitet, kann sowohl das Flexibilitätspotenzial als auch die Handlungsschnelligkeit in diesem Bereich optimieren.

In einer breit angelegten Trendstudie bei knapp 20.000 Führungskräften und Mitarbeitenden aus dem deutschsprachigen Raum konnten Bruch et al. (2016) nachweisen, dass eine Flexibilisierung von Arbeitszeiten sich mit einem Plus von 12 % auf die Unternehmensleistung auswirkt. Stärker noch, mit einem Zuwachs von 20 %, wirkt die Individualisierung von Arbeitsarrangements auf die Unternehmensleistung. Darin zeigt sich, dass individuelle Arbeitsarrangements, welche eine Ausweitung des Handlungsspielraums der Mitarbeitenden bezwecken, eine starke Wirkung auf die Unternehmensleistung haben, stärker noch als die Arbeitszeitflexibilisierung, also die Flexibilisierung von Zeiten und Pensen. Die Ausweitung des Handlungsspielraums, den die Individualisierung kennzeichnet, ist somit eine starke Triebfeder von New Work. Wir haben das Thema der Handlungsautonomie bereits in Abschn. 3.1.2.5 eingehend beschrieben. Was als grundsätzlich schon positiv auf die Leistungsfähigkeit und die Leistungsbereitschaft wirkt, wird angesichts der aktuell sichtbaren Individualisierungstendenzen der neuen Arbeitswelt nochmals akzentuiert.

Die Größe des Handlungsspielraumes wird sich nicht nur positiv auf die direkte Mitarbeitendenleistung auswirken, sondern auch auf ein ganzheitliches Arbeitsverständnis und damit die Eigeninitiative steigern. Nichtsdestoweniger muss aber gewährleistet werden, dass die Individualisierung im Wohle der Unternehmensziele und nicht zur Eigennutzmaximierung des Mitarbeitenden dient, weshalb es ein hohes Maß an intrinsischer Arbeitsmotivation und -verantwortung braucht. Bei nicht intrinsisch motivierten Mitarbeitenden besteht nämlich die Gefahr, dass die großen Handlungsspielräume zu Orientierungslosigkeit und Überforderung führen (Renner 2002). Zur Unterscheidung der Motivationslage und Vermeidung von Überforderungen scheint es deshalb sinnvoll, die Individualisierung nicht als Standard für alle Mitarbeitenden einzuführen, meinend, dass damit allen gerecht getan, sondern den Mitarbeitenden eine Wahloption im Sinne einer Ausdifferenzierung von Stellen anzubieten. D. h., dass 1) den Mitarbeitenden transparent die Chancen, aber auch Anforderungen großer Handlungsspielräume aufgezeigt werden müssen, 2) ihnen die Entscheidungsspielräume zu einer Selektion unterschiedlicher Modelle inklusive jenem, nichts zu verändern, gegeben werden müssen und 3) die Möglichkeit des experimentellen Ausprobierens und allenfalls der Rückkehr zu ehemals passenden Stellenprofilen offengelassen werden muss. Hierdurch machen die Mitarbeitenden erste positive Erfahrungen als Akteure im Veränderungsprozess, indem sie Individualisierung nicht als Top-down-Anordnung begreifen, sondern die damit verbundenen Gestaltungsspielräume erfahren. Auch darf ein Zurückkehren zu „alten" Arbeitsmustern nicht zu einer sozialen oder kulturellen Ächtung führen. Erst durch die wirkliche Wahrnehmung einer Wahlfreiheit entsteht das Vertrauen, die Handlungsspielräume auch wirklich gestaltend nutzen zu können.

Die neue Arbeitswelt bietet also erhebliche Potenziale der Flexibilisierung und Individualisierung von Arbeitsbeziehungen, Arbeitsmodellen und -verfahren. Bezogen auf unser Modell wirkt also die Flexibilisierung und Individualisierung positiv auf Motivation sowie auf die Arbeitszufriedenheit. Sie verändert die Form der Arbeitsorganisation, indem sie mehr individualisierte Ausgestaltungsmöglichkeiten mit sich bringt, und sie schafft damit ein Mehr an individuellen Handlungsräumen. Die damit einhergehende Ausweitung von potenziellen Handlungsspielräumen muss aber unter Berücksichtigung der Grundsätze der individuellen Anpassungsmöglichkeit vollzogen werden, um die angestrebte Individualisierung nicht mit einer neuen Standardisierung zu konterkarieren.

4.2 Informatisierung der Arbeit

Seit Menschengedenken baut der Mensch individuelles Wissen und eigene Fertigkeiten auf, die er mit anderen, mit denen er sich verbunden fühlt, teilt. Mit der Entwicklung von Informationstechnologien fällt insbesondere der Prozess des Teilens leicht: Gedanken, Wissen, Erkenntnisse können in allen Phasen der Entstehung anderen zugänglich gemacht werden. Diese Rationalisierung geistiger Tätigkeit, also die systematische Erzeugung, Pflege und Nutzung von Informationen und die damit verbundene Möglichkeit, Informationen sozusagen vom individuellen Besitz der Subjekte loszulösen und allgemein nutzbar zu machen, nennen wir Informatisierung. Sie macht aus individuellem Wissen allgemein zugängliche Information, die vom Kollektiv zur Grundlage arbeits- und wissensteiliger Prozesse verwendet werden kann. Das ist in einer arbeitsteiligen Wirtschaft grundsätzlich zu begrüßen. Denn auch mit der heute in schnellem Maße zunehmenden Vernetzung von Informationen sind neue Interaktionsmöglichkeiten zwischen Menschen entstanden. Informationen werden nicht nur von einem Speicherplatz abgerufen, bearbeitet und neu abgelegt, sie bieten die Möglichkeit, dass Menschen in Echtzeit miteinander agieren können, sie bilden also neue soziale Interaktionsräume.

Informatisierung ist also mehr als nur der Einsatz von Informations- und Kommunikationstechnologien, mehr als die Summe der Computer, die das Bild unserer Arbeit prägen. Es geht um einen komplexen sozialen Prozess, implizite Informationen, so zum Beispiel Erfindungen, Ideen, Lösungsansätze und ihre Ergebnisse anderen zugänglich zu machen. Informatisierung beschreibt damit einen Prozess der Entäußerung gedanklicher Vorgänge und deren Vergegenständlichung in überindividuell verwendbaren Medien. Erst durch die Medialisierung und Digitalisierung wird Information verbreitet, bearbeitet und als Grundlage arbeitsteiliger Prozesse nutzbar.

Da die neuen Informationstechnologien sowohl für geschäftliche wie private Interaktionen zweckungebunden zur Verfügung stehen, befördern sie ein Zusammenwachsen dieser Lebenssphären. Das E-Mail zum Beispiel, welches sowohl im geschäftlichen wie im privaten und familiären Kontext gleichermaßen genutzt wird, einfach dann auszuschalten, wenn sogenannte Freizeit angesagt ist, scheint einer künstlichen Beschränkung des Kommunikationsmediums gleichzukommen. Ob wir dies mögen oder nicht, die Kommunikationsmittel, die uns zur Verfügung stehen, beeinflussen die Gesamtheit unserer sozialen Interaktionen und lassen sich nicht auf nur eine Lebens- oder Arbeitssphäre beschränken. Oder anders gesagt: Die Mittel der Information und Kommunikation sind prinzipiell verwendungsoffen; es sind die Menschen, die aus den Mitteln der Kommunikation durch die Art und Weise ihres Gebrauchs Realitäten schaffen. Nichtsdestoweniger sind mit der Informatisierung, nebst der Entgrenzung von privater und öffentlicher Sphäre, auch Phänomene der Entfremdung verbunden, auf die später einzugehen sein wird.

So nützlich die Informatisierung in einer global arbeitsteiligen Wirtschaft sein mag, so verändert sie aus arbeitssoziologischer Sicht auch Deutungs- und Handlungsräume des einzelnen Mitarbeiters. Pfeiffer (2001) beschreibt drei durchaus auch kritisch zu lesende Trends in der Informatisierung der Arbeit. Da ist einerseits die Technologisierung der Arbeitsorganisation zu nennen. Man kann dies am Beispiel integrierter Softwaresysteme ablesen, die ungeheure Diffusionsbreite und Konsequenzen für die Gestaltung organisatorischer Abläufe und betrieblicher Prozesse aufweisen. Hierbei setzt heute oftmals die Software die Standards für die betriebliche Praxis und nicht umgekehrt. Systeme zur Prozessunterstützung greifen tief in Arbeitskontexte und das konkrete Handeln der Mitarbeitenden ein und bestimmen dieses. Das Subjekt muss sich hier den Prozessen der Technik nolens volens anpassen und es herrscht mitunter der Eindruck, dass der Mensch sich der Technik unterordnet und nicht umgekehrt. Eine zweite Entwicklung liegt in der Virtualisierung von Arbeitsbeziehungen. Zu nennen sind hier neue Informations- und Kommunikationsarchitekturen, welche auf das partielle Ersetzen des kommunikativen Arbeitshandelns ausgerichtet sind. Online-Beratungen, intelligente Agenten-Systeme, Softbots und Ähnliches greifen tief in jene Sphäre der Arbeit ein, welche lange Zeit als nicht automatisierbar galt. Diese Programme arbeiten autonom von menschlicher Steuerung, sind kommunikativ, teilweise auch modal adaptiv, indem sie die eigenen Einstellungen auf spezifische Situationen anpassen können und unterdessen durchaus auch lernfähig sind. Und darüber hinaus sind sie rund um die Uhr verfügbar, robust und anspruchslos, meckern nicht und fordern keine Gehaltserhöhungen. Ihr Substitutionseffekt liegt in jenen Bereichen, die lange Zeit als nicht substituierbar galten, unter anderem kommunikative Aushandlungsprozesse unterschiedlicher Subjekte (zum Beispiel Verkäufer-Kunden-Verhältnisse) in komplexen Situationen, oder im Umgang mit an sich Unplanbarem, das mitunter als Restdomäne menschlichen und nicht maschinell substituierbaren Handelns galt. Dabei ist die Tendenz zu beobachten, dass diese Technologien immer mehr anthropomorphe Darstellungsformen und Visualisierungen aufweisen (Gesichter, Emotionen, Gestik etc.), welche ein ideales, fast makelloses Abbild des Menschen vorspielen, immer ausgeglichen und freundlich mit uns kommunizieren und damit das typisch Menschliche, sozusagen das Allzumenschliche, implizit abwerten. Als dritte Tendenz nennt Pfeiffer die Mediatisierung der Arbeitskraft, welche einhergeht mit neuen und für die Nutzenden unsichtbaren Optionen der Daten-sammlung und -aufbereitung. Damit wird eine neue Qualität des Datenzugriffs wie auch der Transparenz im Arbeitsalltag erreicht und das Bild des gläsernen Mitarbeitenden, für viele nicht zu Unrecht ein Schreckgespenst der Zukunft, zu einem realen Risiko.

Vasek (2016) spricht zusätzlich von einer digitalen Entfremdung, welche er an fünf Punkten festmacht: Erstens kann Entfremdung darin bestehen, dass sich die menschli-che Arbeit Algorithmen unterwirft, deren Abläufe und Schlüsse wir zunehmend weni-ger verstehen, geschweige denn hinterfragen noch revidieren können. Hier entsteht eine technische Abhängigkeit, welche uns vom eigentlichen Arbeitsprozess entfremdet. Zwei-tens kann uns die digitale Arbeit zunehmend fremd werden, wenn sich unser Beitrag auf das softwaregestützte Abarbeiten einzelner Routinen beschränkt. Das ist das Gegenteil von Handlungs- und Entscheidungsfreiheit, und es führt bereits heute dazu, dass, wie wir in unserer Studie 2017 eindrücklich gesehen haben, die Mitarbeitenden sich von einer Arbeit befreien wollen, in welcher Routine und IT-Nutzung überhandnehmen. Die Aus-führungen hierzu finden sich in Abschn. 7.1. Drittens kann die Entfremdung darin liegen, dass die digitale Arbeit uns ein Zeitregime aufzwingt, in welchem wir jederzeit erreich-bar und verfügbar sind. Wenn Flexibilisierung und Informatisierung bedeutet, immer zu arbeiten, statt nur dann und dort, wo wir wollen, haben wir wenig an Flexibilität gewon-nen. Viertens kann man in Analogie zu Pfeiffer (2001) von Entfremdung dann sprechen, wenn wir durch Algorithmen ständiger Überwachung und Leistungstransparenz ausge-setzt sind, wenn wir damit auf quantitative Größen und Indikatoren reduziert werden, hinter welchen unser Menschsein zu verschwinden droht. Und fünftens ist digitale Arbeit dann entfremdet, wenn sie fast ausschließlich den Regeln der digitalen Welt gehorcht, wenn sie aus einer maßgeblich algorithmischen Dimension besteht und somit die Arbeit geradeso gut, wenn nicht sogar besser, von einem Computer gemacht werden kann.

Setzt man die Phänomene der Informatisierung in Bezug zu unserem in diesem Buch verwendeten Modell, so erkennt man, dass sie auf künftige Kompetenzanforderungen, auf die Gestaltung der Arbeitsbeziehungen und Arbeitsgruppen, auf die Arbeitsorganisa-tion, auf die Arbeitsressourcen und Hilfsmittel sowie letztlich auch auf die Arbeitsinhalte und die Produktion von Sinn wirkt. Aus arbeitssoziologischer Sicht werfen diese Ent-wicklungen unter anderem Fragen auf wie:

a) Übernimmt die Technisierung die Deutungshoheit über die Arbeitsabläufe, -prozesse und ein neues Arbeitsverständnis?
b) Wie werden Aneignungsstrategien neuer Technologien stattfinden, aber auch, wie ist mit den damit verbundenen Entfremdungs- und Ausgrenzungsrisiken umzugehen? Und schließlich:
c) Werden mit der Mediatisierung die Frage nach Kontrolle versus Autonomie und die Frage der Privatheit versus Öffentlichkeit unserer Daten neu zu diskutieren sein?

Diese Fragen lösen ein gewisses Unwohlsein aus, was zum einen daher rührt, dass die Informatisierung eine Entfremdung des Menschen von seinen Arbeitsergebnissen mit sich bringt, welche das Maß der inneren Bindung des Mitarbeiters an seine Arbeit reduziert. Sennet spricht davon, dass die Beschäftigten der New Economy zwar höhere Qualifikationen benötigen, unter großem Druck arbeiten und lange Arbeitszeiten in Kauf nehmen, dennoch wird die innere Bindung an ihre Arbeit nicht belohnt, d. h., sie werden nicht primär dafür belohnt, wenn sie ihre Arbeit um ihrer selbst willen gut machen (Sennett und Bischoff 2014, S. 54). D. h., dass die Beschäftigten des digitalen Zeitalters primär dem Animal Laborans und weniger dem Homo Faber gleichen, aber dies offenbar nicht wollen. Ohne genau die innere Bindung, ohne die Begeisterung für einen tieferen Sinn der Arbeit, der uns veranlasst, uns genau für diesen Sinn, d. h. für die Arbeit um ihrer selbst willen zu engagieren, erleben wir Menschen eine Tendenz zur Entfremdung aller natürlichen Beziehung zu unserem Schaffen.

Der andere Grund eines angesichts der Informatisierung zunehmenden Gefühls der Skepsis mag darin begründet liegen, dass trotz oder angesichts aller Informatisierungsbegeisterung in der Gesellschaft die Frage unbeantwortet bleibt, wie viel Intelligenz die informatisierte und informatisierende Welt noch dem einzelnen Individuum zugesteht. Die Rolle des Menschen in einer sich rasch digitalisierenden Arbeitswelt muss sich neu erfinden. Im besten Fall verschafft sich der Mensch in den digitalen Räumen Zeitgewinne, welche für kreative Gestaltung von wertvollen Aufgaben benutzt werden können. Dazu müssen wir allerdings die Vorstellung revidieren, dass Mensch und Maschine in einem unvereinbaren Verhältnis, in einem Substitutionsverhältnis zueinander stehen. Wenn sich der Mensch der digitalen Welt bedienen kann, um selbst seine Urteilskraft, seine Handlungsfähigkeit, seine Denkfähigkeit etc. zu erweitern, dann bleibt er Herr im Hause. Oder wie es Vasek (2016, S. 84) ausdrückte: „Wenn Algorithmen für den Menschen denken und entscheiden, so ist das keine Herabsetzung des menschlichen Geistes, sondern eine Erweiterung."

Vor dem Hintergrund dieser Gedanken hat es uns interessiert, inwieweit sich aktuell Beschäftigte Gedanken machen, inwieweit die Digitalisierung ihre Arbeit in Zukunft beeinflussen wird. In der Studie 2017 der FHS St.Gallen (Wörwag und Cloots 2018) ist unter anderem erfragt worden, inwieweit gewisse Trends, so auch die digitale Vernetzung und die verstärkte Nutzung von Informations- und Kommunikationstechnologien, die Arbeitsinhalte zukünftig beeinflussen werden.

Das Ergebnis ist eindeutig: Gut 80 % aller Beschäftigten meinen, dass die Digitalisierung sie stark bis sehr stark beeinflussen werde. Besonders hoch ist der Wert bei den 21- bis 25-Jährigen (87 %), jenen also, welche bereits mit und in der digitalen Transformation ihr Berufsleben anfangen und andererseits bei den 66- bis 70-Jährigen (89 %), die sich allenfalls ihres Qualifikationsbedarfs am meisten bewusst sind.

Dass es gerade die Jüngsten und die Ältesten in unserer Arbeitswelt sind, welche sich der Folgen der Digitalisierung besonders bewusst sind, lässt auf die Doppelwertigkeit dieser Entwicklung schließen: Die Digitalisierung ist sowohl Chance als auch

Bedrohung, sie erschließt neue Möglichkeiten, fordert aber den Menschen gleichzeitig heraus, sich ihr gegenüber zu positionieren, sie ist Wohl und Weh, sie wird Arbeitsplätze schaffen und andere vernichten. Denn ähnlich und vergleichbar, wie einst die Dampfmaschine die menschliche Muskelkraft ersetzt hat, wird nun die Digitalisierung einen Teil unserer kognitiven Fähigkeiten ersetzen; und sie wird wie jede bisherige Maschinenrevolution sowohl zu Fortschritt und Wohlstand beitragen als auch zu neuen ökonomischen und sozialen Verwerfungen.

4.3   Digital Communities

Früher waren Arbeitsbeziehungen überschaubar. Man hatte seine Bürokolleginnen und -kollegen, lernte sich auf Betriebsausflügen und Weihnachtsfeiern kennen, schaffte Nähe, wenn man ein Feierabendbier miteinander trank und umgekehrt Distanz durch Sichtschutz zwischen Arbeitsplätzen. Mit der Digitalisierung wie auch der ortsunabhängigen Vernetzung in der virtuellen digitalen Welt verändern sich Arbeitsbeziehungen fundamental. Die Informatisierung bringt neue Netzwerkstrukturen hervor, die orts- und weitgehend zeitunabhängig miteinander zusammenarbeiten. Diese digitalen Communities bilden sich so schnell, wie sie sich wieder auflösen können. Damit kann grundsätzlich jeder mit jedem, einige mit vielen, viele mit vielen unterschiedliche digitale Arbeitsräume bespielen, welche dem Wissens-, Erfahrungs-, Leistungsaustausch dienen sowie neue soziale Interaktionen an der Schnittstelle zwischen Arbeits- und Privatbeziehung ermöglichen. Damit werden gleichwohl klassische Arbeits- und Organisationsprinzipien aufgebrochen. Die klassische Linienzugehörigkeit, hierarchische Entscheidungswege, stabile, über physische Nähe definierte Arbeitsteams, Siloorganisationen etc. stehen im globalen Informationsraum plötzlich zur Disposition. Soziale Integration entsteht mehr im Netz von digitalen Zugehörigkeiten als an der Kaffeemaschine, gemeinsam unternommene Vorhaben werden die neuen Unternehmen sein, das Unternehmen wird von der juristischen Heimat der Arbeitnehmer mehr zu einer Markenidentifikation.

Die Tendenz des Informationsgebrauchs in der Arbeitswelt ist sehr stark auf das Information-Sharing und die Gestaltung kollaborativer Prozesse zwischen Mitarbeitenden, aber auch institutionsübergreifend ausgerichtet. Crowdsourcing versucht die kollektive Intelligenz vieler im virtuellen Raum verteilter Subjekte zu einem Ganzen zu kombinieren. Statt physischer Nähe schafft man virtuelle Nähe über Aufmerksamkeit und ein gemeinsames Interesse. Das virtuelle Community-Building funktioniert somit nach den Spielregeln der Aufmerksamkeitsökonomie und eines geteilten Interesses. Was im Netz überleben will, muss angesichts der schieren und inflationären Fülle der Information maßgeblich zuerst eines leisten: Aufmerksamkeit erzeugen. Was dies nicht schafft, wird nicht beachtet. Was aber bewegt Expertinnen und Experten dazu, ihr

Wissen in einer nicht steuerbaren virtuellen Community zu teilen? Frank formuliert es treffend, wenn er ausführt:

> Es muss Anreize geben, die das individuell Verlockende in den Dienst des kollektiven Erkenntnisfortschritts stellen. Das System dieser Anreize ist das Gratifikationssystem der Reputation. Reputation ist das konsolidierte Einkommen an Aufmerksamkeit seitens der Fachwelt. Um Reputation zu gewinnen, muss die Leistung zwar nicht unumstritten, sie muss mit relativer Einhelligkeit aber für die Beachtung wert gehalten werden (Franck 2010).

Und weiter:

> Mit der Informatisierung der Berufswelt, dem Ausufern der Werbung und dem massenmedialen Kampf um die Aufmerksamkeit haben die Zeiten ein Ende gefunden, in denen das Leben mit überdosierter Information nur wenige Spezialisten betraf. Von nun an gehört die ständige Überforderung des Achtgebens zur Normalität (Franck 2010, S. 64).

Man muss also Inhalte zum Teilen haben, die nachhaltig im Wettbewerb um Aufmerksamkeit an der Spitze liegen, welche Beachtung finden und dem Urheber eine Reputation verleihen, welche zur Grundannahme führt, ihm auch in Zukunft mit Vorteil Beachtung schenken zu wollen. Auf eine andere Währung reagiert die digitale Community kaum. Das Prinzip der öffentlichen Aufmerksamkeit und des Teilens erfordern ein radikales Umdenken innerhalb der Arbeitsorganisation von Unternehmen, die sich meist als gut abgeschirmtes Bollwerk gegen jeglichen Fremdeinfluss oder die Freigabe von Informationen jeglicher Art schützen. Das Denkschema, wonach eine klare Trennlinie zwischen unternehmensinternen Informationen, Kompetenzen und Lösungen von denen dort draußen zu erfolgen habe, ist überholt. Wettbewerbsvorteile müssen sich aus anderen Vorsprüngen als jenem der Geheimhaltung und Intransparenz und des Informationsvorsprungs herleiten. Gute Vernetzung, d. h. aktive und vertrauensvolle Kontakte mit den Richtigen, ein gutes Aufmerksamkeitsmanagement und etwas Interessantes zum Teilen mit der digitalen Community sind Schlüsselfaktoren einer Welt des Information-Sharings.

Crowdsourcing und sein großer Bruder auf dem Arbeitsmarkt, das Cloudworking, d. h. Kompetenzmarktplätze in der digitalen Welt, verändern selbstredend auch den Arbeitsmarkt. Räumliche Nähe zwischen Arbeitsort und Wohnort wird sekundär, statt fester Arbeitsverträge entsteht das flexible Anbieten und Nachfragen von spezifischen Kompetenzen und Ressourcen, die Festanstellung verliert über die Zeit wohl an Bedeutung und macht flexiblen und ortsunabhängigeren Arbeitsportfolios Platz, Arbeitskräfte messen sich nicht mit einigen regionalen wenigen Bewerbern auf die gleiche Stelle, sondern mit einem globalen Angebot an Arbeitskräften, die über die Cloud, d. h. ohne festen Arbeitsort oder -vertrag in die unternehmerische Wertschöpfungskette integriert werden können.

Wie gezeigt, verändern Digital Communities die bestehende Organisation von Arbeitsbeziehungen und -gruppen im Gleichschritt, wie sich die Arbeitsorganisation und letztlich die Arbeitskultur anpassen wird. Diesem Umstand haben wir in unserem Modell Rechnung getragen. Dass sich damit auch Kompetenzanforderungen maßgeblich verändern werden, ist selbstredend. Die gute Nachricht dabei ist, dass die individuellen Kompetenzen neu auf einem regional kaum begrenzten Raum im Rahmen von Cloud-working angeboten werden können, wodurch einerseits regionale Limitationen an Arbeitsangebot überwunden werden können, andererseits der Einzelne auch in einem globalen Wettbewerb mit anderen Cloudworkern stehen wird.

4.4 Multilokales Arbeiten

Wo werden wir in Zukunft arbeiten? Werden wir am Morgen in das Auto, den Bus oder die Bahn steigen, am Arbeitsort einen festen Arbeitsplatz antreffen, den wir uns nach unserem Gusto zu einer kleinen zweiten Heimat eingerichtet haben, um dann am Abend wieder in unser erstes Heim zurückzukehren und unsere Freizeit zu genießen? Oder wird zunehmend unser Heim zum Büro, der Kinderspielplatz zum Ort von Telefonkonferen-zen, Kinderzeichnungen die Rückseite von Aktennotizen zieren? Und wird gleichzeitig unser Büro zum kreativ-minimalistischen Ort für ortsungebundene Arbeitsnomaden, werden wir die Ringe der Kaffeetassen unseres unbekannten Vorgängers neben der Tas-tatur, die nicht die eigene ist, vorfinden, werden die Familienbilder unser Liebsten nur noch mobil mit uns wandern, statt schön gerahmt den Bürotisch zu zieren?

Die Trennung von Arbeit und Leben, sowohl in räumlicher wie auch in mentaler Hin-sicht, steht angesichts der digitalen Möglichkeiten des „anywhere and anywhen" auf dem Prüfstand. Die Arbeitssoziologie stellt deshalb auch einen tief greifenden Wandel fest, indem es vermehrt zu einer Entgrenzung zwischen Arbeit und Leben kommt, mit der die Grenzziehung, wo Arbeit aufhört und Leben anfängt und vice versa, immer schwieriger zu bestimmen ist (Huber 2013). Diese Entgrenzung führt dazu, dass viele Mitarbeitende sich mithilfe der Technik in die Lage versetzen, von überall und unter höchst flexiblen zeitlichen Bedingungen ihrer Arbeit nachzugehen. Das ist nicht nur der Bedingung und den Anforderungen der Arbeit nach ständiger Erreichbarkeit von und für andere und Zugänglichkeit von und zu Informationen geschuldet, sondern auch der Herausbildung eines neuen Sozialtypus des „Arbeitskraftunternehmers". Huber schreibt dazu: „In sei-ner idealtypischen Ausprägung hat der Arbeitskraftunternehmer sein ganzes Leben, auch den Privatbereich, durchrationalisiert und führt sein ganzes Leben wie ein Unternehmen" (Huber 2013, S. 23). Betrachtet man heute berufstätige Mütter und zunehmend auch in Kinderbetreuungsaufgaben eingebundene Väter, so findet man nicht nur eine erfri-schende Aufweichung von tradierten und rigiden Rollenbildern, sondern auch ein unge-meines Organisationsgeschick, ein durchorganisierter und rationalisierter Alltag, welcher unterschiedlichsten Erwartungen und Rollenbildern gerecht werden muss.

Es sind aber nicht die gesellschaftlichen Veränderungen unserer Rollenbilder alleine, die die Entgrenzung zwischen Arbeit und Leben vorantreiben, es sind auch die tech-nische Möglichkeit und die damit verbundenen neuen Sozialtypen, wie zum Beispiel die Digital Natives, welche vollständig neuen Lebens- und Arbeitsformen zum Durch-bruch verhelfen: Bali steht beispielsweise schon lange nicht mehr nur für ein idyllisches

Ferienparadies mit endlosen Sandstränden, traumhaften Sonnenuntergängen, Romantik und Erholung, Yoga und Meditation. Bali ist seit einigen Jahren Hot-Spot für Kreativ-arbeiter und -arbeiterinnen, welche neben Yoga, Warung und Sundowners die diversen Co-Working-Spaces auf Bali schätzen. Gute Internetperformance ist meist das Einzige, was Start-up-Gründer, Webdesigner, Fotografen, IT-Worker brauchen, um nebst Mojito und Bami Goreng für eine konzentrierte und kreative Arbeitsphase den Arbeitsplatz auf Bali zu beziehen. Selbst Barack Obama soll in Ubud an seinen Memoiren geschrieben haben. Das Erfolgsrezept sind die für einmal gelungene Entgrenzung, sprich Verbindung von Arbeit und Leben – neudeutsch Work-Life-Blending – in einer schönen Umgebung, das günstige Leben und das gute Netzwerk zu Gleichgesinnten.

Ist mobiles Arbeiten eine Modeerscheinung einer neuen Generation der Digital Natives? Ziegler konnte in einer für Swisscom durchgeführten Studie 2016 bei 66 Unternehmen einen beeindruckenden Trend in Richtung mobiles Arbeiten konstatieren: Während 2016 auf der einen Seite noch knapp 20 % der Firmen angaben, auf feste Arbeitsplätze zu setzen und für die mobiles Arbeiten einfach „kein Thema" war, gaben auf der anderen Seite knapp 29 % an, flexibles und mobiles Arbeiten bereits als festen Bestandteil des Arbeitsalltags etabliert zu haben (Ziegler 2016). Befragt im Hinblick auf die nahe-liegende Zukunft 2018, wird sich den Befragten zufolge der Anteil der gegenüber dem mobilen Arbeiten negativ Eingestellten auf gut 9 % reduzieren; der Anteil der Firmen, die dann mobiles Arbeiten etabliert haben werden, wird von 29 % auf 51 % ansteigen. Dies sind zumindest die Pläne der befragten 66 Unternehmen. Hauptargument für die Einführung mobiler Arbeitsplätze ist die Chance zur Steigerung der Flexibilität, der Reaktionszeiten und der Innovation (45,5 %), gefolgt von einer Steigerung der Arbeits-platzattraktivität (43,9 %). Das ist zumindest die Vorstellung jener, die über die Einfüh-rung zu entscheiden haben. Auffallend ist, dass bei lediglich knapp 25 % der befragten Unternehmen die Mitarbeitenden die Treiber des Wandels sind. Ist mobiles Arbeiten vielleicht gar kein Kernbedürfnis einer Mehrheit der Mitarbeitenden? Eine Studie der FHS St. Gallen zeigt, dass Digital Natives kein großes Interesse an mobilem Arbeiten zeigen, sondern vielmehr Wertschätzung, attraktive Arbeitsumgebung und -atmosphäre in den Vordergrund stellen (Cloots et al. 2017). Auch eine von der Fachhochschule Nord-westschweiz durchgeführte Erhebung aus dem Jahr 2016 bei 2000 Erwerbstätigen zeigt ein durchwachsenes Bild (Abb. 4.2).

62 % der Erwerbstätigen arbeiteten gemäß Weichbrodt et al. im Jahr 2016 nicht mobil, die meisten davon (45 %), weil die Arbeitsaufgabe hierfür nicht geeignet war. Der Anteil jener, die nicht durften, und jener, die nicht wollten, hält sich mit je 6–7 % in etwa die Waage und bei nur 4 % waren die technischen Voraussetzungen nicht gegeben. Von den restlichen 38 % machen 14 % eher selten, 14 % des Öfteren und nur 10 % sehr häufig von der mobilen Arbeit Gebrauch. Innerhalb von zwei Jahren ist der Kreis der Nutzer mobiler Arbeitsmöglichkeiten zwar um 4 Prozentpunkte angestiegen, doch sind diese Werte nicht signifikant und müssten über einen längeren Zeitraum erhoben werden.

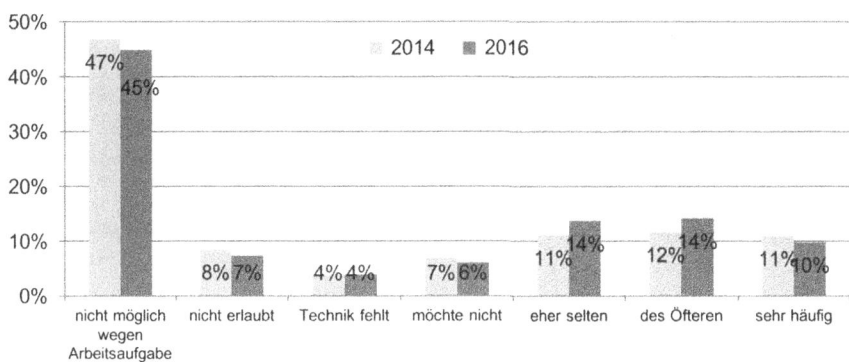

Abb. 4.2 Verbreitung mobiler Arbeit – Erwerbstätigenbefragung 2016. (Quelle: Weichbrodt et al. 2016, S. 6)

Zudem fällt auf, dass die Zunahme eher bei den sporadischen mobilen Arbeitsstellen stattgefunden hat. Es zeigt sich somit, dass die Euphorie zur Etablierung mobiler Arbeit in den Unternehmen davon abhängen wird, wie gut die firmeninternen Arbeitsvoraussetzungen daraufhin angepasst und allfällige Barrieren abgebaut werden können.

In Tab. 4.1 fällt zudem auf, dass mobiles Arbeiten stärker bei Männern verbreitet ist, wohingegen bei Frauen offensichtlich die Natur ihrer Aufgabe mehrheitlich ein mobiles Arbeiten gar nicht zulässt. Zudem zeigen sich Altersunterschiede bei der Verbreitung

Tab. 4.1 Mobiles Arbeiten nach Geschlecht und Alter. (Quelle: Weichbrodt et al. 2016, S. 8)

		Nicht möglich (%)	Nicht erlaubt (%)	Technik fehlt (%)	Möchte nicht (%)	Selten (%)	Des Öfteren (%)	Sehr häufig (%)
Geschlecht	Männer	**35,6**	6,5	4,5	**6,9**	**16,3**	**17,7**	**12,5**
	Frauen	**55,3**	8,2	3,2	**5,1**	**11,1**	**10,3**	**6,8**
Alter	15–24 Jahre	**59,5**	9,0	**7,4**	7,5			
	25–39 Jahre	42,5	8,8	4,7	6,3	15,9	14,3	7,4
	40–54 Jahre	42,3	6,5	2,7	5,2	14,5	16,9	11,9
	55–64 Jahre	43,0	5,9		6,1	14,4	14,6	**13,5**
	65 + Jahre	39,9						

Anmerkung: Die fett ausgezeichneten Zahlenwerte zeigen einen signifikanten Unterschied von dem für diese Zelle erwarteten Wert an und damit eine auffällige Abweichung (Chi-Quadrat-Test). Leere Zellen beinhalten Werte, welche auf Angaben von weniger als 20 Personen beruhen und daher nicht interpretierbar sind des mobilen Arbeitens: Fast 60 % der 15- bis 24-Jährigen ist es nicht möglich, mobil zu arbeiten. Das kann damit zusammenhängen, dass ein gewisser Teil noch in Ausbildung ist, andererseits werden Berufseinsteiger und -einsteigerinnen wohl weniger Aufgaben übertragen bekommen, bei welchen die mit der Ortsunabhängigkeit verbundene Verantwortung und Selbststeuerung bereits vorausgesetzt wird. Umgekehrt arbeiten die 55- bis 64-Jährigen signifikant häufiger mobil als erwartet. Hierin zeigt sich allenfalls der Erfahrungsvorsprung, der mit einer Zunahme an Verantwortung und Selbststeuerung, die bei mobiler Arbeit vorausgesetzt wird, einhergeht. Weichbrodt et al. (2016) fanden zudem heraus, dass in ländlichen Regionen häufiger die Arbeitsaufgaben sich nicht dazu eignen, mobil zu arbeiten, als in den Städten. Nicht ganz überrascht ist man vom Befund, wonach Selbstständige deutlich häufiger mobil arbeiten als Arbeitnehmende: Hier arbeiten über 55 % öfters oder sehr häufig mobil, während der Anteil bei den Arbeitnehmenden gerade einmal 20 % ausmacht. Obwohl nicht statistisch signifikant, kann man auch beim Größenvergleich der Unternehmen feststellen, dass KMU (kleine und mittlere Unternehmen) tendenziell häufiger mobiles Arbeiten anwenden als Großunternehmen. Bei Letzteren liegt der Anteil jener Unternehmen, die mobiles Arbeiten nicht erlauben, über dem Erwartungswert. Spitzenreiter für mobiles Arbeiten bei den Branchen ist die Informations- und Kommunikationsbranche: Hier arbeiten 68 % mobil. Die geringste Verbreitung hat die mobile Arbeit mit gut 20 % im Gesundheitswesen, was die These stützt, dass sich mobile Arbeit nur ungenügend mit Face-to-Face-Aufgaben verträgt.

Gründe, mobil zu arbeiten, liegen weitgehend auf der Hand. In Abb. 4.3 wird deutlich, dass auch hier wiederum die zeitliche und örtliche Autonomie Hauptgrund für das Bedürfnis nach mobiler Arbeit ist. Auch Faktoren wie ungestörte Arbeit im Homeoffice, Produktivität und Zeitgewinne durch Vermeidung von Reisezeit fallen als Gründe stark ins Gewicht. Sie bestätigen wiederum die These vom Produktivitätszuwachs bei mobilen Arbeitsformen. Dennoch sieht man in der Abbildung auch einen mehr oder weniger groß ausfallenden Gap zwischen jenen, die mobile Arbeit gerne für sich nutzen würden, und jenen, die bereits Erfahrung mit der mobilen Arbeit haben. Letztere fallen bei den Ausprägungen tendenziell tiefer aus. So sieht man beispielsweise, dass 73 % meinen, mit mobiler Arbeit motivierter zu sein, doch lediglich 58 % derjenigen, die mobil arbeiten, geben dies als Grund an.

Fakt ist: Mobiles Arbeiten ist attraktiv, steigert unsere Handlungsautonomie, schafft Produktivitätsvorteile und Zeitgewinne, doch müssen wir auch konstatieren: Nicht alle sind wir digitale Nomaden und versprechen uns nur Vorteile des orts- und zeitunabhängigen Arbeitens. Nicht alle sind wir bereit, einen physischen Arbeitsplatz zugunsten des Homeoffices zu opfern oder einen „eigenen" Arbeitstisch und Stuhl plötzlich mit anderen zu teilen, die vielleicht ein anderes Ordnungs- und Sauberkeitsempfinden haben, und nicht alle sind wir bereit, auch zu Hause die Arbeit am Küchentisch zu erledigen. Lediglich 55 % der von Weichbrodt et al. (2016) befragten Erwerbstätigen, die mobil arbeiten, machen dies aus freien Stücken. Denn mit der mobilen Arbeit fallen, neben all ihren unbestrittenen Vorteilen, auch wichtige und wertvolle Begegnungen mit Arbeitskolleginnen und -kollegen weg. Zu denken ist dabei an die Teamzusammenarbeit, welche räumliche Nähe erfordert, aber auch an die ungeplanten informellen Treffen an der Kaffeemaschine, das spontane Feierabendbier, Spontanbegegnungen im Lift oder in der Cafeteria. All diese informellen Begegnungen sind Teil einer Arbeitskultur, auch einer Führungskultur, und sollten nicht voreilig dem mobilen Arbeiten geopfert werden. Denn wenn man sich nur geplant in virtuellen Online-Meetings trifft, wenn das face-to-face, das Spüren von Stimmungen und Subtexten verloren geht, geht auch viel unschätzbare Beziehungspflege verloren.

Aus diesen Gründen sehen wir nebst den durchaus positiven Effekten auf die vorzuhaltenden Arbeitsressourcen und der positiven Wirkung auf die Handlungsautonomie dennoch auch einen Gefährdungsaspekt bei den Arbeitsbeziehungen, wie auch bei der Arbeitskultur.

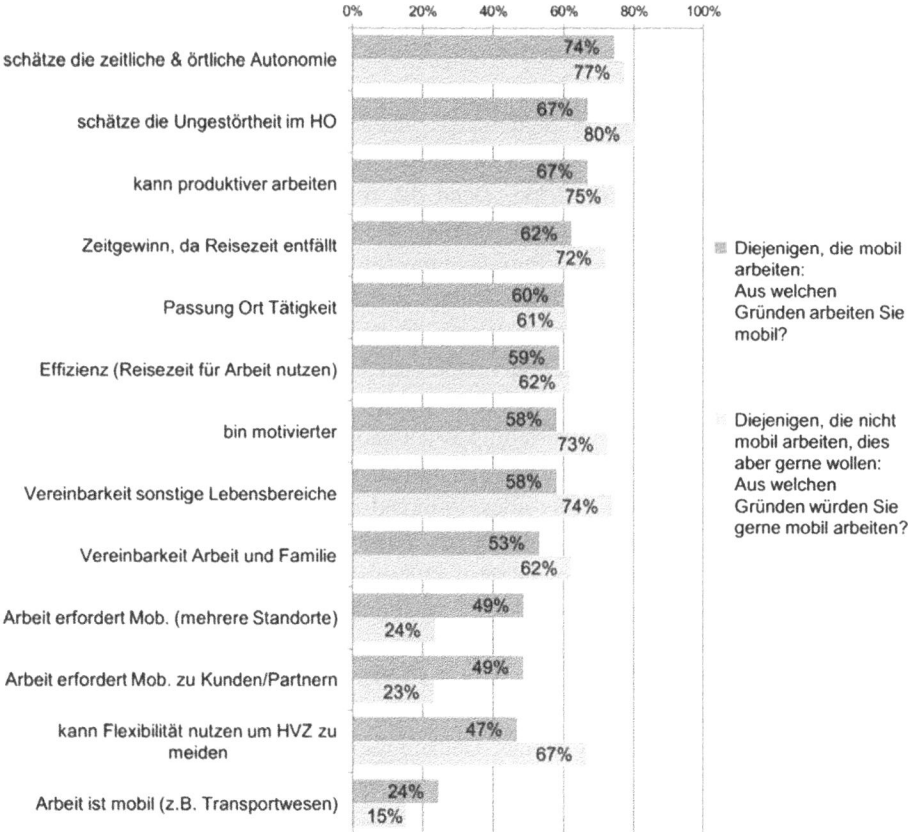

Abb. 4.3 Gründe für mobiles Arbeiten. (Quelle Weichbrodt et al. 2016, S. 16)

4.5   Produktivität, Transparenz und Rationalisierung

Zweifellos ist die heutige Arbeitswelt dank ihrer technologischen Hilfsmittel produktiver geworden. Alleine das Recherchieren von Informationen, welches in der analogen Welt maßgeblich durch den Besuch von Bibliotheken, die Beschaffung von Texten und die Befragung von Wissensträgern geprägt war, ist heute im „Netz" eine Frage von wenigen Fingerbewegungen. Das allgemeine Weltwissen ist heute prinzipiell allen instant verfügbar. Die globalen Informationsräume beeinflussen nicht nur unsere individuellen Informationsverarbeitungsroutinen (von sequenziell-linear zu hypertextorientiert), sondern beeinflussen auch die Effizienz von Leistungserstellungsprozessen, Kunden- und Lieferantenbeziehungen und eröffnen neue Geschäftsmodelle (zum Beispiel Kunde als Ko-Produzent, Plattformservices statt Lieferbeziehungen etc.). Damit gehen selbstredend Zeitvorteile einher, welche die individuelle wie auch kollektive Produktivität gesteigert haben. Die Vorteile der Digitalisierung werden nicht nur im individuellen Effizienzgewinn gesehen. Die erwarteten Produktivitätsfortschritte durch Industrie 4.0 für die Produktionswirtschaft werden auch in den Bereichen Effizienzgewinn durch kostengünstigere, flexiblere, schnellere und/oder qualitativ hochwertigere Herstellung von Gütern, durch veränderte Wertschöpfungsketten sowie durch die Entwicklung von internetfähigen Produkten und Geschäftsmodellen erwartet. Eine Studie von Bitkom und Fraunhofer (2014) kommt zu dem Schluss, dass daraus je nach Branche ein zusätzliches jährliches Wertschöpfungspotenzial von zwischen 1,5 und 2,2 % resultiert.

Hinzu kommen Transparenzeffekte: Denn die Informatisierung schafft auch mehr Transparenz und Information, und Informationsvorsprung schafft Wettbewerbsvorteile. Transparente Märkte, transparente Entscheidungssituationen, transparente Systeme, zu denen auch die Mitarbeitenden gehören, rühren schon immer an den Sehnsüchten derjenigen Menschen, die diese Systeme steuern wollen. Wissen ist Macht und mehr zu wissen als die anderen, macht mächtiger. Doch der Informationsvorsprung nützt nur so lange, bis die anderen auch über die Informationen verfügen, der Wettbewerbsvorteil geschmolzen ist und sich die Frage stellt, was der andere mit der Information über einen selbst macht, die man auch über den anderen besitzt. Solange dies so ist, strebt jeder und alles nach mehr Informationen über alles. Während indes früher die hohen Kosten der Informationsbeschaffung in einen vorsichtigen Vergleich zu deren Nutzen gestellt werden mussten, öffnet die heute immer günstiger werdende Informationsbeschaffung Tür und Tor zu mehr oder weniger sinnvoller Informationsbeschaffung. Wesentlich dazu beigetragen haben der Preiszerfall der Sensortechnik und deren digitale Vernetzung, welche heute günstig alles erfassen kann, von der Überwachung der eigenen vier Wände über das Kaufverhalten der Kundinnen und Kunden bis hin zur Ortung von Menschen und Objekten irgendwo auf dem Globus. Denken wir daran, dass unser Smartphone ein mobiler Sensor ist, dass unsere Internet-Clicks auf unser Informationsverhalten hin ausgewertet werden etc. Fast alles, was wir tun, findet einen digitalen Niederschlag. Das trifft auch auf die Arbeitswelt zu: Arbeitsprozesse werden gemessen, Mitarbeitende „getrackt", Prozesse datengestützt optimiert. Dies dient mitunter der Leistungsmessung und Leistungssteuerung. Und sofern diese Leistungsergebnisse auch noch allen anderen Mitarbeitenden über interne Informationssysteme zugänglich gemacht werden, wird das kompetitive Element der Zusammenarbeit geradezu befeuert.

Digitale Spuren sind unauslöschlich und aufgrund der Schnellflüssigkeit der Information im Netz kaum steuerbar. Transparenz kann somit auch zu einer Belastung werden, die dem permanenten Leistungsvergleich und Wettbewerb dient, wobei oftmals die individuellen Ausgangsdispositionen, wie Alter, Beeinträchtigungen, Lebensumstände etc. unter dem Deckmantel einer gerechten und damit egalitären Lösung für alle negiert werden. Die Mitarbeitenden stecken also dank der Informations- und Leistungstransparenz in einem direkten Wettbewerb: den anderen gegenüber und – zumindest potenziell – den Maschinen gegenüber.

Macht sich der Mensch als Arbeitskraft in der digitalen Welt überflüssig? Bedeutet der Prozess der Rationalisierung von Aufgaben auch ein Wegrationalisieren des Menschen? Werden künftig Jobs von Maschinen übernommen, welche die Arbeit präziser, fehlerfreier und günstiger ausüben können? Der theoretische Automatisierungseffekt bei den Beschäftigten wird für Deutschland auf 12 % geschätzt. Dies erfolgt jedoch nach Albrecht und Ammermüller (2017) nur unter der Voraussetzung, dass der Automatisierungseffekt einerseits ungehemmt von rechtlichen, ethischen und wirtschaftlichen Hürden zuschlägt und andererseits die Beschäftigten sich diesem unvorbereitet ausliefern.

Auch in unserer Studie 2017 sind wir der Frage nachgegangen, inwieweit die Automatisierung die bestehenden Arbeitsprofile in Zukunft verändern wird. Aus Sicht der 920 Teilnehmenden zeigt sich, dass 56 % davon ausgehen, dass die Automatisierung einen starken bis sehr starken Einfluss auf ihre künftigen Arbeitsinhalte haben wird. Auffällig ist wiederum, dass die 21- bis 25-Jährigen am häufigsten (77 %) mit diesen Auswirkungen rechnen. Das mag mit der hohen Digitalisierungsaffinität, wie weiter oben gezeigt, zusammenhängen oder damit, dass die Jungen fest damit rechnen, dass sich die Digitalisierung auf ihre noch bevorstehende Berufslaufbahn auswirken wird; unklar ist jedoch, ob diese Generation dies als Chance oder als Bedrohung wahrnimmt. Kombiniert man diese Ergebnisse mit der Frage, wie sehr sich der Wettbewerbsdruck auf die Arbeit der Zukunft auswirken wird, so sticht auch dieselbe Altersgruppe mit einem sehr hohen Anteil von 80 % im Vergleich zum Durchschnitt von 62 % heraus. Insofern ist anzunehmen, dass die aktuell junge Berufsgeneration sich der Risiken der neuen Arbeitswelt, gezeichnet von hohen Wettbewerbs- und Automatisierungstendenzen, sehr wohl bewusst ist. Es wird darum an uns liegen, den jungen Menschen am Anfang ihrer Berufslaufbahn positive und vertrauenserweckende Erfahrungen mit auf den Weg zu geben. Insofern sind wir auch aufgefordert, die Zielgruppe der Anfang-Zwanziger ebenso wie ältere Mitarbeitende in den Fokus gezielter Personalförderungsmaßnahmen zu rücken.

Umgekehrt ist das beste Erfolgsrezept gegen Wegrationalisierung aus dem Arbeitsmarkt die Wahrung einer beruflichen Agilität. Diese scheint auf dem Vormarsch: Bedenkt man nämlich, dass jährlich 3 % der Beschäftigten in Deutschland den Beruf wechseln, sich somit jeweils neu auf die Anforderungen eines sich ändernden Arbeitsmarktes einlassen müssen, so ist bei diesen mindestens ein Bewusstsein über die Gefahren der stillen Kompetenzentwertung durch Verharrungstendenzen im angestammten Job zu erwarten.

So bleibt uns aktuell nur das Mutmaßen über die Rolle des Menschen angesichts der zunehmenden Rationalisierungsentwicklungen. Ein positives Szenario macht in der eben erwähnten Bitkom-Studie Mut:

> Mitarbeiter werden auch in einer Industrie 4.0 nicht zu biologischen Robotern degradiert, sondern stehen weiterhin als Menschen im Mittelpunkt der Produktion. Industrie 4.0 trägt damit dazu bei, komplexe Technikprozesse sicherer, handhabbarer und einfacher zu machen. Weiterhin ermöglicht die flächendeckende Vernetzung mehr Selbstorganisation und Autonomie und unterstützt eine alters- und bedarfsgerechte Arbeitsgestaltung. Durch Industrie 4.0 können Arbeitsorganisationen geschaffen werden, die mehr selbstbestimmte Flexibilität zulassen, sodass Mitarbeiter besseren Zugang zu Informationen und Wissen erhalten und die Unternehmensanforderungen mit ihren eigenen in Einklang bringen können (BITKOM 2014, S. 38).

Die Transparenz und Rationalisierungserwartungen wirken mannigfaltig in unserem Wirkungsmodell. Einerseits schaffen sie die Voraussetzung für eine leistungsorientierte Wertschätzung und daraus abgeleitet auch neue Entwicklungschancen und die Möglichkeit, die eigene Verantwortung auszubauen. Gleichzeitig sind der damit einhergehende Leistungsdruck, das komparative Wettbewerbsdenken und die Folgen auf die Arbeitsfreude und mittelfristig auch auf die Gesundheit nicht zu unterschätzen.

4.6   Beschleunigung

Wir sind eine temporeiche Gesellschaft, deren Taktfrequenz sich von Jahr zu Jahr gefühlt zu steigern scheint. Das hängt unter anderem mit dem technischen Fortschritt zusammen, der unter anderem auf effiziente Verfahren und Prozesse abzielt, wie dies beispielsweise offensichtlich an Transport-, Datenverarbeitungs- und Kommunikationsprozessen sowie Produktionsprozessen ablesbar ist. Während zum Beispiel früher noch das Schicken eines Briefs schnell einmal einige Tage in Anspruch nahm, sind digitale Informationen heute in Millisekunden den Empfängern zugänglich. Waren früher noch räumliche Distanzen Bollwerke der Entschleunigung, da es einfach ein definiertes Maß an Zeit brauchte, diese Distanzen zu überwinden, so hat unter anderem auch die Digitalisierung das Ihrige dazu beigetragen, dass sich Raum und Distanz zusammenkrümmen und nur noch einen Bruchteil des Zeitbedarfs im Verhältnis zu früheren Kommunikationsformen ausmachen. Das hat auch Auswirkungen auf unsere sozialen Kontakte und Beziehungsgeflechte. So kann es geschehen, dass der Arbeitskollege oder die Arbeitskollegin am Ende des Flurs uns viel fremder ist als ein Projektmitglied am anderen Ende der Welt, mit dem wir in Echtzeit digital verbunden sind.

   Raum und Distanz haben im Verhältnis zurzeit massiv an Bedeutung verloren, was sich auch an der immer schwieriger verortbaren Information im Internet zeigt. So weiß heute kaum ein Nutzer mehr, wo genau in der Cloud seine Daten gespeichert sind, sein Interesse konzentriert sich hingegen maßgeblich darauf, einen schnellen Zugriff auf die Daten mit hohen Übertragungsraten zu besitzen. Das führt auch zu neuen Identitäten, welche sich multipel im virtuellen Raum manifestieren können, während unsere Identität in der realen Welt immer mehr Mühe zur stabilen Verortung bekundet.

Diese Geschwindigkeit hat auch Konsequenzen für unsere sozialen Realitäten, denn in ihrer allpräsenten Verfügbarkeit provozieren diese Informationen dazu, mit minimaler Reaktionszeit konsumiert zu werden. Und in Erwartung von hoher Geschwindigkeit und permanenter Beschleunigung schaffen wir neue soziale Realitäten und verschieben Werte der Umsicht, Ruhe und Besonnenheit in Richtung von Intensität und Geschwindigkeit. Die Unterhaltungsindustrie legt uns Filme mit rasanten Schnitten vor, auch Musik wird immer schneller – die Uraufführung von Ludwig van Beethovens Eroica dauerte noch 60 min, Michael Gielen spielte sie 1987 in gerade einmal 43 min (Orthey 2017, S. 121). Haben wir damit mehr Genuss in kürzerer Zeit? Und wie steht es mit Fast-Food, Speed-Dating, Power-Naps, Drive-ins? Für alles scheint weniger Zeit zur Verfügung zu stehen, oder wir nehmen uns immer weniger Zeit, da wir das Leben mit immer mehr Aktivitäten überladen. In der Meinung, doppelt so schnell zu leben, meinen wir auch doppelt so viel erleben zu können, was angesichts der Endlichkeit der Lebensspanne ein zwar nachvollziehbarer Gedanke ist, doch die Gefahr in sich birgt, am Ende zwar vieles, aber vieles nicht so recht gemacht zu haben. Das lässt sich auch auf die Arbeit übertragen. Beschleunigung ist also nur scheinbar eine Lösung unseres unendlichen Erlebnisdranges, den wir angesichts der Teilhabe an einer immer mehr Optionen bietenden Welt gar nie werden befriedigen können. Und so wird trotz aller Beschleunigung unser Erleben immer begrenzt bleiben und das Gefühl, etwas verpasst zu haben, angesichts der Möglichkeiten nicht kleiner, sondern größer. Zudem laufen wir Gefahr, bei all dem Tempo den Bezug zum einzelnen Moment zu verlieren, zur Gegenwart, die ja nur als etwas gegenwärtig Währendes verstanden werden kann, wenn sie sich nicht zwischen einem Vergangenen und Zukünftigen auflöst. Rosa bezeichnet dieses Phänomen als „Gegenwartsschrumpfung" und definiert die soziale Beschleunigung als „Steigerung der Verfallsraten der Verlässlichkeit von Erfahrungen und Erwartungen und als die Verkürzung der als Gegenwart zu bestimmenden Zeiträume" (Rosa 2013, S. 23). Er erklärt einen Teil der Beschleunigung im Rahmen eines Leistungswettbewerbs, in welchem Leistung als Arbeit pro Zeiteinheit verstanden wird und dadurch gesteigert werden kann, dass wir immer mehr Arbeit pro Zeiteinheit bewältigen oder für eine gegebene Arbeit immer weniger Zeit benötigen. Beschleunigung des Individuums in der Arbeit kann also ein Wettbewerbsvorteil gegenüber anderen sein, der, sofern er von anderen kompetitiv aufgegriffen wird und zudem transparent gemacht wird, zu einer weiteren Beschleunigung führt. Doch dieser Wettbewerbsvorteil ist nur ein temporärer, denn auch die anderen werden versuchen, ihre Leistung durch Beschleunigung zu steigern, bis zu dem Punkt, an dem sich ein neues labiles Leistungsgleichgewicht eingestellt hat. Labil deshalb, da jeder Stillstand einen Rückschritt darstellt. Das ist das von vielen wahrgenommene Hamsterrad der Arbeitswelt. Und weil heute die soziale Anerkennung stark mit der ökonomischen Anerkennung korreliert, unser Erfolg im Leistungswettbewerb also auch bis zu einem gewissen Grad unsere Position im Leben bestimmt, sind die Geschwindigkeit, Schnelligkeit, Agilität und Flexibilität zu Bestimmungsfaktoren der Anerkennung geworden. „Die Angst vor Stillstand bei Höchstgeschwindigkeit hat die moderne Gesellschaft von Beginn an begleitet; sie liegt den Kulturkrankheiten […] und heute verschiedenen Formen der Depression zugrunde" (Rosa 2013, S. 57). Das Gefühl, zu nichts mehr zu kommen, reizübersättigt zu sein, sich zu viel aufgeladen zu haben, das man nicht mehr bewältigen kann, Atemlosigkeit, Orientierung in der Summe der Erwartungen zu verlieren, kein eigenes Erleben, sondern das Gefühl einer Getriebenheit, das sind Phänomene, denen sich wohl nur wenige in der neuen Arbeitswelt gänzlich entziehen können.

Auch unsere Studie 2017 belegt diese Entwicklung: Knapp 60 % meinen, dass ihre Arbeit künftig stark bis sehr stark vom Phänomen zunehmender Beschleunigung betroffen sein wird. Lediglich 10 % verneinen die Gefahr einer zunehmenden Beschleunigung oder gehen davon aus, dass sich diese nicht bis nur leicht auswirken wird.

Was ist dem entgegenzusetzen? Wir können nicht die Welt in ihrer Taktfrequenz verlangsamen und entschleunigen. Doch mag die Suche nach Relevanz und Sinn sowie Resonanz in echten sozialen Kontakten uns helfen, uns zu erden, Orientierung in uns und gegenüber anderen zu gewinnen. Nicht zuletzt sind diese Fragen auch nicht auf dem schnellsten Weg zu klären, sondern fordern von jenem, der sich ernsthaft damit beschäftigt, eine Reflexion, welche Ruhe und Besonnenheit voraussetzt und selbst Distanz nimmt zum Strudel unserer Hochgeschwindigkeitsgesellschaft.

4.7   Fragmentierung und neue Selbstständigkeit?

Einige junge Unternehmen reagieren aktuell mit ihren Geschäftsmodellen auf unregelmäßig eingehende Aufträge dadurch, dass auch ihre Mitarbeitenden nicht mehr fest angestellt sind, sondern nur auf Abruf zur Verfügung stehen und dann pro Auftrag (einem sogenannten Gig) entlohnt werden. Dadurch entfallen fixe Personalkosten auf der einen Seite und ein festes Einkommen auf der anderen. Das Modell ist an sich so alt wie die Menschheitsgeschichte und war früher unter dem Begriff des Tagelöhners bekannt: Am Morgen suchte man sich Aufträge, welche den nötigen Tagelohn zur Deckung der täglichen Bedürfnisse zu bringen hatten. Die modernen „digitalen Tagelöhner" können, bei positiver Betrachtungsweise, mit diesen Gigs als Nebenjobs ihr Einkommen aufbessern. Entsprechende Anbieter, wie Uber, Deliveroo, Helpling etc., verstehen sich sodann auch nicht mehr als klassische Arbeitgebenden, sondern als Plattformanbieter zur Vermittlung von Dienstleistungen (Albrecht und Ammermüller 2017, S. 41). Das bringt kurzfristig natürlich Kostenvorteile, welche sich im günstigen Preis für die Kunden niederschlagen können. Andererseits geht jegliche Bindung zwischen Arbeitgebenden und Arbeitnehmenden verloren.

Gemäß einer Erhebung von McKinsey Global Institute bei 8000 Erwerbstätigen in Europa und den Vereinigten Staaten sind bereits 20 bis 30 % der Erwerbstätigen in der einen oder anderen Form selbstständig. Der größte Anteil dabei sind die Zusatzverdiener (40 %), gefolgt von den selbstständigen Hauptverdienern „free agents" (30 %). Weitere 30 % haben diese Erwerbsform nicht freiwillig, sondern aus Notwendigkeit gewählt, wobei 14 % daraus ihr primäres Einkommen („reluctants") und 16 % ein Zusatzeinkommen als „financial strapped" beziehen (Manyika et al. 2016).

Die Gig-Economy eröffnet also neue Chancen auf selbstständigen (Zusatz-)Verdienst und unterstützt dank des flexiblen Einsatzes auch jene Lebensentwürfe, die auf genau diese Flexibilität angewiesen sind. Dadurch wird der Zugang zum Arbeitsmarkt auch für Teilzeitkräfte vereinfacht, was sich positiv auf die Erwerbstätigenquote auswirken wird. Auch sind fragmentierte Zusatzverdienste in Volkswirtschaften, in welchen viele Menschen Mühe haben, bei einem Arbeitgebenden das Lebensnotwendige zu erwirtschaften (siehe Working Poor) ein willkommener, wenn nicht auch notwendiger Zusatzverdienst. Gleichzeitig muss aber auch auf die Gefahren dieser Modelle hingewiesen werden: Aus Mitarbeitendensicht birgt der Ersatz für gesicherte Arbeit natürlich Unsicherheiten hinsichtlich gesicherter Einkommensflüsse in sich. Zudem bestehen erhebliche Lücken und Risiken in der finanziellen Absicherung bei Krankheit und Alter. Und schließlich birgt die Fragmentierung der Arbeit die Gefahr von Orientierungslosigkeit und zunehmenden Verzichts auf eine Investition in die eigene Entwicklung. So verwundert es auch nicht, dass gemäß McKinsey 30 % der Selbstständigen, die diese einer Notwendigkeit folgend ausüben, lieber eine Festanstellung hätten. Aus Arbeitgebersicht bzw. genau gesagt aus Perspektive des Plattformbetreibers sind Risiken der Qualitätssicherung, der Loyalität und Firmentreue sowie der Motivation zu erwarten. Reine unabhängige Job-Holders werden auch nach besseren Opportunitäten Ausschau halten und jegliche Firmenbindung vermissen lassen. Sie sind nicht die überzeugten Repräsentanten von Firmenwerten, so diese dann existieren. In diesem Zusammenhang sei nochmals an das Zitat von Arendt erinnert:

> In ihrem letzten Stadium verwandelt sich die Arbeitsgesellschaft in eine Gesellschaft von Jobholders, und diese verlangt von jenen, die ihr zugehören, kaum mehr als automatisches Funktionieren, als sei das Leben des Einzelnen bereits völlig untergetaucht in dem Strom des Lebensprozesses, der die Gattung beherrscht, und als bestehe die einzige aktive, individuelle Entscheidung nur noch darin, sich selbst gleichsam loszulassen, seine Individualität aufzugeben, bzw. die Empfindungen zu betäuben, welche noch die Mühe und Not des Lebens registrieren, um dann völlig 'beruhigt' desto besser und reibungsloser 'funktionieren' zu können (Arendt in Seitz 2002, S. 292).

4.8   Quick-Reads: Fit für die Zukunft der Arbeit?

Die Digitalisierung führt zu einer Neudefinition der klassischen Produktions- und Inputfaktoren. Diese werden zunehmend ersetzt durch Kapital, Innovation, Markenwert und Beherrschung von Netzwerken und Daten. In diesem Zusammenhang wird die Agilität und Innovationsfähigkeit von Unternehmen immer erfolgskritischer. Das hat Konsequenzen auch auf die Arbeit der Zukunft, welche mindestens folgende vier Kapitalien in den Fokus rückt: a) das verfügbare spezialisierte Fachwissen (Humankapital), b) die Vielfalt spezialisierter Wissensbestände und die Art und Weise, diese untereinander zu verknüpfen (Komplexitätskapital), c) betriebliche Strukturen zur Erzeugung neuen Wissens in Arbeitsprozessen oder durch entsprechende Forschungs- und Entwicklungstätigkeit (Strukturkapital) und schließlich d) die Fähigkeit, internes Wissen mit externem Wissen aus Forschungs- und Bildungseinrichtungen zu vernetzen (Beziehungskapital). Es sind diese Vernetzungskompetenzen, welche, gestützt durch moderne Informations- und Kommunikationstechnologien, unsere Arbeit in Zukunft prägen werden. Verbunden damit sind Erwartungen an die Arbeit in Richtung von höherer Agilität und Flexibilität, virtueller Kunden- und Lieferantennähe durch Dezentralisierung, Vermeidung menschlicher Fehleranfälligkeit durch Automatisierung, erhöhte Leistungstransparenz sowie Produktivitäts- und Innovationsvorteile. Das ist die Währung der neuen Arbeitswelt.

Vor diesem Hintergrund werden wir klassische und zum Teil bürokratische Strukturmodelle der „Old Economy" ebenso auf den Prüfstand der Zukunft stellen wie die klassische Arbeiterkarriere. Mitarbeitende, welche in vorhersehbaren, stabilen und aufgaben- und/oder personenzentrierten Arbeitsstrukturen groß geworden sind, welche diese Strukturen auch zum Zwecke der sozialen Sicherung und der persönlichen Selbstverortung gebrauchten, sind aufgefordert, angesichts dieser Entwicklungen umzudenken. Dieser Transformationsprozess muss in den einzelnen Betrieben umsichtig geplant und im transparenten und verlässlichen Dialog mit den Mitarbeitenden vorangetrieben werden.

Alle transformativen Prozesse stellen hohe Ansprüche an die betriebliche Anpassungsfähigkeit. Dies insbesondere in einer Welt, welche durch Volatilität, Unsicherheit, Komplexität und Ambivalenz geprägt ist. Die Antwort erfolgreicher betrieblicher Praxis muss also in der Flexibilisierung und Steigerung der Agilität außerhalb, aber auch innerhalb des Unternehmens liegen. Hierbei geht es um die Steigerung sowohl von Handlungsspielräumen als auch von Handlungsschnelligkeit, um interne wie externe Potenziale auszuschöpfen, aber auch für entsprechende Risiken gewappnet zu sein. Mit der Flexibilisierung eng verbunden ist die Individualisierung, konkret die Möglichkeit zu individuellen Arbeitsarrangements, welche eine Ausweitung des Handlungsspielraums der Mitarbeitenden bezwecken und damit eine starke Wirkung auf die Unternehmensleistung haben. Die Ausweitung des Handlungsspielraums, den die Individualisierung kennzeichnet, ist somit eine starke Triebfeder. Dennoch muss dem Risiko entgegengewirkt werden, dass die großen Handlungsspielräume zu Orientierungslosigkeit und Überforderung führen. Es scheint deshalb sinnvoll, die Individualisierung nicht als Standard für alle Mitarbeitenden einzuführen, sondern den Mitarbeitenden eine Wahloption im Sinne einer Ausdifferenzierung von Stellen anzubieten.

Ein wesentlicher Treiber des Transformationsprozesses ist die Informatisierung. Sie macht aus individuellem Wissen allgemein zugängliche Information, die von anderen zur Grundlage arbeits- und wissensteiliger Prozesse verwendet werden kann. In der Vernetzung von Informationen entstehen neue Interaktionsmöglichkeiten zwischen Menschen, sie bieten die Möglichkeit, dass Menschen in Echtzeit miteinander agieren können, sie bilden also neue soziale Interaktionsräume. Es geht um einen komplexen sozialen Prozess, implizite Informationen, so zum Beispiel Erfindungen, Ideen, Lösungsansätze und ihre Ergebnisse anderen zugänglich zu machen. Darin liegt die Chance in einer arbeits- und wissenteilenden Wirtschaft. Dennoch gehen mit der Informatisierung auch wesentliche Veränderungen unserer Arbeit einher, unter anderem eine umgreifende Technologisierung der Arbeitsorganisation, eine Virtualisierung der Arbeitsbeziehungen und Mediatisierung der Arbeitskraft. Damit verbunden sind auch Ängste und Sorgen, unter anderem a) gegenüber der Dominanz IT-gestützter Systeme, welche tief in Arbeitskontexte und das konkrete Handeln der Mitarbeitenden eingreifen und ihre Handlungsautonomie einschränken, b) gegenüber dem potenziellen Substitutionseffekt von Informations- und Kommunikationsarchitekturen, welche auf das partielle Ersetzen des kommunikativen Arbeitshandelns ausgerichtet sind und c) gegenüber der zunehmenden Transparenz im Arbeitsalltag und dem Bild des gläsernen Mitarbeiters. Diesen Sorgen und Befürchtungen sind in der betrieblichen Praxis Rechnung zu tragen, indem Arbeitsprofile so definiert werden, dass der Mensch, allenfalls unter Nutzung von IT-gestützten Hilfsmitteln, seine Selbstwirksamkeit erhalten oder steigern kann, indem Qualifikationen zur Beherrschung der Digitalisierung angeboten werden, indem ein zurückhaltender und transparenter Umgang mit der generierbaren Datenmenge gepflegt wird und indem innerhalb des betrieblichen Wertschöpfungsprozesses definiert wird, wo Informatisierung die Ressource Mensch substituiert, wo aber der Mensch nachhaltig die Hoheit und Handlungsfreiheit über die eigene Arbeit behalten soll.

Die Informatisierung bringt neue Netzwerkstrukturen hervor, die orts- und weitgehend zeitunabhängig miteinander zusammenarbeiten. Diese digitalen Communities bilden sich so schnell, wie sie sich wieder auflösen können. Es entstehen digitale Arbeitsräume, welche dem Wissens-, Erfahrungs-, Leistungsaustausch dienen und neue soziale Interaktionsräume öffnen. Die klassische Linienzugehörigkeit, hierarchische Entscheidungswege, stabile, über physische Nähe definierte Arbeitsteams, Siloorganisationen etc. stehen im globalen Informationsraum plötzlich zur Disposition. Soziale Identitäten und soziale Integration entstehen im Netz von digitalen Zugehörigkeiten, das Unternehmen wird von der juristischen Heimat der Arbeitnehmer zu einer Markenidentifikation. Das bedeutet, dass sich neue Identitäten herausbilden müssen, sowohl auf Unternehmens- wie auf Individualebene. Organisationsstrukturen und Zusammenarbeitskulturen müssen sich das Prinzip des Teilens zu eigen machen, und die Trennlinie zwischen unternehmensinternen Informationen, Kompetenzen und Lösungen und unternehmensübergreifender Zusammenarbeit wird fallen. Diese Entgrenzung von Arbeits- und Wohnort, von Privatsphäre und öffentlichem Bereich führt dazu, dass viele Mitarbeitende von überall und unter höchst flexiblen zeitlichen Bedingungen ihrer Arbeit nachgehen können. Das ist einerseits unter dem Aspekt der Flexibilisierung und Individualisierung von Lebensentwürfen positiv zu werten, andererseits ist damit auch das implizite Gebot ständiger Erreichbarkeit von und für andere und Zugänglichkeit von und zu Informationen verbunden. Es lässt sich mit der Entgrenzung und Multilokalität verbundene Herausbildung eines neuen Sozialtypus des „Arbeitskraftunternehmers" beobachten. Ihn zeichnet ein durchorganisierter und rationalisierter Alltag aus, welcher unterschiedlichsten Erwartungen und Rollenbildern gerecht werden muss. Zu ihm und ihr gehört auch dazu, jegliche Tätigkeit anytime und anywhere auszuführen. Betrieblich genutzt wird dieser Trend durch die Einführung mobiler Arbeitsplätze, mit welchen sich die Firmen eine Steigerung der Flexibilität, der Reaktionszeiten und der Innovation sowie der Arbeitsplatzattraktivität versprechen. Aus Mitarbeitendenperspektive sind die zeitliche und örtliche Autonomie, die ungestörte Arbeit im Homeoffice, Produktivitäts- und Zeitgewinne durch Vermeidung von Reisezeit die Gründe, sich für mobiles Arbeiten zu entscheiden. Trotz aller Euphorie muss man aber feststellen, dass die Motivation jener, die noch nicht mobil arbeiten, größer ausfällt als bei jenen, die bereits Erfahrung mit der mobilen Arbeit gemacht haben, und dass lediglich 55 % der Mobile-Workers dies aus freien Stücken tun. Knackpunkt aus betrieblicher Praxis bleiben die Aufrechterhaltung von schwer planbaren, informellen Begegnungen mit Arbeitskolleginnen und -kollegen sowie die Sicherstellung einer gemeinsam geteilten Arbeitskultur.

Auch in der neuen Arbeitswelt wird sich der Produktivitäts- und Effizienzgewinn durch Rationalisierung und Automatisierung zeigen. Es braucht aber eine bewusste Strategie, was genau automatisiert werden soll, welche Jobs künftig von Maschinen übernommen werden. Würde man annehmen, dass insbesondere die ältere Generation Sorge vor den Automatisierungs- und Rationalisierungsrisiken der digitalen Arbeitswelt habe, dann täuscht der Eindruck. Es sind aktuell die Berufseinsteiger im Alter von 21 bis 25 Jahren, welche ein gesteigertes Risikobewusstsein haben. Auch auf sie werden wir unser Augenmerk in der Umsetzung der Digitalisierung des New Work richten müssen.

Die permanente Beschleunigung der Arbeit wie unserer Lebenspraxis ist sowohl aus den technischen Möglichkeiten wie auch aus unserem Drang, mehr in weniger Zeit zu erleben, genährt. Es ist aber nicht die Digitalisierung alleine, welche für die Beschleunigung verantwortlich ist, es sind Mechanismen in unserer Gesellschaft. Mitverantwortlich ist unser Begriff von Leistung, verstanden als Arbeit pro Zeiteinheit. Und Steigerung ist nur möglich durch mehr Arbeit pro Zeiteinheit oder für eine gegebene Arbeit immer weniger Zeit zu benötigen. Geschwindigkeit ist ein Element im Leistungswettbewerb, und nur ein radikales Umdenken, auch in der betrieblichen Praxis, kann dies ändern. Erst eine Neubestimmung, nach welchen Erfolgsmaßstäben ein Unternehmen strebt und wie der Leistungsbegriff in Bezug zu einem Qualitätsbegriff stehen soll, wird hier eine Änderung herbeiführen. Dafür muss man sich Zeit nehmen. Auch muss die Zeit vorhanden sein für den direkten Kontakt zwischen realen Menschen, welche Resonanz in echten sozialen Kontakten versprechen. Auch dafür werden wir uns Zeit nehmen müssen.

Es sind wohl genau diese persönlichen Bindungen zwischen Mitarbeitenden und Arbeitgebenden, welche durch verschiedene, hier beschriebene Phänomene zur Disposition stehen. Hinzu kommen Tendenzen der Fragmentierung von Arbeitsverhältnissen in Teilselbstständigkeiten, welche zu einer weiteren Fragmentierung von Einkommensflüssen führen. Diese neuen Geschäftsmodelle mögen zwar kurzfristig Kostenvorteile mit sich bringen, welche sich im günstigen Preis für die Kunden niederschlagen können. Andererseits geht jegliche Bindung zwischen Arbeitgebenden und Arbeitnehmenden verloren. Es stellt sich somit betrieblich die Frage, ob wir Jobholders wollen oder Persönlichkeiten, welche als Mitunternehmer die Werte ihres Arbeitgebenden vertreten können, welche loyal und engagiert, als Homo Faber die Zukunft des Unternehmens gestalten.

Zusammenfassend lassen sich folgende Handlungsempfehlungen als Reaktion auf die digitale Arbeitswelt extrahieren:

1. Unternehmen der digitalen Welt müssen die neuen Produktionsfaktoren Kapital, Innovation, Markenwert sowie Daten und Netzwerke beherrschen.
2. Bezogen auf die Arbeit der Zukunft heißt dies, in Humankapital, Komplexitätskapital, Strukturkapital und Beziehungskapital zu investieren.
3. Bürokratische Strukturmodelle sowie die klassische Arbeiterkarriere haben ausgedient. Beide müssen sich auf eine Welt voller Volatilität, Unsicherheit, Komplexität und Ambivalenz einstellen.
4. Flexibilisierung und Individualisierung sollen helfen, Handlungsspielräume und Handlungsschnelligkeit zu steigern. Daraus einen Standard abzuleiten würde aber die Flexibilisierung und Individualisierung konterkarieren.
5. Instrumente der Informatisierung müssen betrieblich umsichtig zur Steigerung der Vernetzung, aber nicht zu einer ungeplanten Substitution von Arbeit eingesetzt werden. Das Ziel muss es sein, sie als Hilfsmittel zur Steigerung der menschlichen Fähigkeit zu nutzen und nicht zur Entfremdung von der Arbeit.
6. Digitale Arbeitsräume sollen dem Wissens-, Erfahrungs- und Leistungsaustausch dienen sowie neue soziale Interaktionsräume bilden, in welchen eine neue Unternehmensidentität sich herausbildet. Das Prinzip des Information-Sharings wird zur dominanten Logik.
7. Trotz und in der digitalen und multilokalen Arbeit sind die informellen Begegnungen und Bindungen sowie eine gemeinsam geteilte Arbeitskultur zu pflegen.
8. Angesichts der zu erwartenden Automatisierung und Substitution von Arbeit durch Maschinen ist besonders für die junge Generation der Berufseinsteiger und -einsteigerinnen im Alter von 21 bis 25 Jahren Sorge zu tragen.
9. Angesichts der Beschleunigung von jedem und allem und des Eindrucks, keine Zeit zu haben, werden wir uns bewusst Zeit nehmen müssen für den direkten Kontakt zwischen realen Menschen, für den gemeinsamen Dialog, der echte Resonanz in echten sozialen Kontakten verspricht.
10. In einer Zeit zunehmender Fragmentierung werden wir in Bindung investieren; Bindung zwischen Menschen, zwischen Mitarbeitenden und Arbeitgebern, zwischen Menschen und ihrer Arbeit.

Literatur

Albrecht, Thorben, Andreas Ammermüller. 2017. Kein Ende der Arbeit in Sicht. In *Weissbuch Arbeiten 4.0. Arbeit weiterdenken, Werkheft 01 – Digitalisierung der Arbeitswelt*, Hrsg. Bundesministerium für Arbeit und Soziales Deutschland, S. 40–46.
BITKOM, Fraunhofer., Hrsg. 2014. *Industrie 4.0 – Volkswirtschaftliches Potenzial für Deutschland*. Berlin.
Botthof, Alfons. 2015. Zukunft der Arbeit in Industrie 4.0. s.l. Springer. http://www.doabooks.org/doab?func=fulltext&rid=17321.

Bruch, Heike, Christina Block, Jessica Färber. 2016. *Arbeitswelt im Umbruch. Von den erfolgreichen Pionieren lernen. TOP JOB Trendstudie.* Konstanz: Zentrum für Arbeitgeberattraktivität und Universität St.Gallen.

Cloots, Alexandra, Judith Pauli, Sibylle Olbert-Bock. 2017. *Studie 2015/16: Erwartungen an das Arbeitsumfeld von Ostschweizer Digital Natives.* St.Gallen: FHS & Hochschule für Angewandte Wissenschaften.

Franck, Georg. 2010. *Ökonomie der Aufmerksamkeit. Ein Entwurf.* 9. [Nachdr.]. München: Hanser (Edition Akzente).

Huber, Birgit. 2013. *Arbeiten in der Kreativindustrie. Eine multilokale Ethnografie der Entgrenzung von Arbeits- und Lebenswelt,* 1. Aufl. Frankfurt a. M.: Campus Verlag GmbH (Arbeit und Alltag, 2). http://www.content-select.com/index.php?id=bib_view&ean=9783593409665.

Manyika, James, Susan Lund, Jacques Bughin, Kelsey Robinson, Jan Mischke, Deepa Mahajan. 2016. *Independent work: Choice, necessity, and the gig economy.* Unter Mitarbeit von McKinsey.

Orthey, Frank Michael. 2017. *Zeitumstellung. Für einen guten Umgang mit der Zeit,* 1. Aufl. Freiburg: Haufe Gruppe.

Pfeiffer, Sabine. (2001). Information@WORK: neue Tendenzen in der Informatisierung von Arbeit und vorläufige Überlegungen zu einer Typologie informatisierter Arbeit. In *Neue Medien im Arbeitsalltag. Empirische Befunde, Gestaltungskonzepte, theoretische Perspektiven,* 1. Aufl., Hrsg. Ingo Matuschek. Wiesbaden: Westdt. Verl.

Renner, Lars. 2002. *Flexibilität durch individualisierte Arbeitsinhalte und Arbeitszeiten. Zugl.: Siegen, Univ., Diss, 2002 u.d.T.: Renner, Lars: Individualisierung der Arbeitsorganisation zur Steigerung der Unternehmungsflexibilität.* Lohmar: Eul (Personal-Management, 25).

Rosa, Hartmut. 2013. *Beschleunigung und Entfremdung. Entwurf einer kritischen Theorie spätmoderner Zeitlichkeit. Unter Mitarbeit von Robin Celikates.* Orig.-Ausg., 1. Aufl. Berlin: Suhrkamp.

Seitz, Jakob Stefan. 2002. *Hannah Arendts Kritik der politisch-philosophischen Tradition. Unter Einbeziehung der französischen Literatur zu Hannah Arendt.* Zugl.: München, Hochschule für Philosophie, Dissertation. München: Utz (Münchner philosophische Beiträge, 10).

Sennett, Richard, Michael Bischoff. 2014. *Handwerk.* 5. Aufl. Berlin: Berliner Taschenbuch-Verl. (BvT, 632).

Vasek, Thomas. 2016. Im Arbeitskreis der Algorithmen. *Hohe Luft* 1:81–85 (Philosophie und Wirtschaft).

Weichbrodt, Johann, Martial Berset, Michael Schläppi. 2016. *FlexWork Survey 2016. Befragung von Erwerbstätigen und Unternehmen in der Schweiz zur Verbreitung mobiler Arbeit.* Olten: Hochschule für Angewandte Psychologie FHNW.

Wörwag, Sebastian, Alexandra Cloots. 2018. Gestaltung von Arbeitsportfolios. Projektbericht. http://www.hrpanel-fhs.ch/projekte/projekt-2/.

Ziegler, Philipp A. 2016. *Der Arbeitsplatz der Zukunft. Mobilität steigert die Wettbewerbsfähigkeit – Stand der Dinge, Trends und Entwicklung im Schweizer Markt.* Schaffhausen: MSM Research AG.

Flexible Arbeitsmodelle – Drei Modelle im Überblick

Zusammenfassung

Flexibilisierte Arbeitsorganisationen und -formen sind ein Hauptkennzeichen der neuen Arbeitswelt. Sie dienen dazu, die betriebliche Beweglichkeit und Anpassungsfähigkeit zu steigern. Sie entsprechen aber auch einem zunehmenden Bedürfnis von Mitarbeitenden, welche eine gute Passung zwischen Arbeitsleben und Privatleben, insbesondere auch gegen Ende der Berufslaufbahn suchen. Doch wie wirken diese Modelle in der Praxis? Lassen sich durch sie Gesundheit, Zufriedenheit, Produktivität und Motivation der einzelnen Mitarbeitenden verbessern? Leisten sie damit und darüber hinaus auch einen Beitrag zum Verbleib erfahrener Mitarbeitender im Erwerbsleben, bzw. vermögen sie Frühpensionierungen zu vermeiden? Dieses Kapitel bietet einen Überblick über acht Modelle der Arbeitsflexibilisierung in den Kategorien Auszeit, Beschäftigungsgradreduktion und Arbeitsportfolio. Anhand einer empirischen Erhebung werden Wirkungsanalysen präsentiert und das Aktivierungspotenzial bei älteren Mitarbeitenden zur Vermeidung eines frühzeitigen Berufsausstieges sowie zum längerfristigen Verbleib im Erwerbsleben untersucht. Dieses ist erheblich und gibt dadurch Impulse für eine alter(n)sgerechte Beschäftigungspolitik. Die Wirkungen der einzelnen Modelle auf die Gesundheit, Zufriedenheit, Produktivität und Motivation zeigen überraschende Ergebnisse, welche das Bild, welches wir bislang von den Modellen der Beschäftigungsgradreduktion, der beruflichen Auszeit und der Gestaltung neuer Arbeitsportfolios hatten, revidieren werden.

Im Rahmen unserer Studie 2015 „Flexibilisierung der Arbeitsphase 50+" wurden drei Modelle zur Flexibilisierung der Arbeit in der letzten Berufsphase untersucht: a) Beschäftigungsgradreduktion, b) Portfolio und c) berufliche Auszeit. Diese Modelle wurden im Hinblick auf die Steigerung der Kapazität zur Erfüllung der Arbeitsanforderungen, der Leistungsfähigkeit und -bereitschaft und einen längeren Verbleib im Arbeitsleben entwickelt

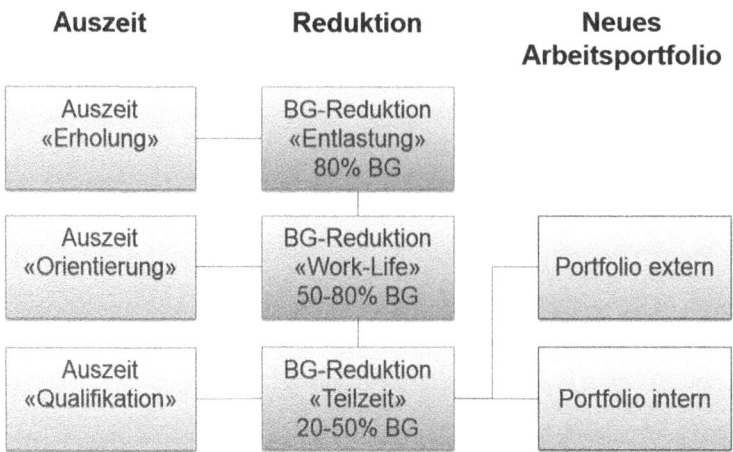

Abb. 5.1 Modelle zur Arbeitsflexibilisierung. (Quelle: Eigene Darstellung)

und in insgesamt 8 Untermodelle gegliedert. Wie Abb. 5.1 nahelegt, können die Modelle, je nach angestrebter Wirkung und betrieblicher Voraussetzung, einzeln oder in Kombination eingeführt werden, wobei eine Verknüpfung der Modelle untereinander naheliegt. Durch sequenzielle oder parallele Kombinationen, welche in Abb. 5.1 durch die Verbindungslinien suggeriert werden, können positive Wirkungen sowohl auf die Aktivierung älterer Mitarbeitender als auch auf Faktoren der Gesundheit, Motivation, Zufriedenheit, Produktivität etc. verstärkt werden. Zum Beispiel kann bei gesundheitlich angeschlagenen Personen eine Kombination aus beruflicher Auszeit zur Erholung mit nachfolgender Beschäftigungsgradreduktion eine Entlastung bringen. Für den Aufbau eines Portfolios ist eine Teilzeitfunktion notwendig und hiervor allenfalls eine Orientierungs- oder Qualifikations-Auszeit sinnvoll.

Die Modelle dienen ferner als sogenannte „blueprints", d. h. prototypische Entwürfe, welche dem firmenspezifischen Kontext angepasst werden können und sollen.

5.1   Wirkung der Modelle zur Aktivierung eines Fachkräftepotenzials

Zentral hat uns die Frage beschäftigt, inwieweit diese Modelle dazu geeignet sind, bei Personen, die sich für dieses Modell entscheiden, einen Verbleib im Erwerbsleben bis zur Pensionierung oder sogar darüber hinaus zu bewirken.

Tab. 5.1 zeigt, dass das Modell der Arbeitsportfolios, also adäquate Aufgabeninhalte in einem Mix aus internen und/oder externen Aufgaben, die größte Wirkung in Bezug auf die Verweildauer im Erwerbsleben bis zur Pensionierung bzw. darüber hinaus aufweist. 72 % der Befragten, welche dieses Modell für sich wählen würden, würden bis zur Pensionierung weiterarbeiten, 66 % sogar über die Pensionierung hinaus. Die Wahl von

Tab. 5.1 Wirkung flexibler Arbeitsmodelle auf die Verweildauer im Erwerbsleben bis zur ordentlichen Pensionierung und über die Pensionierung hinaus. (Quelle: Studie 2015)

Modellwahl	Bereitschaft, aufgrund des Modells bis zur Pensionierung zu arbeiten (%)	Bereitschaft, aufgrund der Modellwahl über die Pensionierung hinaus zu arbeiten (%)
Beschäftigungsgradreduktion	56	36
Arbeitsportfolio	72	66
Auszeit/Sabbatical	50	35

Beschäftigungsgradreduktionen überzeugt immerhin noch etwas mehr als die Hälfte der Befragten, bis zur Pensionierung zu arbeiten, 36 % sogar darüber hinaus. Auch der Entlastungswunsch überrascht nicht, wenn man dies mit Abb. 2.6 vergleicht. Selbst ein Sabbatical wirkt sich für die Hälfte jener, die ein solches wählen würden, dahin gehend aus, bis zur Pensionierung zu arbeiten; für 35 % motiviert die Aussicht auf Sabbatical sogar, über die ordentliche Pensionierung hinaus zu arbeiten. Es zeigen sich somit Bereitschaften, welche inhaltliche Ausgestaltung des Arbeitsportfolios in erster Linie nahelegen, gefolgt von eher entlastungsorientierten Maßnahmen der Beschäftigungsgradreduktion bzw. der Auszeit.

Darüber hinaus interessant ist die Frage, wie viele zur Frühpension Entschlossene – sogenannte „Ausstiegswillige" – man durch solch ein Modell zu einem längeren Verbleib im Erwerbsleben umstimmen könnte. Prüft man die gleichen Modelle nur bezogen auf jene, welche eher bis vollständig überzeugt bereits entschieden waren, in Frühpension zu gehen, so resultieren daraus folgende Werte (Tab. 5.2): Von jenen Befragten, welche eher, größtenteils oder vollumfänglich davon überzeugt sind, sich frühzeitig pensionieren lassen zu wollen, wären mit der Wahl einer Beschäftigungsgradreduktion immer noch 48 % bereit, bis zur Pensionierung weiterzuarbeiten, 13 % lassen sich mit

Tab. 5.2 Aktivierungspotenzial der zur Frühpension entschlossenen Erwerbstätigen; n = 219. (Quelle: Studie 2015)

	Beschäftigungsgradreduktion (%)	Arbeitsportfolio (%)	Auszeit/Sabbatical (%)
Wahl von flexiblen Arbeitsmodellen durch „Ausstiegswillige" (Mehrfachnennungen möglich)	47	23	55
Hiervon Aktivierungspotenzial, bis zur Pensionierung zu arbeiten	48	68	36
Hiervon Aktivierungspotenzial, bis über Pensionierung hinaus zu arbeiten	13	32	12

Beschäftigungsgradmodellen auch dazu bewegen, über die Pensionierung hinaus zu arbeiten. Von den Ausstiegswilligen, die ein Portfolio wählen, lassen sich damit 68 % umstimmen, bis zur Pensionierung zu arbeiten, und 32 % darüber hinaus. Und mit einem Modell der Auszeit würden 36 % sich überzeugen lassen, bis zur Pensionierung zu arbeiten, 12 % darüber hinaus. Es besteht also durchaus ein erhebliches Aktivierungspotenzial auch bei den bereits zur Frühpensionierung Entschlossenen, sich mit einem geeigneten, flexibleren Arbeitsmodell zu einem Verbleib im Erwerbsleben bis zur ordentlichen Pensionierung zu entscheiden. Dadurch erkennt man, dass es sehr wohl möglich ist, auch jene, die sich bereits weitgehend zur Frühpensionierung entschieden haben, für einen Verbleib bis zum ordentlichen Pensionierungszeitpunkt umzustimmen. Dieses Aktivierungspotenzial liegt je nach Modell zwischen 36 % und 68 %. Etwas weniger, d. h. zwischen 12 % und 32 % der Ausstiegswilligen, lassen sich umstimmen, über die Pensionierung hinaus zu arbeiten.

Das größte Aktivierungspotenzial kann dabei mit den Arbeitsportfolios ausgelöst werden, wobei einschränkend zu sagen ist, dass sich dies Mitarbeitende am wenigsten häufig wünschen, während der häufigste Wunsch, die Wahl einer Auszeit, das letztlich geringste Aktivierungspotenzial aufweist. Dennoch zeigt die Auszeit, wie wir gleich sehen werden, interessante Koppeleffekte, die nicht außer Acht gelassen werden sollten.

5.2   Wirkung der Modelle auf Gesundheit, Zufriedenheit, Produktivität und Motivation

Wie wir weiter oben an verschiedenen Faktoren gezeigt haben, wird der Verbleib im Erwerbsleben durch verschiedene Faktoren auch indirekt beeinflusst. Entsprechend lohnt es sich, die Wirkung der Modelle auf Faktoren zu überprüfen, welche das in Abb. 3.1 beschriebene System „gute Arbeit" und „Verweildauer im Erwerbsleben" beeinflussen. In Abb. 5.2 sieht man deutlich, dass alle Modelle einen starken Einfluss auf die Lebenszufriedenheit ausüben, da sie Lebens- und Arbeitswelt in eine bessere Vereinbarkeit bringen. Hierbei wirken insbesondere die Auszeit und die Beschäftigungsgradreduktion besonders stark auf die Lebenszufriedenheit, ist doch bei beiden ein Zeitgewinn für frei gewählte und gestaltbare Tätigkeiten zu erwarten. Demgegenüber schneidet die Wirkung des Arbeitsportfolios auf die Lebenszufriedenheit bescheidener ab, da hier wohl mit beruflichen Mehraufwänden, zum Beispiel in der Erarbeitung neuer Kompetenzen, Abgabe von Sicherheiten etc. zu rechnen sein wird.

Arbeitsmotivational wirkt interessanterweise die Auszeit im Mittelwert am besten, gefolgt vom Arbeitsportfolio und der Beschäftigungsgradreduktion. So scheint die Rückkehr mit „geladenen Batterien" nach einer Auszeit eine höhere Motivationsspritze zu sein als zum Beispiel die Reduktion des Arbeitsspektrums angesichts einer Beschäftigungsgradreduktion. Doch scheinen auch Arbeitsportfolios sich positiv auf die Motivation auszuwirken, da hier wahrscheinlich das Neue der Aufgabe, vielleicht auch eine bessere Passung mit den Fähigkeiten motivierend wirkt.

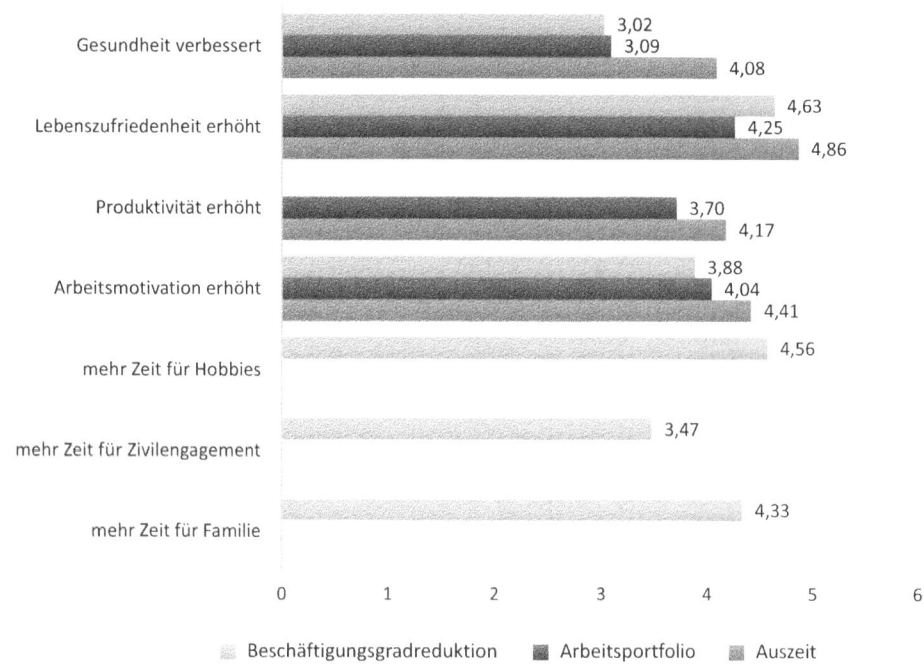

Abb. 5.2 Wirkung flexibler Arbeitsmodelle; n = 46, 56, 62, Skalenniveau 1 (trifft überhaupt nicht zu) bis 6 (trifft vollumfänglich zu). (Quelle: Studie 2015)

Im Hinblick auf die Gesundheit schneidet auch die Auszeit mit Abstand am besten ab. Dies mag damit zusammenhängen, dass auch ein Arbeitsportfolio in der Vielfalt der Aufgaben allenfalls wieder belastend wirken kann. Auf den ersten Blick erstaunt, warum die Beschäftigungsgradreduktion sich nicht besser auf den Gesundheitszustand auswirkt. Mutmaßlich könnte dies mit dem in der Praxis bekannten Phänomen zusammenhängen, dass sich die Aufgaben nicht linear zum Beschäftigungsgrad reduzieren und somit einerseits die gewünschte Entlastung ausbleibt und andererseits eine Disbalance zwischen Arbeit und Vergütung entstehen kann. Sehr positiv gestaltet sich auch die Wirkung einer Auszeit auf die Produktivität. Diese wiederum korreliert signifikant (r = 0,6) mit der durch die Auszeit generierten Motivation.

Für die Einführung und Akzeptanz der flexiblen Arbeitsmodelle ist es aber nicht alleinig ausschlaggebend, wie sie wirken, sondern welche Wirkungserwartungen die Mitarbeitenden damit verbinden. Es ist wohl menschlich, dass in den meisten Fällen die Erwartungen die eigentlichen Erfahrungen übertreffen. So sieht man in Tab. 5.3 zum Beispiel sehr gut, dass die erwartete Wirkung auf die Lebensqualität aller Modelle um einiges höher eingeschätzt wird, als es sich aus Sicht der Erfahrenen zeigt. Ein ähnliches Bild zeigt sich bei der Wirkung auf die Gesundheit, wobei hier schon die massive Abweichung beim Modell der Beschäftigungsgradreduktion auffällt und oben geäußerte Mutmaßung unterstreicht: Die Vorstellungen über die potenzielle Entlastung durch eine Beschäftigungsgradreduktion hinkt wohl deutlich hinter der Realität her. Das zeigt sich

Tab. 5.3 Unterschiede zwischen Erwartung und Erfahrung bei der Wirkung flexibler Arbeitsmodelle; Mittelwerte auf Skala 1–6. (Quelle: Studie 2015)

	Auszeit		Arbeitsportfolio		Beschäftigungsgrad-reduktion	
	Erwartung	Erfahrung	Erwartung	Erfahrung	Erwartung	Erfahrung
Arbeitsmotivation erhöht	4,18	4,41	4,05	4,04	4,22	4,04
Produktivität erhöht	3,98	4,17	3,93	3,70	–	–
Lebenszufriedenheit erhöht	5,17	4,86	4,75	4,25	5,17	4,83
Gesundheit verbessert	4,33	4,08	3,71	3,09	4,34	3,37
Mehr Zeit für Familie	–	–	–	–	4,91	4,66
Mehr Zeit für Zivilengagement	–	–	–	–	3,71	3,70
Mehr Zeit für Hobbys	–	–	–	–	5,20	4,51

auch darin, dass die Erwartungen zu Zeitvorteilen bei Hobbys und Familie bei weitem nicht erfüllt werden. Beschäftigungsgradreduktionen scheinen also nicht die gewünschten Zeitvorteile zu bringen, was sich dann auch als Enttäuschung mit entsprechender Konsequenz auf die Arbeitsmotivation niederschlagen mag. Besser als erwartet schneiden hingegen die Arbeitsmotivation und Produktivität nach einer Auszeit ab. Diese scheint diesbezüglich eher ein Imageproblem als ein Wirkungsproblem aufzuweisen.

Die erheblichen Differenzen zwischen Erwartungen und effektiv erfahrener Wirkung zeigen auf, wie wichtig eine transparente Kommunikation, eine faire Umsetzung der Modelle, aber auch ein geeignetes Erwartungsmanagement sind.

5.3   Quick-Reads über die Wirkung flexibler Arbeitsmodelle

Zusammenfassend zeigt ein erster Wirkungsbefund schon auf, dass alle drei Modelle sowohl eine Wirkung auf die Verweildauer im Erwerbsleben haben als auch indirekt relevante Faktoren des Wirkungssystems von guter Arbeit beeinflussen können. Folgende zusammenfassende Aussagen können aus der Studie gezogen werden:

1. Mit dem Ziel, die Arbeitsbereitschaft a) bis zur Pensionierung und b) darüber hinaus möglichst hoch zu halten, ist das Modell Arbeits-Portfolio am wirkungsvollsten. Hier besteht auch das größte Aktivierungspotenzial, die an sich bereits zur Frühpension Tendierenden oder gar Entschlossenen noch einmal umzustimmen, und zwar bis zum

oder über den ordentlichen Pensionierungszeitpunkt hinaus zu arbeiten. Arbeitsportfolios haben eine positive Wirkung auf die Lebenszufriedenheit, da damit die Erwartung und Erfahrung von stimmigeren Aufgaben verbunden ist, gleichzeitig können sie sich aber auch eher belastend auf die Gesundheit auswirken und sind somit nur für Personen geeignet, welche eine gute physische und psychische Konstitution aufweisen. Insgesamt scheinen sie das tragfähigste Konzept zur Weiterarbeit nach der Pensionierungsgrenze zu sein.

2. Beschäftigungsgradreduktionen leisten bei gut der Hälfte einen Beitrag, bis zum ordentlichen Pensionierungszeitpunkt zu arbeiten, doch die Wirkung lässt hiernach drastisch nach. Wesentliche Triebfeder scheint die Erwartung zur Steigerung der Work-Life-Balance zu sein, welche sich in der Lebenszufriedenheit niederschlägt. Doch scheint genau an diesem Punkt auch das Enttäuschungspotenzial durch im Vergleich zu den Erwartungen hinterherhinkende Wirkungen nicht unerheblich zu sein. Denn die durch die Arbeitsreduktion erhoffte Mehrzeit für Familie, Freizeit, Hobbys oder Zivilengagements scheint sich bei weitem nicht in dem Maße einzustellen, wie dies erwartet wird. Hier scheint eine umsichtige und faire Planung und Umsetzung notwendig. Die mit der Beschäftigungsgradreduktion verbundenen Erwartungen an „mehr Zeit" werden im Durchschnitt nicht erfüllt. Die erste Priorität scheint mehr Zeit für Hobbys zu haben, was aber in der Umsetzung weit hinter den Erwartungen zurückbleibt. An zweiter Stelle will Mann/Frau mehr Zeit für die Familie investieren, was zwar weniger different, aber auch hinter den Erwartungen realisiert werden kann. Dennoch scheint hier eine höhere Verbindlichkeit zu herrschen als bei den Hobbys. In dritter Linie und auf tiefem Niveau soll Zeit in Zivilengagements investiert werden, was auf ebendiesem tiefen Niveau auch umsetzbar erscheint.

3. Auszeiten sind bei den ausstiegswilligen Mitarbeitenden am beliebtesten und werden von den Arbeitsmodellen am häufigsten gewünscht. Auch wenn sie sich nicht gleichermaßen wirksam wie die anderen Modelle für einen Verbleib im Erwerbsleben, vor allem über die Pensionierungsgrenze hinaus, erweisen, so wirken sie sich recht effektiv auf indirekte Faktoren wie Lebenszufriedenheit, Motivation und Produktivität aus: Bei allen Erfahrungswerten liegt ihre Wirkung höher als bei den anderen Modellen. Im Bereich der Arbeitsmotivation und Produktivitätswirkung schneidet ihre Wirkung sogar besser ab als die Erwartung. Insofern scheinen Auszeiten bzw. Sabbaticals sich nicht in erster Linie als Retentionsmaßnahmen für ältere Mitarbeitende anzubieten, dafür als wirkungsvolle Impulse für Lebenszufriedenheit, Gesundheit, Produktivität und Motivation aller Alterssparten.

4. Bezogen auf die untersuchten Schlüsselfaktoren unseres Arbeitsmodells zeigt sich, dass für die Arbeitsmotivation zwar die erwartete Wirkung bei der Beschäftigungsgradreduktion am höchsten ist, doch auch hier hinkt die Wirkung der Erwartung hinterher, und es scheint auch hier ein Handlungsbedarf bei der Ausgestaltung, zum Beispiel bei der Abgabe motivierender Inhalte, zu bestehen. Positiv und auf bzw. über den Erwartungen wirken sowohl die berufliche Auszeit wie auch das Portfolio auf die Arbeitsmotivation.

5. Hinsichtlich Produktivität wirkt die Auszeit über den Erwartungen gut, besser als die anderen Modelle. Hier scheinen interessante und wenig beachtete Erfolgsreserven in vielen Unternehmen vorzuliegen. Arbeitsportfolios wirken sich nicht direkt auf die Produktivität aus, was mit dem individuellen Veränderungsprozess des Mitarbeiters und seiner Aufgaben und Kompetenzen zu tun haben mag.

6. Mit Bezug zur Lebenszufriedenheit sind die Erwartungen in allen drei Modellen sehr hoch. Die Erfahrungen bleiben doch auch hier hinter den Erwartungen, was auf ungenügende Planung und Umsetzung und dadurch unbefriedigende Wirkung (betreffend gesteigerte Gesundheit oder Orientierung (berufliche Auszeit) oder gewonnene Zeit und Gesundheit (Beschäftigungsgradreduktion)) zurückzuführen sein könnte.

7. Ähnlich sieht es mit den Wirkungen auf die Gesundheit aus. Die Erfahrungen bei der Umsetzung von Arbeitsportfolios und Beschäftigungsgradreduktionen zur Verbesserung der Gesundheit scheinen eher ungenügend zu sein; hier wirkt die Auszeit deutlich besser. Wie erwähnt, muss diesem Aspekt bei der Auswahl der Personen, die sich für solche Modelle eignen, Rechnung getragen werden. Es bleibt natürlich auch offen, über welchen konkreten Gesundheitszustand die Befragten bei der Einführung der flexiblen Arbeitsmodelle verfügten und ob realistischerweise mit einer Verbesserung des Gesundheitszustands hat gerechnet werden können. Es mag durchaus sein, dass diesbezüglich auch zu hohe Erwartungen an eine Reduktion des Arbeitspensums oder Neuplanung des Arbeitsportfolios gehegt werden. Hier wäre ein transparentes Erwartungsmanagement bei der Einführung ratsam.

Modell Beschäftigungsgradreduktion: Weniger, aber zufriedener arbeiten

6

Zusammenfassung

Obschon viele Menschen bei der Flexibilisierung von Arbeitsmodellen an eine Flexibilisierung des Beschäftigungsgrades denken, ist die Teilzeitarbeit in einzelnen Branchen noch nicht weit verbreitet. Nebst entsprechenden Branchenkulturen zeigte unsere Studie 2015 auch alters-, geschlechts- und funktionsspezifische Unterschiede. Um gezielte Wirkungen mit einer Beschäftigungsgradreduktion erzielen zu können, unterscheiden wir drei Untermodelle: a) das Modell Entlastung, b) das Modell Work-Life-Balance und schließlich c) das Modell Teilzeit. Nebst prototypischen Beschreibungen dieser Modelle zeigt das Kapitel auch Wirkungen auf verschiedene Determinanten von guter Arbeit auf. Auffallend ist die erhebliche Diskrepanz zwischen erwarteten Wirkungen und effektiven Wirkungen, welche die Notwendigkeit einer guten Vorbereitung, Kommunikation und Einführung akzentuieren. Drei Praxisfälle verdeutlichen dies. Letztlich wurde auch die Finanzierbarkeit einer Beschäftigungsgradreduktion untersucht und der richtige Zeitpunkt zur Planung evaluiert: Hier fällt auf, dass die Entscheidungsprozesse zur Beschäftigungsgradreduktion im Durchschnitt bereits weit vor dem 50. Lebensjahr beginnen. Entsprechende Gespräche und Planungen sind mit dem Mitarbeitenden somit frühzeitig aufzugreifen.

Die Schweiz ist ein Land, in welchem Teilzeitarbeit, insbesondere bei den Männern, nicht weit verbreitet ist. Männer der Altersspanne 58–64 Jahre arbeiten bis kurz vor dem Rentenalter zu 82 % Vollzeit, wobei der Anteil sich in den letzten zwei Jahren vor der Pensionierung auf 68–74 % reduziert. Bei Frauen ist der Anteil der Vollzeiterwerbstätigen demgegenüber einiges tiefer. Bereits in der Altersgruppe der 50- bis 57-jährigen Frauen liegt der Anteil Vollzeiterwerbstätiger lediglich bei 34 %. Nach Erreichen des Rentenalters arbeitet der überwiegende Anteil der dann noch erwerbstätigen Personen nur noch Teilzeit und/oder in Form einer selbstständigen Tätigkeit (OECD 2014).

© Springer Fachmedien Wiesbaden GmbH, ein Teil von Springer Nature 2018
S. Wörwag und A. Cloots, *Flexible Arbeitsmodelle für die Generation 50+*,
https://doi.org/10.1007/978-3-658-20538-6_6

Dieser Befund belegt, dass das Bedürfnis nach flexiblen Arbeitsmodellen hinsichtlich Beschäftigungsgrad und Erwerbsform in der letzten Berufsphase zunimmt.

In unserer Studie 2017 hat sich die in Tab. 6.1 dargestellte Verteilung des Geschlechts auf unterschiedliche Beschäftigungsgrade ergeben.

Wie in Tab. 6.1 deutlich wird, herrscht zum Hauptteil und vor allem bei den Männern noch eine Kultur des 100 %-Beschäftigungsgrads. Alternativ und vor allem bei Frauen beliebt scheint die 80 %-Anstellung zu sein, in welcher zum Beispiel ein Tag pro Woche frei ist. Während bei Frauen auch weitere Abstufungen häufiger auftreten, kommen bei Männern Beschäftigungsgrade von unter 80 % nur noch kumulativ in knapp 6 % der Fälle vor.

Bezüglich Unternehmensgröße zeigt sich, dass Unternehmen mit mehr als 1000 Mitarbeitenden zu 75 % eine Vollzeitkultur leben, während dies zum Beispiel bei Unternehmen in der Größe von 10–49 Mitarbeitenden nur bei 55 % der Fall ist. Spitzenreiter bei den 80 %-Anstellungsverhältnissen sind die Kleinstunternehmen (1–9 Mitarbeitende), in welchen knapp jeder Vierte mit einem 80 %-Beschäftigungsgrad angestellt ist. Dies reduziert sich sukzessive entlang der Unternehmensgröße auf 10 % bei Großunternehmen mit über 1000 Mitarbeitenden.

Ein Blick auf unterschiedliche Branchenkulturen in Tab. 6.2 zeigt erhebliche Unterschiede, insbesondere, wo mehrheitlich eine 100 %-Beschäftigungskultur gelebt wird und wo eine Teilzeitkultur sich bereits etabliert hat. Deutlich ist, dass im Maschinenbau und in der Industrie, in der Finanz-, Immobilien- und Versicherungsbranche und in der Informatik und Elektrobranche mehrheitlich eine 100 %-Beschäftigungskultur gepflegt wird. In der öffentlichen Verwaltung, der Gesundheit, in sozialen Berufen sowie in Bildung und Forschung hat sich demgegenüber eine Vielzahl unterschiedlicher Beschäftigungsgrade etabliert. Das mag bei den eher frauendominierten Berufen auf die hier insgesamt tieferen

Tab. 6.1 Vergleich des Beschäftigungsgrads nach Alter, N = 920. (Quelle: Studie 2017)	Beschäftigungsgrad	Weiblich	Männlich
	10 %	1,30 %	0,40 %
	20 %	0,30 %	0,00 %
	30 %	1,10 %	0,40 %
	40 %	4,20 %	0,60 %
	50 %	6,40 %	0,90 %
	60 %	10,10 %	1,30 %
	70 %	4,20 %	2,00 %
	80 %	21,50 %	9,20 %
	90 %	8,20 %	5,50 %
	100 %	42,70 %	79,70 %
	Summe	100,00 %	100,00 %
	N = 920	377	542

Tab. 6.2 Beschäftigungsgrade in einzelnen Branchen. n = 911. (Quelle: Studie 2017)

	Öffentliche Verwaltung	IKT, Elektro	Gesundheit & Medizin	Verkehr & Logistik	Handel	Land- und Bauwirtschaft	Bildung & Forschung	Finanzen, Immobilien, Versicherung	Dienstleistungen	Maschinenbau	Industrie	Chemie & Nahrungsmittel	Soziale Arbeit
10 %	0 %	0 %	1 %	0 %	0 %	0 %	0 %	0 %	5 %	0 %	0 %	0 %	3 %
20 %	1 %	0 %	0 %	0 %	0 %	0 %	0 %	0 %	0 %	0 %	0 %	0 %	0 %
30 %	1 %	2 %	1 %	0 %	0 %	0 %	0 %	1 %	0 %	0 %	0 %	0 %	0 %
40 %	3 %	0 %	1 %	0 %	0 %	0 %	4 %	1 %	7 %	0 %	1 %	0 %	6 %
50 %	5 %	4 %	3 %	0 %	0 %	0 %	6 %	3 %	2 %	2 %	1 %	0 %	3 %
60 %	8 %	4 %	4 %	0 %	0 %	0 %	6 %	3 %	2 %	0 %	4 %	6 %	12 %
70 %	4 %	2 %	2 %	0 %	0 %	0 %	11 %	1 %	0 %	0 %	2 %	0 %	6 %
80 %	19 %	2 %	25 %	8 %	7 %	0 %	28 %	10 %	17 %	2 %	5 %	6 %	27 %
90 %	9 %	4 %	15 %	17 %	7 %	7 %	9 %	4 %	2 %	2 %	2 %	6 %	9 %
100 %	51 %	82 %	47 %	75 %	86 %	93 %	37 %	78 %	64 %	93 %	84 %	81 %	33 %
911	213	49	95	12	14	15	71	209	42	43	96	16	33

Beschäftigungsquoten zurückzuführen sein. Allenfalls liegt es aber auch in der Natur der Aufgabe, wie zum Beispiel im Bildungsbereich, in welchem viele beschäftigte Lehrpersonen ein Teilpensum neben ihrem angestammten Berufsfeld ausüben.

Warum wählen Menschen einen spezifischen Beschäftigungsgrad? Nebst der Frage, was betrieblich überhaupt möglich und zulässig ist, stehen da zum einen natürlich finanzielle Gründe im Vordergrund: Je notwendiger die Arbeit als Geldverdienen gewichtet werden muss, desto höher wird zwangsläufig der angestrebte Beschäftigungsgrad sein. In unserer Studie sind wir unter anderem der Frage nachgegangen, bis zu welchem Grad eine Beschäftigungsgradreduktion finanziell verkraftbar wäre, ohne den Lebensstil wesentlich verändern zu müssen. Die Ergebnisse in Tab. 6.3 sind aufschlussreich: Die Hälfte

Tab. 6.3 Finanzielle Verkraftbarkeit einer Beschäftigungsgradreduktion (Welche Beschäftigungsgradreduktion könnten Sie zum jetzigen Zeitpunkt bei Ihrem Hauptarbeitgeber finanziell verkraften, ohne Ihren Lebensstil wesentlich zu verändern?); $n = 708$; leere Zeilen zeigen ein $n < 10$ an und wurden deshalb nicht ausgewertet. (Quelle: Studie 2015)

	Keine	0 bis 20 %	21 bis 40 %	41 bis 60 %	Über 60 %	Gesamtergebnis
Frauen	**50,80 %**	**33,90 %**	**7,30 %**	**0,60 %**	**7,30 %**	**100,00 %**
Geschäftsleitung	58,80 %	17,60 %	23,50 %	0,00 %	0,00 %	100,00 %
Oberes Kader (Vorgesetzte von Führungskräften)						
Mittleres Kader (Vorgesetzte von Mitarbeitern)	31,60 %	57,90 %	10,50 %	0,00 %	0,00 %	100,00 %
Fachkader (ohne Führungsverantwortung)	41,20 %	41,20 %	11,80 %	0,00 %	5,80 %	100,00 %
Mitarbeiterinnen	53,80 %	31,90 %	4,20 %	0,80 %	9,20 %	100,00 %
Männer	**37,30 %**	**46,20 %**	**8,60 %**	**1,70 %**	**6,20 %**	**100,00 %**
Geschäftsleitung	20,70 %	53,20 %	12,80 %	3,20 %	10,10 %	100,00 %
Oberes Kader (Vorgesetzte von Führungskräften)	42,50 %	45,00 %	7,50 %	2,50 %	2,50 %	100,00 %
Mittleres Kader (Vorgesetzte von Mitarbeitern)	39,80 %	53,00 %	6,00 %	0,00 %	1,20 %	100,00 %
Fachkader (ohne Führungsverantwortung)	42,90 %	42,90 %	5,20 %	2,60 %	6,50 %	100,00 %
Mitarbeiter	53,10 %	35,20 %	6,90 %	0,00 %	4,80 %	100,00 %
Gesamtergebnis	40,82 %	43,08 %	8,19 %	1,41 %	6,50 %	100,00 %

der Frauen kann sich keine Beschäftigungsgradreduktion ohne Lebensstilverzicht leisten, während ungefähr zwei Drittel der Männer dies können. Dies scheint einen wohl noch an vielen Orten latent vorhandenen Unterschied der finanziellen Spielräume zwischen den Geschlechtern zu beschreiben. Zudem zeigt sich ein wohl gehaltsabhängiger Unterschied der Funktionsstufen, welche eine Pensenreduktion ohne Einbuße im Lebensstil mehr oder weniger ermöglichen. Immerhin ist zu konstatieren, dass bei gut einem Drittel der Frauen und 46 % der Männer eine Reduktion bis auf 80 % Beschäftigungsgrad offensichtlich finanziell verkraftbar ist.

Doch es ist nicht die finanzielle Notwendigkeit alleine, welche die Wahl des Beschäftigungsgrads festlegt. Wir sind deshalb in unserer Nachfolgestudie 2017 noch vertieft der Frage nachgegangen, welche Faktoren einen signifikanten Einfluss auf den Wunsch-Beschäftigungsgrad haben: Signifikant haben sich lediglich der bestehende Beschäftigungsgrad, das Geschlecht und das Alter erwiesen. Konkret heißt das: Je höher der Beschäftigungsgrad bereits ist, desto höher wird er auch gewünscht. Das ist an sich logisch, zeigt aber auf, dass die Wahlfreiheit beim Beschäftigungsgrad groß zu sein scheint, dass also die meisten Beschäftigten jenen Beschäftigungsgrad haben, den sie sich auch wünschen, bzw. dass sie sich wünschen, was sie haben. Erstaunlich und kein gutes Zeichen wäre es ja, wenn, je höher der bestehende Beschäftigungsgrad wäre, der Wunsch-Beschäftigungsgrad desto tiefer ausfiele. Davon ist aber nicht auszugehen. Ferner zeigt es sich, dass das Geschlecht einen signifikanten Einfluss auf den Beschäftigungsgrad hat. Wie weiter oben bereits dargestellt, ist der Beschäftigungsanteil der Frauen tiefer als jener der Männer. Dies schlägt sich nun auch hier bei dem angestrebten Beschäftigungsgrad nieder. Und schließlich hat das Alter einen signifikanten Einfluss auf die Wahl des Beschäftigungsgrads, insofern, was auf den ersten Blick überrascht, dass, je älter die Mitarbeitenden sind, desto höher der angestrebte Beschäftigungsgrad ist. Das ist kontraintuitiv, würde man doch annehmen, dass Entlastungswünsche im Alter auch in der Tendenz den Beschäftigungsgrad senken würden. Ein möglicher Grund kann wiederum in dem Healthy-Worker-Effekt liegen, wie in Abschn. 3.1.3.1 beschrieben, d. h., dass nur noch jene in der Stichprobe aufscheinen, welche im Alter fit und motiviert sind und mitnichten an eine Reduktion ihrer Beschäftigung denken, während andere, allenfalls auch mangels Möglichkeiten zur Pensenreduktion, schon gar nicht mehr im Erwerbsleben sind. Eine denkbare Erklärung wäre auch, dass ältere Mitarbeitende befürchten, mit einer Reduktion ihres Beschäftigungsgrads einerseits Einbußen bei der Altersvorsorge hinzunehmen und andererseits das Risiko einer schleichenden Entlassung einzugehen. Denn klar ist auch: Je geringer der Beschäftigungsgrad ist, desto weniger Präsenz am Arbeitsplatz ist die Folge, und damit gehen als wichtig empfundene Einbindungen in Kooperationen, in Informationsketten und in das soziale Gefüge des Betriebes verloren. Vor diesem Hintergrund ist es verständlich, dass ältere Mitarbeitende, die noch nicht mit der Pensionierung liebäugeln, die engen und täglichen Verbindungen zu Arbeitskolleginnen und -kollegen, das Eingebundensein in betriebliche Abläufe und Informationen und das Gefühl, ein hundertprozentiger Teil des Systems zu sein, nicht leichtfertig riskieren wollen.

6.1   Modell „Entlastung"

6.1.1   Kurzbeschreibung

Eine Beschäftigungsgradreduktion unter dem Aspekt „Entlastung" dient dazu, die Gesundheit und das subjektiv wahrgenommene Leistungsvermögen auf einem tieferen Beschäftigungsgrad zu stabilisieren. Dadurch soll ein belastungsbezogener oder gesundheitlich bedingter Berufsausstieg vermieden werden. Gemäß Bookmann et al. (2012) belegt die altersgerichtete Beschäftigungsgradanpassung mit 36 % Verbreitung bei den Unternehmen den ersten Platz bei den auf die alternde Berufsgruppe ausgerichteten Maßnahmen.

Unsere Studie 2015 hat hingegen die Mitarbeitenden nach ihrem Wunsch zur beruflichen Entlastung befragt. Es zeigt sich darin, dass ein Viertel der Männer und rund 15 % der Frauen den starken Wunsch[1] hegen, sich beruflich zu entlasten. Bezogen auf die Funktionsstufe sind dies mehrheitlich Mitglieder von Geschäftsleitungen und hier interessanterweise hauptsächlich Frauen: Rund 45 % der weiblichen Geschäftsleitungsmitglieder hegen den Wunsch, sich zu entlasten, während dies 30 % der männlichen Geschäftsleitungskollegen vorhaben. Bei normalen Mitarbeitenden kommt dieser Wunsch lediglich bei 11 % der Mitarbeiterinnen und bei knapp 20 % der Mitarbeiter vor. Dies kann natürlich mit der Erschwinglichkeit einer Entlastung wie auch mit der mit Verantwortung verbundenen Verbindung mit dem Arbeitgebenden zusammenhängen. Die durchschnittliche Reduktion des Beschäftigungsgrades liegt bei gut 26 % und das Durchschnittsalter, wann dies vollzogen worden ist, liegt bei 47 Jahren.

Ein Aspekt der Entlastung kann dabei bereits bedeuten, eine Arbeitsüberlast auf ein erträgliches Maß zu reduzieren. Hierbei ist aus verschiedenen Studien belegt, dass ab der achten bzw. neunten Arbeitsstunde das Unfallrisiko exponentiell zunimmt, umgekehrt durch Vermeidung von täglichen Überzeiten, insbesondere auch durch Vermeidung von Nachtschichten, das Unfallrisiko der Beschäftigten signifikant gesenkt werden kann (Wirtz 2010, S. 20). Das erhöhte Unfallrisiko geht dabei einher mit verminderter kognitiver Leistungsfähigkeit in Form von Aufmerksamkeit, exekutiven Funktionen sowie Wachheit. Wirz konnte auch einen Zusammenhang zwischen psychovegetativen Beschwerden und der wöchentlichen Arbeitszeit nachweisen. Es zeigt sich, dass insbesondere ab 45 h pro Woche eine deutliche Zunahme der psychovegetativen Beschwerden zu verzeichnen ist (siehe hierzu auch Abb. 6.1). Ebenso wird deutlich, dass eine Senkung der wöchentlichen Arbeitszeit von 40 bis 44 h auf 36 bis 39 h wiederum eine starke Absenkung psychovegetativer Beschwerden bringt. Das bedeutet, dass eine Pensenreduktion zwischen 10 und 20 % bereits eine spürbare Wirkung zur Linderung psychovegetativer Beschwerden verursacht.

---

[1]Summe aus 5 (trifft größtenteils zu) und 6 (trifft vollumfänglich zu).

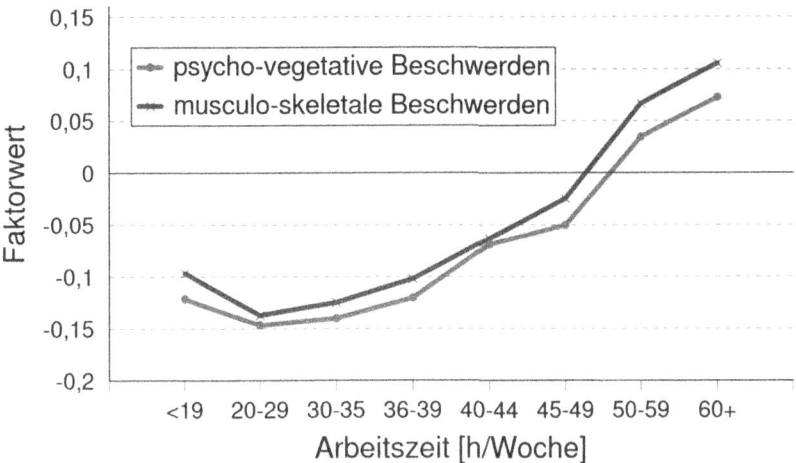

Abb. 6.1 Gesundheitliche Beschwerden in Abhängigkeit von der wöchentlichen Arbeitszeit bei deutschen Arbeitnehmern. (Quelle: Nachreiner und Schomann 2005, S. 2)

Betrachtet man den Zusammenhang zwischen wöchentlicher Arbeitszeit und psychovegetativen Beschwerden unterschiedlicher Alterssegmente, so fällt auf, dass die Berufsgruppe der 55+ einen tieferen Grad an psychovegetativen Beschwerden aufweist als sowohl die 25- bis 39-Jährigen wie auch die 40- bis 54-Jährigen (Wirtz 2010, S. 98). Das kann zum einen damit zusammenhängen, dass ältere Mitarbeitende routinierter und besser mit Stresssituationen durch lange Arbeitszeiten umgehen können, zum anderen ist aber auch bei hohen Wochenarbeitsbelastungen ein „Healthy-Worker-Effekt" nicht auszuschließen, wonach eine Selektion der wirklich gesunden und robusten Berufstätigen in dieser Kohorte bereits stattgefunden hat, mit anderen Worten, nur noch jene mit besonderer Robustheit gegen psychovegetative Beschwerden überhaupt in der Stichprobe enthalten waren.

Hinsichtlich Geschlecht findet Wirz eine Varianz bei hohen wöchentlichen Arbeitszeiten, wonach Frauen hier ein höheres Maß an Beschwerden aufweisen. Dies ist wohl darauf zurückzuführen, dass Frauen nach wie vor für einen Hauptteil der häuslichen Arbeit verantwortlich sind und unter dieser Doppelbelastung, insbesondere bei gleichzeitig hoher beruflicher Belastung, besonders zu leiden haben. Gerade hier sind deshalb wohl Entlastungen durch flexible Arbeitsmodelle angezeigt. Während Nachtarbeit, wie oben gezeigt, die Unfallgefahr erhöhen kann, lösen hauptsächlich Sonntagsarbeit sowie Arbeit an Abenden eine signifikante Erhöhung des Risikos gesundheitlicher Beeinträchtigung aus. Demgegenüber scheinen Samstagsarbeit, Schicht- und Nachtarbeit keine signifikante Risikoerhöhung für gesundheitliche Beeinträchtigungen, unter anderem durch psychovegetative oder muskuloskelettale Beschwerden, auszulösen (Wirtz 2010, S. 125).

Eine wirksame Maßnahme gegen belastende Arbeitszeiten ist eine Vergrößerung des Handlungsspielraums, u. a. bei der Gestaltung des Arbeitstempos. Dies vermag die negativen Effekte langer Arbeitszeiten zu lindern, wenn auch nicht komplett zu kompensieren.

Auch hinsichtlich Produktivität lässt sich ein Zusammenhang zum Arbeitspensum herstellen. In Abb. 6.2 ist die Arbeitsproduktivität pro Stunde in den europäischen Mitgliedsländern in Abhängigkeit von der wöchentlichen Arbeitszeit mithilfe einer Regressionsgeraden dargestellt.

Obschon die Zusammenhänge zwischen Produktivität und Arbeitszeit in Abb. 6.2 augenfällig sind, darf nicht auf einen monokausalen Zusammenhang geschlossen werden, da andere Faktoren, wie Arbeitsmotivation, Art und Organisation der Tätigkeit, eine beachtliche Rolle spielen.

Zu den gesundheitlichen Folgen einer (zu) hohen Arbeitsbelastung, welche besonders im höheren Erwerbsalter zum Wunsch führen mag, den Beschäftigungsgrad zu reduzieren, kommen noch die sozialen Auswirkungen. Hierzu sind u. a. Phänomene der Doppelbelastung, beispielsweise in der Familienbetreuung auch älterer Mitarbeitender, zu nennen.

Die in Tab. 6.4 dargestellte steckbriefartige Übersicht zeigt im Überblick, zu welchem Zweck und wie Beschäftigungsgradreduktionen geplant und umgesetzt werden können.

Die Ergebnisse unserer Studie 2015 zeigen, dass die erwartete Gesundheitswirkung bei einem Wert von 4,34 (auf einer 6er-Skala) rangiert, die Evidenz, d. h. die Bewertung jener, die eine Beschäftigungsgradreduktion bereits umgesetzt haben, lediglich bei 3,37 zu liegen kommt. Dies kann als Hinweis dahin gehend gedeutet werden, dass viele Anpassungen des Beschäftigungsgrades eine Disbalance der neu und reduziert zur Verfügung stehenden Zeit zu der allenfalls nicht gleichermaßen reduzierten Arbeitsmenge

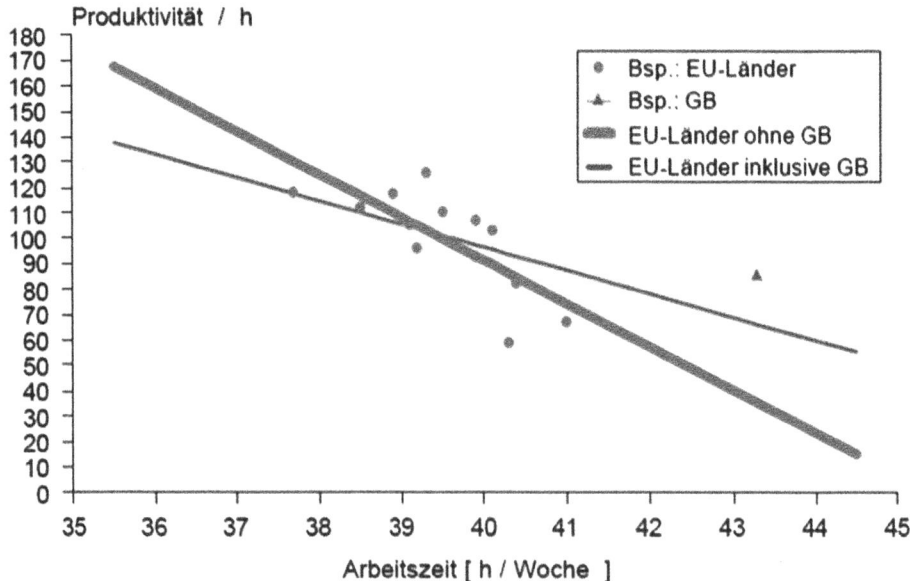

Abb. 6.2 Arbeitsproduktivität in Abhängigkeit von der wöchentlichen Arbeitszeit. (Quelle: Wirtz 2010, S. 23)

Tab. 6.4 Eigenschaften Modell Entlastung. (Quelle: Studie 2015)

Kriterium	Beschreibung
Motivlage Arbeitnehmende	• Verringerung von belastend empfundenen Arbeitsinhalten, dadurch bessere Gesundheit und höhere Lebensqualität und -zufriedenheit
Motivlage Arbeitgebenden	• Reduktion von Stress- und Burn-out-Gefährdung • Erhöhte Arbeitgeberattraktivität • Retention geeigneter Mitarbeitender
Chancen	• Positive Wirkung auf Gesundheit, Motivation, Zufriedenheit • Indirekte Wirkung auf Verweildauer im Erwerbsleben (Aktivierungs-potenzial 25–63 %) • Mögliche erhöhte Bereitschaft zum Verbleib über Pensionierungszeit-punkt hinaus (Aktivierungspotenzial 9–39 %)
Risiken	• Ungenügende Entlastung bei mangelnder Anpassung der Arbeitspa-kete, daraus Enttäuschung und Ausstieg
Beschäftigungsgrad	• Die altersabhängigen Zusammenhänge zwischen Wochenarbeitszeit und psycho-vegetativen Beschwerden zeigen erhebliche Unterschiede in der Reduktion von einer 40- bis 44-Stunden-Woche auf eine 36- bis 39-Stunden-Woche, also bereits mit einer Beschäftigungs-gradreduktion von rund 10–20 %. Hiernach bleibt der Faktor der psycho-vegetativen Beschwerden in etwa bis zu einem Beschäfti-gungsgrad von 20–29 Wochenarbeitsstunden konstant (Abb. 6.1) • 20 % Beschäftigungsgradreduktion als möglicher Königsweg zwischen positiver Wirkung und „Kosten" für Unternehmen und Mit-arbeitenden; Tab. 6.3 zeigt auf, dass für 34 % der Frauen und 46 % der Männer eine Reduktion auf einen Beschäftigungsgrad von 80 % finanziell verkraftbar ist, ohne den Lebensstil wesentlich verändern zu müssen
Ausgestaltung	• Entlastung von nicht altersadäquaten Aufgaben • Reduktion von Aufgabenpaketen oder Schaffung von Teamstrukturen zur Aufgabenerfüllung • Einführung von Job-Splitting oder Job-Pairing mit komplementären altersspezifischen Kompetenzen
Finanzierung	• Lohnverzicht (Bereitschaft 79 %) • Kompensation über vorgängiges privates Sparen (Bereitschaft 66 %)

hervorbringen. Um eine entsprechende und intendierte Entlastung zu erzielen, muss fundiert und umsichtig die Arbeitsmenge, allenfalls auch der Verantwortungsbereich, angepasst werden. Hierbei muss es für beide Parteien, Arbeitgeberseite wie Arbeitneh-mendenseite, klar sein, dass Aufgaben, Verantwortungen und Kompetenzen im Einklang untereinander abgegeben werden müssen, was also auch bis zu einem gewissen Grad einen Rückzug aus der Verantwortung mit sich bringt.

Betrachtet man in Tab. 6.5 die effektive Wirkung, welche mit der Beschäftigungs-gradreduktion erzielt werden kann, so zeigt sich insbesondere beim Zeitgewinn ein fast linearer Altersverlauf, d. h., dass die Wirkung, mittels Beschäftigungsgradreduktion

Tab. 6.5 Wirkung einer beruflichen Entlastung mittels Beschäftigungsgradreduktion, n = 45 (Beschäftigte, die ihren Beschäftigungsgrad reduziert haben). (Quelle: Studie 2015)

		Mit der Beschäftigungsgradreduktion hat sich / habe ich ...								
		Ich möchte mich beruflich entlasten	Ich habe meinen BG um ... % reduziert (n=45)	... meine Gesundheit verbessert	... meine Arbeitsmotivation erhöht	... meine Lebenszufriedenheit erhöht	... mehr Zeit für freiwillige Gemeinwohl-Engagements eingesetzt	... mehr Zeit für Familie	... mehr Zeit für Hobbys	Durchschnittliche Wirkung pro Alterssegment
46–50	9	3,31	29%	4,13	3,78	4,78	4,56	5,22	5.33	4,57
51–55	21	3,58	21%	3,26	4,05	4,95	3,55	4,62	4.57	4,18
56–60	12	3,48	26%	3,33	4,54	4,77	3,85	4,54	4.23	4,26
61–65	3	3,33	47%	3,00	3,67	4,33	2,33	4,67	3.67	3,61

mehr Zeit für Familie, Hobbys oder Gemeinwohlengagements gewonnen zu haben, mit zunehmendem Alter schwindet. Auch die Wirkung auf die Gesundheit zeigt denselben Altersverlauf, wobei nicht auszuschließen ist, dass mit zunehmendem Alter Gesundheitsbeeinträchtigungen auftreten, welche auch mit einer Reduktion der Arbeitsmenge nicht (mehr) wirkungsvoll kuriert werden können.

6.1.2   Praxisfall Ganz AG[2]

6.1.2.1 Ausgangslage

Seit 2014 wird die Ganz Gruppe als eine Holding geführt und vereint fünf Unternehmen mit insgesamt 175 Mitarbeitenden an 7 Standorten. Die Ganz Gruppe ist in der Baubranche und hat ihre Kernkompetenz im Bereich des Baumaterials von Dach, Platten und Parkett sowie deren Verarbeitung/Verlegung. Die Ganz Gruppe wird strategisch und operativ durch die Familie Ganz, basierend auf den Eigenschaften persönlich, verantwortungsvoll und zukunftsorientiert, geführt. Bei der Übergabe der Leitung von der dritten zur vierten Generation und generell bei der Pensionierung von Mitarbeitenden wird der Erhalt des Know-hows und der Beziehungsnetzwerke im Unternehmen als eine große Herausforderung in der Ganz Gruppe gesehen. Das Unternehmen entschied sich zu Beginn für die Einführung des Beschäftigungsgradmodells mit dem Ziel, solche „Verluste" abzufangen. Gleichzeitig aber auch mit der Intention, dass die Arbeitgeberattraktivität sich gegebenenfalls erhöht.

---

[2]Wir danken der Ganz Gruppe für die wertvolle Zusammenarbeit sowie die Zurverfügungstellung der Unterlagen, auf denen auch die Ausführungen beruhen.

Bis zum Projektstart wurde bei drei Mitarbeitenden der Beschäftigungsgrad bereits mit dem Ziel angepasst, das Nachfolgemanagement sauber aufzugleisen. Alle drei sind, trotz Überschreitung ihres offiziellen Pensionierungsalters, noch immer im Arbeitsleben aktiv. Zwei Personen arbeiten konstant zwischen 40 % und 50 % in Teilzeit, während bei der dritten Person der Beschäftigungsgrad stufenweise heruntergesetzt wird. Alle drei haben aufgrund dieser Veränderung ihre leitende Funktion abgeben müssen, da eine Führungsposition bei der Ganz Gruppe nur mit 100 % Beschäftigungsgrad (mindestens 80 %) möglich ist. Daher haben diese drei Mitarbeitenden nun unterschiedliche Stabsfunktionen inne.

Obwohl die Ganz Gruppe überzeugt ist, dass es bei Beschäftigungsmodellen bei Einzelfallbetrachtungen bleiben wird, sieht sie einen Vorteil in einem ausgearbeiteten Standardmodell, das je nach individuellen Wünschen seitens Mitarbeitenden, aber auch seitens Unternehmen angepasst werden kann. Die Möglichkeit, ein Modell anzuwenden, soll allen Mitarbeitenden 55plus der Holding zur Verfügung stehen.

Neben dem Modell der Beschäftigungsgradreduktion kann sich die Ganz Gruppe aber auch vorstellen, dass das flexible Arbeitsmodell „Auszeit/Sabbatical" für die stark geforderten Kadermitarbeitenden interessant sei, um ihre Gesunderhaltung und Motivation als Unternehmen auch weiter fördern zu können. Damit verfolgt die Ganz Gruppe insbesondere folgende Ziele bei der Einführung von flexiblen Arbeitsmodellen:

- Know-how- und Netzwerk-Erhalt im Unternehmen
- Steigerung der Arbeitgeberattraktivität
- Aufrechterhaltung der Gesundheit sowie Motivation der Führungskräfte zur Sicherung ihres Verbleibs im Arbeitsleben
- Erarbeitung eines Standardmodells, das je nach individuellen Wünschen angepasst werden kann

6.1.2.2 Vorgehen

Im Fortfolgenden wird insbesondere auf die entwickelten Modelle der Beschäftigungsgradreduktion eingegangen, um aufzuzeigen, welchen Einfluss die Branche auf die Ausarbeitung des Modells ggf. haben kann und welche Anpassungen des Modells für die unterschiedlichen Berufe erforderlich sein können. Die Ganz Gruppe ist in der Baubranche tätig und vereint damit sowohl Mitarbeitende, die sehr hohen körperlichen Belastungen im Rahmen ihrer Berufsausübung gegenüberstehen, als auch Mitarbeitende, die eher im Dienstleistungsbereich im Rahmen einer kaufmännischen Beschäftigung angestellt sind. Damit braucht es unterschiedliche Überlegungen, welche Konsequenzen in der Entwicklung eines Beschäftigungsgradreduktionsmodells für die unterschiedlichen Berufe beachtet werden müssen.

Die Ganz Gruppe möchte bei der Einführung des Arbeitsmodells nicht nur die letzte Phase der Erwerbstätigkeit begleiten, sondern auch die Entwicklungen aufzeigen, die bis 60plus bereits schon im Arbeitsleben stattgefunden haben. Daher setzen die folgenden Beispiele alle ab dem Alter 35 Jahre der mitarbeitenden Person an.

6.1.2.3 Variante I: Beschäftigungsgradreduktion mit Sockel

Bei der abgestuften Beschäftigungsgradreduktion mit Sockel wird das Pensum eines Mitarbeitenden laufend reduziert und pendelt sich auf einem konstanten Niveau ein.

In der Abb. 6.3 wird deutlich, dass die mitarbeitende Person bis zu ihrem 62. Lebensjahr bis 100 % beschäftigt ist und ab dem 62. Lebensjahr sukzessive alle 2 Jahre um 20 % bis zum 68. Lebensjahr reduziert und den bis dahin erreichten Beschäftigungsgrad so lange weiter hält, wie die einzelne Person motiviert ist und dies auch gesundheitlich und körperlich vermag.

Für die Ganz Gruppe stand in den Gesprächen und Umsetzungsschritten gar nicht so sehr die Frage im Vordergrund, wann jemand um wie viel Prozent reduziert, sondern vielmehr die Frage, wie sich die Rolle der einzelnen Person verändert.

Da bei der Ganz Gruppe die Regelung gilt, dass Führungskräfte 100 % Beschäftigungsgrad innehaben müssen, um ihrer Führungsaufgabe gerecht zu werden, verändert sich mit der Beschäftigungsgradreduktion für Führungskräfte die Rolle massiv. Wie aus der Abb. 6.4 zu entnehmen ist, wird aber die Führungsaufgabe nicht gleich zu 100 % mit der Reduktion des Beschäftigungsgrades abgegeben. Vielmehr gibt die Führungskraft über einen gemeinsam definierten Zeitraum an eine bereits bestimmte Nachfolge ihre Führungsverantwortung ab. Dies hat zum Vorteil, dass die Nachfolge umsichtig eingearbeitet wird und vom Know-how sowie von der Erfahrung der Führungskraft

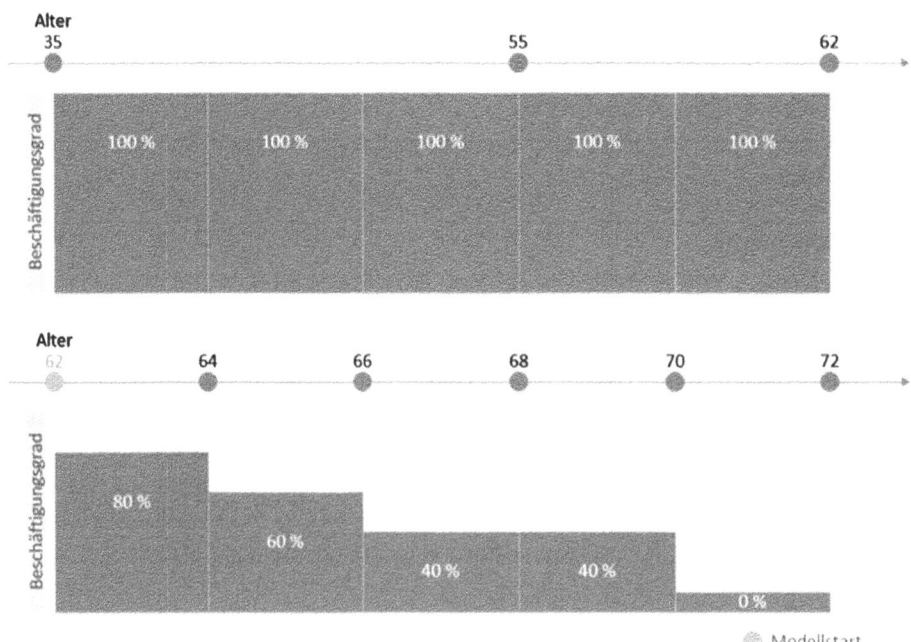

Abb. 6.3 Abgestufte Beschäftigungsgradreduktion mit Sockel bei Ganz AG. (Quelle: Eigene Darstellung)

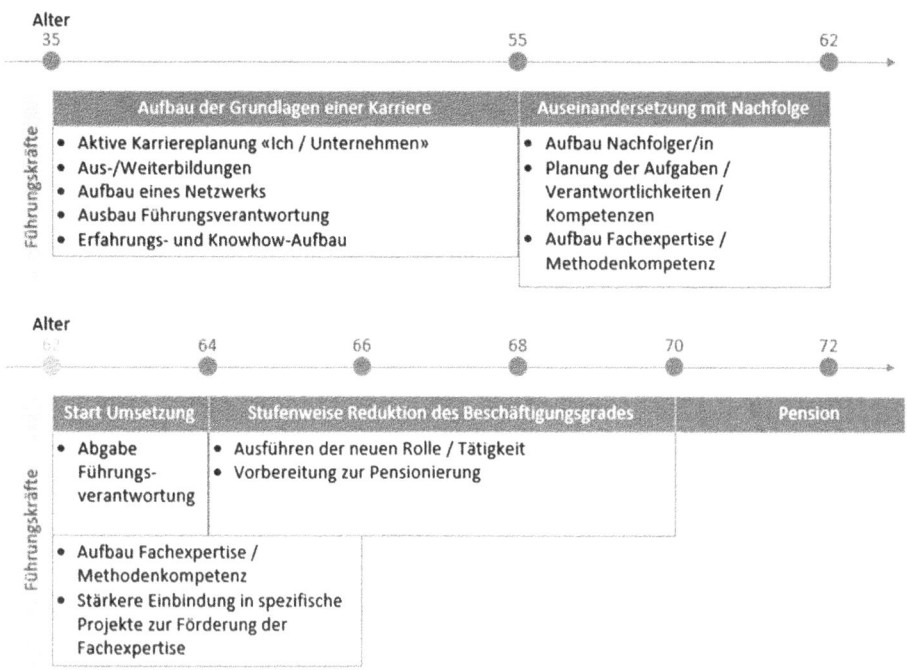

Abb. 6.4 Veränderung der Führungsrolle bei Einführung einer gestuften Beschäftigungsgradanpassung im Falle der Ganz AG. (Quelle: Eigene Darstellung)

noch profitieren kann. Auch hat es den Vorteil, dass die Führungskraft sich nicht von heute auf morgen in einer anderen Rolle sieht, sondern sich auf die neue Rolle vorbereiten kann und damit die Möglichkeit hat, ihre Fach- und Methodenkompetenzen zu vertiefen. Diese sollen sie im Rahmen der verstärkten Einbindung in spezifischen Projekten auch einbringen und anwenden.

Bei den Mitarbeitenden der Baustellen und im kaufmännischen Bereich soll eine Reduktion bereits ab 60 Jahre möglich sein.

Bei der Rollenveränderung für die Mitarbeitenden ohne Führungsverantwortung wird in Abb. 6.5 deutlich, dass hier insbesondere ein Abbau der psychisch bzw. physisch belastenden Aufgaben vorgesehen ist. In den Gesprächen wurde deutlich, dass diese Mitarbeitenden verstärkt eine Beratungskompetenz aufbauen sollen, um diese gemeinsam mit ihren bisherigen Erfahrungen und ihrem Wissen in spezifischen Projekten oder bei bestimmten Kunden einbringen zu können. Alle Mitarbeitenden, unabhängig davon, ob sie eine Führungsverantwortung innehaben oder nicht, sollen rechtzeitig auf die Pensionierung vorbereitet werden.

Das aufgezeigte Modell und seine spezifischen Ausarbeitungen für die unterschiedlichen Mitarbeitenden erlauben für alle einen stufenweisen Übergang in den Ruhestand.

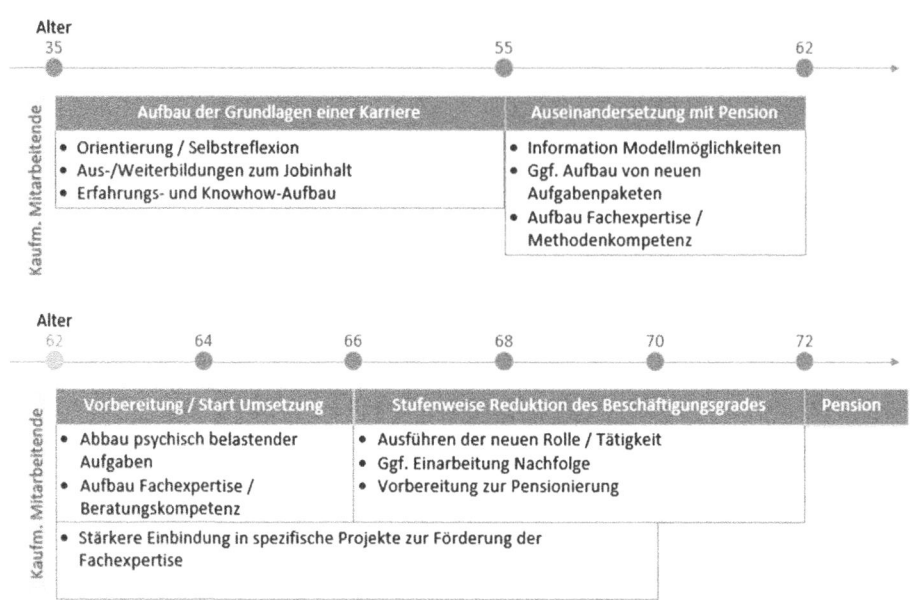

Abb. 6.5 Rollenveränderung durch Beschäftigungsgradreduktion bei kaufmännischen Mitarbeitenden und bei Mitarbeitenden der Baustellen der Ganz AG. (Quelle: Eigene Darstellung)

Auch wird so für die Ganz Gruppe ein planbares Nachfolge- und Wissensmanagement möglich. Aufgrund der Beschäftigungsgradreduktion kann möglicherweise die Work-Life-Balance verbessert werden.

6.1.2.4 Variante II: Beschäftigungsgradreduktion mit Zeitkonto

Eine weitere Variante, die entwickelt wurde, ist das Beschäftigungsgradreduktionsmodell mit einem Zeitkonto. Dieses Modell basiert auf dem Grundgedanken, dass eine Person effektiv mehr Arbeitsstunden leistet als vertraglich festgelegt und sich so (bei Bezug zu entlohnende) Freizeit erarbeitet. Die Mitarbeitenden gewinnen an Flexibilität, indem sie zusätzlich zu der gesetzlich geregelten Ferienzeit mehr Zeit für längere Ferien zur Verfügung haben. Während der Bezugnahme der erarbeiteten, flexiblen freien Zeiten wird der Lohn des vereinbarten Pensums ausbezahlt. Der Arbeitgeber verwaltet das Zeit-/Geldkonto für den Mitarbeitenden.

In dem in Abb. 6.6 dargestellten Beispiel belaufen sich die effektiv geleisteten Arbeitsstunden ab dem Alter von 64 Jahren auf 55 %, was (ausgehend von einer 40-Stunden-Woche bei 100 %) einer Stundenzahl von 22 entspricht. Das vertraglich festgelegte Arbeitspensum liegt bei 50 %, also einer Stundenzahl von 20, was eine mögliche Ansparung von Zeit und Geld von 2 h pro Woche, also 5 %, zulässt. Über ein ganzes Jahr verteilt lässt dies ein Ansparen von mehr als 100 h zu, die der Mitarbeitende zusätzlich zu seinen Ferientagen als bezahlte Freizeit beziehen kann.

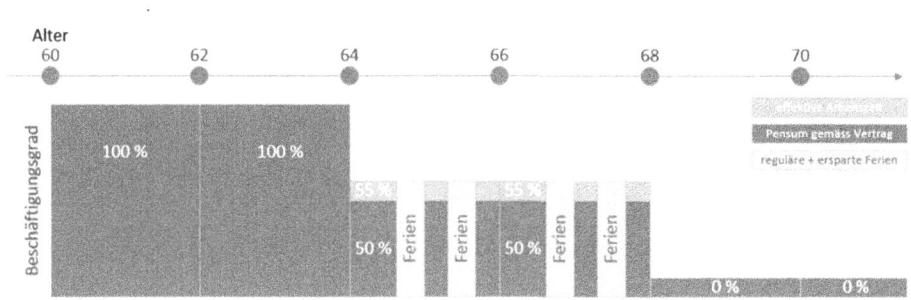

Abb. 6.6 Beschäftigungsgradreduktion mit Zeitkonto am Beispiel der Ganz AG. (Quelle: Eigene Darstellung)

6.1.2.5 Learning

Für die Ganz Gruppe wurde im Laufe des Prozesses deutlich, dass sie die Modelle der Beschäftigungsgradreduktion strukturiert anbieten möchte, Auszeiten hingegen individuell und damit nicht strukturiert gestalten möchte.

Im Rahmen der Gespräche wurde auch deutlich, dass die Ganz Gruppe das Prinzip der unteilbaren Führung verfolgt und damit klar seinen Prinzipien in der Ausgestaltung gefolgt ist. Aus diesem Grunde ist auch der Nachfolgemanagement-Prozess sehr kurz gewählt, und umso entscheidender ist auch im Übergangsprozess, dass die formalen Verantwortlichkeiten klar definiert sind. Für die Ganz Gruppe ist dies wichtig, da die „Führungsmannschaft" der Ganz Gruppe sich zwischen 40 und 50 Jahren bewegt und der Prozess der Übergabe der Verantwortlichkeiten in den nächsten 10–15 Jahren verstärkt auf die Ganz Gruppe zukommen wird. Zurzeit fehlt noch eine systematische Vorgehensweise zur Analyse der internen Potenziale, die im Hinblick auf Führungs- und Fachkarrieren gefördert werden können.

Für die Ganz Gruppe war nach dem Prozess auch klar, dass sie durch eine transparente Kommunikation, unter anderem durch Mitarbeitergespräche mit verbindlichem Charakter, eventuellen Ängsten, die im Rahmen der Beschäftigungsgradreduktionen aufkommen könnten, entgegenwirkt. Eine weitere Erkenntnis war, dass von Beginn an bei der Beschäftigungsgradreduktion die jeweiligen Aufgabengebiete klar definiert und verteilt sind, damit eine Diskussion zur Aufgabenteilung vermieden werden kann. Damit entschied sich die Ganz Gruppe auch dafür, dass die Führungskräfte ihre Führungsverantwortung mit der Beschäftigungsgradreduktion abgeben, und zwar nicht über einen bestimmten Zeitraum, sondern per Eintritt in die Beschäftigungsgradreduktion.

6.1.2.6 Nutzen

Die Ganz Gruppe bietet nun – im Anschluss an die Ausarbeitungen – zwei Modelle der Beschäftigungsgradreduktion und ein Auszeitmodell als Möglichkeit zur flexiblen Gestaltung der späten Erwerbsphase für Mitarbeitende ab 55 Jahren an. Sie verfolgt damit das Ziel, dass

- erfolgreiche Nachfolgelösungen für Führungskräfte angegangen werden können,
- Know-how und Netzwerke dem Unternehmen erhalten bleiben,
- Führungskräfte länger (bis max. 70 Jahren) im Unternehmen und Arbeitsleben verbleiben können,
- für Mitarbeitende ein fließender, allmählicher Übergang in den Ruhestand möglich gemacht werden soll und
- attraktive Bedingungen für das Arbeiten über das ordentliche Pensionsalter hinaus angeboten werden.

Damit dies erfolgreich umgesetzt und gelebt werden kann, wurden zwei klare Bedingungen an alle Mitarbeitenden kommuniziert: Erstens muss als Grundvoraussetzung ein gegenseitiges Einverständnis (Arbeitgeber und Arbeitnehmer) vorliegen. Zweitens müssen Mitglieder der Geschäftsleitung und Führungskräfte ihre Führungsfunktion im Falle einer Beschäftigungsgradreduktion abgeben. Perspektivisch soll aber geprüft werden, ob eine Linienfunktion möglich ist. Neben den beiden vorgestellten Modellen der Beschäftigungsgradreduktion wurde auch das Arbeitsmodell „Auszeit" eingeführt. Die Auszeit wird durch den Mitarbeitenden finanziert. Dies erfolgt ähnlich wie beim Zeitkonto. Der Mitarbeitende hat beispielsweise einen Vertrag von 80 %, arbeitet aber 100 %, sodass er während dieser Zeit 20 % seines Lohnes in einem internen Wertguthaben anspart und sich so seine Auszeit finanziert.

6.2   Modell „Work-Life"

6.2.1   Kurzbeschreibung

Entsprechend den gesellschaftlichen Wertveränderungen wünschen sich viele Menschen gegen Ende der Berufszeit mehr Zeit für sich selbst, für die Familie, Freunde und Hobbys. Das Modell Work-Life (Tab. 6.7) kommt diesen Bedürfnissen entgegen und strebt ein Gleichgewicht zwischen beruflichen und privaten Bedürfnissen an. Dadurch sollen Entscheidungsdilemmas zwischen Vollzeit arbeiten und beruflich ganz aussteigen gemildert werden. Denn die Kombination von Beruf, Haushaltsführung, Betreuung von Angehörigen, wie zum Beispiel von Enkeln oder pflegebedürftigen Eltern, kann insbesondere in den letzten Berufsjahren zu einer eigentlichen Zerreißprobe führen, der mit einer Reduktion des Arbeitspensums nach dem Modell „Work-Life" begegnet werden kann. Das Wissen, dass die Aufteilung unserer Aufgaben – auch jenen innerhalb der Arbeitswelt in Kombination mit unserem Privatleben – am Ende bei ungefähr gleich ausgeprägten Aktivitäts- und Ruhebedürfnissen ein Nullsummenspiel bildet, in welchem jedem Mehr an Aktivität mit einem Minder einer anderen Aktivität begegnet werden muss, muss uns dazu anregen, unser Lebensportfolio im Alter bewusst neu zu ordnen. So überrascht es auch nicht, dass verschiedene Studien einen Zusammenhang zwischen Arbeitsdauer und flexibler Gestaltung der Arbeitszeit einerseits und der Vereinbarkeit zwischen Beruf und Familie andererseits empirisch nachweisen (Wirtz 2010, S. 29). So konnte Wirz in seinen Studien belegen, dass Aktivitäten wie Tätigkeit im Haushalt, Kinderbetreuung und Weiterbildung mit zunehmender wöchentlicher Arbeitszeit deutlich abnehmen. Einzig bei der Häufigkeit politischer Aktivitäten scheint es keine Abhängigkeit bzw. ein tendenziell mit zunehmendem Beschäftigungsgrad sogar leicht zunehmendes Engagement zu geben (Wirtz 2010, S. 155). Bezogen auf das Segment älterer Mitarbeitender lässt sich sagen, dass in Tendenz ein geringes Maß an Haushalts- und Freizeitaktivitäten ausgeübt wird, wohingegen ehrenamtliche und politische Tätigkeiten etwas häufiger ausgeübt werden. Während sich die geringere Häufigkeit von Haushaltsaufgaben durch den Wegfall der Kinderbetreuung erklären lässt, erstaunt doch der geringere Anteil an Freizeitaktivitäten. Hierfür vermag auch wieder ein Selbstselektionsmechanismus eine Erklärung zu bieten, d. h., dass jene mit hohem Drang nach Freizeitaktivitäten bereits in Frühpension gegangen sind und nicht mehr in der Stichprobe der Erwerbstätigen aufscheinen. Andererseits kann auch eine lange Sozialisation im Arbeitsleben das Bedürfnis nach ausgiebigen Freizeitaktivitäten gemindert haben, weshalb das aktuelle Segment älterer Mitarbeitender weniger Freizeitbedürfnisse aufweist als die nachrutschende jüngere Generation.

In unserer Studie haben wir auch die Art der Nebenbeschäftigung der Mitarbeitenden erhoben. Ausgehend von der Gesamtstichprobe (n = 730) gehen zusätzlich zum Normalerwerb 33 % einer ehrenamtlichen Tätigkeit, 10 % einer behördlichen Tätigkeit nach. Bezogen auf die Beschäftigungsverhältnisse beim Hauptarbeitgeber zeigt sich die in Tab. 6.6 dargestellte Verteilung.

Auffallend ist der relativ hohe Anteil von Berufspersonen, welche selbst bei einem 100 %-Arbeitspensum einer ehrenamtlichen Tätigkeit nachgehen. Das wiederum stützt die These, wonach Menschen eine gesellschaftlich orientierte und sinnvolle Tätigkeit ausüben wollen. Gefolgt wird die Häufigkeit einer ehrenamtlichen Nebentätigkeit von behördlichen Aufgaben. Auch hier scheint der Einfluss des Beschäftigungsgrads

Tab. 6.6 Nebentätigkeiten in Abhängigkeit vom Beschäftigungsgrad. (Quelle: Studie 2015)

Beschäftigungsgrad	Selbständiger Nebenerwerb	Nebenerwerb im angestellten Verhältnis	Behördliche Tätigkeit	Ehrenamtliche Tätigkeit	keine Nebentätigkeit	Summe
15-35%	27%	0%	7%	47%	20%	100%
36-50%	5%	10%	14%	33%	38%	100%
51-75%	17%	6%	8%	36%	33%	100%
76-95%	9%	6%	7%	25%	54%	100%
100%	6%	5%	10%	34%	44%	100%

nicht erheblich zu sein, wie oben auch mit Bezug zu politischem Engagement von Wirz belegt. So scheint für 10 % der Befragten eine Kombination eines 100 %-Pensums mit einer behördlichen Tätigkeit vereinbar zu sein, was angesichts der Vernetzungseffekte auch gewünscht sein mag Die Tab. 6.7 gibt noch eine Übersicht der Eigenschaften des Modells Work-Life.

Tab. 6.7 Eigenschaften Modell Work-Life. (Quelle: Studie 2015)

Kriterium	Beschreibung
Motivlage Arbeitnehmende	• Verlagerung zugunsten von Freizeit, Hobbies, Familie • Verbesserung der Work-Life-Balance • Höhere Lebensqualität und -zufriedenheit sowie bessere Gesundheit
Motivlage Arbeitgebenden	• Arbeitgeberattraktivität • Unternehmensresilienz • Steigerung individueller Produktivität • Ressourcenflexibilität (Vereinbarung von flexibler Jahresarbeitszeit) • Retention geeigneter Mitarbeitender
Chancen	• Positive Wirkung auf Gesundheit, Motivation, Zufriedenheit • Sofern Einbindung im Unternehmen noch gewährleistet bleibt, kann indirekt die Bereitschaft zum Verbleib bis Pensionierung gesteigert werden
Risiken	• Freizeitempfinden stellt sich nicht im gewünschten Maße ein (beispielsweise Arbeit zu Hause etc.), daraus Enttäuschung • Bei „ungeführter" Einführung stellt sich das Risiko des „fading-out" des Mitarbeiters, da strukturelle und kulturelle Einbindung nicht mehr gleichermaßen gewährleistet sind
Beschäftigungsgrad	• 50–80 % Beschäftigungsgrad
Ausgestaltung	• Entlastung von nicht altersadäquaten Aufgaben: Befreiung von Tätigkeiten mit hohen sozio-emotionalen Belastungssituationen, engen Leistungsvorgaben, ungünstigen Arbeitszeiten, Work-Home-Konfliktpotenzialen, hohen Konzentrationsanforderungen, hoher Arbeitsintensität und körperlicher Anstrengung • Reduktion einer allfälligen Führungsverantwortung • Reduktion von Aufgabenpaketen oder Schaffung von Teamstrukturen zur Aufgabenerfüllung • Einführung von Job-Splitting oder Job-Pairing mit komplementären altersspezifischen Kompetenzen (altersdurchmischt) • Top-Sharing-Modelle auf Führungsebene
Finanzierung	• Lohnverzicht (Bereitschaft 79 %) • Kompensation über vorgängiges privates Sparen (Bereitschaft 66 %) • Pensionskassenmodelle
Unterstützungsangebote	Großunternehmen: • Einführung von Job-/Top-Sharingmodellen • Vermittlung von externen Finanzierungsmodellen • Pensionskassenplanung • Vermittlung von Freiwilligenengagements • Weiterbildung etc., Beratung

6.2.2 Praxisfall Prevent AG[3]

6.2.2.1 Ausgangslage

Die Prevent AG ist auf die Schutzverpackung von Produkten bei Transport spezialisiert. Es können Individuallösungen entwickelt und produziert werden. Das Unternehmen spürte im Jahr 2015 insbesondere die Auswirkungen des starken Schweizer Frankens im Rahmen seines Exports, welcher sich von 80 % auf 50 % des Gesamtumsatzes verringert hat. Der Eigentümer möchte sich über die nächsten 5 bis 10 Jahre aus dem Unternehmen zurückziehen. Das Unternehmen beschäftigt sieben Vollzeitbeschäftigte, eine Person über 50 Jahre, alle anderen Mitarbeitenden sind jünger. Die Einführung von flexiblen Beschäftigungsmodellen ist für das Unternehmen nicht nur im Hinblick auf eine verlängerte Erwerbstätigkeit interessant, sondern insbesondere auch, um den Ansprüchen sowohl der älteren als auch der jüngeren Generation gerecht zu werden. Für das Unternehmen stehen daher die Zusammenarbeit der Generationen, die Agilität der Mitarbeitenden sowie die Aufgleisung eines guten Nachfolgemanagements bei der Einführung eines flexiblen Arbeitsmodells im Vordergrund.

Die Mitarbeitenden in dem Unternehmen sind eher reaktiv und tendieren bei Veränderungen dazu, abzuwarten, was das Unternehmen ihnen bieten kann. Um flexible Arbeitsmodelle zu einem Teil der Unternehmenskultur werden zu lassen, sollte die Umsetzung und Ausgestaltung aber mit den Mitarbeitenden diskutiert werden. Das flexible Arbeitsmodell sollte exemplarisch am Eigentümer veranschaulicht werden, da sein Rückzug in der Firma über die nächsten Jahre anstand.

Ziel einer Implementierung von flexiblen Beschäftigungsmodellen waren in diesem Unternehmen demnach:

1. Erhalt von guten Mitarbeitenden
2. Aufgleisen eines Nachfolgemanagements
3. Erhalt der Flexibilität der Arbeitnehmenden über die nächsten 5 bis 10 Jahre

6.2.2.2 Vorgehen

Das Unternehmen entschied sich in einem ersten Schritt dazu, das Beschäftigungsgradreduktionsmodell **„Work-Life"** als Option zu betrachten. Dieses Modell schlägt ein 50- bis 80 %-Arbeitspensum der betroffenen Mitarbeitenden vor. Es strebt insbesondere ein Gleichgewicht zwischen beruflichen und privaten Bedürfnissen des Mitarbeitenden an.

Dem Unternehmen wurde für den Geschäftsführer insbesondere das Modell einer abgestuften Beschäftigungsgradreduktion mit Sockel vorgeschlagen. Bei diesem Modell wird das Arbeitspensum des Geschäftsführers laufend in einem bestimmten Zeitabschnitt

[3]Wir danken Bruno Zahnd für die Unterstützung bei der Darstellung des Arbeitsmodells der Prevent AG und für die wertvolle Zusammenarbeit.

reduziert und pendelt sich zum Schluss auf einem konstanten Niveau ein. Im vorliegenden Beispiel wurde vorgeschlagen, bis 62 Jahre zu 100 % zu arbeiten. Ab dann sollte das Arbeitspensum alle zwei Jahre um 20 % reduziert werden, bis zu einem Beschäftigungsgrad von 40 % ab 66 Jahren. Ein solches Vorgehen verändert die Rolle des Geschäftsführers in seiner Funktion als Führungskraft und lässt eine Einarbeitung für die Nachfolge zu. Als Nachfolger wurde bereits der Sohn des Eigentümers gewählt, der bis dahin nicht im Unternehmen beschäftigt war. Zunächst sollte er auf Mitarbeitendenebene den Familienbetrieb besser kennenlernen und sich einarbeiten, bevor er dann die Rolle als Geschäftsführer übernehmen sollte.

In dieser Zeit wird sich die Rolle des Geschäftsführers dann stark verändern, da die Führungsverantwortung sich verkleinert bzw. er bis spätestens bei 40 % Beschäftigungsgrad keine Führungsverantwortung mehr innehaben wird. Dafür wird sich die Aufgabe und Funktion des Geschäftsführers in Richtung eines Inhouse Consultant verändern, aber nur solange die Nachfolge diesen noch benötigt und in Anspruch nehmen wird. Sobald dies nicht mehr der Fall sein wird, möchte sich der Geschäftsführer komplett zurückziehen. Im Rahmen einer Tätigkeit als Inhouse Consultant steht der derzeitige Eigentümer mit seinem Erfahrungs-, Fach- und Managementwissen dem Nachfolger zur Verfügung. Auch kann er noch Projekte im abgesprochenen Umfang betreuen und leiten.

Wie in der Ausgangslage geschildert, sollte das Modell auch für die sieben Mitarbeitenden zukünftig eingeführt werden. Daher wurde das Work-Life-Beschäftigungsgradreduktionsmodell auch mit den Mitarbeitenden besprochen. Die Mitarbeitenden brachten ihre Gedanken ein, und das Modell wurde individualisiert auf die einzelnen Mitarbeitenden angepasst. Dabei führte bei den Mitarbeitenden insbesondere zu einer hohen Zufriedenheit, dass das Modell entsprechend der jeweiligen Lebenssituation des Mitarbeitenden angewendet werden kann und somit individuell von Unternehmensseite auf die Bedürfnisse der einzelnen Mitarbeitenden eingegangen wird.

Das Ziel, die Mitarbeitendenzufriedenheit und damit auch deren Bindung an das Unternehmen zu stärken, wurde somit erreicht. Auch eine transparente Nachfolgeregelung für den Geschäftsführer konnte geschaffen werden. Dem Unternehmen wurde deutlich, dass diese Lösungen insbesondere aufgrund seiner kleinen Betriebsgröße möglich waren.

6.2.2.3 Learning

Deutlich wurde, dass für dieses Unternehmen die Einführung eines Standards keinen Sinn macht, da die Betriebsgröße individuelle Lösungen zulässt und damit der einzelne Mitarbeitende mit seinen Überlegungen in den Vordergrund rückt. Dennoch war es aus unternehmerischer Sicht wichtig, dass die Lösung sich nicht rein mitarbeiterorientiert gestaltet, sondern sich auch an den Bedürfnissen des Unternehmens bzw. der Kundinnen und Kunden orientiert. Dies erlaubte eine klare Anbindung des Arbeitsmodells an die Unternehmenskultur, die sich sowohl durch eine hohe Kundenorientierung auszeichnet als auch durch eine Betonung der Mitarbeiterorientierung und dieses auch wirklich lebt.

Ebenfalls hat sich als erfolgsversprechend gezeigt, dass die Mitarbeitenden frühzeitig sensibilisiert und in der Ausgestaltung mit eingebunden wurden. Des Weiteren legte das Unternehmen einen großen Wert auf eine transparente Kommunikation bei der Einführung und Erprobung des Modells. So wurden zunächst alle Mitarbeitenden gemeinsam informiert und erste Gedanken gemeinsam diskutiert. Danach fanden Einzelgespräche statt und die Ergebnisse wurden wiederum allen kommuniziert. Dies bedeutete eine klare, transparente Kommunikation und hatte zur Folge, dass alle Mitarbeitenden alle individuellen Ausgestaltungen des Modells kannten. Auch die Kombination aus flexiblem Beschäftigungsmodell und Vorbereitung des Nachfolgemanagements wurde klar an die Mitarbeitenden kommuniziert und von diesen akzeptiert.

Deutlich für die Prevent AG wurde aber, dass Veränderungen im Sinne der Unternehmensentwicklung stetig sind und dass man sich als Unternehmen so positionieren muss, dass das Unternehmen und seine Mitarbeitenden in der Lage sind, flexibel mit den Veränderungen des Markts umzugehen.

6.2.2.4 Nutzen

Durch die Einführung des flexiblen Arbeitsmodells „Work-Life" konnte die Unternehmenskultur gestärkt werden, die Flexibilität auf die Situation der einzelnen Mitarbeitenden mit Blick auf die Kundenorientierung erhöht werden und ein Nachfolgemanagement initiiert werden. Dies erhöhte nicht nur die Mitarbeitendenzufriedenheit, sondern ließ eine zukunftsorientierte Gestaltung bezogen sowohl auf das Unternehmen als auch auf die Mitarbeitenden zu.

6.3 Modell „Teilzeit"

6.3.1 Kurzbeschreibung

Das Modell Teilzeit geht davon aus, dass der Arbeitgebende nicht mehr die Haupterwerbsquelle darstellt, d. h., es wird ein Beschäftigungsgrad von unter 50 % angestrebt. In Abgrenzung zum Modell „Externes Arbeitsportfolio" wird darauf verzichtet, den Mitarbeitenden beim Aufbau eines neuen Arbeitsportfolios außerhalb der Unternehmung aktiv zu unterstützen. Gemäß unserer Studie ist das Modell der Teilzeit noch nicht weit verbreitet. Wie in Tab. 6.6 dargestellt, werden Hauptbeschäftigungen mehrheitlich mit ehrenamtlichen und/oder behördlichen Aufgaben und weniger mit einem Nebenerwerb bzw. einer Selbstständigkeit kombiniert.

Oftmals ist eine Beschäftigungsgradreduktion nach dem Modell Teilzeit Voraussetzung für die Entwicklung eines externen Aufgabenportfolios, weshalb bei der Ausgestaltung darauf verwiesen werden kann. Aus Arbeitgebersicht entsteht dadurch eine flexiblere Ressourcensteuerung im Rahmen von Teilzeitverträgen und Aufträgen, ohne dabei ganz auf die Dienste und die Erfahrung des Mitarbeiters zu verzichten. Zudem kann das Modell Teilzeit auch für Job-Sharing- oder Top-Sharing-Modelle verwendet werden.

Tab. 6.8 Eigenschaften Modell Teilzeit-Kultur. (Quelle: Eigene Darstellung)

Kriterium	Beschreibung
Motivlage Arbeitnehmende	• Entlastung aus der Verantwortung zugunsten von sinnstiftenden Aktivitäten • Vorbereitung/Ermöglichung eines Portfolios, dadurch Aussicht auf Re-Motivation
Motivlage Arbeitgebenden	• Arbeitgeberattraktivität • Vermeidung von Festhalten an Führungsaufgaben („Sesselkleber") • Steigerung individueller Produktivität • Ressourcenflexibilität (flexible Teilzeitverträge) • Retention geeigneter Mitarbeitender
Chancen	• Freiwerden einer Linienaufgabe bei gleichzeitigem Erhalt der Ressource Erfahrung • Arbeitgeberattraktivität • Positive Wirkung auf Gesundheit, Motivation, Zufriedenheit • Bereitschaft, mit einem kleinen Pensum bis zur Pensionierung oder darüber hinaus zu bleiben, wird gesteigert
Risiken	• Finanzielle Risiken für Mitarbeitende • Priorisierungsdilemma konkurrierender Aufgaben intern und extern • Strukturelle und kulturelle Einbindung nicht mehr gewährleistet • „Graue Eminenz" • Identifikationsverlust
Beschäftigungsgrad	• 20–50 % BG
Ausgestaltung	• Gestaltung neuer Aufgabenpakete für geringeren Beschäftigungsgrad • Einführung von Jobsharing und Topsharing • Entlastung aus allfälliger Führungsverantwortung • Einbindung und Begleitung in neue Rolle
Finanzierung	• Pensionskassen-Modelle • Kompensation über vorgängiges privates Sparen
Unterstützungsangebote	• Interne Beratung der Linie bei der Gestaltung geeigneter Aufgaben und Rollen • Pensionskassenlösungen im Reglement vorsehen • Unterstützung bei neuer Rollengestaltung • Vermittlung von Freiwilligenengagements, Teilzeitengagements, Weiterbildung, Coaching im Rollenübergang

Eine Untersuchung von Amstutz und Jochem im Jahr 2013 bei 384 Betrieben in der Schweiz ergab, dass doch immerhin 45,5 % der Betriebe der öffentlichen Hand Jobsharing-Modelle anbieten. Dem stehen 24,8 % der Betriebe aus dem privaten Sektor gegenüber. Spitzenreiter ist die öffentliche Verwaltung mit 55 %, gefolgt vom Finanz- und Versicherungswesen mit 50 % der Betriebe (Amstutz und Jochem 2014, S. 9). Besonders scheinen sich diese Jobsharing-Modelle für Frauen zu eignen: 90 % der Jobsharing-Paare werden von Frauen und nur 10 % von Männern gebildet (Amstutz und Jochem 2014, S. 12). Insofern bieten die Teilzeit-Modelle in Verbindung mit Jobsharing interessante Modelle für den beruflichen Wiedereinstieg oder die Kombination, zum Beispiel mit familiennahen Betreuungsaufgaben. Gleichzeitig scheinen Jobsharing-Modelle auch auf Kaderebene beliebt zu sein, denn sie bieten die Möglichkeit, eine Führungsaufgabe aufzuteilen und die volle Ansprechbarkeit während der Arbeitszeit zu gewährleisten, während bei reinen Teilzeitmodellen die Führungsaufgabe auch nur beschränkt wahrgenommen werden kann. Als Hauptgründe für die Einführung von Jobsharing-Modellen nannten gemäß Amstutz und Jochem die Betriebe die Motivationswirkung bei qualifizierten Mitarbeitenden (32 %) sowie die Erhaltung des Wissens von hochqualifiziertem Personal (19 %). Das belegt, dass das Modell Teilzeit vor allem in Kombination mit Jobsharing-Angeboten ein attraktives Modell zur Erhaltung von Motivation und Wissen im Unternehmen ist.

Gleichzeitig muss aber auch auf das Risiko eines „nicht mehr ganz drinnen und auch nicht ganz draußen" für den einzelnen Mitarbeiter hingewiesen werden. Die Anbindung an die informellen Informationsflüsse, die Koordination untereinander und die Akzeptanz als vollwertige Mitarbeitende sind sicherlich nicht ganz einfach zu lösen. Erwähnte Studie nannte sodann auch die höheren Informationskosten (23 %) sowie den höheren Personal- und Führungsaufwand (21 %) als die hauptsächlichen Herausforderungen bei der Einführung von Jobsharing-Modellen (Amstutz und Jochem 2014, S. 17). Die Tab. 6.8 bietet einen Überblick über die Eigenschaften des Modells Teilzeit-Kultur.

6.3.2 Praxisfall Bogenkarriere bei der Raiffeisen[4]

6.3.2.1 Ausgangslage

Die Raiffeisen Gruppe ist die führende Schweizer Retailbank. Die dritte Kraft im Schweizer Bankenmarkt zählt 1,9 Mio. Genossenschafterinnen und Genossenschafter sowie 3,7 Mio. Kundinnen und Kunden. Die Raiffeisen Gruppe ist an 930 Standorten in der ganzen Schweiz präsent. Die 255 rechtlich autonomen und genossenschaftlich organisierten Raiffeisenbanken sind in der Raiffeisen Schweiz Genossenschaft zusammengeschlossen. Diese hat die strategische Führungsfunktion der gesamten Raiffeisen Gruppe inne. Mit Gruppengesellschaften, Kooperationen und Beteiligungen bietet Raiffeisen Privatpersonen und Unternehmen ein umfassendes Produkt- und Dienstleistungsangebot an.

Insgesamt beschäftigt die Raiffeisen rund 11.000 Mitarbeitende. Davon verteilen sich 80 % auf die eigenständigen Raiffeisenbanken in der ganzen Schweiz und 20 % auf Raiffeisen Schweiz, das Dienstleistungs- und Kompetenzzentrum für die Banken.

Raiffeisen ist bestrebt, ein modernes und dynamisches Arbeitsumfeld mit wertschätzendem Engagement und Leistung zu bieten. Dabei legt die Bank großen Wert auf die Vereinbarung von beruflichen Zielen und privater Lebensplanung. Um diesem Werteverständnis nachzukommen, bietet Raiffeisen individuelle Arbeitsmodelle sowie ein hohes Maß an Flexibilität. Für Raiffeisen steht damit aber auch die Prämisse im Vordergrund,

---

[4]Wir danken Michael Federer und Caroline Schmuck für die wertvolle Zusammenarbeit und die tatkräftige Unterstützung bei der Darstellung der Bogenkarriere bei Raiffeisen.

dass allen Mitarbeitenden, unabhängig von der Altersstufe, Chancen zur Entwicklung geboten werden. Dabei ist das Verständnis des Begriffes Entwicklung jeweils abhängig von der individuellen Interpretation der einzelnen mitarbeitenden Person. Dies macht es für Raiffeisen relativ komplex, aber die hohe Identifikation und Leistungsbereitschaft der Mitarbeitenden zeigt, dass dies für Raiffeisen der richtige Weg ist.

Auch bei der Entwicklung flexibler Arbeitsmodelle wurde deutlich, dass Raiffeisen nicht einen klassisch standardisierten Weg wählen möchte, um gute Mitarbeitende zu halten. Für sie steht im Vordergrund, Mitarbeitende intrinsisch zu motivieren, länger im Unternehmen zu verweilen, und aufzuzeigen, welche Arbeitsmodelle wie umsetzbar sind.

Raiffeisen wollte ein flexibles Arbeitsmodell generieren, welches eine Kombination des Modells der Beschäftigungsgradreduktion und des Arbeitsportfolios zulässt bzw. Durchgängigkeit verschafft.

Raiffeisen entschied sich aufgrund eines Präzedenzfalls für das Arbeitsmodell der Bogenkarriere für Mitarbeitende in der späten Erwerbsphase. Bei der Bogenkarriere geben ältere Mitarbeitende allmählich ihre Verantwortung ab und übernehmen andere Funktionen und Aufgaben innerhalb der Firma. Das Modell funktioniert innerhalb von Raiffeisen Schweiz, aber auch im Transfer von Raiffeisenbanken zu Raiffeisen Schweiz. Die Möglichkeiten sind vielfältig und individuell. So treten Mitarbeitende von einer Führungsfunktion zurück und verfolgen stattdessen fortan eine Fachkarriere. Oder ehemalige Vorsitzende von Raiffeisenbanken übernehmen neue Rollen innerhalb von Raiffeisen Schweiz wie Projektleitungen, das Coachen von Führungskräften, Ad-interim-Führung in Teilzeit bis zur erfolgreichen Übergabe an eine neue Führungskraft oder Experteneinsätze in einer Fachabteilung von Raiffeisen.

6.3.2.2 Vorgehen

Grundstein für die Entscheidung und die Ausgestaltung des Modells Bogenkarriere legte ein Mitarbeitender von Raiffeisen selbst. Dieser entschied sich nach einem klassischen, vertikalen Karriereweg – Start als juristischer Mitarbeitender, Übernahme der Abteilung als Abteilungsleiter und Beförderung zum Bereichsleiter und damit nach einer langen Zeit mit Führungsverantwortung –, dass die aktuelle Funktion nicht mehr zu ihm passe. Raiffeisen hatte sich in diesen Jahren stark weiterentwickelt und vergrößert, immer neue Themenfelder kamen hinzu – Compliance, Strategie, Personalführung. Für den Mitarbeitenden wurde immer deutlicher, dass er für das Umsetzen und Gestalten dieser Veränderungen nicht mehr die richtige Person und somit auch nicht mehr für diese Führungsfunktion geeignet war. Mit je einem Drittel Strategiearbeit und Führungsthemen blieb wenig Raum für seine eigentliche Stärke – die Weiterentwicklung von Fachthemen. Daher beschloss er, dass er seine Führungsrolle nicht mehr bis zum Pensionierungszeitpunkt oder darüber hinaus weiterführen möchte.

Nach der persönlich getroffenen Entscheidung sprach er seine Situation bei seiner vorgesetzten Person an, indem er aufzeigte, wie er seine Karriere in Zukunft sehe und welchen Mehrwert er dem Unternehmen gegenüber der jetzigen Situation liefern könne.

Die vorgesetzte Person nahm das Anliegen des Mitarbeitenden ernst und stellte klar, dass
es eine persönliche Entscheidung wäre, die nicht zu diskutieren, sondern vonseiten Raiffeisen zu akzeptieren und zu unterstützen sei.

So entstand das Modell der Bogenkarriere. Mit Unterstützung der vorgesetzten Person und dem Human Resources fand der Mitarbeitende seine neue Rolle. Er ging zurück
in ein Team als Teammitglied. Dieses Team wurde nun von einer Person geführt, in
deren Ausbildungszeit er ihr Vorgesetzter war. Es war zwar eine Umstellung, aber es war
für ihn völlig in Ordnung. Denn er hatte für sich definiert, was er wollte. Heute arbeitet
der besagte Mitarbeitende mit 63 Jahren im Teilzeitmodell in seinem ursprünglich aus-
gebildeten Juristenberuf und coacht seine ehemaligen Mitarbeitenden situativ auf ihrem
Karriereweg.

Raiffeisen setzte das Arbeitsmodell organisatorisch für die spezifische Person wie
folgt um: Der Bereichsleiter (Legal & Compliance), die höchste Führungsfunktion bei
Raiffeisen vor der Geschäftsleitung, wurde technisch und finanziell um zwei Funktionsstufen herabgesetzt ins mittlere Kader. Da der finanzielle Rückschritt beträchtlich war,
wurde im ersten Jahr eine kulante Lösung gefunden, die die zu erwartende Steuerbelas-
tung des Mitarbeitenden abfederte.

Raiffeisen selbst griff das Thema auf und präsentierte das Thema Bogenkarriere auf
einer der großen Mitarbeitenden-Informationsveranstaltungen. Im Rahmen einer Podi-
umsdiskussion wurde das Karrieremodell vorgestellt. Dies sollte Mitarbeitenden zeigen:
Es ist möglich, es wird unterstützt und es wird nach individuellen Lösungen gemeinsam
gesucht. Gleichzeitig signalisierte Raiffeisen damit aber auch, dass es keine Standardlö-
sung bei der Bogenkarriere gibt, sondern nur maßgeschneiderte Lösungen, basierend auf
einem Bedürfnis eines Mitarbeitenden oder aber der Organisation selbst.

6.3.2.3 Learning
Innerhalb der Organisation ist dieses Modell gut umzusetzen und richtet sich ausschließlich an Führungskräfte von Raiffeisen Schweiz und von Raiffeisenbanken. Es setzt aber
voraus, dass die mitarbeitende Person die Entscheidung für sich getroffen hat und men-
tal bereit ist, sich von einer strategischen Ebene wieder in eine operativere Fachkarriere
einzuarbeiten. „Es ist, wie einen neuen Job zu lernen. Ein Fachspezialist hat andere Stärken, die muss man wieder unter Beweis stellen", sagt der Mitarbeitende, der die Bogenkarriere bei Raiffeisen angestoßen hat. „Zudienen" versus „Fordern", das muss einem
bewusst sein. „Juristische Texte ohne Bewertung verfassen – Neutralität im Fach, das ist
zum Beispiel eine Neuerung", beschreibt der Mitarbeitende die inhaltliche Veränderung
seiner Aufgaben.

Deutlich ist aber auch, dass der Schritt der Neudefinition der eigenen Karriere aktiv
von den betreffenden Mitarbeitenden ausgehen muss, um erfolgreich implementiert zu
werden. Dies ist für den einzelnen Mitarbeitenden im Hinblick darauf wichtig, dass er
den Prozess der Rollenveränderung auch umsetzen kann. Denn das Modell der Bogenkarriere ist in der Gesellschaft nicht nur positiv verankert und bekannt. Diese Art der
beruflichen Umstellung im privaten Bereich ist nicht zu unterschätzen. Das nahe und

weitere Umfeld kann diese Art der beruflichen Neuorientierung als karrieretechnische, aber auch gesellschaftlichen Abstieg werten. Das Image und das Prestige leiden, das Umfeld kann mitunter ungläubig reagieren und sich distanzieren.

Zum anderen birgt die erfolgreiche Implementierung der Bogenkarriere aber auch das Potenzial der Selbstselektion. Häufig sind es gerade diese Personen in einer Unternehmung, die durch die erhöhte Fähigkeit der Selbstreflexion sich selbst in die mehrwertbringendsten Tätigkeiten bringen und so letztlich überdurchschnittlich zum Unternehmenserfolg beitragen.

Der Schritt von der Führungskarriere zu Fachkarriere muss sehr gut überlegt und freiwillig sein, damit nicht unmerklich wieder ein traditionelles „Karriere-aufwärts-Schema" anfängt zu spielen. Der oder die Mitarbeitende muss bei sich sein. Diese Art der Neuorientierung braucht sehr viel Reflexionskompetenz der einzelnen Person.

6.3.2.4 Nutzen

Für Raiffeisen birgt die Einführung der Bogenkarriere, weg von der Führungskarriere hin zur Fachkarriere, ein hohes Potenzial, den Zielen der Personalentwicklung in der späten Erwerbsphase zu begegnen. Plötzlich müssen Fachkompetenz und Detailwissen wieder weiterentwickelt werden und stehen im Vordergrund der Arbeit. Gleichzeitig wird durch die Möglichkeit der Bogenkarriere wertvolles Wissen in der Unternehmung erhalten und Frühpensionierungen vorgebeugt. Zudem ermöglicht die Bogenkarriere ein gutes Aufgleisen eines Nachfolgemanagements. Bogenkarriere-Mitarbeitende sind für noch nicht so erfahrene Arbeitskollegen und Arbeitskolleginnen stille Experten und Karriere-Coaches, ohne Konkurrenzdruck. Der Austausch ist so für beide Seiten umso wertvoller und konstruktiver. Der Bogen in der Bezeichnung der Bogenkarriere ist damit als ein doppelter zu verstehen: Der eine Bogen geht herunter, da die Führungskarriere abnimmt bzw. als beendet gilt, und dafür geht ein neuer Bogen hoch, der die Fachkarriere symbolisiert.

Je nach Altersband bei Antritt der Bogenkarriere erlaubt dieses Modell Raiffeisen, die Flexibilität der Arbeitnehmenden über die nächsten 10–15 Jahre zu erhalten. Zusätzlich interessant, neben der in einem neuen Kontext zur Anwendung kommenden Expertise, ist die Durchlässigkeit zwischen Raiffeisen Schweiz und den Raiffeisenbanken mit völlig anderen Strukturen. Das Arbeitsmodell kann wie beschrieben vonseiten eines oder einer Mitarbeitenden selbst, aber auch vonseiten der Organisation angeregt werden. Aber es zeigt sich, dass es wichtig ist, dass alle Mitarbeitenden dieses Modell auch kennen, damit sie sich angesprochen fühlen und ebenfalls für sich entscheiden, einen solchen Weg einzuschlagen.

6.4   Erwartung und Wirkung

Als ein taugliches Mittel zum Erhalt der Arbeitsfähigkeit zeigt sich eine frühzeitige Reduktion des Beschäftigungsgrades. Was paradox klingt, nämlich Arbeitskraft zu erhalten, indem sie reduziert wird, wird mit Blick auf aktuelle internationale Studienergebnisse gestützt: Gesundheit, Qualifikation, aber auch Werte und Einstellungen sowie Arbeitsbedingungen sind maßgeblich für die Arbeitsfähigkeit älterer Mitarbeitender verantwortlich. Bereits eine Reduktion von 10–20 % des Beschäftigungsgrades führt nach aktuellen Studien zu einer signifikanten Abnahme psycho-vegetativer Beschwerden. Doch gemäß Studie 2015 sind reduzierte Beschäftigungsgrade, insbesondere in einer eher männlichen Stichprobe, noch die Ausnahme. 10 % der über 45-Jährigen haben ihren Beschäftigungsgrad bereits reduziert, dies im Durchschnitt mit 47 Jahren und mehrheitlich mit einer Reduktion um 26 %. Demgegenüber stehen knapp 34 %, welche ihren Beschäftigungsgrad gerne (weiter) senken würden. Dies kann sich im Hinblick auf die Vermeidung von Frühpensionierungen lohnen: Denn immerhin 56 % wären angesichts einer Reduktion ihres Arbeitspensums bereit, bis zur Pensionierung und 36 % über die Pensionierung hinaus zu arbeiten. Und selbst von jenen, welche sich bereits zu einer Frühpensionierung entschieden haben oder dazu tendieren, wären 48 % angesichts einer Beschäftigungsgradreduktion bereit, bis zur Pensionierung und 13 % sogar darüber hinaus zu arbeiten

Beschäftigungsgradreduktionen wirken somit positiv auf den Verbleib im Erwerbsleben. Eine direkte und unmittelbare Wirkung auf die Verbleibdauer im Erwerbsleben wird hingegen nicht der Normalfall sein, wie Bookmann et al. haben nachweisen können (Bookmann et al. 2012). Es zeigt sich, dass die Motivlage bei der Beschäftigungsgradreduktion ausschlaggebend ist. So macht es einen Unterschied, ob mit einem reduzierten Beschäftigungsgrad gezielt die Arbeitsfähigkeit gesteigert werden soll (siehe Modell Entlastung), was einen bewussten Einsatz als Personalmaßnahme erfordert, oder ob hier lediglich dem Bedürfnis des Mitarbeitenden nach mehr Freizeit nachgekommen werden soll (Modell Work-Life oder Teilzeit), was die Gefahr der Auflösung unternehmensinterner Bindungen und kultureller sowie struktureller Einbettung des Mitarbeitenden in sich birgt und damit zu einem Ausstieg auf Raten führen kann.

Aus unseren Studien geht ferner Folgendes hervor:

- Eine Beschäftigungsgradreduktion fördert Erwartungen der Mitarbeitenden an einen besseren Gesundheitszustand (54 %), obschon sich dieser nicht im gewünschten Maße einstellt. Zu erwarten ist, dass das Arbeitspaket, allenfalls auch die damit zusammenhängenden Belastungssituationen nicht in ausreichendem Maße dem Beschäftigungsgrad angepasst wurden. Die Entlastungserwartung erhärtet sich im Umstand, dass 64 % bereit sind, Aufgaben abzugeben. Diese Erwartungsenttäuschung gilt es mit geeigneten Arbeitspaketen und spürbaren Entlastungsmaßnahmen zu vermeiden.
- Die primäre Erwartungshaltung bei der Beschäftigungsgradreduktion liegt bei 82 % in der gewonnenen (Frei-)Zeit für Hobbys und bei 80 % im Zuwachs an Lebenszufriedenheit. Dafür sind offensichtlich viele Befragte bereit, Verzicht zu leisten, unter anderem natürlich Gehaltsverzicht (83 %), die Bereitschaft, Geld anzusparen, ist bei 71 % zu erwarten. Die Verwirklichung in Hobbys und die Steigerung der Lebenszufriedenheit sind aber nicht direkt mit der Arbeitsfähigkeit verbunden und bergen die Gefahr einer inneren Kündigung der uneingeschränkten Einsatzbereitschaft für die betrieblichen Ziele in sich. Insofern können insbesondere die Modelle Work-Life und

Teilzeit eher die betrieblichen Bindungen auflösen, außer sie werden mit Modellen des Jobsharings verbunden, welche den spezifischen Lebensumständen einerseits, den betrieblichen Anforderungen andererseits Rechnung tragen und eine ausreichend hohe Einbindung in den Betrieb und in verantwortungsvolle Aufgaben sicherstellen.

- Verbunden mit der Wirkungserwartung einer Beschäftigungsgradreduktion sind 48 % jener, die sich für eine Frühpensionierung entschieden hatten, bereit, bis zum Pensionierungszeitpunkt zu arbeiten, aber lediglich 13 % darüber hinaus. Daraus lässt sich schließen, dass eine einfache Beschäftigungsreduktion, sofern sie nicht betrieblich begleitet ist, zu wenig nachhaltig nach der Pensionierung einen Bindeeffekt auslöst.
- Das zeigt sich auch darin, dass die Wirkung auf die Arbeitsmotivation bei einem Mittelwert von 4,0 nur als ausreichend zu bezeichnen ist. 47 % würden eine gesteigerte Motivation erwarten, bei 36 % ist diese auch eingetreten. Die Gefahr der Beschäftigungsgradreduktionen liegt somit darin, den Fokus weg von der Arbeit hin zu einer allgemeinen Lebenszufriedenheit und dem Gefühl von errungener Freizeit zu lenken.

Zusammenfassend kann festgehalten werden, dass eine Beschäftigungsgradreduktion eher dazu geeignet ist, Frühpensionierungen zu vermeiden, als die Bereitschaft zu wecken, über die Pensionierung hinaus zu arbeiten. Die Entlastungswirkung ist, sofern sie ernsthaft umgesetzt ist und auch entsprechend Aufgabenreduktionen mit sich bringt, nicht zu unterschätzen. Das Enttäuschungspotenzial ist aber bei mangelnder Planung und Umsetzung groß. Der frühe Entscheidungszeitpunkt unter 50 Jahren legt nahe, die Diskussionen über Flexibilisierung des Beschäftigungsgrades frühzeitig in die Personalgespräche aufzunehmen. Modelle des Work-Life und der Teilzeit können mit Jobsharing-Modellen verbunden werden. Wichtig ist dabei, dass die Mitarbeiter nicht die innere Bindung an die betrieblichen Prozesse, Informationen und die sozialen Kontakte verlieren.

6.5 Quick-Reads zur Beschäftigungsreduktion

Wie wir in unserer Studie 2015 gezeigt haben, herrscht zum Hauptteil und vor allem bei den Männern noch eine Kultur des 100 %-Beschäftigungsgrads, dies vor allem bei Großunternehmen sowie in der Industrie und artverwandten Branchen. Alternativ und vor allem bei Frauen und frauendominierten Berufen beliebt scheint die 80 %-Anstellung zu sein. Es zeigt sich auch, dass der Typus der Branche, so zum Beispiel das als Expertensystem funktionierende Bildungssystem, eine große Varietät von Beschäftigungsgradmodellen kennt. Der Wunsch nach beruflicher Entlastung ist bei einem Viertel der Männer und rund 15 % der Frauen festzustellen. Besonders häufig ist der Wunsch nach Entlastung in oberen Hierarchieebenen, bei Mitarbeitenden kommt dieser Wunsch bei 11 % der

Mitarbeiterinnen und bei knapp 20 % der Mitarbeiter vor. Die durchschnittliche Reduktion des Beschäftigungsgrades liegt bei gut 26 % und das Durchschnittsalter liegt bei 47 Jahren.

Wesentlicher Einflussfaktor auf die intendierte Wahl des Beschäftigungsgrades sind das Geschlecht, das Alter und der bestehende Beschäftigungsgrad. Selbstverständlich spielen Rahmenbedingungen wie die Gesundheit und die finanziellen Möglichkeiten eine bedeutsame Rolle bei der Frage, inwieweit man den intendierten Beschäftigungsgrad auch wirklich realisieren kann. Bezüglich Finanzierbarkeit zeigt sich, dass für gut ein Drittel der Frauen und 46 % der Männer eine Reduktion bis auf 80 % Beschäftigungsgrad offensichtlich finanziell verkraftbar ist.

Wir schlagen anhand unserer Studienergebnisse drei Modelle der Beschäftigungsgradreduktion vor:

1. Eine Beschäftigungsgradreduktion unter dem Aspekt „Entlastung" dient dazu, die Gesundheit und das subjektiv wahrgenommene Leistungsvermögen auf einem tieferen Beschäftigungsgrad zu stabilisieren. Dadurch soll ein belastungsbezogener oder gesundheitlich bedingter Berufsausstieg vermieden werden. Es zeigt sich bereits bei einer Pensenreduktion auf 80 % eine spürbare Wirkung zur Prävention oder Linderung psychovegetativer Beschwerden.

2. Das Modell „Work-Life" strebt zunächst nicht eine berufliche Entlastung, sondern ein bewusstes Gleichgewicht zwischen beruflichen und privaten Bedürfnissen an. Dadurch sollen Entscheidungsdilemmas zwischen Vollzeit arbeiten oder beruflich ganz aussteigen gemildert werden. Hinsichtlich Kombination mit einer selbstständigen Tätigkeit zeigt sich, dass ein Beschäftigungsgrad zwischen 51 und 75 % oder alternativ zwischen 15 und 35 % beliebt ist (Bei Letzterem würden wir bereits von einem Teilzeitmodell reden.). Die Kombination mit ehrenamtlichen Tätigkeiten ist unabhängig vom Beschäftigungsgrad beliebt. Das wiederum stützt die These, wonach Menschen eine gesellschaftlich orientierte und sinnvolle Tätigkeit ausüben wollen.

3. Das Modell Teilzeit geht davon aus, dass der Arbeitgebenden nicht mehr die Haupterwerbsquelle darstellt, d. h., es wird ein Beschäftigungsgrad von unter 50 % angestrebt. Damit lässt natürlich auch die Bindung an den Hauptarbeitgeber nach, und es werden andere Tätigkeiten im privaten, öffentlichen oder beruflichen Umfeld gesucht. Insgesamt entsteht so ein durch den Mitarbeitenden gesuchtes, aber nicht weiter vom Arbeitgebenden unterstütztes Aufgabenportfolio. Aus Arbeitgebersicht liegen Vorteile bei Teilzeit-Modellen in der flexibleren Ressourcensteuerung im Rahmen von Teilzeitverträgen und Aufträgen, ohne dabei ganz auf die Dienste und die Erfahrung des Mitarbeitenden zu verzichten. Zudem kann das Modell Teilzeit auch für Jobsharing- oder Topsharing-Modelle verwendet werden. Dies ist je nach Wirtschaftssektor heute zwischen 25 % und 46 % verbreitet. Besonders scheinen sich diese Jobsharing-Modelle für Frauen zu eignen: 90 % der Jobsharing-Paare werden von Frauen und nur 10 % von Männern gebildet.

Zusammenfassend lassen sich folgende Empfehlungen für die betriebliche Praxis ableiten:

1. Eine wirksame Maßnahme gegen belastende Arbeitszeiten ist eine Vergrößerung des Handlungsspielraums, u. a. bei der Gestaltung des Arbeitstempos. Das geht noch unabhängig von einer Reduktion des Beschäftigungsgrades und sollte in erster Linie geprüft werden.
2. Eine Beschäftigungsgradreduktion auf 80 % wirkt präventiv oder lindernd bei psychovegetativen Beschwerden. Unternehmen und Branchen, welche heute eine mindestens 100 %-Arbeitskultur pflegen, sollten dies im Hinblick auf flexiblere Beschäftigungsmodelle überdenken.
3. Eine gut geplante und wirkungsvolle Umsetzung eines Modells der systematischen Beschäftigungsgradreduktion kann ein erhebliches Aktivierungspotenzial zum Verbleib im Berufsleben bzw. zur Vermeidung von Frühpensionierungen auslösen. Die Wirkung auf die Lebenszufriedenheit wird sich indirekt auch am Arbeitsplatz zeigen, wenn auch keine zu großen Erwartungen an Arbeitsmotivation und Produktivitätszuwachs gehegt werden sollten.
4. Die Entscheidungsprozesse zur Beschäftigungsgradreduktion beginnen im Durchschnitt bereits weit vor dem 50. Lebensjahr. Entsprechende Gespräche und Planungen sind mit dem Mitarbeitenden somit frühzeitig aufzugreifen.
5. Zur Reduktion von gesundheitlichen Beschwerden sollten hauptsächlich Sonntagsarbeit sowie Arbeit an Abenden abgebaut werden. Demgegenüber lösen Samstagsarbeit, Schicht- und Nachtarbeit keine signifikante Risikoerhöhung für gesundheitliche Beeinträchtigungen aus.
6. Der reduzierte Beschäftigungsgrad muss linear mit einer Reduktion bzw. Entlastung von Aufgaben, Verantwortungen und Kompetenzen einhergehen. Ansonsten sind Enttäuschungen vorprogrammiert. Um eine entsprechende und intendierte Entlastung zu erzielen, muss fundiert und umsichtig die Arbeitsmenge, allenfalls auch der Verantwortungsbereich angepasst werden. Der mit der Reduktion verbundene Rollenwechsel und die neu und realistisch zu planenden Verantwortungsbereiche müssen individuell in der Umsetzung begleitet werden.
7. Bei Frauen sollte, unter anderem auch aufgrund ihrer Rollenvielfalt, zusätzlich zu der Beschäftigungsreduktion eine Flexibilisierung der Arbeitszeiten diskutiert werden.
8. Mit dem Modell Teilzeit sollten Jobsharing-Modelle geprüft werden.
9. Bei den Modellen Work-Life und Teilzeit ist auf eine nachhaltige und wirkungsvolle Einbindung des Mitarbeitenden in Informationen, Prozesse und soziale Settings zu achten. Da diese Modelle per se eher die Bindung in Richtung außengerichteter Tätigkeiten lösen, ist diesem Aspekt besondere Beachtung zu schenken.

Literatur

Amstutz, Nathalie, und Annette Jochem. 2014. Teilzeitarbeit und Jobsharing in der Schweiz. Ergebnisbericht. Fachhochschule Nordwestschweiz.

Bookmann, Bernhard, Jan Fries, und Christian Göbel. 2012. Specific measures for older employees and late career employment. Mannheim: ZEW Zentrum für Europäische Wirtschaftsforschung.

Nachreiner, Friedhlem, Carsten Schomann. 2005. Der Belastungsfaktor Arbeitszeit in der Gefährdungsbeurteilung, Institut für Psychologie. Carl von Ossietzky Universität Oldenburg.

OECD. 2014. *Vieillissement et politiques de l'emploi. Suisse 2014 – Mieux travailler avec l'âge.* Paris: OECD Publishing (Vieillissement et politiques de l'emploi). http://gbv.eblib.com/patron/FullRecord.aspx?p=3026729.

Wirtz, Anna. 2010. Gesundheitliche und soziale Auswirkungen langer Arbeitszeiten. @Oldenburg, Univ., Dissertation Dortmund: Bundesanstalt für Arbeitsschutz und Arbeitsmedizin.

Modell Arbeitsportfolio: Länger, motivierter arbeiten

7

Zusammenfassung

Eine weitere Form der Arbeitsflexibilisierung ist die altersgerechte Entwicklung von Aufgabenportfolios, welche beim Arbeitgebenden und/oder mit externen Aufgaben angereichert eine Tätigkeitsveränderung der älteren Mitarbeitenden mit sich bringt. Das Ziel ist es, die Ressource Alter neu und produktiv, zum Beispiel in Form von Mentoring, Coaching, Beratung, Projektarbeit, zu nutzen bzw. weiterzuentwickeln, um gleichzeitig der Tretmühle intensiver Routineaufgaben mit hohen physischen und psychischen Anforderungen zu entgehen. Die Idee dahinter ist, ältere Mitarbeitende ressourcenorientiert gemäß ihren Stärken – Erfahrung, Netzwerke oder eine gewisse kognitive Pragmatik – einzusetzen. Obschon nachgewiesen werden kann, dass Arbeitsportfolios das größte Potenzial aufweisen, ältere Mitarbeitende von einem verfrühten Berufsausstieg abzuhalten, werden sie in der Praxis eher selten angeboten, da arbeitgeberseitig eine gewisse Ratlosigkeit herrscht, wie ein attraktives Arbeitsportfolio der Zukunft gestaltet werden soll. In unserer Studie 2017 sind wir dieser Frage nachgegangen und können in diesem Kapitel 13 aktuelle Tipps für die Weiterentwicklung von Arbeitsportfolios anbieten.

Gemäß unserer Studie 2015 haben 11 % der über 45-Jährigen bereits ein Arbeitsportfolio mit unterschiedlichen Mandaten aufgebaut. In Tendenz (64 %) haben sie das unternehmensübergreifend, d. h. mit externen Auftrags- bzw. Arbeitgebenden realisiert. Doch auch hier ist das Potenzial noch nicht ausgeschöpft, denn 23 % der über 45-Jährigen würden sich gerne in Richtung Portfolioarbeit weiterentwickeln. Die Wirkung von Arbeitsportfolios auf die Bereitschaft, länger zu arbeiten, ist im Vergleich der Modelle hier am stärksten: 72 % wären bereit, angesichts eines Arbeitsportfolios bis zur Pensionierung und 66 % sogar darüber hinaus zu arbeiten. Damit können also unserer Volkswirtschaft wertvolle Fachkräfte über die Pensionierungsgrenze hinaus erhalten bleiben. Freiwilligkeit statt

© Springer Fachmedien Wiesbaden GmbH, ein Teil von Springer Nature 2018
S. Wörwag und A. Cloots, *Flexible Arbeitsmodelle für die Generation 50+*,
https://doi.org/10.1007/978-3-658-20538-6_7

177

Tab. 7.1 Wirkung eines Arbeitsportfolios. (Quelle: Studie 2015)

n = 56	Mit einem Arbeitsportfolio hat sich/habe ich…				
	… meine Gesundheit verbessert	… meine Arbeitsmotivation erhöht	… meine Lebenszufriedenheit erhöht	… meine Produktivität erhöht	Durchschnittliche Wirkung pro Alterssegment
46–50	16 %	2,50	3,70	4,10	3,40	3,50
51–55	35 %	3,14	3,71	4,37	3,42	3,62
56–60	27 %	3,35	4,60	4,40	4,29	4,15
61–65	9 %	3,75	4,25	4,25	3,75	4,00

Heraufsetzen des Pensionierungszeitpunktes scheint also eine realistische Option, sofern man die richtigen Arbeitsmodelle anbietet.

Auch die indirekten Wirkungen eines Arbeitsportfolios sind beeindruckend.

Wie Tab. 7.1 aufzeigt, wirkt sich ein Arbeitsportfolio in erster Linie im Alterssegment der 56- bis 60-Jährigen positiv aus und hier wiederum in Unterscheidung zu anderen Alterssegmenten maßgeblich auf die Arbeitsmotivation sowie auf die Produktivität. Die vergleichsweise geringste Verbesserung erzielen Mitarbeitende im Alter zwischen 46 und 50 Jahren. Eine mögliche Hypothese könnte sein, dass die vergleichsweise tiefe Produktivitätswirkung durch eine Verzettelung von Aufgaben hervorgerufen wird, welche sich entsprechend auf die Gesundheit sowie auf die Arbeitsmotivation auswirkt.

Mit Arbeitsportfolios eng verbunden ist die Erwartung, sinn- und wertvolle Tätigkeiten auszuüben. In unserer Studie 2015 nannten 41 % der über 45-Jährigen, dass sie sich in den letzten Berufsjahren vermehrt Tätigkeiten widmen wollen, welche sie als sinn- und wertvoll erachten. Das scheint mit Abstand das wichtigste Anliegen für eine motivierende Gestaltung der letzten Berufsjahre zu sein – wichtiger beispielsweise, als sich beruflich zu entlasten, was nur von 23 % der Befragten genannt wurde. Als Fazit liegt nahe, dass ältere Mitarbeitende nicht in erster Linie kürzertreten, sondern sinnvollen Aufgaben nachgehen wollen. Hierfür sind sie auch bereit, sich entsprechende Portfolios aufzubauen.

7.1   Arbeitsinhalte der Zukunft

In der Umsetzungsphase der Studie 2015 hat sich gezeigt, dass viele Unternehmen mit der Einführung von Arbeitsportfolios liebäugeln – nicht zuletzt aufgrund der hohen Wirkungserwartungen zur Vermeidung von Frühpensionierungen. Gleichzeitig stellten wir aber eine große Unsicherheit hinsichtlich der inhaltlichen Ausgestaltung fest. Um die Bedürfnislage zur Veränderung der Arbeitsportfolios genauer erkunden zu können, haben wir uns in unserer Studie 2017 auf die Frage konzentriert, welche Veränderungen Menschen an ihren Aufgaben und Arbeitsportfolios vornehmen würden, wenn sie sich ein flexibilisiertes Arbeitsportfolio zusammenstellen könnten.

Hierbei fällt in unserer Studie ein spürbarer Trend weg von der Routinearbeit auf. Während heute noch rund 22 % ihre Arbeit als stark oder sehr stark von Routinen geprägt empfinden, wollen künftig lediglich 8 % so arbeiten. Im Umkehrschluss heißt das, dass der Anteil jener, die heute nur wenige oder keine Routinen in der Arbeit suchen, sich von 30 % auf 53 % steigen wird. Das zeigt eine Tendenz in Richtung gestaltender Arbeit, Handlungsräumen und vielseitigen sowie wenig routinisierten Arbeitsinhalten und -verfahren. Mit 63 % besonders ausgeprägt ist die stark routinisierte Arbeit bei den normalen Mitarbeitenden, während bei Führungspersonen mit unterstellten Mitarbeitenden diese nur noch mit 20 % zu Buche schlägt. Mitglieder von Geschäftsleitungen klagen sodann nur noch in unter 2 % der Fälle über sehr starke Arbeitsroutinen in ihrem Arbeitsportfolio.

Es ist auch auffällig, dass der Wunsch, sich von Routinen zu befreien, besonders stark bei älteren Mitarbeitenden ausgeprägt ist: Jeweils rund 64 % der über 60-Jährigen wünschen sich gar keine oder nur wenig Routine in der Arbeit, während die noch unerfahreneren Mitarbeitenden noch mehr Routinen suchen. Die Frage wird sich indes auf Arbeitgeberseite stellen, ob dieser Wandel weg von der Routine und hin zu der Gestaltung auch wirklich vollzogen werden kann. Angesichts einer zunehmenden Regelungsdichte und Standardisierung von Verfahren besteht wenig berechtigte Hoffnung, dass auf kurze Sicht eine wirkliche Entbürokratisierung und eine grundlegende Abkehr von Arbeitsroutinen erfolgen werden.

Mit der gewünschten Reduktion der Routine einher geht auch ein stark ausgeprägter Wunsch, „etwas Neues zu entwickeln". Während heute bei rund 43 % eine starke Entwicklungsorientierung in ihren Arbeitsportfolios vorzufinden ist, wünschen sich dies künftig ganze 74 %. Ein starkes Signal in Richtung Innovation. Zeigt sich allenfalls hierbei, auch in Verbindung mit der gewünschten Befreiung von Arbeitsroutinen, das, was Richard Florida bereits vor 15 Jahren als die „creative class" bezeichnet hatte (Florida 2012)? Entsteht hier wieder das Bild des Homo Faber, wie wir ihn eingangs zu diesem Buch beschrieben haben? Der Wunsch, etwas Neues zu erschaffen, ist gemäß unserer Studie 2017 am stärksten im Alterssegment 41 bis 45 sowie der über 66-Jährigen ausgeprägt. Bei Letzteren könnte hingegen wieder der positive Selektionsmechanismus eine Rolle spielen, indem nur noch jene in diesem Alter im Erwerbsleben sind, welche die Konstitution, Motivation und Energie haben, noch einmal etwas Neues zu machen. Auch ist auffällig, dass sich 92 % der befragten Geschäftsleitungsmitglieder in der Rolle der Innovatoren sehen und diese stark bis sehr stark in ihrem künftigen Arbeitsportfolio verankern wollen. Doch auch 67 % der Mitarbeitenden wollen künftig der Entwicklung von Neuem in ihrem Aufgabenbereich ein großes Gewicht beimessen. Das sind gute Signale in Volkswirtschaften, welche vom Ideenreichtum, von der Kreativität und der Schöpferkraft ihrer Mitarbeitenden leben.

Bei der Gewichtung von Planungsaufgaben innerhalb des Aufgabenportfolios ist keine wesentliche Veränderung sichtbar: 56 % sagen, dass ihre Aufgaben heute stark bis sehr stark von Planungsaufgaben geprägt sind, und in etwa der gleiche Teil wünscht sich dies für die Zukunft. Am stärksten mit gut 60 % ist der Wunsch nach Planungsaufgaben ausgeprägt bei den 46- bis 50-Jährigen, was angesichts ihrer beruflichen Entwicklung auch naheliegend ist. Es überrascht dann auch nicht, dass der Wunsch, Planungsaufgaben im Arbeitsportfolio zu gewichten, besonders hoch bei Geschäftsleitungsmitgliedern, aber auch bei unteren Führungskräften mit direkter Mitarbeitendenverantwortung ist, während Vorgesetzte von Führungskräften sowie Mitarbeitende hier eher mit dem Planungswunsch zurückstehen.

Ähnlich gelagert ist der Wunsch nach Organisationsaufgaben. Diese wünschen sich (stark oder sehr stark) über alle Alterssegmente 58 %, zwei Prozentpunkte tiefer als die Ist-Situation. Am häufigsten ausgeprägt ist der Wunsch nach Organisationsaufgaben im Segment 41 bis 45 Jahre und der 61- bis 65-Jährigen.

Wiederum einen starken Trend gibt es bei der Mitarbeiterführung zu verzeichnen. Ist diese heute lediglich bei einem Drittel stark ausgeprägt, wünschen sich dies künftig ganze 43 %. Insbesondere bei den 36- bis 40-Jährigen ist der Wunsch bei jedem Zweiten mindestens stark. Heute hat in diesem Alterssegment allerdings nur rund jeder Dritte eine Aufgabe, in welcher die Mitarbeiterführung eine starke Rolle spielt. Es stellt sich nämlich die Frage, woher all die Leitungsaufgaben kommen sollen. Hier wird also auch in Zukunft nicht jeder Wunsch nach einer Führungsaufgabe in Erfüllung gehen können. Innerhalb der Führungshierarchie fällt auf, dass heute die Mitarbeiterführung bei Vorgesetzten unterer Führungschargen, d. h. mit einer direkten Leitungsaufgabe gegenüber Mitarbeitenden, innerhalb des Arbeitsportfolios eine geringere Bedeutung einnimmt als bei höhergestellten Führungskräften der ersten und zweiten Ebene. Dies stützt den Befund, dass untere Führungskräfte in der Praxis ihrer Führungsaufgabe nicht immer die notwendige Bedeutung, vielleicht auch nicht die ausreichende Zeit einräumen können, um ihren Mitarbeitenden eine gute Unterstützung anzubieten (siehe hierzu auch Abschn. 3.1.1.2).

Betreffend zukünftiger Arbeitsportfolios fällt auf, dass rund 30 % der Mitarbeitenden ohne Führungsverantwortung gerne in eine solche hinaufsteigen wollen. Gleichzeitig sind rückläufige Tendenzen bei der Betonung der Mitarbeiterführung bei unteren Führungskräften sowie bei Mitgliedern der Geschäftsleitung sichtbar. Erstere werden allenfalls angesichts des Leistungsdrucks und der Sandwichposition zwischen Mitarbeitenden und Geschäftsleitung eher ernüchtert teilweise sich aus der Führung herausziehen wollen. Letztere könnten gegen Ende der Laufbahn eine Entlastung von Führungsaufgaben als Befreiung und Ermöglichung von etwas Neuem empfinden.

Interessanterweise geht nämlich der Anteil jener, die Mitarbeiterführung in ihrem Arbeitsportfolio stark gewichten wollen, im Alterssegment der 56- bis 60-Jährigen auf 26 % zurück. Das ist ein Ansatzpunkt für die sogenannte Bogenkarriere, welche unter anderem die Abgabe von Führungsverantwortung und den Wechsel von einer klassischen Führungskarriere zu einer Rolle als Fachexpertin oder Fachexperte beinhaltet. Dies wird dadurch gestützt, dass sich dasselbe Alterssegment mit großer Häufigkeit von 78 % eine starke fachliche Beraterrolle im Aufgabenportfolio wünscht, im Alterssegment der 61- bis 65-Jährigen sind das sogar 82 %. Heute angeboten wird dies in demselben

Alterssegment lediglich zu 65 % bzw. zu 53 %. Hierin liegt ein erhebliches Potenzial, bedürfnisgerechte und flexible Arbeitsportfolios zu schnüren, welche nebenbei bemerkt auch Jüngeren die entsprechenden Führungspositionen freimachen würden. Wie wir in Tab. 7.3 sehen, ist die Beratung von internen Mitarbeitenden auch etwas, das 58 % der Befragten in ihr Arbeitsportfolio aufnehmen wollen würden. Ähnlich sieht es auch bei der Wissensvermittlung aus: Während aktuell bei durchschnittlich 57 % der über 50-Jährigen die Wissensvermittlung in ihrer jetzigen Funktion eine wichtige Rolle spielt, würden sich künftig ganze 81 % derselben Alterssparte dies als starken Bestandteil ihrer Arbeit wünschen. Besonders stark ausgeprägt ist der Wunsch, das eigene Wissen und die eigene Expertise weiterzugeben, bei Kaderpersonen ohne Führungsaufgaben. Das sind die Fachexpertinnen und -experten, welche sich allenfalls nach einer klassischen Karriere auf die Beratung und den Wissenstransfer einer Fachkarriere spezialisieren.

Recht ausgewogen scheint das Verhältnis zwischen Ist und Soll bezüglich Kundenkontakt zu sein. Lediglich die Alterssegmente ab 56 wünschen sich deutlich, d. h. bis zu 10 Prozentpunkte, mehr davon. Demgegenüber stehen die 21- bis 25-Jährigen: 80 % geben an, dass heute Kundenkontakte ein wesentlicher Bestandteil ihrer Arbeit seien. Allenfalls wäre angesichts des Befunds auch an altersdurchmischte Teams im Kundenkontakt zu denken. Denn auch 80 % der 21- bis 25-Jährigen wünschen sich künftig einen starken Anteil Teamarbeit in ihrem Arbeitsportfolio, gleich viel wie die 51- bis 55-Jährigen. Obschon heute alles von Teamarbeit und Arbeitsgruppen spricht, scheint das Bedürfnis in der Arbeitswelt noch nicht gestillt zu sein. Während heute 62 % angeben, dass Teamarbeit ein wichtiges Element ihrer Arbeit sei, wünschen sich das in Zukunft 77 %. Ein ähnliches Bild wie bei der Teamarbeit zeigt sich bei der Projektarbeit, die dieser ja artverwandt ist. Auf tieferem Niveau zwar, nämlich bei 57 % der Befragten, ist der Wunsch nach projektorientiertem Schaffen ausgeprägt, das sind 14 Prozentpunkte mehr als heute. Einen Altersverlauf findet man indes nicht, d. h. Projektarbeit wird in allen Alterssegmenten als vergleichbar wichtig und erstrebenswert erachtet.

Wo von einem gewissen Sättigungsniveau, wenn nicht sogar von Übersättigung geredet werden kann, ist die IT-Nutzung. Erachten heute 75 %, dass die IT ein starkes Gewicht in ihrem Arbeitsprofil hat, so sind sich fast alle Alterssparten darin einig, dass künftig ihr Arbeitsprofil weniger davon geprägt sein soll. Nur noch 66 % wollen künftig in ihrem Arbeitsprofil eine starke IT-Nutzung im Zentrum sehen. Einzige Ausnahme dabei sind die 26- bis 30-Jährigen, welche noch über eine ungesättigte IT-Affinität verfügen, während bei den 31- bis 35-Jährigen mit einem Minus von über 20 Prozentpunkten schon fast von einem eigentlichen IT-Rückzug gesprochen werden könnte. Falsch wäre somit die Meinung, dass es maßgeblich die älteren Mitarbeitenden sind, welche sich von der intensiven IT-Nutzung verabschieden wollen. Diese Meinung wird durch unsere Studie 2017 nicht gestützt und eher in den Bereich der Vorurteile verbannt.

Abb. 7.1 zeigt exemplarisch, wie sich die Arbeitsportfolios nach Wunsch der Mitarbeitenden im Altersegment der 51- bis 55-Jährigen verändern.

Die Möglichkeit, eine gewisse interne berufliche Mobilität durch Anpassung von Aufgaben und Arbeitsportfolios anzubieten, unterscheidet sich je nach Unternehmensgröße und Branche. Interne berufliche Mobilität ist in Großunternehmen einfacher zu organisieren als

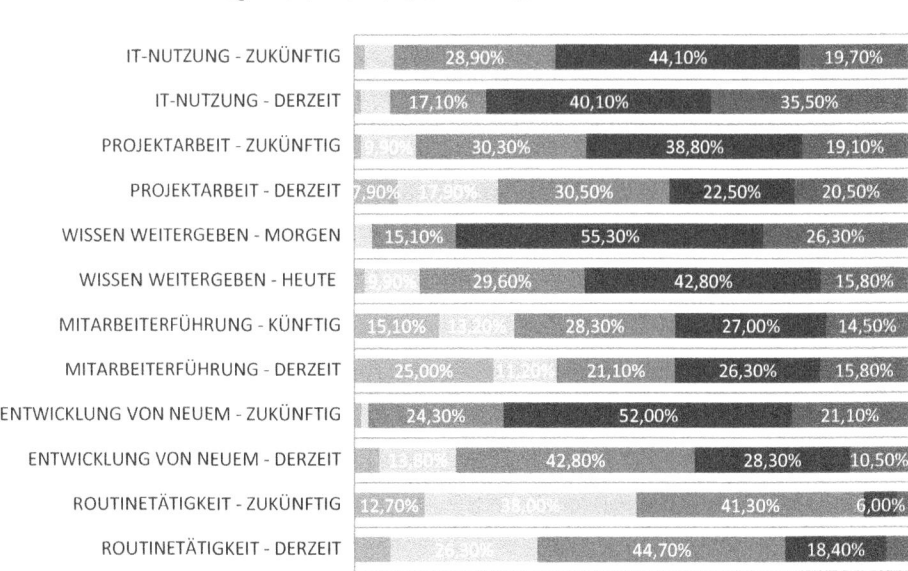

Abb. 7.1 Veränderung von Arbeitsportfolios am Beispiel des Alterssegments der 51- bis 55-Jährigen. (Quelle: Studie 2017)

in KMU, insbesondere in Kleinstbetrieben. Die interne Mobilität ist hingegen auch dann eingeschränkt, wenn die Natur der Aufgaben kein breites Spektrum an Aufgaben beinhaltet (OECD 2014).

7.2   Internes Portfolio

Bei der Gestaltung eines internen Portfolios stellt sich natürlich schnell die Frage, worauf bei der Gestaltung eines internen Altersportfolios für ältere Mitarbeitende besonders zu achten ist, welche Eigenschaften also ältere Mitarbeitende, insbesondere im Vergleich zu jüngeren Mitarbeitenden, auszeichnen und wo allenfalls keine Unterschiede zwischen den Alterssegmenten zu berücksichtigen sind. Bellmann et al. hat bei der Auswertung verschiedener Betriebspanels des Nürnberger Instituts für Arbeitsmarkt und Betriebsforschung – IAB Nürnberg herausgefunden, dass vor allem Tätigkeiten, welche Erfahrungswissen, Arbeitsmoral und -disziplin sowie Qualitätsbewusstsein erfordern, eher für ältere Mitarbeitende geeignet sind, wohingegen Jüngere eher bei Tätigkeiten, welche eine hohe Lernbereitschaft sowie -fähigkeit, körperliche Belastbarkeit und Flexibilität erfordern, im Vorteil sind (Bellmann et al. 2007, S. 82).

Tab. 7.2 gibt einen summarischen Überblick darüber, worauf bei der Gestaltung eines internen Arbeitsportfolios für ältere Mitarbeitende geachtet werden kann.

Tab. 7.2 Modell „Internes Portfolio". (Quelle: Studie 2015)

Kriterium	Beschreibung
Motivlage Mitarbeitende	• Fokus auf eigene Kompetenzen, Talente und Interessen • Erhöhung der Selbstwirksamkeit, Selbstverwirklichung und Autonomie • Verringerung von belastend empfundenen Routineaufgaben • Gewinnung größerer Freiheitsgrade • Noch einmal neu gefordert werden
Motivlage Arbeitgebenden	• Produktivitätserwartung durch Gestaltung altersadäquater Aufgaben und Kompetenzanforderungen • Retention älterer Mitarbeitender mit ihrer Expertise bis zur Pensionierung und darüber hinaus • Zurverfügungstellung von Wissen und Erfahrung in internen Beratungsfunktionen • Linienfunktionen werden für junge Talente freigemacht
Chancen	• Positive Wirkung auf Gesundheit, Motivation, Zufriedenheit • Steigerung der Produktivität durch altersgerechte Aufgaben • Motivierender Förderansatz
Risiken	• Portfolios sind selten mit Linienaufgaben verknüpft; Gefahr einer Parallelorganisation • Langsames Fading-out in internen Portfolios (mangelnde Nachfrage)
Formen	• Teil-Portfolio • Vollportfolio • Arbeit auf Abruf

Ausgestaltung	• Befreiung von Führungsaufgaben und von Tätigkeiten mit hohen sozio-emotionalen Belastungssituationen, engen Leistungsvorgaben, ungünstigen Arbeitszeiten, Work-Home-Konfliktpotenzialen, hohen Konzentrationsanforderungen, hoher Arbeitsintensität und körperlicher Anstrengung
	• Identifikation wertschöpfender und als Portfolio geeigneter Aufgaben und Aufträge, unter anderem:
	  – Reflexion und Weitergabe von Erfahrungswissen
	  – Stellvertretungen
	  – Springerfunktionen bei Vakanzen, Spitzenbelastungen
	  – Interne/externe Beratungsmandate
	  – Mentoring junger Mitarbeitender
	  – Fach-Expertisen
	  – Projektleitungen/-mitarbeit
	  – Coaching und Supervision
	  – Zurverfügungstellen von Netzwerken
	  – deliberative practice

Finanzierung	• Eine Finanzierung mit Lohnverzicht kommt nur für 42 % infrage; Finanzierung aus individuellem Sparen kommt für 68 % infrage, bedeutet aber eine frühzeitige Sensibilisierung • Kapitalaufbau über bestehende Pensionskassen (Anpassungen der Reglemente) muss im Einzelfall geprüft werden

(Fortsetzung)

Tab. 7.2 (Fortsetzung)

Kriterium	Beschreibung
Unterstützungsangebote	• Identifizieren von wertschöpfenden Aufgaben • Entwicklung und Umsetzung unternehmenseigener Portfoliomodelle • Pensionskassenmodelle • Für Mitarbeitende: Eignungsabklärung, Vermittlung von Portfolio-aufgaben, Vernetzung (ERFA-Gruppe), Vermittlung von Qualifikationsmöglichkeiten, individuelle Beratung und Betreuung

Um der Frage noch tiefer auf den Grund zu gehen, welche Aufgaben Mitarbeitende bei einer Idealzusammenstellung ihres Aufgabenportfolios wählen würden, haben wir mit der Studie 2017 eine vertiefte Analyse bei 920 Mitarbeitenden durchgeführt. Hierbei wurden Mitarbeitende aller Alterssegmente unter anderem gefragt, wie ihr Arbeitsportfolio aussehen würde, wenn sie dieses mit neuen Aufgaben anreichern könnten. Zur Auswahl standen verschiedene interne und oder externe Aufgaben, aus denen ein Arbeitsportfolio zusammengestellt werden konnte. Beim internen Portfolio hat uns insbesondere die Dimension der Wissensweitergabe mittels Beratung, Ausbildung und Mentoring für interne Mitarbeitende interessiert (siehe Tab. 7.3). Dies unter anderem, um den Wert des Erfahrungswissens, wie in Abschn. 3.1.2.3 beschrieben, zu vertiefen.

Es zeigt sich in der Studie 2017, dass die Beratung interner Mitarbeitender mit 58 % häufiger angestrebt wird als Ausbildung und Mentoring. Im Altersverlauf werden Beratungsaufgaben und Mentoringaufgaben von älteren Mitarbeitenden etwas häufiger gewählt als die Ausbildung interner Mitarbeitender. Mentoringaufgaben werden besonders häufig im Alterssegment 46 bis 55 angestrebt. Hier scheint die Erfahrung reif zu sein, um zum Beispiel eine noch unerfahrenere Person zu begleiten. Die Ausbildung ist demgegenüber entlang der Altersentwicklung von 26 bis 55 gleichmäßiger verteilt, eventuell, da es sich hierbei auch oft eher um Wissensvermittlung und weniger als das Mentoring um Erfahrungswissen handelt. Ähnlich, weil vielleicht auch mit dem Mentoring verwandt, hat auch die Beratung interner Mitarbeitender ihren Höhepunkt im Alter zwischen 46 und 55 Jahren.

Eine Sonderform innerbetrieblicher Portfolios ist die Übernahme von Projektaufgaben im Unternehmen, welche nicht direkt mit dem eigenen Stellenprofil zu tun haben. 38 % würden solche Aufgaben gerne wahrnehmen, wobei für 90 % der Befragten auch nur zu einem Anteil von 20 %. Analog zum oben beschriebenen Wissenstransfer ist es auch die Altersgruppe der 46- bis 55-Jährigen, welche diese Form häufiger wählen als andere. Es fällt indes auf, dass der Anteil der über 60-Jährigen bei dieser Portfolioform mit 4 % sehr gering ausfällt. Das mag allenfalls mit Ängsten zusammenhängen, durch solche Projektaufgaben langsam aufs „Abstellgleis" gestellt zu werden, ein Umstand, dem bei allen Portfolios Rechnung zu tragen ist, welche den Rückzug aus der angestammten Aufgabe implizieren. Ernst gemeinte und verlässliche Kommunikation, was mit solchen Portfolios angestrebt wird, tut hier not.

Tab. 7.3 Weitergabe von Erfahrung als internes Portfolio. (Quelle: Studie 2017)

Beratung interner Mitarbeiter

Angestrebter Stellenumfang	Altersgruppen												n	Anteil
	66 bis 70	61 bis 65	56 bis 60	51 bis 55	46 bis 50	41 bis 45	36 bis 40	31 bis 35	26 bis 30	21 bis 25	15 bis 20		
1–10 %	9	14	38	59	57	46	47	26	29	4	14	343	64 %
	3 %	4 %	11 %	17 %	17 %	13 %	14 %	8 %	8 %	1 %	4 %		
11–20 %	2	4	11	21	27	13	17	14	12	5	4	130	24 %
	2 %	3 %	8 %	16 %	21 %	10 %	13 %	11 %	9 %	4 %	3 %		
21–40 %	3	5	2	6	6	7	7	6	3	3	2	50	9 %
	6 %	10 %	4 %	12 %	12 %	14 %	14 %	12 %	6 %	6 %	4 %		
41–70 %	0	1	1	4	1	1	0	1	0	1	0	10	2 %
	0 %	10 %	10 %	40 %	10 %	10 %	0 %	10 %	0 %	10 %	0 %		
Total	14	24	52	90	91	67	71	47	44	13	20	533	58 %
	3 %	5 %	10 %	17 %	17 %	13 %	13 %	9 %	8 %	2 %	4 %		

Ausbildung interner Mitarbeiter

Angestrebter Stellenumfang	Altersgruppen												n	Anteil
	66 bis 70	61 bis 65	56 bis 60	51 bis 55	46 bis 50	41 bis 45	36 bis 40	31 bis 35	26 bis 30	21 bis 25	15 bis 20		
1–10 %	7	16	20	44	56	33	33	31	32	9	17	298	81 %
	2 %	5 %	7 %	15 %	19 %	11 %	11 %	10 %	11 %	3 %	6 %		

(Fortsetzung)

Tab. 7.3 (Fortsetzung)

	15 bis 20	21 bis 25	26 bis 30	31 bis 35	36 bis 40	41 bis 45	46 bis 50	51 bis 55	56 bis 60	61 bis 65	66 bis 70	n / Anteil
11–20 %	4 / 7 %	4 / 7 %	9 / 15 %	5 / 8 %	8 / 13 %	6 / 10 %	6 / 10 %	12 / 20 %	5 / 8 %	1 / 2 %	1 / 2 %	61 / 17 %
21–40 %	2 / 25 %	0 / 0 %	0 / 0 %	1 / 13 %	1 / 13 %	3 / 38 %	0 / 0 %	1 / 13 %	0 / 0 %	0 / 0 %	0 / 0 %	8 / 2 %
41–70 %	0 / 0 %	0 / 0 %	0 / 0 %	0 / 0 %	2 / 100 %	0 / 0 %	0 / 0 %	0 / 0 %	0 / 0 %	0 / 0 %	0 / 0 %	2 / 1 %
Total	23 / 6 %	13 / 4 %	41 / 11 %	37 / 10 %	44 / 12 %	42 / 11 %	62 / 17 %	57 / 15 %	25 / 7 %	17 / 5 %	8 / 2 %	369 / 40 %

Mentoring interner Mitarbeiter

Angestrebter Stellenumfang	Altersgruppen											n	Anteil
	15 bis 20	21 bis 25	26 bis 30	31 bis 35	36 bis 40	41 bis 45	46 bis 50	51 bis 55	56 bis 60	61 bis 65	66 bis 70	n	Anteil
1–10 %	12 / 4 %	7 / 2 %	29 / 10 %	25 / 8 %	40 / 13 %	29 / 10 %	49 / 16 %	62 / 21 %	21 / 7 %	17 / 6 %	7 / 2 %	298	81 %
11–20 %	2 / 4 %	2 / 4 %	3 / 5 %	6 / 11 %	12 / 21 %	7 / 12 %	10 / 18 %	9 / 16 %	3 / 5 %	2 / 4 %	1 / 2 %	57	15 %
21–40 %	1 / 8 %	0 / 0 %	0 / 0 %	2 / 15 %	1 / 8 %	4 / 31 %	3 / 23 %	1 / 8 %	1 / 8 %	0 / 0 %	0 / 0 %	13	4 %
Total n	15 / 4 %	9 / 2 %	32 / 9 %	33 / 9 %	53 / 14 %	40 / 11 %	62 / 17 %	72 / 20 %	25 / 7 %	19 / 5 %	8 / 2 %	368	40 %

Betreffend Anteil am gewünschten Aufgabenportfolio unterscheiden sich die drei Arten nicht stark. Insbesondere beim Mentoring und bei der Ausbildung streben 4 von 5 Mitarbeitenden einen Anteil von bis zu 10 Stellenprozenten an. In der Beratung kann sich rund ein Viertel auch einen Anteil von 11 bis 20 % vorstellen. Jene Arbeitsmodelle, welche also auf eine mehrheitlich interne Beratungsfunktion abzielen, müssen vor diesem Hintergrund nochmals geprüft werden. Insgesamt zeigt sich auch eine leichte altersabhängige Verschiebung bei der Bereitschaft, höherprozentig eine dieser Zusatzaufgaben wahrzunehmen: Jüngere sind eher als ältere Mitarbeitende bereit, einen höheren Anteil ihrer Arbeitszeit im Bereich Ausbildung oder Beratung einzusetzen. Dies mag ein Indiz eines neuen Denkens der noch jüngeren Arbeitsgeneration in Richtung von flexiblen und vielseitigen Arbeitsportfolios sein.

7.3   Externes Portfolio

Beim externen Portfolio wird bewusst auf die Reduktion der internen Aufgaben in Kombination mit der Unterstützung des Aufbaus eines externen Mandatsportfolios Wert gelegt. Diese aktive Unterstützung zum Beispiel durch die Personalabteilung oder unter Hinzuziehung externer Dienstleister grenzt das externe Portfolio vom Modell Teilzeit ab, d. h., hier soll die bestehende Erwerbssituation nicht wie bei der Beschäftigungsgradreduktion reduziert, sondern substituiert werden. Die Tab. 7.4 gibt einen summarischen Überblick über das Modell „Gemischtes Portfolio".

In unserer Studie 2017 haben wir den Wunsch nach externen Portfolios untersucht und deren Anteil an einem Wunschportfolio abgefragt. Die Resultate sind in Tab. 7.5 zusammengefasst.

Es zeigt sich, dass die externen Portfolios deutlich weniger gewählt werden als die internen Portfolios. Nur ungefähr jeder Fünfte bis Sechste wünscht sich, in einem Projekt oder mittels eines Anstellungsverhältnisses außerhalb des Unternehmens tätig zu sein. Insbesondere scheint das Ausleihen an andere Unternehmen in derselben Aufgabe nur wenige (12 %) zu überzeugen. Die größte Agilität scheint in der Altersspanne zwischen 46 und 50 zu liegen, insgesamt also etwas früher als bei internen Portfolios. Dies kann ein Indiz dafür sein, dass sich hier die Einzelnen vielleicht auch neue Impulse für die eigene Laufbahn suchen. Auch scheinen die 26- bis 30-Jährigen häufiger bereit für eine Teil-Anstellung in einem anderen Unternehmen zu sein, teilweise sogar mit einem hohen Engagement von über 41 % Beschäftigungsgrad. Ansonsten besteht kein offensichtlicher Zusammenhang zwischen dem Alter und dem angestrebten Engagement in Stellenprozent für das externe Portfolio.

Als Sonderform der externen Portfolios haben wir noch die Attraktivität von externen Lehraufträgen ausgewertet. Hier verbindet sich das Bedürfnis von Wissens- und Erfahrungsvermittlung mit einem externen Mandat. Die Hypothese wäre, dass dieses Modell stark von älteren Berufstätigen rund um den Pensionierungszeitpunkt gewählt würde. Doch die Studie 2017 belegt, dass es hauptsächlich die 51- bis 55-Jährigen und die 31- bis 35-Jährigen sind, die dies in ihr Portfolio mit aufnehmen würden, die Jüngeren sogar

Tab. 7.4 Modell „Externes Portfolio". (Quelle: Eigene Darstellung und Studie 2015)

Kriterium	Beschreibung
Motivlage Mitarbeitende	• Fokus auf neue Kompetenzen, Talente und Interessen • Erhöhung der Selbstverwirklichung und Autonomie durch Selbstbestimmung des (externen) Portfolios • Steigerung der Aufgabenvielfalt • Noch einmal neu gefordert werden • Befreiung von belastend wirkender, rigider Unternehmensstruktur/Arbeitsumfeld
Motivlage Arbeitgebenden	• Reduktion der Fixkosten durch partielles Outplacement • Produktivitätserwartung durch Fokussierung auf adäquate Aufgaben und Kompetenzanforderungen • Temporäres Insourcing von erfahrenen und kompetenten Mitarbeitenden • Gewinnung eines erfahrenen Außenblicks durch externe Projektmitarbeitende, Fach- und Führungskräfte
Chancen	• Positive Wirkung auf Motivation und Zufriedenheit • Motivierender Förderansatz
Risiken	• Oft ungeklärter Status zwischen externen und internen Mandaten • Finanzielles Risiko: Nicht ausreichend externe Mandate, um interne Aufgaben zu substituieren • Überforderung in der Akquisetätigkeit und „Teilselbstständigkeit" • Auslastungsschwankungen • Langsames Fading-out
Formen	• Teil-Portfolio • Vollportfolio • Arbeit auf Abruf

Ausgestaltung	• Reduktion des Beschäftigungsgrads oder Erteilung eines Auftrages für Kernaufgaben im Unternehmen; Festlegung von Dauer und Verlässlichkeit
	• Unterstützung beim Aufbau eines externen Portfolios z. B. in den Bereichen
	  – Beratung
	  – Mentoring
	  – 2nd-Opinion-Gutachten
	  – Fach-Expertisen
	  – Beirat, Expertenrat, ERFA-Gruppen
	  – Projektleitungen/-mitarbeit
	  – Management auf Zeit
	  – Coaching und Supervision
	  – Lehraufträge
	  – Mitarbeit in Forschungsprojekten (Domainwissen)
	  – Ausführen von Aufträgen und Werkverträgen

Finanzierung	• Erteilen eines verlässlichen Auftrags bzw. eines Teilzeitarbeitsvertrags beim bestehenden Arbeitgebenden • Finanzierung aus Mandaten, evtl. Teilselbstständigkeit • Temporäre Erwerbseinbuße (nur bei einer Minderheit von 42 % möglich) • Kapitalaufbau (z. B. über die Pensionskasse) und individuelles Sparen (finanzielles Polster) als Sicherheit zur Abfederung unsicherer Erwerbseingänge notwendig (Bereitschaft 68 %)

(Fortsetzung)

Tab. 7.4 (Fortsetzung)

Kriterium	Beschreibung
Unterstüt- zungsangebote	• Interne Beratung der Linie bei der Gestaltung geeigneter Aufgaben und Rollen • Unterstützung der Mitarbeitenden bei der Entwicklung eines externen Portfo- lios (Netzwerke) • PK-Lösungen im Reglement vorsehen • Aufbau eines unternehmensübergreifenden Unterstützungsangebots insbeson- dere für KMU • Für Mitarbeitende: Unterstützung bei neuer Rollengestaltung, Unterstützung bei Pensionskassenmodellen, Eignungsabklärung, Finanz- und PK-Planung • Vermittlung von externen Mandaten, Übernahme administrativer Aufgaben für Portfolio-Worker, Zurverfügungstellung von Arbeitsplätzen auf Zeit, Vermitt- lung von Weiterbildung etc., Coaching im Rollenübergang

mit einem höheren Prozentsatz. Auch hier scheint die Chance auf Steigerung der Unab-
hängigkeit von einem Arbeitgebenden in Kombination mit einer wissensvermittelnden
Tätigkeit eher die Jüngeren anzusprechen und kein typisches Alters-Portfolio zu sein.

Neben den eher auf Erwerbsarbeit ausgerichteten externen Portfolios haben wir auch
gesondert die gemeinnützigen, politischen und betreuenden Engagements analysiert.
Wie wir in Tab. 7.6 sehen, wird familiennahe Betreuung von 27 % der Erwerbstätigen
als Bestandteil in ihrem Arbeitsportfolio gesehen, d. h., dass eine entsprechende Anpassung des Beschäftigungsgrads gewünscht, wenn diese nicht schon vollzogen ist. Diese
familiennahe Betreuung lässt sich offensichtlich bei knapp 50 % in einem Pensum bis
10 % erfüllen, 38 % benötigen hierfür zwischen 11 und 20 %. Vereinfacht gesagt kann
der Altersverlauf so interpretiert werden: Die Familienbetreuung fängt offensichtlich ab
26 bis 30 mit der eigenen Kinderbetreuung an, welche für 20 % eine Beschäftigung über
40 % ausmacht. Hiernach reduziert sich dann der Betreuungsanteil auf unter 40 %, steigt
dann wieder im Alterssegment 46 bis 50, allenfalls in der Betreuung von älteren Angehörigen, um dann ab 50 sukzessive wieder zu sinken. Fast komplementär dazu entwickelt
sich das gemeinnützige Engagement, welches maßgeblich die Phase von Mitte 40 bis
Mitte 50 zu prägen scheint. Diese Lebensmitte mag einhergehen mit einer qualitativen
Standortbestimmung über die im Leben und in der Gesellschaft hinterlassenen Spuren
und dem Bedürfnis, der Gesellschaft auch wieder etwas zurückzugeben. Dieses Phänomen korreliert auch mit der in Abschn. 8.2 beschriebenen beruflichen Auszeit zur Orientierung und Neuausrichtung. Wohl möglich, dass nicht wenige dabei zu dem Schluss
kommen, sich mit einem gemeinnützigen Zivilengagement in der und für die Gesellschaft zu engagieren. Im Ausmaß bleibt dieses aber für 80 % in einem Engagement bis
10 %. Die Aufnahme eines politischen Mandats wird insgesamt nur von 13 % angestrebt.
Von diesen entscheiden sich 86 % für ein Pensum unter 10 %. Erfreulich ist der relativ hohe Anteil jüngerer Menschen, welche sich politisch engagieren wollen: 20 % aller
politisch Interessierten, die also neben ihrer beruflichen Laufbahn auch ein politisches
Engagement in ihrem Arbeitsportfolio verankern wollen, sind bis zu 30 Jahre alt.

Tab. 7.5 Externe Arbeits-Portfolios. (Quelle: Studie 2017)

Projektauftrag außerhalb des Unternehmens

Angestrebter Stellenumfang	66 bis 70	61 bis 65	56 bis 60	51 bis 55	46 bis 50	41 bis 45	36 bis 40	31 bis 35	26 bis 30	21 bis 25	15 bis 20	n	Anteil
1–10 %	2	3	14	24	24	13	13	14	10	3	10	130	72 %
	2 %	2 %	11 %	18 %	18 %	10 %	10 %	11 %	8 %	2 %	8 %		
11–20 %	3	1	4	5	6	6	9	3	3	3	0	43	24 %
	7 %	2 %	9 %	12 %	14 %	14 %	21 %	7 %	7 %	7 %	0 %		
21–40 %	0	2	1	0	2	0	2	0	1	0	0	8	4 %
	0 %	25 %	13 %	0 %	25 %	0 %	25 %	0 %	13 %	0 %	0 %		
Total	5	6	19	29	32	19	24	17	14	6	10	181	20 %
	3 %	3 %	10 %	16 %	18 %	10 %	13 %	9 %	8 %	3 %	6 %		

Anstellung in einem anderen Unternehmen analog zur bestehenden Aufgabe

Angestrebter Stellenumfang	66 bis 70	61 bis 65	56 bis 60	51 bis 55	46 bis 50	41 bis 45	36 bis 40	31 bis 35	26 bis 30	21 bis 25	15 bis 20	n	Anteil
1–10 %	2	4	7	9	14	8	5	7	10	1	8	75	69 %
	3 %	5 %	9 %	12 %	19 %	11 %	7 %	9 %	13 %	1 %	11 %		
11–20 %	0	1	2	3	7	2	4	0	2	0	0	21	19 %
	0 %	5 %	10 %	14 %	33 %	10 %	19 %	0 %	10 %	0 %	0 %		
21–40 %	0	1	1	2	0	2	0	0	1	0	0	7	6 %

(Fortsetzung)

Tab. 7.5 (Fortsetzung)

	66 bis 70	61 bis 65	56 bis 60	51 bis 55	46 bis 50	41 bis 45	36 bis 40	31 bis 35	26 bis 30	21 bis 25	15 bis 20	n	Anteil
21–40 %	0	1	1	2	0	2	0	0	1	0	0	7	
	0 %	**14 %**	**14 %**	**29 %**	**0 %**	**29 %**	**0 %**	**0 %**	**14 %**	**0 %**	**0 %**		**6 %**
41–80 %	0	0	1	0	2	0	2	0	1	0	0	6	
	0 %	**0 %**	**17 %**	**0 %**	**33 %**	**0 %**	**33 %**	**0 %**	**17 %**	**0 %**	**0 %**		**6 %**
Total	2	6	11	14	23	12	11	7	14	1	8	109	
	2 %	**6 %**	**10 %**	**13 %**	**21 %**	**11 %**	**10 %**	**6 %**	**13 %**	**1 %**	**7 %**		**12 %**

Anstellung in einem anderen Unternehmen in neuer Aufgabe

Angestrebter Stellenumfang	Altersgruppen												
	66 bis 70	61 bis 65	56 bis 60	51 bis 55	46 bis 50	41 bis 45	36 bis 40	31 bis 35	26 bis 30	21 bis 25	15 bis 20	n	Anteil
1–10 %	1	3	5	10	10	6	11	8	11	0	6	71	
	1 %	**4 %**	**7 %**	**14 %**	**14 %**	**8 %**	**15 %**	**11 %**	**15 %**	**0 %**	**8 %**		**44 %**
11–20 %	2	0	4	7	4	9	7	2	3	0	2	40	
	5 %	**0 %**	**10 %**	**18 %**	**10 %**	**23 %**	**18 %**	**5 %**	**8 %**	**0 %**	**5 %**		**25 %**
21–40 %	0	1	2	4	11	3	3	4	3	1	2	34	
	0 %	**3 %**	**6 %**	**12 %**	**32 %**	**9 %**	**9 %**	**12 %**	**9 %**	**3 %**	**6 %**		**21 %**
41–100 %	0	0	1	2	7	1	1	1	3	0	0	16	
	0 %	**0 %**	**6 %**	**13 %**	**44 %**	**6 %**	**6 %**	**6 %**	**19 %**	**0 %**	**0 %**		**10 %**
Total	3	4	12	23	32	19	22	15	20	1	10	161	
	2 %	**2 %**	**7 %**	**14 %**	**20 %**	**12 %**	**14 %**	**9 %**	**12 %**	**1 %**	**6 %**		**18 %**

Tab. 7.6 Betreuende, politische und gemeinnützige Engagements. (Quelle: Studie 2017)

Familiennahe Betreuung

Angestrebter Stellenumfang	Altersgruppen												
	66 bis 70	61 bis 65	56 bis 60	51 bis 55	46 bis 50	41 bis 45	36 bis 40	31 bis 35	26 bis 30	21 bis 25	15 bis 20	n	Anteil
1–10 %	2	5	12	18	16	12	17	10	15	6	10	123	49 %
	2 %	4 %	10 %	15 %	13 %	10 %	14 %	8 %	12 %	5 %	8 %		
11–20 %	3	3	6	9	17	14	15	14	11	1	1	94	38 %
	3 %	3 %	6 %	10 %	18 %	15 %	16 %	15 %	12 %	1 %	1 %		
21–40 %	0	0	2	4	6	5	3	5	2	0	0	27	11 %
	0 %	0 %	7 %	15 %	22 %	19 %	11 %	19 %	7 %	0 %	0 %		
41–100 %	0	0	0	0	0	2	2	0	1	0	0	5	2 %
	0 %	0 %	0 %	0 %	0 %	40 %	40 %	0 %	20 %	0 %	0 %		
Total	5	8	20	31	39	33	37	29	29	7	11	249	27 %
	2 %	3 %	8 %	12 %	16 %	13 %	15 %	12 %	12 %	3 %	4 %		

Gemeinnützige Tätigkeit

Angestrebter Stellenumfang	Altersgruppen												
	66 bis 70	61 bis 65	56 bis 60	51 bis 55	46 bis 50	41 bis 45	36 bis 40	31 bis 35	26 bis 30	21 bis 25	15 bis 20	n	Anteil
1–10 %	4	9	26	38	38	29	31	21	18	7	7	228	80 %
	2 %	4 %	11 %	17 %	17 %	13 %	14 %	9 %	8 %	3 %	3 %		
11–20 %	1	3	1	11	8	3	1	5	4	2	4	43	15 %
	2 %	7 %	2 %	26 %	19 %	7 %	2 %	12 %	9 %	5 %	9 %		
21–40 %	1	0	0	2	3	2	0	0	0	0	0	8	3 %

(Fortsetzung)

Tab. 7.6 (Fortsetzung)

	66 bis 70	61 bis 65	56 bis 60	51 bis 55	46 bis 50	41 bis 45	36 bis 40	31 bis 35	26 bis 30	21 bis 25	15 bis 20	n	Anteil
41–80 %	20 % / 1	0 % / 0	20 % / 1	40 % / 2	20 % / 1	0 % / 0	0 % / 0	0 % / 0	0 % / 0	0 % / 0	0 % / 0	5	2 %
Total	2 % / 7	4 % / 12	10 % / 28	19 % / 53	18 % / 50	12 % / 34	11 % / 32	9 % / 26	8 % / 22	3 % / 9	4 % / 11	284	31 %

Politische Tätigkeit

Angestrebter Stellenumfang	Altersgruppen											n	Anteil
	66 bis 70	61 bis 65	56 bis 60	51 bis 55	46 bis 50	41 bis 45	36 bis 40	31 bis 35	26 bis 30	21 bis 25	15 bis 20	n	Anteil
1–10 %	3 % / 3	5 % / 5	12 % / 12	16 % / 16	10 % / 10	15 % / 15	10 % / 10	10 % / 10	9 % / 9	3 % / 3	9 % / 9	102	86 %
11–20 %	0 % / 0	0 % / 0	15 % / 2	8 % / 1	8 % / 1	8 % / 1	15 % / 2	23 % / 3	8 % / 1	0 % / 0	15 % / 2	13	11 %
21–30 %	33 % / 1	0 % / 0	0 % / 0	33 % / 1	33 % / 1	0 % / 0	0 % / 0	0 % / 0	0 % / 0	0 % / 0	0 % / 0	3	3 %
Total	3 % / 4	4 % / 5	12 % / 14	15 % / 18	10 % / 12	14 % / 16	10 % / 12	11 % / 13	8 % / 10	3 % / 3	9 % / 11	118	13 %

7.4   Erwartung und Wirkung

Truxillo et al. (2012) haben aufgezeigt, dass Job-Portfolios bei Jüngeren zu mehr Aufgabenvielfalt und daher mehr Arbeitszufriedenheit führen und ihnen die Möglichkeit multipler Arbeitswelterfahrungen in kurzer Zeit eröffnen. Bei älteren Mitarbeitenden kann vielfältige Arbeitswelterfahrung sie darin unterstützen, ihren Ressourceneinsatz zu optimieren.

Aus unserer Studie 2015 geht betreffend Erwartung und Wirkung Folgendes hervor:

- Mit einem Arbeitsportfolio wird durch die Mitarbeitenden am ehesten (66 %) ein positiver Beitrag auf die Lebenszufriedenheit erwartet, dieser tritt jedoch nur bei 53 % der Befragten größtenteils oder umfänglich ein.
- In der effektiven Wirkung besser als erwartet sind die Auswirkungen auf die Arbeitsmotivation. Diese wurden von 44,5 % erwartet, 52 % der Befragten konnten größtenteils oder vollumfänglich eine Motivationssteigerung bestätigen.
- Als Produktivitätsmaßnahme hilft das Portfolio lediglich bei rund 31 % – 34 % erwarteten eine solche.
- Auch als gesundheitsförderliche Maßnahme taugt das Portfolio nicht, es treten bei lediglich 22 % hier spürbare Verbesserungen auf. Auch hier, wie bei der Beschäftigungsgradreduktion, bleibt die effektive Wirkung hinter den Erwartungen von 34,3 % zurück.

Fazit:

- Arbeitsportfolios dienen nicht der Entlastung, sondern der Arbeitsmotivation und Zufriedenheit der Mitarbeitenden. Auch wenn der damit verbundene Rollenwechsel nur bei einem Drittel wirklich die Produktivität steigert, sind sie unter motivationalen Gesichtspunkten für Mitarbeitende durchaus interessant.
- Die Bereitschaft oder auch Möglichkeit, den damit vorhandenen Lohnverzicht hinzunehmen, liegt bei lediglich 46 %. Hingegen ist die Bereitschaft, hierfür frühzeitig Geld anzusparen, bei 79 % ausgeprägt. Das bedeutet, dass auf Portfolios hin frühzeitig sensibilisiert werden muss, damit der individuelle Sparprozess rechtzeitig eingeleitet werden kann.
- Ähnlich hoch wie bei der Beschäftigungsgradreduktion (67 %) ist die Bereitschaft von 65 %, auch bestehende Aufgaben abzugeben. Dies schafft die Möglichkeit und Akzeptanz, neue Aufgabenbündel zu schnüren.

7.5 Praxisfall Arbeitsportfolio bei der Bühler[1]

7.5.1 Ausgangslage

Bühler ist weltweit in über 140 Ländern tätig und beschäftigt weltweit rund 10.640 Mitarbeitende. Der Umsatz des Unternehmens betrug im Jahr 2017 CHF 2,7 Mrd. Die Kernkompetenzen von Bühler liegen insbesondere im Bereich der mechanischen und thermischen Verfahrenstechnik für die Getreideverarbeitung für Mehl, Futtermittel, aber auch in der Herstellung von Pasta und Schokolade, im Druckguss, in der Nassvermahlung und Oberflächenbeschichtung.

Bühler zeichnet sich insbesondere durch Innovation und ihren Nachhaltigkeitsgedanken aus, welche sich im Bereich der Kundenbindung, Mitarbeitendenbindung, des ökologischen Handelns, der Lösungsentwicklung und der Arbeitsplatzausgestaltung widerspiegeln. Um diese Maxime erreichen zu können, stehen für Bühler insbesondere Vertrauen, Respekt, Anerkennung, Einbindung und Leidenschaft als Grundwerte im Fokus, welche das Handeln von Bühler bestimmen.

Diesen Werten verpflichtet sieht sich Bühler als ein Unternehmen, welches sich sowohl stark mitarbeitenden- als auch leistungsorientiert aufstellt.

Bei dem Projekt „Flexible Arbeitsmodelle für ältere Erwerbstätige" nahm der Hauptstandort Uzwil teil. Bühler betonte, dass aufgrund des bevorstehenden Fachkräftemangels flexible Arbeitsmodelle, die die Interessen von Arbeitgebenden, Arbeitnehmenden und Kunden gleichermaßen berücksichtigen, dringend benötigt werden. Bühler sieht in den flexiblen Arbeitsmodellen die Möglichkeit, das Know-how im Unternehmen, aber auch die Arbeitsfähigkeit von Spezialisten hoch zu halten bzw. zu erhalten und starke Auslastungsschwankungen abzufedern. Wichtig ist, dass sie als solche verstanden werden und nicht als Auslaufmodelle für ältere Arbeitnehmende. Vielmehr stellen für Bühler flexible Arbeitsmodelle die Chance dar, ein sorgfältiges Nachfolgemanagement einzuführen.

Zurzeit bietet das Unternehmen für die jeweils 60-jährigen Mitarbeitenden sowie ihren Partnern und Partnerinnen zur Vorbereitung auf die letzte Erwerbsphase einen Pensionierungskurs an. Weiter bietet das Unternehmen ausgewählten Spezialisten die Möglichkeit, bis zu fünf Jahre nach der ordentlichen Pensionierung weiter zu arbeiten. Dies vor dem Hintergrund, das Expertenwissen im Unternehmen zu halten und dieses kundenspezifisch weiterhin in Projekten einzusetzen. Zu diesem Zweck hat Bühler die Rahmenbedingungen der Pensionierung so angepasst, dass die Möglichkeit, sich zwischen 58 und 70 Jahren pensionieren zu lassen, vertraglich festgelegt werden kann. Ebenfalls existiert ein Modell der Beschäftigungsgradreduktion.

---

[1]Wir danken Christof Oswald für die wertvolle Zusammenarbeit und seine tatkräftige Unterstützung im Rahmen der Erarbeitung des vorliegenden Praxisfalls.

Die Idee für die Mitwirkung von Bühler im Projekt war, die Ressource „Alter" mit Erfahrung in einer Aufgabenbörse gebündelt zur Verfügung zu stellen und gemäß Bedarf neu zu verteilen. Damit verfolgte Bühler im Projekt mit der Einführung eines weiteren Modells insbesondere folgende Ziele:

- Retention-Management
- Nachfolgeplanung
- Erhalt der Arbeitsfähigkeit von Spezialisten.

7.5.2 Vorgehen

Im Projektverlauf entwickelten Bühler und die FHS St.Gallen einen Konzeptansatz zum flexiblen Arbeitsmodell „Arbeitsportfolio", bei welchem zukünftig sowohl der interne als auch der externe Arbeitsmarkt beachtet werden sollte. Daher wurden zwei Modellkonzipierungen erarbeitet: ein internes (Variante I) und ein externes (Variante II) Arbeitsportfolio.

Variante I: Internes Arbeitsportfolio
Bei der Variante des internen Arbeitsportfolios gibt der Mitarbeitende einen Teil seiner Aufgaben und Tätigkeiten ab und übernimmt dafür andere, interne Aufgabenpakete. Dies können z. B. Tätigkeiten aus anderen Abteilungen, Beratungstätigkeiten, Coachings etc. sein. Wie beispielhaft in Abb. 7.2 dargestellt, teilt der Mitarbeitende seinen Beschäftigungsgrad von 100 % im Alter von 62 anders auf. Zukünftig wird er noch zu 60 % der Arbeitszeit Tätigkeiten aus seinem bisherigen Stellenprofil nachgehen, und zu 40 % wird er andere interne Arbeits- und Aufgabenpakete übernehmen. Diese Kombination an Aufgaben übt der Mitarbeitende beispielsweise bis zum Alter von 66 Jahren aus. Danach werden in dem aufgezeigten Beispiel die ursprünglichen Tätigkeiten ganz abgegeben und nur noch die neuen Aufgabenpakete weitergeführt. Die Beschäftigungsprozente und auch die Altersstufen können in der Realisierung des Modells angepasst werden.

Bevor jedoch ein Arbeitsportfolio für die Mitarbeitenden generiert wird, gilt es zunächst abzuklären, welche Aufgaben sich für die Gestaltung eines Arbeitsportfolios eignen und in welchem Umfang. Denn je spezifischer eine Aufgabe ist, desto weniger ist diese Aufgabe für ein Arbeitsportfolio geeignet. Daher gilt es insbesondere ein Augenmerk darauf zu haben, welche Fach- und Entscheidungskompetenz sowie Erfahrung zur Ausübung der Aufgabe benötigt wird. Wichtig erscheint ebenfalls in diesem Zusammenhang, dass eine Einschätzung sowohl des Mitarbeitenden als auch der Führungskraft vonnöten sind, um einen möglichst realistischen Eindruck zu erhalten. Im Rahmen der Umsetzung wurde deutlich, dass der Einbezug des Teams von Anfang an wichtig war, und zwar bezogen auf das Team, in welchem die mitarbeitende Person hauptsächlich mitarbeitete, aber auch jenes, in welchem die Person Arbeits- bzw. Aufgabenpakete übernehmen sollte. Denn wie die Studie 2015 zeigte, sind für Mitarbeitende in der späten Erwerbsphase das Ausüben einer sinnvollen Tätigkeit und die Wertschätzung sehr wichtig

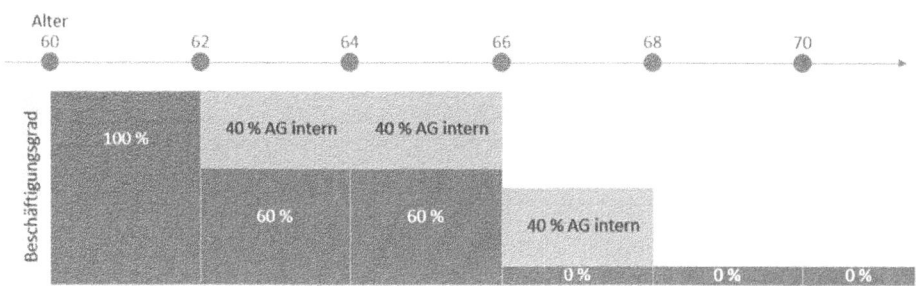

Abb. 7.2 Variante I: Internes Arbeitsportfolio

für die Motivation. Damit ist nicht nur eine wertschätzende Führung gemeint, sondern ebenso trägt eine gute Teamkultur zu einem wertschätzenden Umgang bei. Daher ist es für eine gelingende Umsetzung von hoher Bedeutung, mit den Teams herauszuarbeiten, ob und welchen Einfluss die Gestaltung des Arbeitsportfolios einer Arbeitskollegin oder eines Arbeitskollegen auf ihre Arbeit hinsichtlich eines Empowerments oder Enrichments ausübt. Weiter gilt es die Teamdynamik gerade zu Beginn des Arbeitsportfolios sowie das Verhalten aller Mitarbeitenden und der Führungskraft zu beobachten, um gegebenenfalls bei empfundenen Unausgeglichenheiten reagieren zu können.

Es ist offenkundig, dass das Verhalten und die Einstellung von Führungskräften im Hinblick auf Veränderungen einen enormen Einfluss auf die Akzeptanz von Neuerungen bei Mitarbeitenden haben. Dies wurde auch im Rahmen der Umsetzung bei Bühler deutlich. Es zeigte sich, dass Führungskräfte für die Thematik sensibilisiert werden und die Notwendigkeit verstehen mussten. Dies sollte insbesondere durch das Finden eines attraktiven Namens geschaffen werden.

Variante II: Externes Arbeitsportfolio
Beim externen Arbeitsportfolio gibt der umsetzende Mitarbeitende einen Teil seiner Aufgaben und Tätigkeiten ab und übernimmt dafür externe Aufgabenpakete, d. h. von einem anderen Arbeitgebenden. Dies können beispielsweise Lehraufträge, Beratungsmandate etc. sein.

So reduziert beispielsweise die mitarbeitende Person ihren Beschäftigungsgrad im Alter von 62 auf 80 % und arbeitet während dieser Zeit an ihren ursprünglichen Aufgaben. Während der restlichen Zeit (20 %) kann die Person externe Aufgabenpakete übernehmen. Diese Kombination an Aufgaben übt sie beispielsweise bis zum Alter von 68 Jahren aus und kann sie dann, wie hier im Beispiel dargestellt, je nach Wunsch weiterführen.

Bei Bühler wird dieses Modell oftmals als zweite Arbeitswelt der Mitarbeitenden bezeichnet, da die Aufgaben/Tätigkeiten, die die Mitarbeitenden ausüben, außerhalb von Bühler getätigt werden. D. h., dass Bühler keinen Einfluss auf den Ort, die Art und den Umfang der Aufgaben und Tätigkeiten hat, die die mitarbeitende Person übernimmt. Vielmehr wird die sogenannte zweite Arbeitswelt eigenverantwortlich durch die Mitarbeitenden gesteuert, die sich für ein externes Arbeitsportfolio entschieden haben.

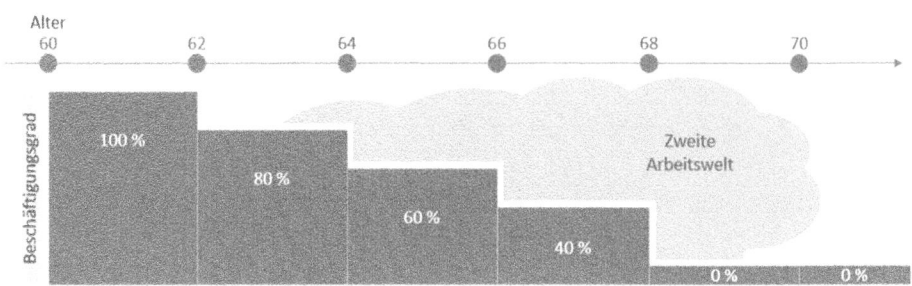

Abb. 7.3 Variante II: Externes Arbeitsportfolio

Eigenverantwortlich heißt in dem Fall, dass die mitarbeitende Person sich selbst in ihrer zweiten Arbeitswelt organisiert und koordiniert, indem sie bestimmt, welche Tätigkeiten sie in welchem Umfang übernehmen möchte. Aufgrund dessen wird die zweite Arbeitswelt auch in Abb. 7.3 als Wolke dargestellt, da sie in ihrem Ausmaß an Aufgaben und Beschäftigungsgrad sehr stark variieren kann und von der Eigeninitiative der Mitarbeitenden abhängig ist.

Beide Modelle bringen aber auch Veränderungen für die Mitarbeitenden mit sich. Nicht nur, wie bereits ausgeführt, hinsichtlich der Teamgestaltung, sondern auch bezogen auf die eigene Rolle (siehe Abb. 7.4). Anders als beim Modell der Beschäftigungsgradreduktion, bei dem Verantwortungen aufgrund der Reduzierung des Beschäftigungsgrads klar wechseln und keine weiteren Tätigkeiten angestrebt werden, gilt beim Modell des Arbeitsportfolios eine andere Vorbereitung. Denn je nachdem, welche Aufgabe die mitarbeitende Person im Rahmen des Arbeitsportfolios anstrebt, gilt es gegebenenfalls Fach- oder Methodenkompetenz aufzubauen. Weiter werden vermehrt Kompetenzen der Selbstorganisation sowie Abgrenzungsfähigkeiten vonnöten sein, damit ein Arbeitsportfolio auch tatsächlich vom Mitarbeitenden umgesetzt werden kann. Das bedeutet im Umkehrschluss, dass Mitarbeitende intensiv auf die Gestaltung ihres Arbeitsportfolios vorbereitet werden sollten. Handelt es sich bei der Person, die ein Arbeitsportfolio gestalten möchte, um eine Führungskraft, müssen Absprachen getroffen werden, inwieweit ihre Führungsverantwortung von der Ausgestaltung des Arbeitsportfolios tangiert wird. In Konsequenz müsste diese reduziert oder gar ganz abgegeben werden.

Basierend auf den gemeinsam generierten Konzeptionen des Arbeitsportfolios entwickelten junge Kadermitglieder das Baobab-Programm, welches bei Bühler eingeführt wurde. Der Name Baobab ist abgeleitet vom afrikanischen Affenbrotbaum, dessen Frucht vielseitig in der Gesunderhaltung einsetzbar und damit außerordentlich vielseitig ist. Genau dies soll das Baobab-Programm auch verkörpern. Es steht für Wissen, welches vielseitig einsetzbar ist und damit Mehrwert generiert. Motiviert ist das Programm durch drei Leitgedanken:

1. Vermeidung von Wissensabfluss, wenn erfahrene, hochqualifizierte Mitarbeitende pensioniert werden

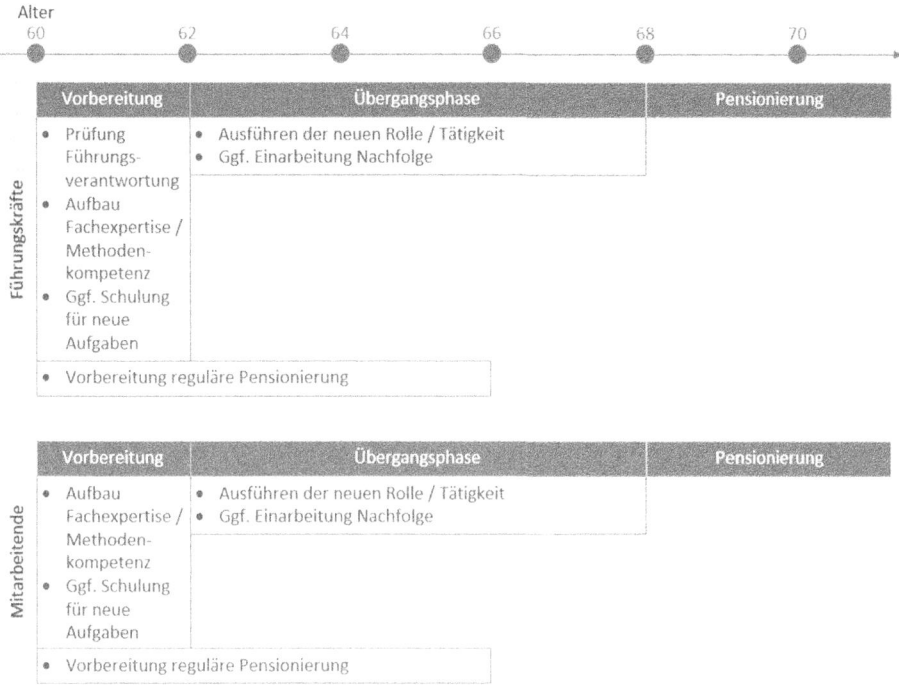

Abb. 7.4 Konsequenzen der beiden Arbeitsportfolios für die Rollengestaltung. (Quelle: Eigene Darstellung)

2. Das wachsende Customer Service Business braucht flexible Mitarbeitende und tiefe Fixkosten
3. Viele Mitarbeitende möchten nach der Pensionierung beruflich aktiv bleiben

Das Baobab-Programm möchte dies aufgreifen, indem es das bereits vorhandene Wissen bei Bühler in internen Arbeitsportfolios bündelt und einen Ressourcenpool qualifizierter sowie immer wieder neu zertifizierter Mitarbeitender zur Verfügung stellt. Dies bietet insbesondere für ältere Mitarbeitende ab ca. 60 Jahren und auch nach der Pensionierung die Möglichkeit, in einem flexiblen Pensum weiterbeschäftigt zu bleiben. Gleichzeitig soll der Wissenstransfer sichergestellt werden, indem ältere Mitarbeitende Schulungen für die Nachwuchsfachkräfte konzipieren und durchführen. Damit werden die eingangs genannten Ziele des Arbeitsportfolios vereint, nämlich das Aufgleisen eines Retention-Managements, einer Nachfolgeplanung und der Erhalt der Arbeitsfähigkeit von Spezialisten im Baobab. Außerdem bietet es für die Mitarbeitenden in der späten Erwerbsphase einen gleitenden Arbeitsrücktritt, welcher in einem selbstbestimmten Tempo gestaltet wird.

7.5.3   Learning

Das Arbeitsportfolio stellt vor allem aufgrund des hohen Koordinationsaufwands ein intensives Arbeitsmodell für HR-Abteilungen, Führungskräfte und Mitarbeitende dar, welches eine gute Vorbereitung von allen angesprochenen Beteiligten benötigt.

Im Rahmen der Konzipierung wurde deutlich, dass das Modell eine hohe Flexibilität aufweist, die nicht nur für Mitarbeitende der späten Erwerbsphase interessant sein könnte, sondern auch für jüngere Mitarbeitende. Daher soll zukünftig überlegt werden, ob und wie diese Ausweitung auf alle Alterssegmente ausgestaltet werden könnte. Ein Merkmal, welches hier interessant sein könnte, ist die mögliche Kombination von internen und externen Arbeitsportfolios, d. h. eine unternehmensübergreifende Organisation und Koordination. Sollte man dies öffnen, so würde aber der Frage nachgegangen werden müssen, wie die bestehende und fest verankerte Unternehmenskultur und die Unternehmenswerte, mit denen sich Mitarbeitende identifizieren, weiterhin gewahrt bleiben können. Ein weiteres Learning war, dass die „Ressource Alter" auf einem neuen Wege produktiv genutzt werden kann und kein „Auslaufmodell" darstellt, sondern ein Modell, in welchem die Mitarbeitenden selbstbestimmt ihr Engagement und ihren Rückzug 65 + gestalten können. Deutlich wurde aber eben auch, dass aufgrund der hohen Eigenständigkeit und Selbstorganisation das Modell hohe Anforderungen an die Mitarbeitenden stellt. Und es ist absehbar, dass nicht alle Mitarbeitenden diese hohe Eigeninitiative und -verantwortung auf sich nehmen und tragen wollen und können. Daher ist Baobab als eine Ergänzung zu den bereits bestehenden Arbeitsmodellen und Möglichkeiten für Mitarbeitende 50 + bei Bühler zu sehen. Die Wahlfreiheit ist, wie in Abschn. 3.1.2.5 beschrieben, ein wichtiges Instrument in der Einführungsphase, um nicht Eigeninitiative durch Standardisierung zu konterkarieren. Damit richtet sich Baobab an jene Personen, die bereit sind, ihre Erfahrung und Know-how für andere im Sinne einer Nachfolgeplanung bereitzustellen und die einen organisatorischen sowie administrativen Mehraufwand auf sich nehmen können.

7.5.4   Nutzen

„Ältere Mitarbeitende" ist ein wesentlicher Baustein der Fachkräftestrategie bei Bühler, die ebenfalls sowohl die Nachwuchsförderung als auch Frauen und Familie als Schwerpunkte beinhaltet. Mit dem flexiblen Arbeitsmodell des Arbeitsportfolios sollen insbesondere Möglichkeiten der horizontalen Entwicklungsmöglichkeit für ältere Erwerbstätige geschaffen werden, was einen wesentlichen Bestandteil der Fachkräftestrategie darstellt.

Der Nutzen des entwickelten Programms Baobab ist hoch. Allein das in unserer Studie 2015 aufgezeigte hohe Aktivierungspotenzial der Studienteilnehmenden bei Bühler zeigt das hohe Potenzial dieses Modells auf. Auch ist es genau jenes Modell, welches die Eigenschaften besonders unterstützt, welche Mitarbeitende 50 + für ihre Arbeitsgestaltung

schätzen: Zusammenstellen einer subjektiv empfundenen sinnvollen Tätigkeit, Eigenverantwortung und Wertschätzung. Die Bühler-Strategie signalisiert mit Baobab, dass das
Wissen und die Erfahrung einer mitarbeitenden Person wichtig sind und für einen Wissenstransfer sowie eine, wenn von beiden Seiten gewünscht, weitere Tätigkeit über das
Pensionierungszeitalter hinaus anerkannt und wertgeschätzt werden.

7.6   Quick-Reads zum Arbeitsportfolio

Eine altersgerechte Entwicklung von Aufgabenportfolios, welche eine Tätigkeitsveränderung der älteren Mitarbeitenden mit sich bringt, hat das größte Potenzial, ältere Mitarbeitende von einem verfrühten Berufsausstieg abzuhalten. Und sie wirken auch positiv auf
einen nachhaltigen Verbleib im Erwerbsleben jenseits der Pensionierungsgrenze. Denn
das Ziel guter Arbeitsportfolios für ältere Mitarbeitende ist es, die Ressource Alter neu
und produktiv, zum Beispiel mit Mentoring, Coaching, Beratung, Projektarbeit zu nutzen
bzw. weiter zu entwickeln, um gleichzeitig der Tretmühle intensiver Routineaufgaben
mit hohen physischen und psychischen Anforderungen zu entgehen. Die Idee dahinter ist
es, ältere Mitarbeitende ressourcenorientiert gemäß ihren Stärken, ihrer Erfahrung, ihren
Netzwerken oder einer gewissen kognitiven Pragmatik einzusetzen.

Was überzeugend klingt, ist schwierig umzusetzen, denn bei vielen Arbeitgebenden
herrscht eine gewisse Ratlosigkeit, wie ein attraktives Arbeitsportfolio der Zukunft aus-
sieht. Gestützt auf unsere Studie 2017 können wir zusammenfassend folgende Zusammensetzung eines attraktiven Arbeitsportfolios skizzieren:

1. Weg von der Routinearbeit: Künftig suchen nur noch 8 % der Beschäftigten eine
   stark routinisierte Arbeit. Angesichts einer zunehmenden Regelungsdichte und
   Standardisierung von Verfahren in unserer Arbeitswelt stellen sich hier aber sicher
   Umsetzungsherausforderungen.
2. Hin zu Entwicklungsorientierung: Künftig wollen drei von vier Mitarbeitenden
   zu einem starken Ausmaß „etwas Neues entwickeln". Das ist ein starkes Signal in
   Richtung Innovation.
3. Planungsintensität wie heute: Rund bei der Hälfte der Beschäftigten spielen Planungsaufgaben eine große Rolle. Daran wird sich auch in Zukunft nichts ändern.
4. Ein klein wenig weniger Organisation: Der Anteil jener, die dies stark beschäftigt,
   sinkt von 60 auf 58 %.
5. Viele wollen führen: Ist dies heute lediglich bei einem Drittel stark ausgeprägt,
   wünschen sich dies künftig ganze 43 %. Insbesondere bei den 36- bis 40-Jährigen
   ist der Wunsch bei jedem Zweiten mindestens stark. Brauchen wir so viele Leitungspersonen?
6. Führungsdruck von unten: Rund 30 % der Mitarbeitenden ohne Führungsverantwortung wollen gerne in eine Führungsrolle aufsteigen.

7. Und Führungsmüdigkeit oben: Rückläufige Tendenzen bei dem Wunsch nach Führungsaufgaben sind bei unteren Führungskräften sowie bei Mitgliedern der Geschäftsleitung sichtbar.

8. Weniger führen im Alter: Der Anteil jener, die Mitarbeiterführung in ihrem Arbeitsportfolio stark gewichten wollen, sinkt bei 56- bis 60-Jährigen auf 26 %.

9. Mehr beraten im Alter: Dasselbe Alterssegment wünscht sich zu 78 % eine Beraterrolle. Im Alterssegment der 61- bis 65-Jährigen sind das sogar 82 %.

10. Wissen weitergeben: Während aktuell bei durchschnittlich 57 % der über 50-Jährigen die Wissensvermittlung in ihrer jetzigen Funktion eine wichtige Rolle spielt, würden sich künftig ganze 81 % derselben Alterssparte dies als starken Bestandteil ihrer Arbeit wünschen.

11. Fachexpertise nutzen: Der Wunsch, Wissen und die eigene Expertise weiterzugeben, ist bei Fachexpertinnen und -experten besonders groß.

12. Teamwork im Kundenkontakt: Mitarbeitende ab 56 wünschen mehr davon, 21- bis 25-Jährige haben viel davon: Kundenkontakte. Warum nicht altersdurchmischte Teams im Kundenkontakt fördern? Denn Teamwork wird bei beiden großgeschrieben.

13. IT-Nutzung ist gesättigt: Während heute 75 % der Beschäftigten der Meinung sind, dass die IT-Nutzung ein starkes Gewicht in ihrem Arbeitsportfolio hat, so sind sich fast alle Alterssparten darin einig, dass künftig ihr Arbeitsprofil weniger davon geprägt sein soll.

Zur Umsetzung attraktiver Arbeitsportfolios haben wir zwei Portfolioarten unterschieden. Einerseits die internen Arbeitsportfolios, welche einen starken Beratungs-, Mentoring- oder Wissenstransferanteil aufweisen oder eine interne Projektfunktion beinhalten, andererseits externe Portfolios, bei welchen eine Tätigkeit bei einem anderen Arbeitgeber, eine Teilselbstständigkeit oder gemeinnützige, betreuende oder politische Aufgaben wahrgenommen werden.

Bei der Gestaltung von internen Portfolios lassen sich folgende Erkenntnisse im Sinne von Handlungsempfehlungen zusammenfassen:

1. Beliebt und häufig angestrebt werden interne Beratungsaufgaben, insbesondere für Mitarbeitende im Alter zwischen 46 und 55 Jahren. Im Stellenumfang ist von einem Anteil von bis zu 20 % auszugehen.

2. Mentoringaufgaben werden von rund 40 % im Alterssegment 51 bis 55 angestrebt. Hier scheint die Erfahrung reif zu sein, um zum Beispiel eine noch unerfahrenere Person zu begleiten. Der Anteil des Mentorings am Gesamtportfolio wird sich bei 80 % nicht über 10 % bewegen.

3. Interne Ausbildung wird über alle Alterssparten von 26 bis 55 gleichmäßig verteilt von rund 40 % der Beschäftigten angestrebt. Vier von fünf Mitarbeitenden werden diese aber auch nicht höher als 10 % gewichten wollen.

4. Eine stärkere Ausrichtung auf interne Projektaufgaben, welche nicht direkt mit dem eigenen Stellenprofil zu tun haben, scheint für 38 % attraktiv zu sein, wobei für 90 % der Befragten auch nur zu einem Anteil von 20 %. Analog zum oben beschriebenen Wissenstransfer ist es auch die Altersgruppe der 46- bis 55-Jährigen, welche diese Form häufiger wählt als andere.

5. Für Personen über 60 muss bei internen Portfolios, also bei einer stärkeren Projekt-orientierung ihrer Arbeit, stark dem Vorurteil entgegengewirkt werden, damit langsam aufs „Abstellgleis" geschoben zu werden.

6. Insgesamt scheinen jüngere eher als ältere Mitarbeitende bereit zu sein, einen höheren Anteil ihrer Arbeitszeit im Bereich Ausbildung oder Beratung einzusetzen. Dies mag ein Indiz eines neuen Denkens der noch jüngeren Arbeitsgeneration in Richtung von flexiblen und vielseitigen Arbeitsportfolios sein.

Beim externen Portfolio werden bewusst externe Mandate aufgebaut. Im Unterschied zum Modell Teilzeit der Beschäftigungsgradreduktion soll die bestehende Erwerbssitu-ation nicht in erster Linie reduziert, sondern substituiert werden. Zusammenfassend auch hier einige Erkenntnisse für die Umsetzung:

Externe Portfolios mit primär vergüteten Mandaten:

1. Externe Portfolios sind weniger beliebt als die internen Portfolios, was wohl auch mit der individuellen Risikobereitschaft zusammenhängt. Nur ungefähr jeder Fünfte bis Sechste wünscht sich, in einem Projekt oder mittels eines Anstellungsverhältnisses außerhalb des Unternehmens tätig zu sein.

2. Das Ausleihen an andere Unternehmen in derselben Aufgabe ist nur für wenige (12 %) attraktiv. Die größte Agilität scheint in der Altersspanne zwischen 46 und 50 zu liegen, insgesamt also etwas früher als bei internen Portfolios, und ist ein Indiz dafür, dass sich hier die Einzelnen vielleicht auch neue Impulse für die eigene Lauf-bahn suchen.

3. 26- bis 30-Jährige sind häufiger bereit für eine Teil-Anstellung in einem anderen Unternehmen, teilweise sogar mit einem hohen Engagement von über 41 % Beschäf-tigungsgrad.

4. Externe Lehraufträge sind hauptsächlich für die 51- bis 55-Jährigen und die 31- bis 35-Jährigen attraktiv.

Externe Portfolios mit primär im öffentlichen Interesse stehenden Mandaten:

1. Familiennahe Betreuung wird von 27 % der Erwerbstätigen als Bestandteil in ihrem Arbeitsportfolio gesehen. Diese lässt sich offensichtlich bei knapp 50 % in einem Pensum bis 10 % erfüllen, 38 % benötigen hierfür zwischen 11 und 20 %.

2. Ein gemeinnütziges Engagement scheint maßgeblich die Phase von Mitte 40 bis Mitte 50 zu prägen. Das Ausmaß eines gemeinnützigen Engagements bleibt aber für 80 % in einem Zeitrahmen bis 10 %.

3. Die Aufnahme eines politischen Mandats wird insgesamt nur von 13 % angestrebt. Von diesen entscheiden sich 86 % für ein Pensum unter 10 %.

4. 20 % aller politisch Interessierten, die neben ihrer beruflichen Laufbahn auch ein politisches Engagement in ihrem Arbeitsportfolio verankern wollen, sind bis zu 30 Jahre alt.

Literatur

Bellmann, Lutz, Ute Leber, Jens Stegmeier. 2007. Betriebliche Personalpolitik und Weiterbildungsmanagement gegenüber älteren Beschäftigten – Ein Überblick mit Daten des IAB-Betriebspanels. In *Demografischer Wandel und Weiterbildung*, 1. Aufl. s. l., Hrsg. Herbert Loebe und Eckart Severing, 81–99. Bertelsmann W. Verlag (Wirtschaft und Bildung, v.3).

Florida, Richard L. 2012. *The rise of the creative class. Revisited.* New York: Basic Books.

OECD. 2014. *Vieillissement et politiques de l'emploi. Suisse 2014 – Mieux travailler avec l'âge.* Paris: OECD Publishing (Vieillissement et politiques de l'emploi). http://gbv.eblib.com/patron/FullRecord.aspx?p=3026729.

Truxillo, Donald M., David M. Cadiz, Jennifer R. Rineer, Sara Zaniboni, Franco Fraccaroli. 2012. A lifespan perspective on job design. Fitting the job and the worker to promote job satisfaction, engagement, and performance. *Organizational Psychology Review* 2 (4): 340–360. https://doi.org/10.1177/2041386612454043.

Wörwag, Sebastian, Roger Martin, Sarah Kühnis. 2015. *Umfrageergebnisse „Flexibilisierung der Arbeitsphase 50+".* Hrsg. v. FHS St.Gallen, Hochschule für Angewandte Wissenschaften.

Sabbatical – Anreiz für wen? 8

Zusammenfassung

Sabbaticals sind beliebt: Fast die Hälfte der über 45-Jährigen würden gerne erstmals oder nochmals eine berufliche Auszeit nehmen. Von diesen fällt der größte Anteil in das Alterssegment 51 bis 55. Dennoch ist das Instrument des Sabbaticals aktuell noch wenig in der Praxis verbreitet und, anders als der unbezahlte Urlaub, in der betrieblichen Praxis nur wenigen Mitarbeitendenkategorien vorbehalten. Mit unserer Studie 2015 schließen wir eine Forschungslücke mit der Frage, wie sich ein Sabbatical auf die Mitarbeitenden und ihr Pensionierungsverhalten auswirkt. Die Wirkung dieser Modelle ist überraschend: Hinsichtlich seiner Wirkung weist das Sabbatical im Vergleich zu den anderen flexiblen Arbeitsmodellen bei den Faktoren Arbeitsmotivation, Produktivität und Gesundheit die evident besten Wirkungen auf. Und sie wirken in der Regel besser als erwartet, vor allem hinsichtlich Produktivitäts- und Motivationswirkung. Damit unterscheiden sie sich von der Beschäftigungsgradreduktion und dem Arbeitsportfolio. Im Rahmen dieses Kapitels beschreiben wir zwei Formen von beruflichen Auszeiten: das Modell „Erholung" und das Modell „Orientierung und Qualifikation". Und es zeigt sich, dass es sich lohnt, einem Sabbatical eine klar erkennbare Zielsetzung zuzuweisen.

Gemäß HR-Barometer 2014 stellten 27 % der Beschäftigten in den letzten drei Monaten oft oder fast immer Stresssymptome fest (Doden et al. 2014, S. 7). Die damit verbundenen individuellen wie auch volkswirtschaftlichen Konsequenzen sind erheblich. Und dennoch kennt nur rund jedes fünfte Unternehmen der Schweiz die Möglichkeit, Mitarbeitende mittels Auszeit zur Entlastung, Weiterbildung oder zur Neuorientierung zu unterstützen.

Gemäß unserer Studie 2015 haben 19 % der über 45-Jährigen bereits eine berufliche Auszeit genommen. Das Durchschnittsalter hierbei lag bei 49 Jahren. Lediglich 6 % haben ihre Auszeit nach 55 bezogen, was darauf schließen lässt, dass es hier wohl in vielen Unternehmen eine Altersbarriere für den Bezug von Auszeit gibt. 45 % haben hingegen ihre Auszeit mit weniger als 50 Jahren bezogen, was aufzeigt, dass es sich bei der Auszeit in der bisherigen Praxis nicht um eine spezifische Altersmaßnahme handelt. Das mag viel-leicht auch erklären, warum fast die Hälfte eine mindestens teilweise unbezahlte Auszeit genommen hat. Eher erstaunlich ist der Umstand, dass 42 % bereit waren, zugunsten der Auszeit die bestehende Aufgabe abzugeben – erstaunlich, da sich um 50 wohl die meisten in der Phase der beruflichen Festigung befanden und diese mindestens potenziell durch eine Auszeit auch gefährdet werden könnte.

Interessant ist auch die Frage, zu welchen Zwecken die Auszeit eingesetzt wurde. Mehr als zwei Drittel der Befragten, die Erfahrung mit einer eigenen Auszeit hat-ten, nutzten sie vornehmlich zu Erholungszwecken, 43 %, um etwas ganz anderes zu machen. Damit wird deutlich, dass mehrheitlich die Auszeit nicht in direktem Zusam-menhang mit der beruflichen Tätigkeit steht. Die Auseinandersetzung mit sich selbst, sei dies für Weiterbildung oder für eine Standortbestimmung oder letztlich die Reflexion der beruflichen Zukunft, wurde nur von rund einem Drittel auch als Zweck ihrer Aus-zeit genannt. Vor diesem Hintergrund überrascht es wiederum, dass dennoch die Auszeit im Vergleich zu den anderen flexiblen Arbeitsmodellen auf verschiedene arbeitsrelevante Faktoren sehr positiv wirkt. Wie wir in Abschn. 5.1 aufgezeigt haben, weist die Auszeit im Vergleich zu den anderen Modellen bei den Faktoren Arbeitsmotivation, Produk-tivität und Gesundheit die evident besten Wirkungen auf. Bei der Lebenszufriedenheit liegt sie gleichauf mit der Beschäftigungsgradreduktion. Gleichzeitig wirkt die Auszeit mit Bezug auf Produktivität und Arbeitsmotivation in der erlebten Wirkung höher als die Erwartungswerte, lediglich bei der Wirkung auf die Lebenszufriedenheit und Gesundheit liegen die Erwartungen höher als die effektive Wirkung. Das legt den Schluss nahe, dass auch eine nicht direkt mit Berufszielen verbundene Auszeit, welche in erster Linie der Erholung und einem Perspektivenwechsel in der beruflichen Tätigkeit dient, eine hohe und positive Wirkung auf die Arbeitskapazität und Leistungsmotivation erzielt.

Wie man in Tab. 8.1 sieht, wirkt die Auszeit im Altersegment 46 bis 50 durchschnitt-lich am besten: Vor allem in puncto Arbeitsmotivation und Produktivität, aber auch in Sachen Lebenszufriedenheit scheinen die Beschäftigten dieser Altersstufe am meisten von der Auszeit zu profitieren. Insofern ist der durchschnittliche Bezug im Alter von 49 Jahren wohl intuitiv richtig gewählt. Demgegenüber ist die Wirkung im Altersegment 61 bis 65 am geringsten. Das ist vielleicht ein impliziter Grund dafür, dass hier die beruf-liche Auszeit nicht mehr häufig angeboten bzw. nachgefragt wird. Die potenzielle Orien-tierungsfunktion einer Auszeit ist wiederum im Alter 56 bis 60 am höchsten. Hier scheint am ehesten die Frage danach beantwortet werden zu können, was man selbst will.

Die Attraktivität der Auszeit beweist sich auch darin, dass ganze 47 % der über 45-Jäh-rigen gerne erstmals oder nochmals eine berufliche Auszeit nehmen würden. Von diesen fällt der größte Anteil in das Altersegment 51 bis 55. Die Erwartungen an die Wirkung der Auszeit differieren weniger stark nach Alter als die effektive Erfahrung (siehe hierzu Tab. 8.1). Es lässt sich aber feststellen, dass insbesondere bei den 46- bis 50-Jährigen die

Tab. 8.1 Wirkung einer beruflichen Auszeit (Sabbatical). (Quelle: Studie 2015)

n = 84		Ich habe mir eine mehrwöchige Auszeit im Alter von … genommen	… hat sich meine Gesundheit verbessert	… hat sich meine Arbeitsmotivation erhöht	… hat sich meine Lebenszufriedenheit erhöht	… hat sich meine Produktivität erhöht	… weiß ich besser, was ich will	Mittelwert aller Maßnahmen
		Nach dem Bezug einer mehrwöchigen Auszeit …						
46–50	14%	44,33	3,33	5,04	5,25	4,92	4,00	4,51
51–55	42%	48,92	4,20	4,16	4,71	3,97	3,66	4,14
56–60	31%	50,72	4,11	4,43	4,96	4,10	4,14	4,35
61–65	10%	53,95	3,40	4,10	4,10	3,80	3,50	3,78
66–70	3%	49,33	4,05	4,37	4,81	4,14	3,98	4,27

Differenzen zwischen Erwartungen und effektiver Wirkung am größten zu sein scheinen. So fällt die Wirkung auf die Gesundheit in diesem Alterssegment deutlich schlechter aus als der Erwartungswert, hingegen scheint die Auszeit motivational und hinsichtlich Produktivität deutlich besser zu wirken als erwartet. Als Fazit müsste genau bei diesem Alterssegment eine bessere Aufklärung über die Wirkung durchgeführt werden. Von den 47 %, die eine Auszeit erstmals oder nochmals planen würden, würden 78 % diese für Erholungszwecke, 63 %, um etwas anderes zu machen, 38 % für eine Standortbestimmung und lediglich 24 % für eigene Weiterbildung einsetzen.

8.1 Sabbatical-Modell „Erholung"

Wie wir oben gezeigt haben, nutzten zwei Drittel ihre Auszeit zu Erholungszwecken, fast vier von fünf würden ihre künftige Auszeit mit dem Ziel von Erholung verbinden. Damit ist die Auszeit mehrheitlich eine Maßnahme, sich aus oder nach beruflich belastenden Phasen herauszuziehen und durch einen anderen Rhythmus, andere Inhalte und Tagesstrukturen wieder zu Kräften zu kommen. Auszeit bedeutet eben hier, geschäftlich in den „Off"-Modus zu wechseln, also auch Erreichbarkeit, Eingebundensein, Verpflichtung und Routine abzulegen und eine Zeit außerhalb des gewohnten beruflichen Korsetts zu verbringen. Aus Arbeitgeberperspektive mag man argumentieren, dass Erholung als Zweck einer Auszeit nicht direkt mit den unternehmerischen Zielen gekoppelt ist und somit Privatsache der Mitarbeitenden sei. Betrachtet man aber die Ergebnisse der Studie 2015, sieht man, dass eine Erholungsphase sich positiv auf die nachfolgende Arbeitsphase auswirken kann. So schien eine Erholungsauszeit doch bei 39 % eine positive Wirkung auf die Gesundheit gehabt zu haben, 41 % berichteten von einer positiven Auswirkung auf die eigene Produktivität und 55 % kamen motivierter aus der

Tab. 8.2 Sabbatical-Modell „Erholung". (Quelle: Studie 2015)

Kriterium	Beschreibung
Motivlage Mitarbeitende	• Erholung, „Batterien aufladen" • Gesundheit verbessern • Distanz zum Alltagsgeschäft bekommen, „etwas anderes machen"
Motivlage Arbeitgebende	• Gesunderhaltung der Mitarbeitenden • Arbeitgeberimage, betriebliches Gesundheitsmanagement (BGM) • Indirekte Wirkung auf Motivation und Produktivität
Chancen	• Reduktion von Krankheitsfällen • Unternehmensresilienz • Arbeitgeberattraktivität
Risiken	• Kosten durch Ersatz des in der Auszeit befindlichen Mitarbeiters (Stellvertretungen etc.) • Unklare Wirkung auf Retention
Formen	• Unbezahlter Urlaub • Finanziertes Sabbatical • Mischformen
Ausgestaltung	• Festlegung der Dauer (individuell, standardisiert) • Erholungsformen definiert oder frei • Evtl. Vereinbarung spezifischer Gesundheitsauflagen, Rehabilitation etc.
Finanzierung	• Gehaltsverzicht • Teilweise finanzielle Unterstützung des Arbeitgebers (Fringe Benefits) • Privates Sparen des Mitarbeitenden
Unterstützungsangebote	• Resilienzevaluation • Gesundheitschecks • Beratung bei gesundheitsfördernden Angeboten

Erholungszeit zurück. Der Umstand, dass gut die Hälfte ihr Erholungs-Sabbatical in der Vergangenheit mindestens teilweise selbst finanziert haben, also auf Gehalt verzichtet haben, und von jenen, die ein solches planen würden, fast 80 % bereit wären, auf Gehalt zu verzichten, zeigt, dass Mitarbeitenden ihre Erholung entsprechend viel wert ist. Tab. 8.2 zeigt steckbriefartig, wie eine Auszeit unter dem Aspekt der Erholung geplant werden kann.

8.2 Sabbatical-Modell „Orientierung und Qualifikation"

Auf andere Weise wirkungsvoll werden Sabbaticals, wenn sie mit einem Orientierungs- und/oder Entwicklungsziel verbunden werden. Nicht selten dienen meist extern begleitete Standortbestimmungen und Laufbahnberatungsmodelle der Frage, welche Ziele einem wichtig sind, welche Eigenschaften und Potenziale man hierfür zur Verfügung hat und wie diese in der bestehenden Laufbahn haben produktiv gemacht werden können. Einfach gesagt, helfen Standortbestimmungen in einem strukturierten Prozess herauszufinden, was man will und was es dazu braucht. Diese sollten natürlich auch in eine betriebliche Laufbahnplanung und -beratung einfließen können, so denn ein solches Angebot in der betrieblichen Praxis existiert. Die Studie von Höpflinger et al. (2006) bei über 800 Unternehmen der Schweiz hat aufgezeigt, dass eine spezifische Laufbahnberatung für Mitarbeitende ab 50 lediglich in 13 % der Betriebe vorhanden ist, bei weiteren 11 % war sie in Planung (Höpflinger et al. 2006, S. 73). Auch wenn wir davon ausgehen können, dass heute, über zehn Jahre später, mehr Betriebe eine spezifische Laufbahnberatung anbieten, so wird der Anteil der Mitarbeitenden, die ihre berufliche Auszeit mit einer Standortbestimmung verknüpfen, wohl auch mit dem Angebot in den Betrieben korrelieren. Und so überrascht es auch nicht, dass gemäß unserer Studie 2015 gerade einmal 35 % jener, die eine Auszeit haben beziehen können, diese für eine eigene Standortbestimmung nutzten. Dies geschah im Durchschnittsalter von gut 48 Jahren, also zur Lebensmitte. Diese Phase kann auch nach internationalen Studien über die Entwicklung der Lebenszufriedenheit entlang der Lebensspanne als eine kritische Phase bezeichnet werden. Cheng (2017) konnte im Vergleich unterschiedlicher Erhebungspanels eine U-Form der Lebenszufriedenheit mit einem Tiefpunkt im Alter zwischen 40 und 50 feststellen. Diese auch als Lebensmitte bezeichnete Phase ist gekennzeichnet von einer Veränderung der Zeitperspektive, indem nun die zweite, die verbleibende Lebenshälfte ins Blickfeld rückt und zu einer kritischen Reflexion und Bilanzierung des bislang Erreichten, der Erfüllung von Berufs- und Lebenszielen einlädt. Es ist die Phase, in der kritische Lebensereignisse den Einzelnen besonders herausfordern, denn die Identität ist nochmals auf den Prüfstand gestellt: Man bilanziert, welche Wünsche man erreicht hat, welche Chancen aber verpasst wurden. Zum Beispiel werden ein noch unerfüllter Kinderwunsch, eine grundlegend andere Berufswahl, die Wahl des Lebensmittelpunktes usw. nicht mehr einfach grundlegend neu gedacht werden können. Zudem verändern sich Rollen. Eltern beispielsweise sind mit dem „empty nest" konfrontiert: Die Kinder sind ausgezogen, das Haus ist verwaist, das Elternpaar ist wieder auf sich als Beziehungspaar konzentriert und muss sich eine neue Identität schaffen. Gleichzeitig steigt die Wahrscheinlichkeit, dass die eigenen Eltern allenfalls pflegebedürftig werden. Die berufliche Laufbahn hat ein Karriereplateau erreicht, Beförderungen werden ab jetzt seltener, es stellt sich langsam die Frage, ob die bestehende Stelle nochmals, vielleicht das letzte Mal, gewechselt werden soll. Fragen nach Sinn und Wertigkeit greifen Raum in der eigenen Gedankenwelt, und die Frage, ob es das, was man erreicht hat, wert war, anderes dafür zu verpassen, fordert uns auf, nach Antworten zu suchen. Aus betrieblicher Sicht stellt sich die Frage, wie sich die berufliche Zufriedenheit rund um die Lebensmitte verändert. Weber konnte jüngst in einer Untersuchung nachweisen, dass die berufliche Zufriedenheit zwischen 30 und 43 ansteigt, hiernach und bis 50 aber nicht mehr signifikant zuzulegen vermag, vermutlich weil die Hauptkarrierephase dann abgeschlossen ist (Weber 2017). Sie belegt ferner, dass die berufliche Lebenszufriedenheit in allen Alterssegmenten tiefer ist als die private Lebenszufriedenheit, weshalb eine betriebliche Analyse bzw. Standortbestimmung im Rahmen einer beruflichen Laufbahnplanung ein besonderes Gewicht bekommt. Dennoch kann und soll eine Standortbestimmung zur Lebensmitte nicht nur die beruflichen Faktoren beleuchten, sie ist auch mithin nicht von privaten Lebensumständen zu trennen.

All diese und noch viel mehr Fragen vermengen sich mit der anstehenden Planung der nächsten zwei Jahrzehnte. Hier tun ein Innehalten und eine durch eine neutrale Person geführte Standortbestimmung gut und können erstaunliche Wirkung in der Orientierung für die nächste Lebensphase spenden. Gemäß unserer Studie 2015 konnten 52 % jener, die die Auszeit zu einer Standortbestimmung nutzen, nachher besser bestimmen, was sie wollen. Wird auch noch eine bewusste berufliche Reflexion mit der beruflichen Auszeit verbunden, dann steigt der Anteil jener, die für die Zukunft klarer sehen, auf 57 %.

Verbunden mit einer Standortbestimmung oder einer beruflichen Reflexion, welche also einen Beitrag zur Klärung der (beruflichen) Zukunft mit sich bringen, kann auch eine Weiterqualifikation im Rahmen einer beruflichen Auszeit geplant und umgesetzt werden. Rund die Hälfte jener, welche die Auszeit zum Reflektieren der beruflichen Zukunft genutzt haben, haben diese auch mit einer Weiterbildung verbunden. Insgesamt wird jedoch nur jede dritte Auszeit auch zu Weiterbildungszwecken genutzt. Was bringt also eine berufliche Weiterbildung im Rahmen der Auszeit? In 45 % der Fälle wird von einer Produktivitätssteigerung durch die Weiterbildung berichtet, 62 % belegen einen Motivationsschub. Hier zeigt sich also: Weiterbildung mit der beruflichen Auszeit zu kombinieren, insbesondere wenn es auch mit einer betrieblichen beruflichen Reflexion und Standortbestimmung, zum Beispiel im Rahmen einer betrieblichen Laufbahnplanung, verbunden ist, hat klare motivationale und produktive Wirkungen. Eine mögliche Sonderform der betrieblichen Weiterbildung ist die Bildungszeit. Dies kann zum Beispiel die Aufnahme einer mehr oder weniger mit der Berufsausübung verbundenen Aus-/Weiterbildung oder eines Praktikums innerhalb der eigenen oder bei einer anderen Unternehmung beinhalten. Letzteres kann auch mit einem bewussten Perspektivenwechsel verbunden sein, d. h. zum Beispiel einem Praktikum oder einer interimistischen Tätigkeit in einem fremden Berufsfeld. Dies ist aus Perspektive der Mitarbeitenden attraktiv, denn, wie in unserer Studie nachgewiesen, 43 % haben die Auszeit dazu genutzt, etwas ganz anderes zu machen. Dieses „andere" kann nun rein frei gewählt sein, oder es kann bewusst in Abgrenzung oder Ergänzung zum beruflichen Kontext geplant werden. Die Wirkung eines solchen Perspektivenwechsels ist vielleicht weniger bei der Produktivitätszunahme zu suchen – hier berichten gerade einmal 36 % von Fortschritten –, sondern bei der Arbeitsmotivation und der Lebenszufriedenheit. Erstere nimmt bei diesem Perspektivenwechsel bei 61 % der Mitarbeitenden zu, die Lebenszufriedenheit sogar bei 64 %. Etwas anderes, und wohl als solches sinnvoll Empfundenes, vermag also eine hohe Motivations- und Zufriedenheitswirkung auszuüben, deren Bedeutung nicht zu unterschätzen ist.

Mitarbeitende aller Altersstufen, also auch ältere, sollen in den Genuss verschiedener Formen der Unterstützung von Standortbestimmung, Reflexion, vielleicht in Kombination mit Weiterbildung und Perspektivenwechsel kommen. Tab. 8.3 zeigt mögliche Gesichtspunkte der Ausgestaltung einer beruflichen Auszeit mit dem Fokus auf Orientierung und Qualifikation auf.

Tab. 8.3 Sabbatical-Modell „Orientierung und Qualifikation"

Kriterium	Beschreibung
Motivlage Mitarbeitende	• Standortbestimmung und (Neu-)Orientierung zur Lebensmitte • Klärung der Wünsche und Potenziale für die letzte Berufsphase • Distanz zum Alltagsgeschäft bekommen; etwas anderes, sinnvoll Erlebtes tun • Reflexion der beruflichen Zukunft; Laufbahnplanung und berufsbiografische Entwicklung • Qualifikation, Sicherheit gewinnen, dass man den kommenden Aufgaben gewachsen ist
Motivlage Arbeitgebende	• Standortbestimmung mit Mitarbeitenden zur Planung der letzten Berufsjahre • Nach- und Weiter-Qualifikation von Mitarbeitenden • Arbeitgeberimage • Erwartung von Motivations- und Produktivitätssteigerung
Chancen	• Besserer Mitarbeitendeneinsatz, Laufbahnplanung • Arbeitgeberattraktivität • Unternehmens-Resilienz • Klärung der beruflichen Entwicklung • Vorbereitung, Integration von Outplacement
Risiken	• Zu kurz, zu wenig effektiv, keine konkrete Klärung • Ausstieg wertvoller Mitarbeitender nach „Neuorientierung"
Formen	• Auszeit für Reflexion und externe Standortbestimmung • Betriebliche Laufbahnplanung spezifisch für Mitarbeitende in der Lebensmitte • Weiterbildung • Bildungszeit (selbstgesteuerte Entwicklung) • Perspektiven-/Blickwechsel durch Berufseinsatz in fach- und/oder berufsfremdem Gebiet
Ausgestaltung	• Festlegung der Dauer (individuell, standardisiert) • Inhalt und Struktur definiert oder frei
Finanzierung	• Partieller Gehaltsverzicht/Selbstfinanzierung • Teilweise finanzielle Unterstützung des Arbeitgebers (Fringe Benefits) • Privates Sparen des Mitarbeitenden
Unterstützungsangebot	• Laufbahnmodelle • Interne Weiterbildung • Standortbestimmung, Potenzialevaluation, Weiterbildung, Neuorientierung

8.3 Erwartung und Wirkung

Inwieweit helfen Sabbaticals, eine ungewollte Frühpensionierung zu verhindern? Es ist zu erwarten, dass die positive Wirkung auf Arbeitsmotivation und Produktivität, aber auch die im Modell Orientierung stattfindende Laufbahngestaltung positive Effekte auf einen längeren Verbleib im Erwerbsleben haben werden. Die Studie 2015 zeigt deshalb auch bei knapp 50 %, die sich eine Auszeit wünschen würden, dass sie aufgrund dessen bis zum ordentlichen Pensionierungszeitpunkt im Erwerbsleben verweilen würden. Diese Wirkung ist tiefer als die Beschäftigungsgradreduktion, was sich darin erklären mag, dass diese eine kontinuierliche Entlastung bringt, während ein Sabbatical nur eine temporäre Erholung verspricht. Zudem mögen manche auch anzweifeln, ob angesichts der geringen Gewährung ab 55 sie selbst bis kurz vor der Pensionierung überhaupt noch in den Genuss einer Auszeit kommen werden. Vor diesem Hintergrund ist es sogar erstaunlich, dass der Abstand lediglich 6 Prozentpunkte ausmacht und die Anteile derer, welche über die Pensionierung hinaus arbeiten würden, sogar fast gleichauf liegen. Dies zeigt, dass das Modell temporärer Auszeiten in der Wirkung auf die Verweildauer im Erwerbsleben nicht weit hinter der Beschäftigungsgradreduktion hinterherhinkt. Einzig im Vergleich zu den Arbeitsportfolios liegen beide Alternativmodelle, die Beschäftigungsgradreduktion wie die Sabbaticals, um 15 bis 20 Prozentpunkte zurück. Doch auch dies lässt sich wohl mit Blick auf die hohe Bedeutung sinnstiftender Arbeitsinhalte bei den Arbeitsportfolios erklären. Weder Sabbaticals noch Beschäftigungsgradreduktionen bringen per se eine wesentliche Veränderung der Arbeitsinhalte mit sich. Und wenn, wie allenfalls bei einem Perspektivenwechsel im Rahmen einer Auszeit, dann mag der Vergleich der Auszeit mit dem Normalalltag allenfalls eher den Prozess eines Umsattelns auf eine neue Funktion beschleunigen.

8.4   Praxisfall Sabbatical bei der Südostbahn AG[1]

8.4.1   Ausgangslage

Die Schweizerische Südostbahn AG (SOB) ist ein Transportunternehmen des öffentlichen Verkehrs. Insbesondere stellt die Digitalisierung für die SOB eine große Herausforderung dar, da sie die Berufsbilder und Berufe im Transportbereich stark verändern wird. Damit steht die SOB vor der Herausforderung, die digitale Transformation optimal für ihre Mitarbeitenden zu gestalten und diese auf neue Aufgaben vorzubereiten und zu befähigen. Eine Möglichkeit, diesen Veränderungen und Herausforderungen zu begegnen, sind flexible Arbeitsmodelle für die SOB: zum einen mit Blick auf ein Retention-Management von Bedeutung, zum anderen aber soll auch die Arbeitgeberattraktivität gesteigert werden. Dies zeigt sich auch in der Mitarbeitendenstruktur. Die erfahrungsstarken Jahrgänge (51– 60 Jahre) machen ein Drittel der Arbeitnehmerschaft aus, während der Nachwuchs zwischen 20 und 30 Jahren nur 11,5 % der Belegschaft ausmacht.

---

[1]Ganz herzlich bedanken wir uns bei Markus Frei für seine Unterstützung im Rahmen des Schreibprozesses und die wertvolle Zusammenarbeit.

Ziele der Implementierung eines flexiblen Arbeitsmodells sind damit insbesondere:

- Erfahrungsträger halten,
- Steigerung der Arbeitgeberattraktivität.

Die SOB bietet bereits das sogenannte Bandbreitenmodell für alle Mitarbeitenden an. Dieses lässt den Kauf und Verkauf von Ferienwochen zu. So kann sich der Arbeitnehmende bspw. bei einer Reduktion des Lohns auf 98 % Lohnauszahlung eine zusätzliche Woche Ferien erkaufen.

8.4.2   Vorgehen

Bevor die Wahl eines flexiblen Arbeitsmodells getroffen wurde, führte die SOB zunächst eine Mitarbeitendenbefragung bei allen Mitarbeitenden 45+ mit einer Rücklaufquote von 13 % durch. Die Ergebnisse zeigten, dass die Mitarbeitenden gerne bei der SOB arbeiten und sich auch gesund fühlen. Dennoch gaben etwa die Hälfte der Teilnehmenden an, dass sie sich immer stärker psychisch belastet fühlen. Die Unternehmenskultur bei der SOB wird als über die Generationen hinweg dialogorientiert dargestellt. Außerdem wurde betont, dass das Alter keinen Einfluss auf den Umgang miteinander habe. Betrachtet man die Auswertung hinsichtlich der Arbeitsmodelle, so wurde deutlich, dass sich die Mitarbeitenden besonders für die beiden Modelle Beschäftigungsgradreduktion und berufliche Auszeit aussprachen.

Da bereits eine Beschäftigungsgradreduktion bei der SOB möglich war, entschied sich die SOB vor dem Hintergrund der oben genannten Ziele für das flexible Arbeitsmodell „Auszeit/Sabbatical", und zwar mit unterschiedlichen Zielen:

- Auszeit zur Erholung,
- Auszeit zur Bildung/Qualifikation.

Bevor aber konkretere Ideen für das flexible Arbeitsmodell Auszeit weiter ausgearbeitet wurden, erarbeitete die SOB eine Definition des Begriffs „Sabbatical", der bereits die Kultur in der SOB widerspiegeln sollte. Dabei griff man auf die ursprüngliche Bedeutung des Begriffs Sabbatical zurück, der aus dem Alten Testament stammt und ursprünglich das einjährige Ruhenlassen eines Ackers nach jeweils sechs Jahren bezeichnet. Diesen Gedanken übertrug die SOB in ihre Definition, indem jeder Mitarbeitende einmal in 7 Jahren einen Anspruch auf eine Auszeit bekommen sollte.

Basierend auf diesen Grundgedanken wurde nun überlegt, für alle Mitarbeitenden im Zyklus von 7 Jahren das flexible Arbeitsmodell „Auszeit zur Erholung" zur Verfügung zu stellen. Das Arbeitsmodell „Auszeit zur Erholung" basiert auf der Reduzierung der Arbeitszeit und wird die „unsichtbare Teilzeit" genannt. Das bedeutet, dass eine Vollzeitstelle vertraglich in eine Teilzeitstelle umgewandelt und entsprechend geringer vergütet wird. Die Arbeitnehmenden arbeiten jedoch de facto weiter Vollzeit und füllen damit sein Arbeitszeitkonto mit Mehrarbeit auf. Im Sabbaticalzeitraum wird dieses Zeitguthaben als Freizeit abgebaut und die Arbeitnehmenden werden während der Auszeit weiter entlohnt wie zuvor auch. Das Modell erfordert eine langfristige Planung und ist sehr individualisiert. Bis zum jetzigen Zeitpunkt ist angedacht, dass der Mitarbeitende die Beschäftigungsgradreduktion mit der vorgesetzten Stelle mindestens zwei Jahre vor Inanspruchnahme der Auszeit besprechen und abstimmen muss. Hierbei werden die Dauer des Sabbaticals, die dafür nötige Beschäftigungsgradreduktion sowie die Umsetzbarkeit angesichts der Unternehmens-, Abteilungs- und Teamsituation besprochen.

Für das Kaderpersonal ist angedacht, zusätzlich eine „Auszeit mit Bildung/Qualifikation" anzubieten. Bei diesem Modell handelt es sich um eine Form des bezahlten Urlaubs mit einem bestimmten Bildungsauftrag. Jeder Kadermitarbeitende soll nach sieben Jahren für zwei Monate zum Beispiel in einer Non-profit-Organisation arbeiten, um andere Eindrücke zu erhalten. Das Arbeiten in einer anderen Organisation soll dem Kadermitglied einen Perspektivenwechsel ermöglichen sowie Zeit zur Selbst- und Arbeitsreflexion bieten. Mögliche Formen wären unter anderem Freiwilligeneinsätze im Ausland (Volunteering), Farm- und Ranchaufenthalte, aber auch Zeit für Klosteraufenthalte, Wallfahrten oder Pilgern.

8.4.3 Learning

Während der Ausarbeitung der Sabbaticalmodelle wurde vor dem Hintergrund der Arbeitgeberattraktivität sehr schnell deutlich, dass diese Arbeitsmodelle nicht nur für Mitarbeitende 50+ vorbehalten sein sollen, sondern vielmehr für alle Generationen interessante Arbeitsmodelle darstellen, welche durchaus die Arbeitgeberattraktivität der SOB steigern können. Diese Ausweitung auf alle Generationen macht es aber nun im Umsetzungsprozess sehr schwierig, da damit die Komplexität der Einführung gesteigert wurde und vermehrt Koordinationsfragen innerhalb des Teams im Vordergrund stehen. Es stellt sich zudem die Frage, wie Führungskräfte für die Umsetzung des Modells „Auszeit zur Erholung" vorbereitet werden können. Zudem müssen auch geeignete Stellvertreter-Modelle entwickelt werden, damit die Umsetzung auch für jeden möglich ist. Auch wurde sehr schnell deutlich, dass das eingangs angestrebte Retention-Ziel aufgrund der ausgeführten Entwicklungen und Modellformulierungen und der Ausweitung des Modells auf alle Generationen in den Hintergrund geriet. Insbesondere folgende Themen benötigen nun noch eine vertiefte Abklärung, bevor die Modelle an die Mitarbeitenden kommuniziert werden und die Umsetzung angegangen wird:

• Abklärung, wie mit der angesparten Zeit im Kündigungsfalle umgegangen wird;
• Abklärung mit der Pensionskasse im Hinblick auf die Frage, welche Auswirkungen eine Beschäftigungsgradreduktion auf die Pensionskasse hat;

- Abklärung mit der Unfallversicherung, ob der Versicherungsschutz auch während eines Sabbaticals gegeben ist;
- Abklärung mit der Krankentagegeldversicherung, ob und wie die Arbeitnehmenden während des Sabbaticals versichert sind.

Es zeigte sich, dass ein Gap zwischen kreativen Umsetzungsideen und praktischen Umsetzungsproblemen besteht, welche den Schluss nahelegen, die Komplexität nur schrittweise zu steigern und eine Step-by-Step-Implementierung ins Auge zu fassen. Schließlich wurde auch klar, dass, so wichtig und relevant diese Modelle für die Erreichung der definierten Ziele sind, sie Gefahr laufen, hinter den Dringlichkeiten der unternehmerischen Praxis zurückzustehen.

8.5   Quick-Reads zum Sabbatical

Das Instrument des Sabbaticals ist aktuell noch wenig in der Praxis verbreitet und in der betrieblichen Praxis nur wenigen Mitarbeitendenkategorien vorbehalten, unbezahlter Urlaub ist hingegen weit verbreitet. Da oftmals die Ziele einer Auszeit wenig mit beruflichen Gesichtspunkten verknüpft sind, war bislang auch der Erkenntnisstand, wie ein Sabbatical sich auf den Mitarbeitenden, aber auch sein Pensionierungsverhalten auswirkt, weitgehend unerforscht. In unserer Studie 2015 haben wir das Sabbatical bewusst als ein Modell der Arbeitsflexibilisierung aufgegriffen. Die Haupterkenntnisse fassen wir hier in Kürze zusammen:

1. 19 % der über 45-Jährigen haben bereits eine berufliche Auszeit genommen. Das Durchschnittsalter hierbei lag bei 49 Jahren. Lediglich 6 % haben ihre Auszeit nach 55 bezogen. 45 % haben hingegen ihre Auszeit mit weniger als 50 Jahren bezogen, was aufzeigt, dass es sich bei der Auszeit in der bisherigen Praxis nicht um eine spezifische Altersmaßnahme handelt.
2. Mehr als zwei Drittel nutzten ihre berufliche Auszeit vornehmlich zu Erholungszwecken, 43 %, um etwas ganz anderes zu machen. Nur ein Drittel nutzte die Auszeit für Weiterbildung, für eine Standortbestimmung oder für die Reflexion der beruflichen Zukunft. Von jenen, die gerne eine Auszeit erstmals oder zum wiederholten Mal in Anspruch nehmen wollen, würden sogar 78 % diese für Erholungszwecke nutzen, 63 %, um etwas anderes zu machen, 38 % für eine Standortbestimmung und lediglich 24 % würden sie für eigene Weiterbildung einsetzen.
3. Die Attraktivität der Auszeit ist hoch, denn 47 % der über 45-Jährigen würden gerne erstmals oder nochmals eine berufliche Auszeit nehmen. Von diesen fällt der größte Anteil in das Alterssegment 51 bis 55.
4. Hinsichtlich ihrer Wirkung weist die Auszeit im Vergleich zu den anderen flexiblen Arbeitsmodellen bei den Faktoren Arbeitsmotivation, Produktivität und Gesundheit die evident besten Wirkungen auf.

5. Die Auszeit wirkt sich gleich positiv auf die Lebenszufriedenheit aus wie die Beschäftigungsgradreduktion.
6. Auszeiten wirken in der Regel besser als erwartet, vor allem hinsichtlich Produktivitäts- und Motivationswirkung. Damit unterscheiden sie sich von der Beschäftigungsgradreduktion und dem Arbeitsportfolio. Das legt den Schluss nahe, dass auch eine nicht direkt mit Berufszielen verbundene Auszeit, welche in erster Linie der Erholung und einem Perspektivenwechsel in der beruflichen Tätigkeit dient, eine hohe und positive Wirkung auf die Arbeitskapazität und Leistungsmotivation erzielt.
7. Eine Auszeit, welche für eine individuelle Standortbestimmung genutzt wird, wirkt sich positiv auf die Orientierung der Mitarbeitenden aus. 52 % jener, die die Auszeit zu einer Standortbestimmung nutzen, können nachher besser bestimmen, was sie wollen. In Verbindung mit einer beruflichen Reflexion bewirkt die Auszeit, dass 57 % für sich die berufliche Zukunft klarer sehen.
8. Wird mit der beruflichen Auszeit eine berufliche Weiterbildung verbunden, so kann man in 45 % der Fälle eine Produktivitätssteigerung und in 62 % einen Motivationsschub erwarten.
9. Wird die Auszeit mit einem bewussten Perspektivenwechsel verbunden, so ist die Hauptwirkung zwar nicht in einer Produktivitätszunahme zu erwarten – hier berichten gerade einmal 36 % von Fortschritten –, sondern bei der Arbeitsmotivation (61 %) und der Lebenszufriedenheit (64 %). Etwas anderes, und wohl als solches sinnvoll Empfundenes, vermag also eine hohe Motivations- und Zufriedenheitswirkung auszuüben, deren Bedeutung nicht zu unterschätzen ist.

Literatur

Doden, Wiebke, Gudela Grote, und Bruno Staffelbach. 2014. *Arbeitserleben und Job Crafting.* Zürich: Universität und ETH.
Höpflinger, Francois, Alex Beck, Maja Grob, und Andrea Lüthi. 2006. Arbeit und Karriere – Wie es nach 50 weitergeht. Eine Befragung von Personalverantwortlichen in 804 Schweizer Unternehmen. Avenir Suisse. Zürich.
Weber, Anne. 2017. Lebenszufriedenheit im Lebensverlauf, Allgemein, privat und beruflich. In *Lebensdeutung und Lebensplanung in der Lebensmitte. Vom Gymnasium bis zur Planung des Ruhestands*, Hrsg. Klaus Birkelbach und Heiner Meulemann, 19–30. Wiesbaden: Springer Fachmedien Wiesbaden.

Erfahrungen und Erfolgsfaktoren in der Einführungsphase

Zusammenfassung

Mitarbeitende 50+ erwarten durch flexible Arbeitsmodelle Veränderungen im Hinblick auf die Sinnhaftigkeit der Arbeit, positive Wirkungen auf die Gesundheit, eine Entlastung im Berufsleben und damit einhergehend eine weiterhin hohe Arbeitsmotivation. Es zeigt sich, dass flexible Arbeitsmodelle eine Chance für Mitarbeitende sind, Leben und Arbeit auf eine sinnvolle Art zu kombinieren, welche Sinnhaftigkeit im Tun und Wertschätzung im Erleben miteinander vereint. Doch eine richtige Gestaltung der Einführungsphase ist für den Erfolg der flexiblen Arbeitsmodelle so wichtig wie deren Ausgestaltung selbst. In diesem Kapitel gehen wir auf die Erfolgsfaktoren bei der Einführung flexibler Arbeitsmodelle ein. Hierbei zeigt sich, dass eine erfolgreiche Implementierung flexibler Arbeitsmodelle 50+ nur unter Einbezug aller Arbeitnehmenden möglich ist und eine frühe Sensibilisierung und Einbindung der Mitarbeitenden, aber auch der Führungskräfte notwendig ist. Ferner beschreiben wir, wie ein prototypischer Einführungsprozess gestaltet werden kann. Dabei ist es wichtig, das gewählte Arbeitsmodell sensibel an die Organisationskultur anzupassen. Das Kapitel zeigt anhand diverser Einführungserfahrungen auf, mit welchen Reaktionen aus Mitarbeitendensicht gerechnet werden kann und wie wichtig das Ernstnehmen von Assoziationen und Zuschreibungen, gerade zum Thema Alter, ist. Und schließlich wird deutlich, dass flexible Arbeitsmodelle nicht nur einem Bedürfnis älterer Mitarbeitender entsprechen, sondern altersunabhängig für alle Altersgruppen zum Thema werden.

Wie relevant ist das Thema „ältere Mitarbeitende" in der Unternehmenspraxis? Wie wir in verschiedenen Fallbeispielen erfahren haben, ist eine gute Einbindung älterer Mitarbeiter in die Unternehmenspraxis aus Perspektive der Unternehmen relevant, auch wenn gleichzeitig unternehmensspezifische Unterschiede festzustellen sind. Gerade Unternehmen

© Springer Fachmedien Wiesbaden GmbH, ein Teil von Springer Nature 2018
S. Wörwag und A. Cloots, *Flexible Arbeitsmodelle für die Generation 50+*,
https://doi.org/10.1007/978-3-658-20538-6_9

mit einer jungen Belegschaft sehen sich nicht unbedingt betroffen. Auch bedeutet „älter werden" nicht „nicht produktiv zu sein". Genau dies sollte Unternehmen auch aufhorchen lassen. Was passiert, wenn die Mitarbeitenden mit ihrem Wissen, ihrer Erfahrung gehen? Ist das Unternehmen, die Abteilung darauf vorbereitet? Deswegen ist es wichtig, die Frage, wie der einzelne Mitarbeitende seine späte Erwerbsphase gestalten möchte, proaktiv im Unternehmen zu stellen. Unternehmen sind genauso in der Pflicht wie der Mitarbeitende selbst, die Mitarbeitenden arbeits(markt)fähig zu entwickeln und – wenn möglich – in der Unternehmung zu halten.

Es gilt mehr denn je, Rahmenbedingungen zu schaffen, 1) in denen Mitarbeitende etwas zurücktreten können und Führungsverantwortung abgeben können, ohne dass sie sich auf dem Abstellgleis fühlen (Beschäftigungsgradreduktion), 2) in denen Mitarbeitende 50+ eine Auszeit zur Erholung, Weiterentwicklung oder der Neuorientierung erhalten (Sabbatical) und 3) in denen Arbeitsportfolios möglich sind, die inhaltlich anders fordern und einem auch mehr entsprechen.

Diese Rahmenbedingungen können nicht von heute auf morgen in Unternehmen geschaffen werden. Sie können auch nicht nur von Unternehmensseite her gestaltet werden. Sie müssen im Dialog entwickelt werden und fordern alle auf, bestehende Denkmuster zu durchbrechen. Statt „mit 65 ist Schluss" gilt vielleicht künftig „mit 66 Jahren nochmals durchstarten". In welchem Ausmaß dies dann letztendlich möglich sein wird, hängt vom Mitarbeitenden selbst und von den geschaffenen Rahmenbedingungen sowie der Organisationskultur ab.

9.1 Erwartungen bei der Arbeitsflexibilisierung aus Sicht des Arbeitgebers

Wie wir gezeigt haben, ist die Quote der Frühpensionierungen hoch. Arbeitgeber stellt dies vor die Herausforderung, Anreize und Rahmenbedingungen für einen gleitenden und späteren Übergang in die Nacherwerbsphase zu gestalten. Damit soll die spezifische Ressource der Erfahrung produktiv im Betriebsalltag erhalten bleiben und gleichzeitig sanfte Nachfolgelösungen initiiert werden. Daher sollen flexible Arbeitsmodelle insbesondere dem Phänomen der Frühpensionierung entgegenwirken und Fach- sowie Führungskräfte anhand von attraktiven, flexiblen Arbeitsmodellen, länger im Unternehmen halten.

Dies ist aber nur dann möglich, wenn die Arbeitsmotivation, Gesundheit und Produktivität der Mitarbeitenden hoch sind und diese auch bereit sind, bis zum Pensionierungszeitpunkt oder darüber hinaus zu arbeiten. Allen drei vorgestellten Modellen (Beschäftigungsgradreduktion, Auszeit und Arbeitsportfolio) kann diese Wirkung zugesprochen werden. In der Umsetzungsphase zeigte sich indes, dass die Effekte der flexiblen Arbeitsmodelle nicht nur für die Mitarbeitenden 50+ zutreffen, sondern vielmehr für alle Mitarbeitendengruppen gelten. Viele Unternehmen äußerten sich infolgedessen dahingehend, diese Arbeitsmodelle zur Steigerung der betrieblichen Flexibilität sowie der Arbeitgeberattraktivität allen Mitarbeitendengruppen anzubieten.

Für Unternehmen stellen sich vor der Implementierung der flexiblen Arbeitsmodelle insbesondere die folgenden Fragen:

- Welche Vorbereitungen zur Änderung der Unternehmenskultur sind notwendig?
- Wie und wann werden die „gewünschten" Mitarbeitenden angesprochen?
- Wie wird Know-how im Unternehmen besser verankert?
- Wie kann die Work-Ability der Mitarbeitenden über den Pensionierungszeitpunkt hinaus erhalten werden?
- Wie sieht eine vernünftige Nachfolgeregelung aus?
- Wie kann die Flexibilität eines Mitarbeitenden (mit oder ohne Führungsposition) über die nächsten 5–10 Jahre aufrechterhalten werden?

Um diesen Fragen strukturierter begegnen zu können und Lösungen zu generieren, entwickelte die FHS St.Gallen einen Prozess zur Implementierung der flexiblen Arbeitsmodelle, der im folgenden Kapitel vorgestellt werden soll.

9.1.1   Prozessgestaltung zur Implementierung von flexiblen Arbeitsmodellen

Für eine erfolgreiche Implementierung flexibler Arbeitsmodelle 50+ hat sich in der Umsetzung bei allen Unternehmen gezeigt, dass dies nur unter Einbezug aller Arbeitnehmenden möglich ist. Zum einen wurden die Arbeitsmodelle spezifisch mit den betroffenen Mitarbeitenden der Alterskategorie 50+ diskutiert, zum anderen zeigte es sich aber, dass alle Mitarbeitenden in den Prozess informativ einbezogen werden mussten. Die Mitarbeitenden 50+ wurden dabei teilhabend an der konkreten Ausgestaltung einbezogen, doch zur Gestaltung einer Unternehmenskultur, die den Generationendialog fördert und unterschiedliche, flexible Modelle akzeptiert, war der Einbezug aller Mitarbeitenden ausschlaggebend. Um die Exklusivität des Themas für eine Personalkategorie – der älteren Mitarbeitenden – und damit die Exklusion aller anderen zu vermeiden, war es wichtig, das Thema „Alter" ganz normal und natürlich in den Prozess des Personalwesens zu integrieren. Das geht natürlich weit über die Gestaltung eines neuen Prozesses nach dem Motto „Wie halte ich ältere Mitarbeitende", oder „Wie führe ich ein flexibles Arbeitsmodell ein" hinaus. Es zeigte sich, dass es primär um die Analyse und Förderung einer offenen Organisationskultur geht. Das Altersbild in einer Organisation, der natürliche Umgang zwischen den Mitarbeitenden, der Führungsstil, die Kommunikation in den Teams, die Rollen, welche allenfalls unterschiedliche Generationen wahrnehmen etc., all dies bedurfte einer sensiblen Analyse, um das Thema „Alter" im Unternehmen überhaupt fassen zu können.

Dieses Organisationsbild war maßgebend für die Wahl eines geeigneten Arbeitsmodells. Ergänzt mit der Personalstruktur, u. a. der Struktur der Beschäftigungsgrade, der Alters- und Geschlechtsschichtung, des Organisations- und Strukturierungsgrades etc., war aber auch eine möglichst präzise Nutzenerwartung des Arbeitgebenden

ausschlaggebend. Hier zeigte sich, dass die angebotenen Modelle nur generische Roh-
linge sind, Blueprints, welche auf die spezifische Situation hin angepasst werden mussten.

Beispielsweise sind in Organisationen der Gesundheitsbranche oft Berufe vertreten,
insbesondere im Pflegebereich, die sich durch stark physisch geprägte Tätigkeiten und
Schichtdienste auszeichnen. Ein Modell der Beschäftigungsgradreduktion wäre hier
nicht unbedingt das richtige Modell, da sich die Schichtlänge nicht reduzieren lässt, sondern lediglich die Anzahl der Schichten in der Woche. Dies würde für die betroffenen
Personen keine Entlastung bieten. Schichten können von der zeitlichen Länge auch nicht
unbedingt im öffentlichen Sektor angepasst werden. Zusätzlich würde dies die Koordination für den Dienstplan extrem erhöhen. D. h., hier könnte beispielsweise diskutiert
werden, ob eine Form des Arbeitsportfolios eine mögliche Lösung wäre.

An diesem Beispiel soll deutlich werden, wie wichtig es bei der Wahl eines Modells
ist, zu prüfen, welches Modell zur Organisation und zur Branche passt und entsprechend
auch von der Belegschaft akzeptiert werden würde.

Im Rahmen des Projektes wurde basierend auf den Ergebnissen unserer Studie 2015
an der FHS St.Gallen während der Umsetzungsphase in und mit den Unternehmen ein
idealtypischer Prozess zur Implementierung flexibler Arbeitsmodelle entwickelt. Auch
dieser stellt einen generischen Ablauf dar und wurde nach Bedarf angepasst. Der Prozess (siehe Abb. 9.1) umfasst die folgenden Anspruchsgruppen zur Entwicklung und
Implementierung: Verwaltungsrat/Vorstand/Geschäftsleitung als eine Anspruchsgruppe,
Human-Resources-Abteilung (HR), Führungskräfte (FK), andere Abteilungen (wie Kom-
munikations-, Rechtsabteilung) und Mitarbeitende (MA). Für jede Anspruchsgruppe
wurde jeweils beschrieben, wann sie mit welchen Aufgaben im Prozess beteiligt war.
Des Weiteren wurden die einzelnen Prozessschritte aufgeführt, die sich in den folgenden
Etappen gliedern lassen:

1. Analyse und Entscheidungsfindung: Welches Modell ist für die Unternehmung das
   richtige Modell? Im Rahmen dieser Prozessetappe sind insbesondere die beiden
   Anspruchsgruppen Geschäftsleitung (GL) und HR beteiligt;
2. Ausarbeitung des Modells: Bei der Ausarbeitung des Modells sind insbesondere die
   GL, das HR, die FK (je nach Größe der Unternehmung ggf. eine Fokusgruppe) und
   andere Abteilungen wie die Kommunikations- und die Rechtsabteilung involviert.
   Diese Einbindung der unterschiedlichen Anspruchsgruppen war insofern wichtig, als
   Veränderung in Organisationen dann erfolgreich stattfindet, wenn Top- und Midd-
   le-Management als jene, die nachher den Prozess mittragen, von Anbeginn eingebunden sind. Bei der Einführung von flexiblen Arbeitsmodellen ist die frühe Einbindung
   insofern wichtig, als die konkrete Umsetzung nachher in der Linie dezentral stattfindet
   und eine einheitliche Handhabung, mindestens eine *unité de doctrine*, für die Transparenz und Glaubwürdigkeit der Implementierung wichtig ist. Aus diesem Grund ist eine
   frühe Sensibilisierung für das Thema flexible Arbeitsmodelle 50+ wichtig. Auch wird
   in der Abb. 9.1 veranschaulicht, dass im Rahmen dieser zweiten Projektetappe die Verbindung zur und die Verankerung mit der Unternehmenskultur stattfinden muss, damit
   der kulturelle Veränderungsprozess gleich zu Beginn ebenfalls lanciert wird.

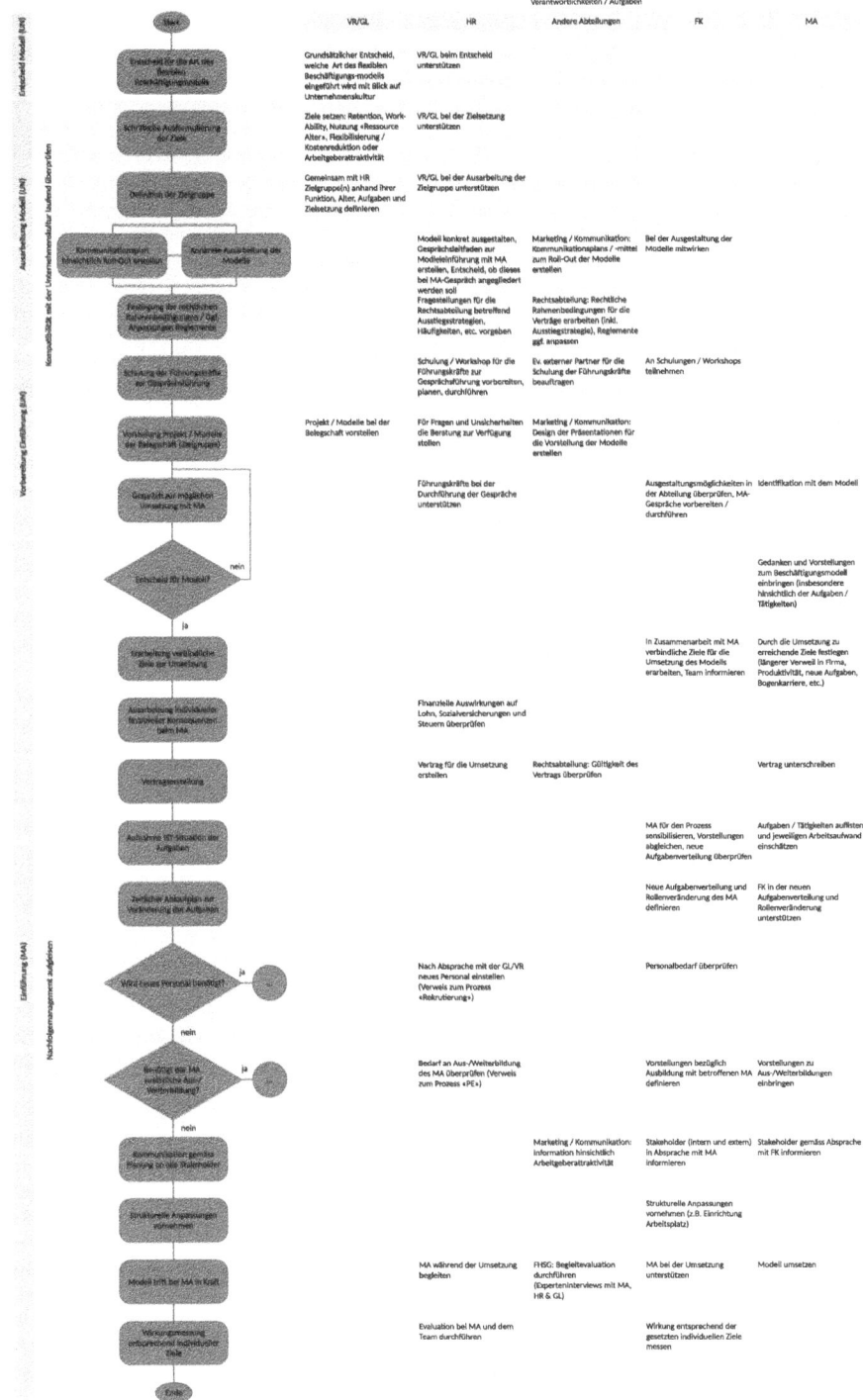

Abb. 9.1 Beispiel eines Implementierungsprozesses. (Quelle: Eigene Darstellung)

3. Vorbereitung der Einführung des Modells/der Modelle: In dieser Etappe kommt nun die Mitarbeitendengruppe 50+hinzu. Nun gilt es, mit ihnen die entwickelten Modelle zu diskutieren und sie mit einzubinden, um eine Identifikation mit den Modellen aufzubauen, sie für das Thema zu sensibilisieren und ihre Gedanken/Vorschläge zu den Modellen abzuholen. Ein weiterer wichtiger Aspekt, den es zu beachten gilt, ist der sensible Umgang mit expliziten, aber auch unausgesprochenen Sorgen und Nöten der betroffenen Mitarbeitendengruppe. Diese wird es in jedem Fall geben und sie müssen im Prozess aufgefangen und ernst genommen werden.

4. Einführung des Modells in die Unternehmung: In dieser letzten Projektetappe sind nun alle Anspruchsgruppen bis auf die GL aktiv beteiligt. In dieser Phase des Projektes stehen insbesondere die Kommunikation und die Feedbackschlaufen mit allen Mitarbeitenden im Vordergrund. Auch wird empfohlen, die Einführung gut zu begleiten, erste Wirkungen auszuweisen und Erfolge und mögliche Vorbilder gut zu kommunizieren. Erst wenn evident ist, wie sich die Modelle auf die Gesundheit, Produktivität, Zeit für sich und Motivation bei den einzelnen Personen ausgewirkt haben, wird dies auch andere, zögerliche Mitarbeitende überzeugen. Zudem stellt diese Auswertung die Basis für laufende Feinjustierungen dar.

9.1.2   Erfolgsfaktoren bei der Implementierung – Empfehlungen für die Umsetzung

Als ein klarer Erfolgsfaktor zeigte sich eine frühe Sensibilisierung und Einbindung der Mitarbeitenden, aber auch der Führungskräfte. Dort, wo die Mitarbeitenden früh mit eingebunden waren und ihre Ideen zur Ausgestaltung einbringen konnten, hatte dies den positiven Effekt, dass die Mitarbeitenden sich die Modelle „zu eigen machten", sich mit den Modellen identifizierten und sich der Vor- sowie Nachteile von flexiblen Arbeitsmodellen bewusst wurden.

Auch wurde deutlich, dass eine transparente, rechtzeitige Kommunikation an alle Mitarbeitenden für eine erfolgreiche Implementierung von Arbeitsmodellen wichtig ist. Im Rahmen der Implementierungsbegleitung wurde in den Unternehmen zunächst eine Einschätzung zur bestehenden Unternehmenskultur vorgenommen. Diese Einschätzung veranschaulichte, welche Modelle möglicherweise auf eine hohe Akzeptanz in der Belegschaft stoßen könnten, und gab so eine erste Richtung vor. Denn eine erfolgreiche Implementierung kann nur gelingen, wenn das Arbeitsmodell und die Unternehmenskultur zusammenpassen. Damit lassen sich abschließend folgende Erfolgsfaktoren festhalten:

1. Klärung der gewünschten Wirkung auf Arbeitgeberseite für die Einführung flexibler Arbeitsmodelle
2. Klärung der Zielgruppe, allenfalls auch Etappierung der Umsetzung
3. Klärung der Voraussetzungen für die Implementierung eines Modells

4. Intensive Kommunikation mit den direkt und indirekt Betroffenen, letztlich mit allen Mitarbeitenden in ihren unterschiedlichen Rollen
5. Unternehmensspezifische Entwicklung der geeigneten Modelle oder Modellkombinationen statt standardisierte Einführung eines „One-fits-all-Modells"
6. Präzise und zu Ende gedachte Implementierungsplanung
7. Erhebung und unternehmensspezifische Auswertung von Daten zu Wirkungen und Erfolgen
8. Permanente Feinjustierung der Umsetzung.

Kritisch diskutiert wurde wiederholt, ob intern einheitliche Lösungen umzusetzen sind. Diese Frage stellten sich insbesondere größere Organisationen. Als möglicher Lösungsansatz kristallisierten sich einheitliche Grundmodelle heraus, welche dann individuell angepasst werden können. Damit verbinden sich die Vorteile von einheitlicher Kommunikation, Handhabbarkeit und Willkürfreiheit mit den Vorteilen der Flexibilisierung und Individualisierung im Einzelfall, wofür die flexiblen Arbeitsmodelle letztlich ja stehen.

9.2   Reaktionen aus Perspektive der Arbeitnehmenden

Oftmals entsteht ein Thema dadurch, dass es zum Thema gemacht wird. Wenn das Thema „Alter" im Unternehmen angesprochen ist, ist es da und löst Reaktionen, Emotionen und gegebenenfalls auch Ängste aus. Dieses Phänomen der unbewussten Realitätskonstruktion müssen sich alle an der Planung und Entwicklung flexibler Arbeitsmodelle 50+ Beteiligten bewusst sein. Es kommt hinzu, wie wir dies auch eingangs im gesellschaftlichen Diskurs in Abschn. 2.2 beschrieben haben, dass ein offener, gelassener Diskurs über das, was Alter und Altern in der betrieblichen Praxis bedeuten, schwierig ist. Kaum ein Begriff rund um Alter und Ruhestand ist nicht emotional aufgeladen und führt nicht zu Assoziationen und Zuschreibungen.

Eine wichtige Orientierungs- und Kommunikationsfunktion dabei haben die Führungskräfte. Sie müssen sensibilisiert werden, wie sie mit den Reaktionen der Mitarbeitenden (proaktiv) umgehen können, bzw. sich überhaupt dessen bewusst sein, was die Frage, wie sich die betroffene Person 50+ die nächsten 15 Jahre oder länger im Arbeitsleben vorstellt, auslösen kann. Denn alleine das Ansprechen der Frage, ob schon Pläne zur Pensionierung bestehen, kann Ängste auslösen, das Gefühl vermittelnd, man sei weniger wert, gehöre jetzt eben zu den „Alten", sei nicht mehr gleichermaßen produktiv und man müsse sich über einen baldigen Austritt Gedanken machen. All dies wäre genau das Gegenteil dessen, was man mit dem Ansprechen des Themas intendiert. Andere können es wiederum als Chance betrachten und finden es höchste Zeit, dass sie angesprochen werden und man mit ihnen die nächste Berufsphase aktiv plant. Denn tatsächlich, wie die Studie 2015 der FHS St.Gallen gezeigt hat, fängt die aktive Auseinandersetzung mit dem Pensionierungszeitpunkt relativ früh an. Laut Teilnehmenden der Studie 2015 liegt das Durchschnittsalter für eine aktive Auseinandersetzung mit der

Pensionierung bei knapp 48 Jahren. Das bedeutet, dass ein Gespräch zur Weiterentwicklung/Gestaltung der weiteren Laufbahn mit den Mitarbeitenden zum richtigen Zeitpunkt stattfinden muss – nämlich um die 48 bis 50 Jahre. Dies könnte eine Basis sein, um das hohe Aktivierungspotenzial der unterschiedlichen flexiblen Arbeitsmodelle auch wirklich zu realisieren.

Damit ist die frühzeitige Einbindung der Mitarbeitenden nicht nur im Rahmen der Entwicklung der Arbeitsmodelle sozusagen für die „anderen" wichtig, sondern auch und konkret für sie selbst.

9.2.1 Erwartungen an die Gestaltung der Arbeitsflexibilisierung und Erfolgsfaktoren

Wie in den vorherigen Kapiteln aufgezeigt, erhoffen sich Mitarbeitende 50+ durch flexible Arbeitsmodelle Veränderungen im Hinblick auf die Sinnhaftigkeit der Arbeit, die Gesundheit, die Entlastung im Berufsleben und damit einhergehend eine weiterhin hohe Arbeitsmotivation. Es zeigt sich, dass flexible Arbeitsmodelle eine Chance für Mitarbeitende sind, Leben und Arbeit auf eine sinnvolle Art zu kombinieren, welche Sinnhaftigkeit im Tun und Wertschätzung im Erleben miteinander vereint.

1. Erfolgsfaktor „Wertschätzung und Anerkennung": Mitarbeitende 50+, die bis zum Pensionsalter oder darüber hinaus ihre Arbeit mit Freude und Elan ausüben wollen, möchten aber auch Wertschätzung im Hinblick auf ihr Wissen, ihre Erfahrung und ihre Produktivität erleben. D. h., sie wollen mit dem Eingehen eines flexiblen Modells signalisieren, dass sie bereit sind, sich für ihre Arbeits(markt)fähigkeit zu verändern und weiterzuentwickeln. Sie nur als Erfahrungsträger zu bezeichnen, wird ihnen nicht gerecht.
2. Erfolgsfaktor „Mut": Das Verlassen der eigenen Komfortzone braucht auch Mut; Mut, eventuell Führungsverantwortung abzugeben, Mut, neue Arbeitsinhalte zu gestalten, Mut, sich umzuschauen und damit die eigene, mögliche Komfortzone zu verlassen, Mut, ein externes Arbeitsportfolio aufzubauen. Aber es fehlt den Mitarbeitenden nicht an Mut. Häufig scheitern diese nicht am fehlenden Mut, sondern an der fehlenden Unterstützung der Führungskräfte, die den Mut bestärken und auch neue Wege ermöglichen sollten.
3. Erfolgsfaktor „Führungskultur": Der Erfolgsfaktor Mut veranschaulicht einmal mehr, welche Rolle Rahmenbedingungen – durch die Organisation gesetzt und durch die Führungskraft umgesetzt und gelebt – für die Umsetzung von flexiblen Arbeitsmodellen spielen. Eine vertrauensvolle und unterstützende Führungskultur ist unabhängig vom Modell in jedem Fall ausschlaggebend. Ein entscheidender Erfolgsfaktor aus Sicht der Arbeitnehmenden ist somit, genau eine solch vertrauensvolle Führungskultur täglich zu erfahren. Nur diese lässt zu, dass sich Mitarbeitende auf eine Neuorientierung innerhalb der Unternehmung und eine Rollenveränderung einlassen.

4. Erfolgsfaktor „Veränderungsbereitschaft und Kompetenzentwicklung": Die bevorstehenden Veränderungen im Rahmen von flexiblen Arbeitsmodellen bedeuten für Mitarbeitende eine große Herausforderung. So verlagert sich die Führungskompetenz in eine Fachkompetenz, die eventuell erneuert oder weiterentwickelt werden muss. Auch kann beispielsweise der Wechsel von einer Führungs- in eine klassische Mitarbeitendenfunktion einen finanziellen Rückschritt bedeuten. D. h., für Mitarbeitende verändert sich nicht ihre Entscheidungs-, Führungs- und Fachkompetenz, sondern auch die Einkommenssituation. Dabei muss bewusst sein, dass nicht alle Modelle auch für alle Mitarbeitenden möglich bzw. tragbar sind und demzufolge eine angemessene Kommunikation erfordern.

In der Implementierungsphase wurde immer wieder deutlich, dass nicht nur Mitarbeitende 50+ sich flexible Arbeitsmodelle wünschen, sondern auch die jüngeren Arbeitnehmenden. In Expertengesprächen (FHS St.Gallen 2015) wurde deutlich, dass die jüngeren Mitarbeitenden diese aber oftmals auch viel aktiver bei ihrem Arbeitgeber einfordern als die älteren Mitarbeitenden. Kombiniert man die Ergebnisse der beiden Studien der FHS St.Gallen (2015, 2017), wird deutlich, dass die jüngeren und älteren Mitarbeitenden in ihren Erwartungen und Ansprüchen an die Arbeitsgestaltung und Unterstützung durch die Führungskraft nicht weit auseinanderliegen. Daher sollten Unternehmen verstärkt versuchen, ganzheitliche Lösungen zu generieren, die alle Generationen ansprechen, ohne die Besonderheiten der jeweiligen Generation außen vor zu lassen. Dies hätte auch den Nebeneffekt, dass vermeintliches Denken in Stereotypen aufgrund der Fokussierung auf eine Altersgruppe vermieden werden könnte.

Damit schließt sich langsam auch der Kreis. Das Thema Alter in der betrieblichen Praxis ist ein relevantes Thema. Ein Thema, welches uns alle betrifft, egal ob alt oder jung, welches nicht nur die einzelne Person, den Mitarbeitenden oder die Führungskraft betrifft, sondern auch die ganze Organisation, ganze Branchen und Berufsverbände tangiert und in unserer gesamten Wirtschaft wie auch Gesellschaft einen breiten Diskurs auslösen wird. Es geht um die Zukunft unserer Arbeit. Wir entscheiden, ob wir die Rahmenbedingungen für Mitarbeitende als Animal Laborans oder als Homo Faber gestalten.

Zusammenfassung
Welche Arbeitsmodelle können das Aktivierungspotenzial zur Weiterbeschäftigung bei älteren Mitarbeitenden erhöhen, und wie wirken flexible Arbeitsmodelle auf die individuelle Gesundheit, Motivation, Zufriedenheit und Produktivität? Das waren die Kernfragen der Studie, die die FHS St.Gallen im Jahr 2015 durchführte. In einer Vertiefungsstudie wurden 2017 Bedürfnisse und Möglichkeiten zur Ausgestaltung von Arbeitsportfolios untersucht. Dies vor dem Hintergrund, dass Arbeitsportfolios die beste Wirkung für den Verbleib im Erwerbsleben aufweisen, gleichzeitig sich die Praxis mit deren Ausgestaltung schwertut. Die hohen Beteiligungsquoten an beiden Studien zeigen, dass das Thema auf Interesse bei Mitarbeitenden stößt.

10.1 Die Studie 2015 – „Flexibilisierung der Arbeitsphase 50+"

Die Studie „Flexibilisierung der Arbeitsphase 50+" wurde durch die FHS St.Gallen Hochschule für Angewandte Wissenschaften in den Sommermonaten 2015 durchgeführt.[1] Als Zielgruppe wurden die Arbeitnehmenden ab 45 Jahren von unterschiedlichen Unternehmensgrößen aus den Kantonen St. Gallen, Appenzell AR und Thurgau definiert und unter verschiedenen Dimensionen wie Geschlecht, Alter und Funktionsstufe betrachtet. Durch die Größe und Art der beschriebenen Grundgesamtheit wurde eine Teilerhebung durchgeführt und die Stichprobe bewusst nicht-zufällig ausgewählt. Diese umfasste die Mitarbeitenden der Projektpartner und die Mitglieder verschiedener Wirtschaftsverbände. Teilnehmende, die unter 45 Jahre alt waren, bekamen eine verkürzte Form des Fragebogens. Die Stichprobe umfasste 9626 Mitarbeitende und es wurde ein Rücklauf von 7,59 % erzielt.

---

[1]In der ersten, quantitativen Phase der Studie waren ebenfalls Sarah Kühnis und Roger Martin beteiligt. Wir danken ihnen für Ihre Unterstützung.

© Springer Fachmedien Wiesbaden GmbH, ein Teil von Springer Nature 2018   227
S. Wörwag und A. Cloots, *Flexible Arbeitsmodelle für die Generation 50+*,
https://doi.org/10.1007/978-3-658-20538-6_10

Die Altersverteilung der auswertbaren Fragebögen gestaltet sich wie folgt (Abb. 10.1): 29 % der Teilnehmenden sind unter 45 Jahre alt. Die Teilnehmenden über 45 Jahre wurden in folgende Altersgruppen aufgeteilt: 16 % sind zwischen 46 und 50 Jahre alt. Die meisten, also 27 %, sind zwischen 51 und 55. Knapp ein Fünftel der Teilnehmer gehört zur Gruppe der 56- bis 60-Jährigen, während 7 % zwischen 61 und 65 sowie rund 2 % über 65 Jahre alt sind.

Abb. 10.2 zeigt die Funktionsstufen der Teilnehmenden, getrennt nach Geschlecht. Insgesamt sind 75 % der Teilnehmenden Männer. Vor allem im Kader, aber auch in der Direktion/Geschäftsleitung sind die Frauen unterrepräsentiert.

Der Abb. 10.3 kann die Aufteilung der Teilnehmenden in ihr Tätigkeitsfeld entnommen werden. Stark vertreten sind unter anderem Geschäftsleitung und Management (13,2 %), Administration und Sachbearbeitung (11,1 %), das Rechnungswesen, Finanzen, Controlling und Banking (11,1 %), Verkauf und Vertrieb (9,4 %), IT und Kommunikation (7,1 %), Kundenservice und -betreuung sowie das Personalwesen (6,5 %). Außerdem sind auch Tätigkeitsfelder wie das Ingenieurwesen, Entwicklung und Konstruktion vertreten.

Am häufigsten vertreten sind gemäß folgender Abbildung die Befragten, die entweder eine berufliche Grundbildung/Berufslehre, eine höhere Berufsbildung oder einen Abschluss einer Fachhochschule oder Universität haben (Abb. 10.4).

Von den Umfrageteilnehmenden geben rund 92 % die Schweiz, etwa 6 % deren Nachbarländer als ihre Nationalität an. Hinsichtlich der Unternehmensgröße sieht man in Abb. 10.5, dass sowohl Großunternehmen als auch Kleinunternehmen vertreten waren:

Abb. 10.1 Altersverteilung der Studie 2015, n = 731. (Quelle: Studie 2015)

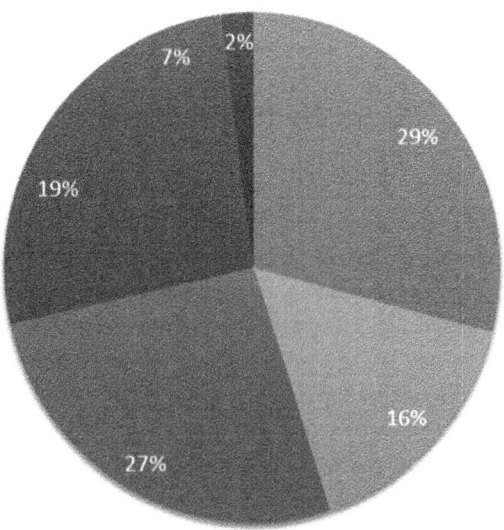

■ unter 46 Jahren ▦ 46 bis 50 Jahre ■ 51 bis 55 Jahre

■ 56 bis 60 Jahre ■ 61 bis 65 Jahre ■ 66 bis 70 Jahre

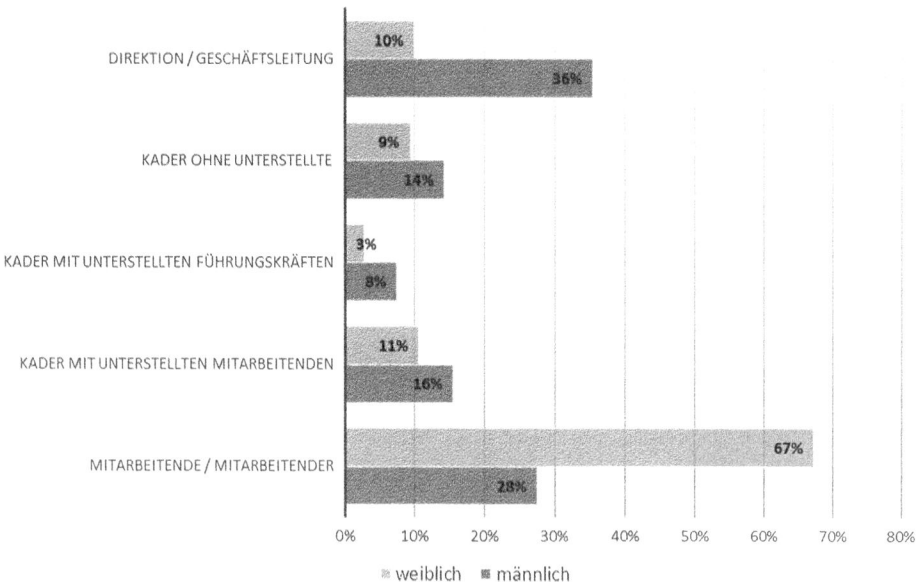

Abb. 10.2   Funktionsstufe der Umfrageteilnehmenden (m = 550 N/f = 180 N)

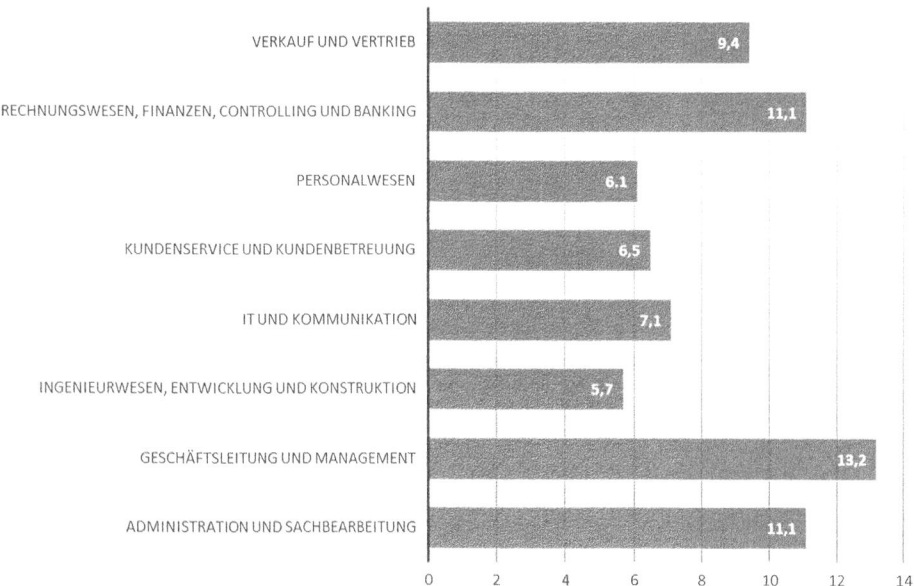

Abb. 10.3   Tätigkeitsfeld, Angabe in %, n = 704. (Quelle: Umfrage „Flexibilisierung der Arbeitsphase 50+")

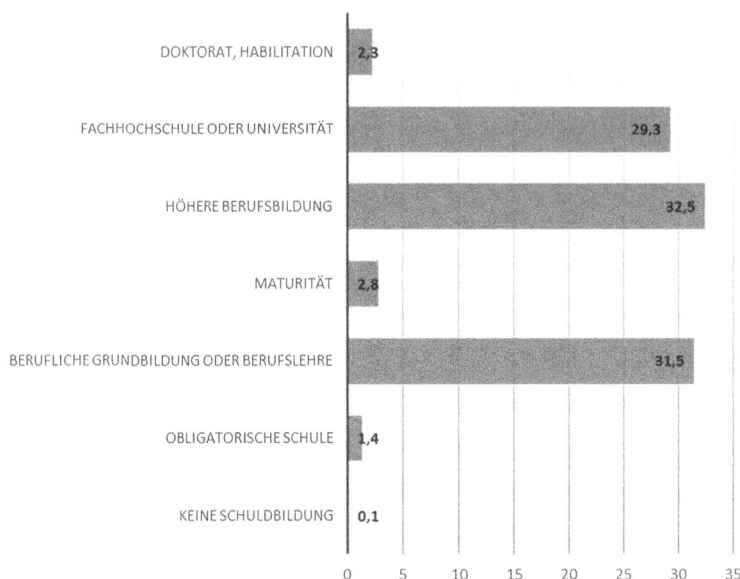

Abb. 10.4   Ausbildung, Angabe in %, n = 726. (Quelle: Umfrage „Flexibilisierung der Arbeitsphase 50+")

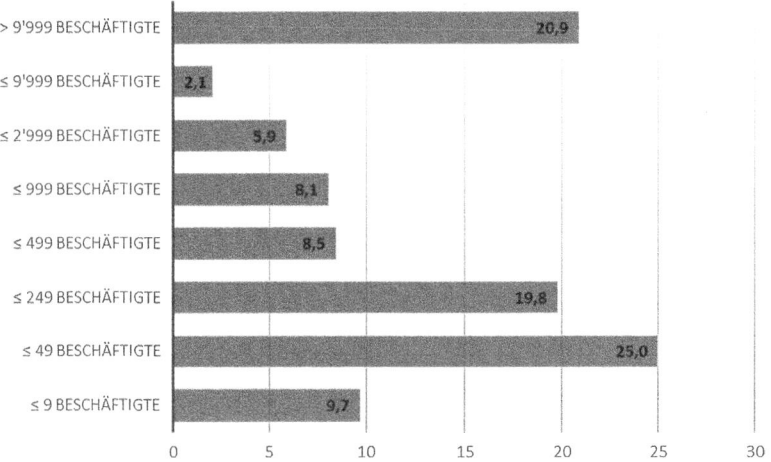

Abb. 10.5   Teilnehmende nach Unternehmensgröße in %, n = 731. (Quelle: Umfrage „Flexibilisierung der Arbeitsphase 50+")

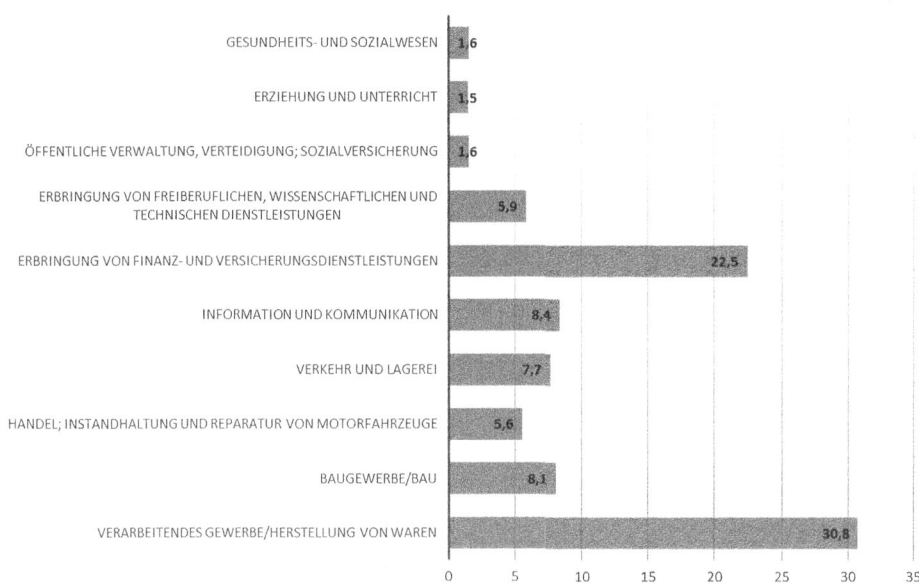

Abb. 10.6   Branche. Angabe in %, n = 676. (Quelle: Umfrage „Flexibilisierung der Arbeitsphase 50+")

54 % der Befragten arbeiten in KMU mit weniger als 250 Mitarbeitenden, 16,6 % in Unternehmen mit einer Mitarbeitendenzahl zwischen 250 und 999, und 28,9 % in Großunternehmen mit mehr als 1000 Mitarbeitenden.

Außerdem wurden die angegebenen Unternehmen nach Branchen aufgeteilt. Abb. 10.6 zeigt, dass 31 % der Befragten angegeben haben, aus der Branche des verarbeitenden Gewerbes/Herstellung von Waren zu sein. Rund ein Fünftel ist in der Finanz-/Versicherungsbranche tätig.

Die meisten der Befragten, rund 80 %, sind bei ihrem Hauptarbeitgeber zu 100 % angestellt. Die restlichen 20 % arbeiten im Teilpensum.

10.2   Die Studie 2017 – „New Work – Gestaltung von Arbeitsportfolios"

Vor dem Hintergrund der Ergebnisse der Studie „Flexibilisierung der Arbeitsphase 50+", die deutlich machten, dass das flexible Arbeitsmodell „Arbeitsportfolio" das höchste Aktivierungspotenzial hat, aber von den Unternehmen in der Realisierung flexibler Arbeitsmodelle das Modell der Beschäftigungsgradreduktion präferiert wurde, beschäftigte sich eine weiterführende Studie der FHS St.Gallen im Jahr 2017 mit der Gestaltung des Arbeitsportfolios. Weiterführende Gespräche mit den Experten der beteiligten Unternehmen bei der Studie 2015 zeigten, dass die Gestaltung des Arbeitsportfolios für sie auch attraktiv wäre, aber es derzeit schlichtweg an Umsetzungsideen für die Gestaltung eines Arbeitsportfolios fehle und zusätzlich wenig Wissen darüber bestehe, welche Aufgaben und Tätigkeiten überhaupt für ein Arbeitsportfolio infrage kämen sowie welche Kompetenzen es seitens der Organisation und der Mitarbeitenden benötigt, um ein Arbeitsportfolio umsetzen zu können. Daher lancierte die FHS StGallen im Oktober/November 2017 eine Online-Befragung „New Work – Gestaltung von Arbeitsportfolios", die durch die Fachkräfteinitiative Schweiz gefördert wurde. Insbesondere fokussierte die Studie auf die Forschungsfrage, wie Arbeitsportfolios in Zukunft aussehen sollten und welche Faktoren aus Sicht des Mitarbeitenden und der Unternehmung fördernd bzw. hemmend auf die Gestaltung des Arbeitsportfolios wirken.

Die Studie wurde an 8556 Personen online versendet. Davon brachen 12,4 % nach der ersten Seite die Befragung ab. 920 Personen (Rücklaufquote 10,76 %) beendeten die Befragung bei einer durchschnittlichen Beantwortungszeit von 18:03 min. 51 % der Teilnehmenden sind unter 46 Jahre alt.

Abb. 10.7 zeigt die Altersverteilung auf. Die beiden Altersgruppen, die am höchsten vertreten sind, sind zum einen die Altersgruppe 46 bis 50 Jahre mit 18,2 % der 920 Teilnehmenden und zum anderen die Altersgruppe 51 bis 55 Jahre mit 16,5 %. Weiter sind die Altersgruppe 56 bis 60 Jahre mit 9 %, die 61- bis 65-Jährigen mit 3 % vertreten, und schlussendlich sind auch 2 % der Teilnehmenden über 65 Jahre.

Abb. 10.8 verdeutlicht die Stichprobe hinsichtlich Geschlecht und Funktionsstufe: 41 % der Studie sind weibliche Teilnehmende. Diese machen mit 59,7 % den größten

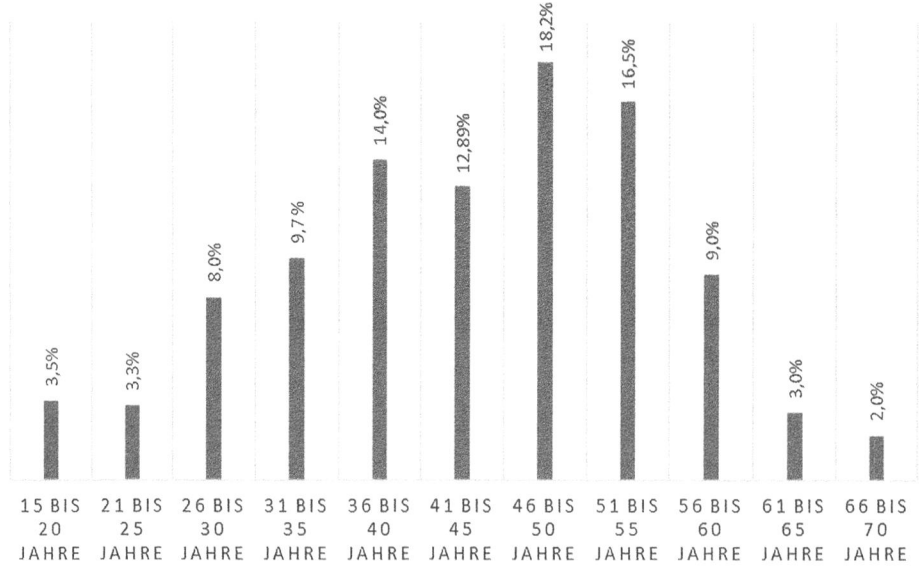

Abb. 10.7 Umfrageteilnehmende nach Altersgruppen; N = 920

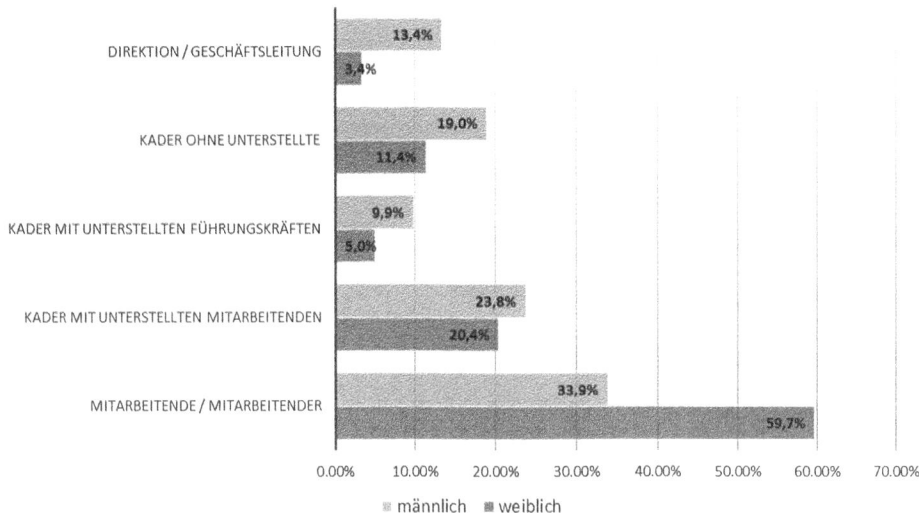

Abb. 10.8 Teilnehmende nach Funktion und Geschlecht (N = 920)

Anteil der Mitarbeitenden aus. Im Kaderbereich sind die Frauen, die an der Studie teilgenommen haben, weniger vertreten. So sind 20,4 % der beteiligten Frauen zwar im Kader mit unterstellten Mitarbeitenden knapp unter den männlichen Teilnehmenden, von denen 23,8 % diese Funktion innehaben, dafür sind die beteiligten Frauen in den anderen Kaderpositionen durchaus schwächer vertreten: Lediglich 3,4 % der an der Umfrage teilnehmenden Frauen sind in Direktions-/Geschäftsleitungsfunktion. Bei den männlichen Teilnehmern sind dies 13,4 %. 23,8 % von den teilnehmenden Männern sind in der Funktion Kader mit unterstellten Mitarbeitenden. Insgesamt sind 33,9 % der Teilnehmenden in einer Mitarbeitendenfunktion.

An der Umfrage nahmen insbesondere Arbeitnehmende aus der Öffentlichen Verwaltung mit 23,2 % und aus dem Branchenbereich Finanzen, Immobilien und Versicherung mit 22,7 % teil, gefolgt von Industrie und Maschinenbau mit insgesamt 15,1 %. Teilnehmende aus der Gesundheitsbranche machen 10,3 % aus, während Arbeitnehmende aus Bildung und Forschung mit 7,7 % vertreten sind (siehe Abb. 10.9).

Abb. 10.10 zeigt, dass gut die Hälfte der Umfrageteilnehmenden in Unternehmen mit weniger als 250 Mitarbeitenden arbeiten. Großunternehmen mit über 1000 Mitarbeitenden sind in der Stichprobe mit knapp 30 % vertreten.

Betrachtet man die Teilnehmendenverteilung bezogen auf den höchsten Schulabschluss, so sieht man, dass 17,5 % eine abgeschlossene Berufslehre als höchsten Schulabschluss haben, 6,7 % eine gymnasiale Maturität, 14,6 % einen Universitätsabschluss und gut 3 % ein PhD. Mit 49 % stark vertreten sind Teilnehmende mit einem Fachhochschulabschluss auf Bachelor- und Masterebene. Dies ist für die Schweiz, welche sich durch ihr duales Ausbildungssystem auszeichnet, keine verwunderliche Verteilung.

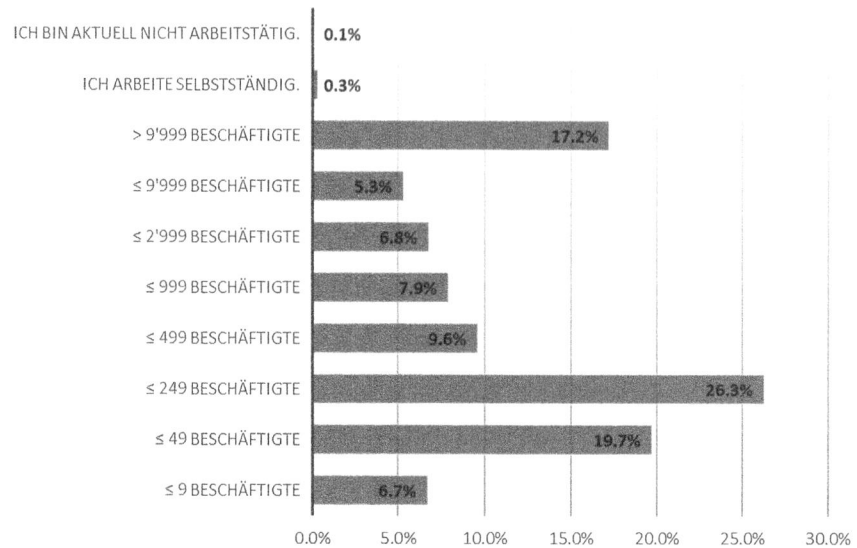

Abb. 10.9   Umfrageteilnehmende nach Organisationsgröße (N = 920)

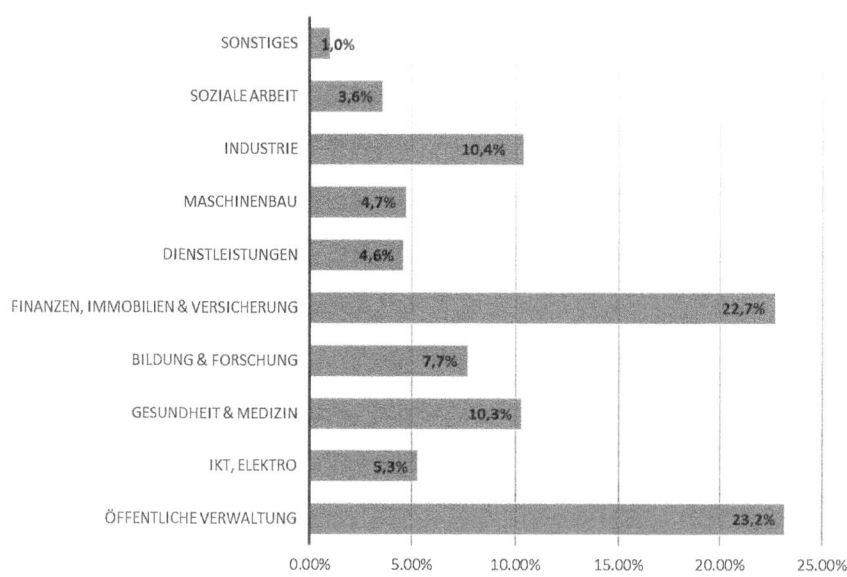

Abb. 10.10   Umfrageteilnehmende nach Branche (N = 920)

The manufacturer's authorised representative in the EU is Springer
Nature Customer Service Centre GmbH, Europaplatz 3, 69115 Heidelberg,
Germany. If you have any concerns regarding our products, please
contact ProductSafety@springernature.com

Printed and bound by CPI Group (UK) Ltd, Croydon, CR0 4YY

28/04/2026

02098479-0012